M. Chipiez 8 rue Crébillon

MÉMOIRES

SUR LES OBJETS
LES PLUS IMPORTANS

DE

L'ARCHITECTURE.

MÉMOIRES
SUR LES OBJETS
LES PLUS IMPORTANS
DE
L'ARCHITECTURE.

Par M. PATTE, Architecte de S. A. S. Mgr. le Prince PALATIN
Duc régnant de DEUX-PONTS.

Ouvrage enrichi de nombre de Planches gravées en taille-douce.

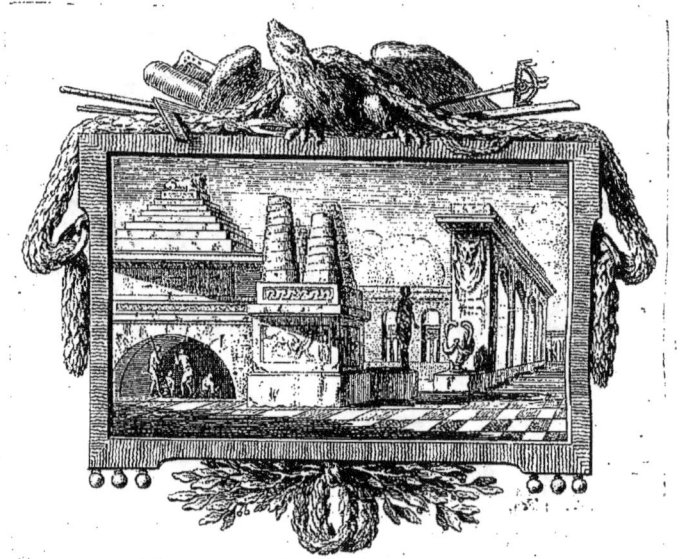

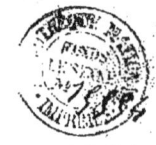

A PARIS,

Chez ROZET, Libraire, rue Saint Severin, au coin de la rue Zacharie,
à la Rose-d'Or.

M. DCC. LXIX.
AVEC APPROBATION, ET PRIVILEGE DU ROI.

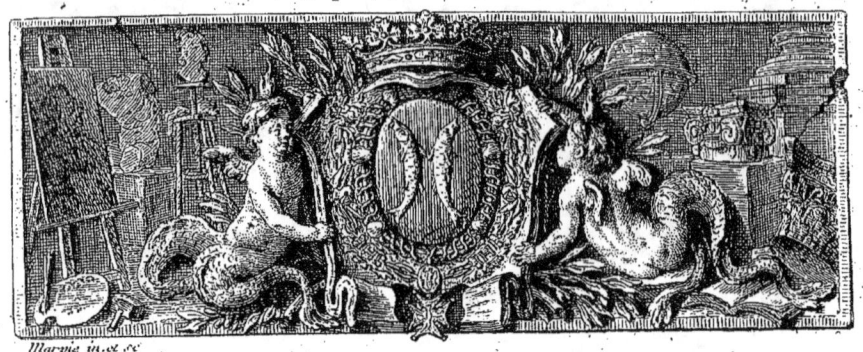

Marvie in et sc

A MONSIEUR
LE MARQUIS
DE MARIGNY,

Conseiller du Roi en ses Conseils, Commandeur de ses
Ordres, Lieutenant-Général des Provinces d'Orléanois
& de Beauce, Gouverneur des Ville & Château de
Blois, Directeur & Ordonnateur-Général des Bâtimens
de Sa Majesté, Jardins, Arts, Académies, & Manufactures Royales.

MONSIEUR,

Vous dédier ces *Mémoires* ; c'est rappeller au *Public* les
obligations que vous ont les Arts : en effet depuis le ministere du
grand Colbert, jusqu'au tems où le Roi vous en a confié l'admi-

niftration, on ne les avoit point encore vu auffi protégés & encouragés qu'aujourd'hui. Pour ne m'attacher ici qu'à ce qui concerne particulierement l'Architecture, on peut dire qu'elle a été en quelque forte régénérée par vos foins. A peine fûtes-vous en place, que les formes captieufes du Boromini, qui menaçoient de faire oublier les préceptes des Perrault & des Manfard, difparurent. L'Architecture reprit la vraie route dont elle commençoit à s'écarter, & l'on a vu depuis cette époque, le goût antique répandre de plus en plus fon influence fur toutes les parties de cet art.

Que n'avez-vous point entrepris, MONSIEUR, pour faire fleurir notre Académie d'Architecture & la rendre utile! Le nombre des Académiciens a été augmenté ; les leçons des Profeffeurs ont été multipliées ; des prix d'émulation ont été établis chaque mois pour exciter les talens naiffans des éleves : & fi vos intentions pour mettre cette Compagnie à même de fe diftinguer, à l'exemple des autres Académies, par des Mémoires intereffans, n'ont pas eu jufqu'ici tout le fuccès qu'elles méritoient, c'eft que le bien ne s'opere pas toujours auffi facilement qu'il fe conçoit.

Nous avons d'autant plus befoin de bons livres d'Architecture, que, fi ce n'eft la partie fyftématique des proportions, fur laquelle on a entaffé volume fur volume fans avoir encore pu s'accorder, tout le refte eft pour ainfi dire à traiter. Sans ceffe chacun a donné dans des fpéculations vagues, foit en offrant pour modeles, les bâtimens qu'il avoit exécutés, ou feulement deffinés,

EPITRE.

ſoit en propoſant ſon opinion pour regle, tandis que la partie la plus utile, la plus néceſſaire, la plus eſſentielle de l'Architecture, en un mot la conſtruction, a été à peine effleurée. Nous n'avons aucun ouvrage approfondi ſur cette matiere où l'on ſe ſoit attaché à tranſmettre les découvertes qui y ont été faites ſucceſſivement, où l'on enſeigne comment on eſt parvenu à applanir les difficultés & à économiſer dans les occaſions importantes : auſſi remarque-t-on que l'on eſt toujours réduit à des eſſais, par l'ignorance continuelle où l'on ſe trouve, de ce qui a été fait précédemment.

Si l'on conſidere encore l'Architecture dans le grand, on s'apperçoit que preſque tout y eſt également à raiſonner, & que l'on a vu ſans ceſſe les objets en Maçon, tandis qu'il eût fallu les enviſager en Philoſophe. Voilà pourquoi les Villes n'ont jamais été diſtribuées convenablement pour le bien-être de leurs habitans; perpétuellement on y eſt la victime des mêmes fléaux, de la mal-propreté, du mauvais air, & d'une infinité d'accidens que l'entente d'un plan judicieuſement combiné eût pu faire diſparoître.

J'ai entrepris, MONSIEUR, de traiter en partie ces importantes matieres : j'ai examiné d'abord la conſtitution vicieuſe des Villes, les inconvéniens auxquels elles ſont ſujettes, & comment il ſeroit poſſible d'y remédier : enſuite je me ſuis attaché à prendre ſucceſſivement les principales conſtructions ſur le fait, à les recueillir en corps, à mettre en parallele celles de même genre, à motiver les raiſons de préférence que l'on doit donner aux unes ſur les autres, & de toutes ces comparaiſons, j'ai fait enſorte de

EPITRE.

déduire des principes capables d'éclairer les routines des Conſtruc-
teurs, & de les mettre en état de ne plus opérer au haſard. A ces
paralleles, j'ai joint des diſſertations ſur pluſieurs objets intéreſſans de l'Architecture, ainſi que différens développemens d'édifices
qui peuvent concourir aux progrès de cet Art.

C'eſt avec la plus grande ſatisfaction, MONSIEUR, que
je vous fais l'hommage du fruit de mes études. Si elles peuvent
mériter l'approbation d'un Protecteur des Arts auſſi éclairé,
votre ſuffrage me ſera un ſûr garant de celui du Public.

J'ai l'honnneur d'être, avec un profond reſpect,

MONSIEUR,

Votre très-humble & très-
obéiſſant ſerviteur,
PATTE.

MEMOIRES

MÉMOIRES

SUR

L'ARCHITECTURE.

CHAPITRE PREMIER.

Considérations sur la distribution vicieuse des Villes, & sur les moyens de rectifier les inconvéniens auxquels elles sont sujettes.

ARTICLE PREMIER.

Des attentions qu'il convient d'apporter dans le choix de l'emplacement d'une Ville.

L'ORIGINE de l'Architecture se confond avec celle du monde. Les premiers habitans de la terre songerent vraisemblablement de bonne heure à se construire des habitations capables de les mettre à l'abri des injures de l'air. A mesure qu'ils se multiplie-rent, les enfans éleverent des logemens à côté de ceux de leurs peres, & les parens placerent leurs demeures dans le voisinage de celles de leurs parens. Telle a été l'origine des différentes peu-

A

plades qui ont donné naiſſance aux Villes, aux Cités, aux Bour-
gades, aux Hameaux, &c. Avec le tems, la population s'étant
beaucoup augmentée, les familles furent obligées de ſe diſperſer
pour trouver de nouvelles terres à cultiver ; c'eſt ainſi que toutes
les parties du monde ont été ſucceſſivement habitées.

De la terre graſſe, des troncs & des branchages d'arbres, furent
les premiers matériaux. Peu-à-peu on s'appliqua à rendre les maiſons plus ſolides ; on les conſtruiſit de briques, de pierres, de
marbre, & enfin l'on parvint à leur donner de l'élégance, en rendant leur extérieur plus agréable, & leur intérieur plus commode.

On n'apporta pas ſans doute beaucoup d'attentions pour ſituer
avantageuſement les premieres habitations. Il eſt à croire que le
haſard ſeul en décida. Comme on agiſſoit ſans rien prévoir, le
voiſinage d'un ruiſſeau ou d'un bois, une ſituation agréable, ou
quelques raiſons de convenance ſuffirent pour déterminer leurs
emplacemens. Dans des tems moins reculés, on en a des exemples
ſenſibles. Romulus lorſqu'il fonda la ville de Rome, parut s'em-
barraſſer fort peu de la bonté de ſon territoire. Infectée de marais
croupiſſans, traverſée par une riviere non navigable, placée entre
ſept montagnes, aucune ſituation ne pouvoit être plus mal choi-
ſie : il ne la regarda vraiſemblablement que comme un repaire
favorable pour mettre à couvert les rapines & les pillages dont
vécurent ſes premiers habitans ; cependant cette Ville eſt devenue
la Métropole du Monde.

Lorſque quelques Pêcheurs de Padoue donnerent naiſſance à la
ville de Veniſe, en conſtruiſant des baraques ſur pilotis dans les
lagunes du Golfe Adriatique, pour ſe mettre à l'abri des incur-
ſions des Barbares qui inondoient l'Italie, ils n'avoient garde de
penſer qu'ils jettoient les fondemens d'une Ville qui ſeroit un jour
la dominatrice des Mers, & feroit pendant un tems tout le commerce de l'Europe.

C'eſt ainſi que la plûpart des Cités ont commencées: celles qui ſe
ſont trouvées favorablement ſituées, ne l'ont jamais dû qu'à un heu-

reux hafard. Cependant il s'en faut bien que la pofition d'une Ville foit arbitraire & indifférente. Le choix de fon emplacement demanderoit au contraire l'intelligence & les lumieres des plus grands Philofophes.

Si Platon, lorfqu'il compofa des loix pour former une République & rendre les hommes auffi heureux qu'ils pourroient l'être dans l'état de fociété, avoit imaginé le plan d'une Ville pour fes nouveaux citoyens, il auroit voulu que l'endroit deftiné pour fon emplacement fût fain, que les eaux en fuffent falubres, qu'il ne fût pas fujet à des vents dommageables, à des brouillards ou à des exhalaifons peftilentielles, fufceptibles de caufer des maladies. Il auroit auffi cherché à la fituer dans un climat temperé, éloigné du trop grand chaud, comme du trop grand froid, inconvéniens également nuifibles à la fanté. Car la chaleur exceffive affoiblit, énerve les corps, les rend mols, efféminés, & incapables de fupporter de grands travaux. Dans les pays froids au contraire, quoique les hommes paroiffent fe porter mieux, la terre eft aride & le plus fouvent inculte, parce qu'elle n'eft pas fuffifamment vivifiée par les rayons du foleil.

Ce Philofophe auroit encore confidéré, ainfi que le recommande Vitruve, livre 1, chapitre 4, le foie des animaux vivants dans les endroits où il eût projetté de bâtir fa Ville. S'il s'étoit apperçu qu'il eût été généralement livide & corrompu, il auroit conclu que les habitans pouvoient être attaqués de femblables maladies, & que la nourriture ne devoit pas être faine dans un pareil pays. La nature des eaux, des fruits & des légumes, dont la mauvaife qualité peut influer fur la fanté des hommes, n'auroit pas auffi échappée à fon examen, ainfi que la facilité des chemins pour arriver à fa nouvelle Ville. Enfin il eût obfervé s'il étoit aifé de fe procurer des matériaux pour bâtir, & de trouver dans le voifinage toutes les denrées néceffaires pour la nourriture des habitans, ou du moins fi celles qui manquoient, y pouvoient être tranfportées à l'aide, foit de quelques rivieres, foit de quelques ports de mer peu éloignés , capables de rendre en même-temps fon commerce floriffant.

Une autre attention non moins importante pour un Fondateur de Ville , ce feroit de s'affurer par l'examen de fon fol & de fes environs, fi le lieu deftiné à fon emplacement peut être fufceptible des impreffions des tremblemens de terre. On connoît les ravages affreux occafionnés par ce fléau , & combien de Villes ont été détruites par fes funeftes effets. Il eft comme démontré, que plus un endroit eft caverneux , abondant en fources minérales , rempli de nitre , de fel , de foufre , & fur-tout de pyrites , plus il eft expofé aux tremblemens. Au Chilly , au Pérou , à la Jamaïque, en Italie, on remarque toutes ces chofes. Auffi y a-t-il des volcans dans ces contrées, & les tremblemens s'y font-ils fentir fouvent. Le long des côtes de la mer , les tremblemens paffent auffi pour être plus fréquens, parce que les pyrites font mouillées plus facilement par les eaux qui les baignent fans ceffe. Les pays dont le fol eft fabloneux , graveleux ou limoneux , font au contraire peu expofés à ce fléau.

C'eft pourquoi il feroit important lors de la fondation d'une Ville, de mettre à profit toutes les connoiffances phyfiques, pour choifir un terrein convenable & exempt s'il fe peut de tous les inconvéniens ci-deffus ; mais jamais on n'a apporté de femblables attentions : on a agi fans ceffe comme fi l'emplacement des Villes pouvoit être indifférent : toujours ce font des caufes étrangeres au bonheur des hommes qui ont guidé dans ces établiffemens ; un paffage d'importance à garder, un confluent de deux rivieres , un endroit difficile à être infulté par l'ennemi, ou favorablement fitué pour le commerce : on ne fonge qu'à des vues politiques, & prefque jamais au but que l'on devroit fe propofer en pareil cas.

ARTICLE SECOND.

De la maniere la plus avantageuse de distribuer une Ville.

MALGRÉ la multitude de Villes qui ont été bâties jufqu'ici dans toutes les parties du monde, il n'en a pas encore exifté que l'on puiffe véritablement citer pour modeles. Le hafard n'a pas moins préfidé à leur diftribution générale qu'à leur emplacement. (*a*) Pour s'en convaincre, il ne faut que jetter les yeux fur leur enfemble, pour s'appercevoir qu'elles ne font toutes que des amas de maifons diftribuées fans ordre, fans entente d'un plan total convenablement raifonné, & que tout le mérite des Capitales les plus vantées, ne confifte qu'en quelques Quartiers affez bien bâtis, qu'en quelques rues paffablement alignées, ou qu'en quelques monumens publics, recommandables, foit par leur maffe, foit par le goût de leur architecture. Sans ceffe on remarquera qu'on a tout facrifié à la grandeur, à la magnificence, mais qu'on n'a jamais fait d'efforts pour procurer un véritable bien-être aux hommes, pour conferver leur vie, leur fanté, leurs biens, & pour affurer la falubrité de l'air de leurs demeures.

En examinant attentivement une grande Ville, ce qui frappe d'abord, c'eft de voir de toutes parts couler les immondices à découvert dans les ruiffeaux avant de fe rendre dans les égoûts, & exhaler dans leur paffage toutes fortes d'odeurs mal-faifantes : enfuite c'eft le fang des boucheries ruiffelant au milieu des rues, & offrant à chaque pas des fpectacles horribles & révoltans. Ici

(*a*) Conftantinople eft la Ville que l'on exalte le plus généralement. Placée au bord de la mer, fes maifons s'élevent en amphitéâtre, au-deffus les unes des autres. De loin on apperçoit fes collines embellies de Mofquées, & d'édifices confidérables, formant du couchant au levant un vafte point de vûe, qui annonce avantageufement la Capitale d'un grand Empire. Mais fon intérieur ne répond nullement à ce dehors impofant. Il a plutôt l'air d'un gros Bourg par la multitude de jardins & d'arbres qui fe trouvent pêle-mêle avec les maifons, que d'une Ville importante. Ses rues font étroites, mal percées, mal pavées, & toujours extrêmement mal-propres : on eft obligé de monter & de defcendre fans ceffe, ce qui eft fort incommode. D'ailleurs toutes fes maifons font bâties en bois qui occafionne de fréquens incendies.

c'eft tout un quartier empefté par les vuidanges des latrines: là c'eft une quantité de tombereaux crottés qui s'emparent journellement des rues pour en enlever les ordures, lefquels, indépendamment de leurs vûes fales & dégoûtantes, occafionnent toutes fortes d'embarras : plus loin vous obferverez au centre des lieux les plus fréquentés les Hôpitaux & les Cimetieres perpétuant les épidemies, & exhalant dans les maifons le germe des maladies & de la mort. Ailleurs vous remarquerez que les rivieres qui traverfent les Villes, & dont les eaux fervent de boiffon aux habitans, font continuellement le receptacle de tous les cloaques & de toutes les immondices. Tantôt à caufe du peu de largeur des rues & de leur difpofition vicieufe, ce feront des citoyens expofés à être foulés aux pieds des chevaux, ou à être écrafés par les voitures, qui attireront votre attention : enfin lorfqu'il pleut vous appercevrez tout un peuple inondé d'une eau fale & mal-propre, provenant de la lavure des toîts qui, par leur difpofition, centuplent l'eau du ciel, ou bien couvert d'un déluge de boue par le piétinement des chevaux ou le roulement des voitures dans les ruiffeaux. En un mot les Villes vous préfenteront de toutes parts le féjour de la malpropreté, de l'infection & du mal-être.

Si de ces objets particuliers, on porte fes regards plus haut, on verra des fléaux encore plus grands ; des Villes en proie aux flammes qui dévorent en un inftant tout un quartier, & ruinent fans efpoir les fortunes des citoyens : des fleuves furmontant leurs bords, inonder les Cités, entrer dans les maifons, les dégrader ou les entraîner dans leurs cours, ou bien fubmerger dans les campagnes l'efpérance des moiffons : des tremblemens de terre renverfer les Villes les-mieux bâties jufques dans leurs fondemens, & enfevelir par leur chûte une partie de leurs habitans. Qui ne croiroit, en voyant le tableau effrayant de tous ces défaftres, qu'un génie mal-faifant & ennemi du genre humain, n'ait été le moteur de la réunion des hommes dans les Cités ?

Ainfi c'eft donc un vrai fervice à rendre que de montrer jufqu'à quel point il feroit poffible de remédier à tant d'inconvéniens auxquels une longue habitude nous a rendu en quelque forte infenfibles, ou que du moins elle nous a fait regarder jufqu'ici comme inféparables des fociétés.

Il eft à croire que fi des matieres auffi importantes pour l'humanité n'ont pas été approfondies, c'eft parce que l'utile nous échappe prefque toujours, ou plutôt que nous ne voyons fouvent fon exécution qu'à travers une complication de moyens qui le rendent impraticable. Je me propofe, en envifageant les objets dans le grand, fuivant toutes leurs faces, leurs rapports, leurs différences, leurs circonftances locales, d'examiner ici comment on pourroit tirer un parti avantageux des élémens, c'eft-à-dire, les diriger pour la plus grande utilité des hommes, & de façon à les empêcher de nuire dans les Cités. D'abord je montrerai comment il feroit à propos de difpofer une Ville pour le bonheur de fes habitans, quels font les moyens d'opérer fa falubrité, & quelle doit être la diftribution de fes rues pour éviter toutes fortes d'accidens. Enfuite je ferai voir quelle eft la maniere la plus avantageufe de placer fes égoûts, de repartir fes eaux, & comment il eft poffible de conftruire les maifons de façon à les mettre à couvert des incendies; & enfin par l'application des principes que j'aurai établis, je prouverai que nos Villes, quelques défectueufes qu'elles foient par leurs conftitutions phyfiques, peuvent à bien des égards être rectifiées fuivant mes vues.

Pour ne rien laiffer à défirer, je donnerai par la fuite une théorie fur les débordemens des rivieres, où l'on verra par quel procédé, il feroit poffible de les diminuer confidérablement, & d'arrêter en partie leurs funeftes effets : j'examinerai encore jufqu'à quel point on peut affurer les maifons en pierre, par leur conftruction, contre les fecouffes des tremblemens de terre : l'importance de ces matieres exigeant d'entrer dans des difcuffions étendues, j'ai cru devoir les traiter féparément dans une autre partie de ces Mémoires.

§. I. *Dispofition d'une Ville.*

APRÈS avoir donc choifi l'emplacement d'une Ville, eu égard aux raifons phyfiques expliquées ci-devant, qui peuvent devenir en les négligeant autant de caufes deftruétrices de fes habitans , & l'avoir concilié avec les raifons de convenance qui peuvent donner lieu à fa fondation, la meilleure maniere de la difpofer, eft fans contredit dans une plaine, au confluent de deux rivieres navigables, ou bien à droite & à gauche d'une grande riviere qui la traverfe du levant au couchant. Cette pofition non-feulement feroit avantageufe, tant pour le commerce que pour l'importation des denrées néceffaires à la nourriture des habitans, mais encore contribueroit, à caufe du courant de fon eau, à la falubrité de l'air.

Il ne feroit pas, fuivant moi, à défirer qu'une Capitale confidérable & commerçante fût conftruite fur le bord de la mer avec un port, il fuffiroit qu'elle en fût diftante de quelques lieues, comme l'eft Bordeaux, Rouen, Lifbonne, Londres, &c. ou comme l'étoit autrefois Athenes. Car, ainfi que le remarque Plutarque (a) dans la vie de Thémiftocles, au fujet de l'éloignement du Pyrée à cette derniere Cité, il faut qu'il y ait une certaine diftance pour écarter d'une grande Ville, la licence qui regne ordinairement dans les ports : il fuffit que le port puiffe être fecouru par la Ville, fans que le bon ordre de celle-ci en fouffre.

La forme extérieure d'une Ville eft d'elle-même affez indifférente : c'eft le plus ou le moins de contrainte du fol qui doit en décider, ainfi que le nombre de fes habitans qui peut déterminer fon enceinte. Si cependant le terrein le permettoit, il feroit à fouhaiter qu'on pût lui donner à l'extérieur la figure à-peu-près, foit d'un exagone, foit d'un oétogone, afin que fes différens quartiers fuffent plus ramaffés, fe communiquaffent mieux, qu'il y eût moins loin d'une extrémité à l'autre, & que

(a) Plut, inThémift. pag. 122.

la

la police pût s'exercer plus facilement. On l'environneroit, dans son pourtour, de quatre rangées d'arbres ; savoir, d'une grande allée pour les voitures, & de deux contre-allées pour servir de promenades.

Au-delà de ces rangées d'arbres, on construiroit les Fauxbourgs, où seroient rejettés tous les métiers grossiers, & les arts qui produisent beaucoup d'odeurs & de bruit, tels que les Tanneries, les Triperies, les Maréchaux, les Taillandiers, les Blanchisseuses, les Hôtelleries où l'on prend les voitures publiques, &c.

Les tueries des Bouchers, ainsi que leurs étables seroient aussi relégués vers ces endroits, afin que des troupeaux de bœufs ne fussent pas sans cesse obligés de traverser la Ville, où ils occasionnent des embarras par leur passage. Indépendamment que ces bœufs interrompent la circulation des voitures, ils se dispersent quelquefois dans les rues, entrent dans les boutiques, répandent la terreur, & causent du désordre.

Un canal de 25 pieds de largeur au moins environneroit les Fauxbourgs, & communiqueroit avec le fleuve qui traverseroit la Ville, tant à son entrée qu'à sa sortie. Par cette disposition l'air se trouveroit évidemment renouvellé sans cesse dans le pourtour & dans le centre. Pour laver les cloaques, dont il sera question par la suite, on placeroit, sur les bords de ce canal, différens réservoirs, dans lesquels les eaux seroient élevées par des machines hydrauliques, ou que l'on empliroit, si faire se peut, par différentes sources éparses dans les environs de la Ville, & que l'on feroit ensorte d'amener, soit par des aqueducs, soit par des canaux, ou plutôt en alliant les uns avec les autres. Il faudroit se garder d'imiter les anciens Romains, qui prodiguerent les dépenses pour l'exécution de ces sortes d'ouvrages. Au lieu de se contenter d'élever des aqueducs dans des vallons pour porter l'eau du sommet d'une montagne à l'autre, & ensuite de la laisser couler par sa pente naturelle dans des canaux ou conduits jusqu'à l'endroit destiné, ils construisoient presque toujours des arcades continues à grand

B

frais depuis la fource de ces eaux jufqu'à leur arrivée. Ils faifoient
à-peu-près comme nous l'avons vu pratiquer le fiecle dernier,
lors de l'exécution de la machine de Marly. L'eau une fois élevée
à la hauteur de la tour adoffée à l'aqueduc, il ne s'agiffoit plus
que de la laiffer defcendre de cette tour par des conduits tout naturellement jufqu'à Verfailles ; à la place de ce moyen fimple &
économique, on s'eft avifé de conftruire une longue file d'arcades
avec la plus grande dépenfe, dont l'ufage ne fe peut deviner, &
qui font d'une parfaite inutilité pour le but que l'on s'eft propofé.

Au-delà des Fauxbourgs feroient placés dans des lieux élevés
& bien aérés, les Cimetieres & les Hôpitaux ; car la corruption
qui fort de ces endroits, infecte l'air & les eaux. Quoique cette
infection ne foit pas fenfible d'abord, elle ne laiffe pas de nuire à
la fanté, en faifant contracter à nos corps peu-à-peu de mauvaifes
qualités, que l'on attribue mal-à-propos à d'autres influences.

Pour éloigner les caufes des incendies, & dégager les quais
de toutes ces piles de bois, incommodes qui offufquent leur vûe
& embarraffent la voie publique, il feroit effentiel de placer les
chantiers au-dehors de la Ville : par ce moyen, au lieu de faire le
commerce de bois, du centre à la circonférence, il fe feroit au
contraire de la circonférence au centre.

Ces Fauxbourgs traverfés par des routes, aboutiroient de toutes
parts à la Ville, dont les portes s'annonceroient par de magnifiques arcs-de-triomphe, élevés en l'honneur de ceux qui auroient
bien mérités de l'Etat, ou qui l'auroient glorieufement gouverné.
Placés aux entrées d'une Ville, ces monumens frapperoient les
Etrangers, & contribueroient à leur donner une grande idée de
la Nation, en leur retraçant fa gloire. Après ces arcs-de-triomphe, il faudroit que l'on trouvât une place demi-octogone ou
demi-circulaire, percée de rues qui y aboutiroient de tous côtés,
& qui feroient terminées par des objets intéreffans, tels que des
fontaines, des aiguilles, des ftatues pedeftres ou équeftres, &
des bâtimens publics. L'entrée de Rome par la Porte du Peu-

ple, eſt à-peu-près diſpoſée de cette maniere, & produit le plus grand effet.

Pour la beauté d'une Ville, il n'eſt pas néceſſaire qu'elle ſoit percée avec l'exacte ſymmétrie des Villes du Japon ou de la Chine, & que ce ſoit toujours un aſſemblage de quarrés, ou de parallelogrames ; l'eſſentiel, ainſi que je l'ai dit ailleurs (a), eſt que tous ſes abords ſoient faciles, qu'il y ait ſuffiſamment de débouchés d'un quartier à l'autre pour le tranſport des marchandiſes, & la libre circulation des voitures,& qu'enfin ſes extrêmités puiſſent ſe dégager du centre à la circonférence ſans confuſion. Il convient ſur-tout d'éviter la monotonie & la trop grande uniformité dans la diſtribution totale de ſon plan, mais d'affecter au contraire de la variété & du contraſte dans les formes, afin que tous les différens quartiers ne ſe reſſemblent pas. Le Voyageur ne doit pas tout appercevoir d'un coup-d'œil, il faut qu'il ſoit ſans ceſſe attiré par des ſpectacles intéreſſants, & par un mêlange agréable de places, de bâtimens publics & de maiſons particulieres.

Quant à la largeur des rues d'une Ville, & à l'élévation de ſes maiſons, il faut avoir égard au climat où l'on bâtit. Dans les pays froids & temperés, il eſt à propos de les faire plus larges & plus ſpacieuſes que dans les pays chauds, & auſſi de tenir leurs bâtimens moins élevés. Cette plus grande largeur fera que le ſoleil pénétrera partout plus facilement, échauffera les maiſons davantage, en diſſipera l'humidité, & leur procurera plus de lumieres. D'ailleurs les rues larges facilitent le paſſage des voitures, ſont moins ſujettes aux embarras, & de plus permettent de découvrir la beauté ainſi que l'étendue des édifices, des temples & des palais, qui ſont l'ornement des Villes.

Au contraire dans un climat chaud, les bâtimens doivent être plus exhauſſés & les rues plus étroites(b), afin de tempérer la chaleur par la grande ombre que les maiſons portent,ce qui contribue

(a) Monumens érigés à Louis XV, page 222, (b) Palladio, liv. 3, chap. 2.

à la fanté. Après le grand incendie de Rome, Néron en fit reconf-
truire les rues plus larges qu'auparavant, dans le deffein de rendre cette Ville plus belle ; mais, remarque Tacite, elle fe trouva
alors plus expofée aux impreffions des grandes chaleurs, ce qui la
rendit bien moins faine.

Par les mêmes raifons, il ne faut pas autant d'ouvertures ni de
croifées à un bâtiment dans un pays chaud que dans un pays froid,
afin d'entretenir dans les logemens une certaine fraîcheur.

Pour la difpofition des rues, il ne faudroit pas imiter Babylone,
dont toutes les maifons étoient ifolées avec des terres labourées,
& des jardins fpacieux qui y étoient joints, ce qui donnoit à cette
Ville un circuit immenfe (a). Il ne faudroit pas non plus prendre
pour modele les Villes de la Chine, dont les rues, quoiqu'affez
larges, n'ont le plus fouvent qu'un rez-de-chauffée. Il n'eft pas
douteux que ces arrangemens rendent les Villes extrêmement vaftes, & leur donnent plus d'apparence que de grandeur réelle.
Toutes nos grandes Capitales d'Europe, Paris, Lyon, Venife,
Naples, dont les rues font fort étroites, & les maifons élevées
jufqu'à cinq & fix étages, ce qui rend en général ces Villes mal-
faines, ne méritent pas davantage de fervir d'exemples. Ce que
les Chinois penfent du peu de largeur de nos rues, & de l'élévation de nos maifons eft fingulierement curieux: »Lorfqu'ils voyent
» la defcription de nos bâtimens ou des eftampes qui les repré-
» fentent ; ces grands corps de logis, ces hauts pavillons les épou-
» vantent ; ils regardent nos rues comme des chemins creufés

(a) Son plan, au rapport des Hiftoriens,
étoit un quarré parfait, dont chaque côté avoit
fix lieues. Ses murailles avoient 12 toifes d'é-
paiffeur fur 50 pieds d'élévation : elles étoient
de briques & environnées d'un vafte foffé rempli d'eau. Chaque côté de ce quarré avoit vingt-
cinq portes, aboutiffant par autant de rues aux
portes du côté oppofé ; c'eft-à-dire, que cette
Ville étoit compofée de cinquante grandes rues
qui fe coupoient à angle droit. A droite & à
gauche de ces rues étoient diftribuées les maifons, qui toutes étoient féparées par des jardins

& des terres labourables. L'Euphrate qui traver-
foit Babylone du nord au midi, n'avoit qu'un
feul pont de 104 toifes de longueur fur 5 toifes
de largeur. Ses quais étoient bordés de murailles de briques, dans lefquelles étoit percée
une porte en face de chaque rue pour faciliter
le paffage de l'eau en bateaux. On peut juger
combien l'étendue gigantefque d'une pareille
Ville devoit rendre difficile la communication
entre fes habitans, tant pour leurs befoins journaliers que pour les affaires civiles : c'étoit un
vrai voyage d'aller d'un quartier à l'autre.

» dans d'affreuses montagnes, & nos maisons comme des rochers
» à perte de vûe, percés de troux, ainsi que des habitations d'ours
» & d'autres bêtes féroces. Nos étages sur-tout accumulés les uns
» sur les autres leur paroissent insupportables. Ils ne comprennent
» pas comment on peut risquer de se casser le col cent fois le
» jour, en montant nos degrés, pour se rendre à un quatrieme
» ou cinquieme étage. L'Empereur Canghi disoit, en voyant le
» plan de nos maisons Européennes, il faut que l'Europe soit un
» pays bien petit, bien misérable, puisqu'il n'y a pas assez de ter-
» rein pour étendre les Villes, & qu'on est obligé d'y habiter en
» l'air. (a)

Entre l'excès dans lequel tombent les Chinois, en ne faisant
qu'un rez-de-chaussée, & l'élévation prodigieuse des maisons de
nos principales Villes, il y a sans doute un milieu. Dans un climat tempéré, il peut suffire de donner 40 à 60 pieds de largeur
aux rues, & d'élever les bâtimens environ de trois étages. Je me
dispense d'en dire davantage pour le présent, attendu que j'insisterai à ce sujet par la suite.

Dans une nouvelle Ville, il faudroit bien se garder de souffrir
que l'on bâtisse des maisons sur les ponts, ainsi qu'on le remarque principalement à Paris. Cet abus est des plus préjudiciables
à la santé des habitans; car l'air qui environne une riviere étant
continuellement renouvellé par son courant, il s'ensuit que
ce courant emporte avec lui les exhalaisons qui s'élevent journellement des immondices d'une grande Ville. Or les maisons
placées sur les ponts, arrêtent cette libre circulation de l'air &
son renouvellement, sans compter qu'elles ôtent l'agrément d'une
vûe étendue, & qu'elles courent souvent risque d'être renversées
avec les ponts, lors des grosses eaux ou des débacles après de fortes gelées, ainsi qu'on en a vu des exemples funestes.

Il n'est pas nécessaire d'indiquer quelle place il faut assigner de

(a) Tome XXVII des Lettres-Édifiantes & curieuses ; lettre du Frere Attiret.

préférence aux monumens publics dans la diftribution d'une Ville.
C'eft à leur deftination à faire fentir les endroits qui leur conviennent le mieux, ainfi que leur étendue. Il y en a qu'il faut placer
fur les bords de la riviere : d'autres à l'extrêmité d'une Ville, d'autres dans le centre, d'autres enfin repartie dans fes différens quartiers. Le point- effentiel eft d'envifager dans leur emplacement,
leur ufage, la commodité ou les befoins des habitans, & fur-tout
de faire enforte de donner, à ceux qui doivent être les plus fréquentés, beaucoup de dégagemens.

Il faudroit pour les marchés, par exemple, éviter les inconvéniens que l'on remarque dans la plûpart de ceux de nos Villes
d'Europe. Ce font toujours des endroits qui les dégradent. La
plûpart font petits, mal fitués, mal bâtis, & fans débouchés. Le plus
fouvent les Marchands y font expofés avec leurs denrées aux injures de l'air, & fe trouvent confondus pêle-mêle avec les voitures. Au contraire dans la Turquie, la Perfe, & l'Orient, les
bazards en font l'ornement, & font bâtis en pierre avec des portiques : ils s'annoncent par de vaftes & longues galeries éclairées
par des dômes, où les marchandifes & les denrées de toutes efpeces
font à couvert contre la pluie & la chaleur. (a)

La multiplicité des fontaines feroit encore un des ornemens de
notre Ville ; elles lui donneroient une air de vie & contribueroient à fa propreté. Après avoir coulé abondamment dans fes
différens quartiers, dans les palais, dans les places, dans les jardins publics, & dans les principaux carrefours, leurs eaux iroient
laver les égoûts, & entraîneroient fans ceffe leurs immondices.

(a) Il n'y a de comparables à ces édifices
que les caravanferails ou hôtelleries publiques
pour les étrangers ; ce font des bâtimens fpacieux, bien bâtis, entretenus fouvent aux dépens du Souverain. Il y en a, non-feulement
dans les Villes, mais encore fur les grandes
routes. Ils font quelquefois fi vaftes, qu'il
y peut loger jufqu'à trois cens étrangers. Dans
les Villes confidérables, chaque nation a fon
caravanferail : par-là chacun fe retrouve avec
fes compatriotes : fi l'on a affaire à quelque

étranger, on fçait où le rencontrer, comment
avoir de fes nouvelles, comment fe procurer
des correfpondances. Il eft à croire que la
police de nos Villes gagneroit à de femblables
établiffemens. Ils feroient fans contredit préférables à cette multitude d'hôtels & de chambres garnies, où tout le monde eft confondu,
& qui fervent fouvent de retraite à des gens
dont l'ordre public demanderoit que les actions
fuffent éclairées.

Si ce n'eſt Rome, je ne ſçai aucune Ville convenablement approviſionnée à cet égard.

Il y a ſur-tout deux ſortes de bâtimens publics peu connus, que je déſirerois qui fuſſent établis dans la Ville en queſtion.

Le premier ſerviroit à mettre en ſûreté les fortunes des citoyens, & les titres qui conſtatent leur état, leur ſituation. Ce feroit un chartrier commun où tous les Notaires de l'endroit & des environs, feroient tenus de porter une expédition de tous leurs actes. Cet édifice que l'on éleveroit dans un emplacement iſolé, & que l'on conſtruiroit à l'abri du feu, feroit comme une eſpece de ſanctuaire pour la ſûreté publique de toutes les familles. En y mettant l'ordre néceſſaire, on pourroit conſulter ces titres en tout tems, avec promptitude & à peu de frais. Cet établiſſement a lieu à Florence, & eſt de la plus grande utilité.

Le ſecond auroit pour but de conſtruire dans les différens carrefours, des lieux communs pour les beſoins des paſſans. On pratiqueroit dans chacun, des robinets de propreté, pour faire écouler promptement les matieres, & empêcher la mauvaiſe odeur. A l'aide de ces établiſſemens, il s'enſuivroit que les dehors des grands murs, & ſur-tout des temples, dont on ne devroit s'approcher qu'avec reſpect, ne ſe trouveroient pas ſans ceſſe infectés d'excrémens. On ne voit rien de ſemblable que dans nos Villes d'Europe. Naples eſt principalement un exemple des plus ſenſibles juſqu'où peut aller la mal-propreté & l'infection. Les cours des palais & des hôtels, les porches des maiſons particulieres & leurs paliers, ſont autant de réceptacles aux beſoins des paſſans.

Indépendamment que de pareils abus corrompent l'air d'une Ville, quelle indécence n'eſt-ce pas de voir de toutes parts dans des Capitales auſſi policées que Paris, Londres, Madrid & autres, les habitans faire publiquement dans les rues leur néceſſité à la vue de tout le monde, & ſe montrer en plein jour, preſque à chaque pas, aux yeux du ſexe dans des poſtures ſi peu conformes à l'honnêteté, & qui ne révoltent pas moins la bienſéance que la pudeur. A Conſtantinople on donne la baſtonade à quiconque eſt ſurpris faire ſes beſoins dans les rues. Au Grand-Caire, à Damas & dans tous ces endroits que nous regardons comme barbares, on ne ſouffre rien de ſemblable.

Quoique cela ſoit en quelque ſorte étranger à mon ſujet, je ne puis encore m'empêcher de remarquer un autre ſpectacle qui n'eſt pas moins frappant dans les Villes les plus floriſſantes, c'eſt de rencontrer dans les places & dans les lieux les plus fréquentés, une multitude de mendians incommodes qui bleſſent la vue des paſſans à chaque pas, par toutes ſortes d'ulceres & de plaies qu'ils étalent avec affectation pour exciter la charité ; juſques dans les Egliſes, ils interrompent ſans ceſſe la pieté des fideles. La police devroit s'attacher à réprimer ces abus, qui ſemblent faire des rues & des lieux publics, un Hôpital ambulant. Que n'enferme-t-on tous ces eſtropiés & ces pauvres dans des maiſons où ils ſeroient inſtruits à la pieté & au travail ? Il n'eſt pas impoſſible de rendre les gens les plus impotens propres à de certains genres d'ouvrages, capables de faire vivre ceux qui s'en occupent. Il y a des travaux où il ne faut que des pieds, d'autres des mains (a). J'ai vu un homme ſans pieds, & n'ayant qu'une main, gagner ſon pain à tirer le diaphragme d'un ſoufflet de forge. On pourroit tenir magaſin de tous les petits ouvrages qui ſe feroient dans les Hôpitaux, dont la vente ſuffiroit pour les faire vivre en commun. C'eſt ce que diſent depuis long-tems tous les citoyens. En vain a-t-on fait à ce ſujet nombre de ſages réglemens, ils ſont toujours reſtés ſans exécution.

§. II, *Décoration d'une Ville.*

Pour décorer une Ville avec convenance, il ſeroit à propos que chaque ſorte de bâtiment fût traité d'une maniere relative à ſa deſtination, à l'imitation des anciennes Villes Grecques. Les

---

(a) On pourroit à l'exemple des Chinois faire des moulins à bras pour moudre le grain, en les établiſſant dans des lieux convenables ; tous les mendians & ceux qui n'auroient pas d'autres reſſources pour vivre, ſeroient tenus d'y aller travailler, ſous peine de punition.

maiſons

maisons des particuliers y seroient ornées simplement , & sans colonnes : on réserveroit au contraire toutes les richesses de l'Architecture pour les palais , les temples & les édifices publics ; c'est ce que les anciens appelloient *publicam magnificentiam*. En effet est-il décent que la maison d'un simple Particulier, quelque riche qu'il soit , surpasse , ou égale en magnificence , la demeure de l'Etre Suprême, celles des Princes & des Ministres ? N'est-ce pas confondre tous les rangs & tous les états ? On veut que tous ces especes de palais ainsi multipliés indistinctement, fassent honneur à une Ville ; ils la dégradent bien plutôt, remarque Cicéron (*a*), si l'on veut en juger sainement, parce qu'ils la corrompent, en lui rendant le luxe & le faste nécessaire, par la somptuosité des meubles ; & par les autres ornemens que demande un bâtiment superbe , sans compter que les grandes dépenses qu'ils exigent, & qui entraînent toujours au-delà des moyens des Particuliers, sont souvent la cause de la ruine des familles.

D'ailleurs c'est une erreur de croire que la profusion des ornemens releve la beauté de l'Architecture : elle y nuit plus qu'elle n'y sert. Le beau essentiel de cet art, consiste principalement dans la régularité, la proportion, & l'ordre. Un édifice est d'autant plus agréable qu'il contient un plus grand nombre de ces rapports, & que toutes ses parties paroissent mieux convenir ensemble, tellement que de cet assemblage il résulte une harmonie générale qui enchante tous les regards.

Je ne m'arrêterai pas à donner des regles touchant la distribution particuliere de chaque bâtiment ; distribution qui varie suivant les climats, suivant les personnes, suivant les différentes constitutions & les usages des gouvernemens. Un édifice Turc ne doit pas être distribué comme un édifice Chinois ou François, ni un bâtiment construit sous la Ligne, comme s'il étoit élevé dans le Nord. Il y a une Architecture locale, ou plutôt un arrangement

(*a*) Liv. 1 , de offic. n, 139.

C

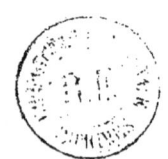

d'étiquette, relatif aux différentes températures du fol, fur-tout par rapport au plus ou moins de percés. D'ailleurs, ces objets ne font que particuliers, & il n'eft queftion ici que de regards généraux fur ce qui conftitue l'enfemble des Villes.

Quant aux Villes riches & d'une certaine grandeur, telles que des Capitales, je ne penfe pas qu'il foit abfolument néceffaire de les environner de fortifications. Il fuffiroit à l'aide, ou du canal dont il a été queftion, ou d'un foffé fuffifamment large, faifant autour une circonvallation, de les mettre à l'abri d'un coup de main, & qu'on ne pût, foit y entrer, foit en fortir fans qu'on s'en apperçut: car de la maniere dont on affiége aujourd'hui les Villes, en les réduifant en cendres, il n'y en a point d'imprenables : de-là il s'enfuit qu'une Cité opulente & fortifiée, lorfqu'elle eft affiégée, fe trouve ruinée en peu de jours, ou qu'elle eft obligée, pour prévenir fa deftruction, de fe rendre dès les premiers coups de canon. De plus, lorfqu'elle eft prife, l'ennemi qui n'a pas le même intérêt que fon Souverain à la ménager, en fait une place d'armes, & y foutient des fiéges qui achevent fa ruine : voyez ce qui eft arrivé aux Villes de Prague, de Drefde & de Caffel pendant la derniere guerre. Si ces Villes n'avoient pas eu de fortifications, l'ennemi n'auroit fait qu'y paffer, & ne les auroit pas abymées, comme elles l'ont été. Il fuffit donc de mettre une grande Ville à couvert de l'infulte d'un parti de troupes légeres, & voilà tout. C'eft le nombre & le courage de fes habitans, qui doit faire fa force : il faut faire enforte de graver dans tous les cœurs l'amour de la patrie, & que chaque citoyen puiffe dire, à l'exemple des anciens Spartiates, en mettant la main fur fa poitrine, *voici nos remparts.*

ARTICLE TROISIEME.

Comment il feroit à propos de difpofer les rues d'une Ville, pour obvier aux inconvéniens qu'on y remarque.

QUELLE eft la maniere la plus favorable de difpofer les rues d'une Ville ? Vaut-il mieux les décorer avec deux files de portiques ou promenoirs couverts fur lefquels porte en faillie le premier étage des maifons, à l'exemple de Bologne, de Padoue, de Reggio & de nombre de Villes de la Lombardie ; ou bien diftribuer des trotoirs des deux côtés, comme à Londres, à Coppenhague ; ou bien enfin ne mettre ni trotoirs ni portiques, comme à Paris, à Rome, à Madrid, &c ?

Premierement, quoique les portiques procurent un abri continuel contre la pluie, le foleil, & les accidens qu'occafionnent les voitures aux gens de pied, il s'en faut bien qu'il en réfulte aucun embelliffement pour les Villes. Le plus fouvent ils varient de forme à chaque bâtiment, ainfi que de hauteur. Le milieu des rues ne fervant plus qu'aux voitures & aux bêtes de fomme, eft abfolument négligé, d'où il arrive que les rues font comme des efpeces de cloaques, que perfonne n'eft intéreffé à approprier. De plus les portiques rendent le rez-de-chauffée des maifons & les boutiques obfcurs, ainfi que les rues dangereufes, pendant la nuit.

Secondement, les trotoirs ne font pas moins négliger le milieu des rues que les portiques. On connoît les défagrémens de la Capitale de l'Angleterre à cet égard. La chauffée eft toujours couverte de crote, au point qu'on n'y fçauroit marcher, à moins de choifir, en la traverfant, les endroits où il fe trouve par hafard quelque pierre pour ne pas trop enfoncer dans la boue. D'ailleurs on eft obligé d'interrompre les trotoirs à l'entrée des portes cocheres ou des rues traverfantes, ce qui néceffite de monter & de defcendre fouvent.

C ij

Troifiemement, la difpofition des rues de Paris, de Madrid, de Naples & autres, quoique plus avantageufe par rapport aux maifons & à la propreté, occafionne des accidens journaliers, parce qu'en général leurs rues font trop étroites, & le chemin des voitures n'étant pas diftinct de celui du peuple, il réfulte que celui-ci eft fouvent foulé aux pieds des chevaux, ou en rifque d'être écrafé. Un autre défagrément, c'eft qu'on ne peut gueres marcher dans les rues, fans être couvert de boue par les voitures, ou fans être inondé, lorfqu'il pleut, par les égoûts des toîts.

Les Chinois font les feuls qui paroiffent avoir pris quelques précautions à cet égard, dans la diftribution de leurs principales rues, qui ont quelquefois jufqu'à cent vingt pieds de large. Ils divifent cet efpace en trois parties : celle du milieu eft réfervée pour les gens de pied & les palanquins, & les deux autres le long des maifons font deftinées pour le paffage des bêtes de fomme & des voitures (a) : mais cet arrangement eft encore infuffifant, & ne remédie qu'en partie à ce qui a été dit précédemment : car il s'en-fuit qu'il faut fans ceffe traverfer la voie des charettes, pour arri-ver dans les maifons, & qu'on ne jouit d'aucune ombre dans les rues où l'on eft expofé continuellement aux intempéries de l'air, aux vents, à la pluie & aux ardeurs du foleil, comme fi l'on étoit en pleine campagne.

Relativement à ces confidérations, & pour concilier l'embel-liffement d'une nouvelle Ville avec la commodité de fes habitans, il ne faudroit ni portiques ni trotoirs le long des rues, mais les difpofer de façon à pouvoir divifer leur largeur en trois parties féparées par deux ruiffeaux. Celle du milieu feroit deftinée pour les voitures, & les deux autres le long des maifons feroient ré-fervées aux gens de pied. Suivant cette diftribution, les rues ordi-naires pourroient avoir quarante-deux pieds de largeur, fçavoir

(a) Les anciens Romains, au rapport dePalladio, *Livre III*, *Chapitre III*, avoient, non des rues, mais des grands chemins féparés en trois parties, avec cette différence que celle du milieu auffi deftinée aux gens de pied, étoit un peu plus élevée que les deux autres.

une chauffée de vingt-cinq pieds, & deux voies pour le peuple, de chacune huit à neuf pieds. Quant aux rues principales, il suffiroit de leur donner soixante pieds de largeur partagée auffi en trois parties : celle des voitures auroit trente-six pieds, & chacune des deux autres douze pieds.

Dans un climat tempéré, tel que le nôtre, ces largeurs de rues feroient fuffifantes pour aérer les maifons, & mettre leur rez-de-chauffée à l'abri de l'humidité. Voici les bons effets qu'occafionneroit cette réforme ; les ruiffeaux ne fe trouvant point au milieu de la voie publique, les chevaux ne fatigueroient pas tant, les équipages rouleroient plus rondement, leurs roues ne fe briferoient pas auffi vîte, ou ne feroient pas auffi facilement démentibulées par des foubreffauts. Enfin, par notre nouvelle difpofition, les maifons dureroient davantage, vû que la chauffée fe trouvant diftante de leurs murs, elles ne feroient pas autant ébranlées par le paffage des voitures.

Pour rendre les chemins des gens de pied plus diftincts & encore plus fûrs, il n'y auroit qu'à placer le long de la chauffée en deçà des ruiffeaux, de fortes bornes efpacées de dix pieds en dix pieds: alors il arriveroit que les habitans ne courreroient aucun rifque d'être écrafés ou eftropiés par les équipages, ou bien d'être éclabouffés, foit par leurs roues, foit par le piétinement des chevaux dans les ruiffeaux. Il n'y auroit que la traverfe d'une rue à craindre, dont il feroit toujours aifé d'éviter les accidens, en ne fe preffant pas trop, & en choififfant le tems favorable. La *Planche premiere* rend fenfible toute cette difpofition : *A*, eft la chauffée : *B B*, les deux chemins : *D*, les bornes.

Dans une nouvelle Ville, pour dégager les carrefours, fatisfaire la vue, & rendre le tournant des voitures plus aifé ou plus commode, il feroit toujours à propos d'arrondir les angles qui forment les coins des rues. *C, Planche I*, fait voir cet arrangement.

Quant à la difpofition des maifons, la feule maniere de procurer une vraie beauté aux rues, eft de ne les élever qu'environ de trois étages, & de les terminer, soit par des terrasses avec des baluftrades, soit par des toîts plats avec des chenaux le long des façades des bâtimens, fans égoûts ni gouttieres du côté de la voie publique.

Dans les pays feptentrionaux, on prétend qu'il faut de toute néceffité ténir les toîts très-élevés & très-roides, de crainte que la neige ne les furcharge, en s'y arrêtant. Cependant fi on y fait attention, on remarquera qu'on agit fans ceffe contradiétoirement à cette opinion. En France, par exemple, on eft dans l'ufage de faire des toîts à la manfarde qui ont le même inconvénient que les terrafles : car le faux-comble qui couronne ces toîts, reffemble à un glacis, tandis que la pente du chenau jufqu'à l'égoût eft inclinée comme un talut : d'où il réfulte que la neige qui féjourneroit fur la terrafle & le toît plat, ne féjourne pas moins fur le faux-comble que nous admettons. Cette obfervation fait voir que la prévention contre les toîts plats eft mal-fondée, & qu'au furplus pour obvier à tout inconvénient par rapport au poids de la neige, il fuffiroit d'avoir l'attention, pour ne la pas laiffer amaffer en trop grande quantité, de balayer fucceffivement le deffus des toîts plats ou des terraffes, comme l'on fait, le devant de fa maifon.

Les eaux des terraffes ou des combles étant conduites par des chenaux & des tuyaux direétement jufques fur le pavé, il s'enfuivroit que le peuple & les denrées que l'on tranfporte, ne feroient plus inondés, comme à l'ordinaire, par une eau fale & mal-propre, provenant de la lavure des toîts. Les gouttieres ne dégradant plus les joints des pavés, les eaux cefferoient de miner les fondemens des maifons. Il arriveroit encore que, lorfqu'il fait de grands vents, ou que l'on raccommode une couverture, on ne courreroit aucun rifque, en paffant dans la rue, d'être écrafé par la chûte d'une fouche de cheminée, ou eftropié par une tuile ; quand il en viendroit par hafard à tomber, l'un & l'autre feroient retenus par le chenau, & il n'en réfulteroit aucun accident.

Je dirai par la suite comment, à l'aide d'un certain arrangement, il seroit aisé d'empêcher les eaux des ruisseaux de s'étendre assez, soitpour incommoder le passage des habitans, soit pour entrer dans les boutiques & les maisons, à cause des fréquentes issues qu'ils auroient dans les égoûts.

Quoique j'aie banni les portiques le long des rues, je pense cependant qu'ils pourroient être employés avantageusement au pourtour des Marchés & des Halles, pour mettre à couvert les denrées. En en pratiquant trois rangs, celui du milieu serviroit de passage aux Acheteurs, & les deux des côtés seroient destinés aux Marchands. Dans les autres places publiques, il suffiroit de mettre des bornes, comme ci–devant, à une certaine distance des maisons, afin que la voie du peuple fût sans cesse différente de celle des voitures.

Pour l'agrément d'une Ville, je serois d'avis que l'on plaçât toujours les boutiques des Marchands en vûe le long des rues, cela lui donneroit un air de vie & feroit spectacle (a). Il s'en faut bien que tous ces magasins situés au fond d'une cour, & où l'on arrive, soit par une allée, soit par une porte cochere, ainsi qu'on

(a) Je ne puis m'empêcher de dire un mot sur les enseignes saillantes & pendantes qui défigurent les rues de la plûpart des grandes Villes. On a réformé cet abus dans quelques-unes, entr'autres à Paris, mais l'on n'a fait les choses qu'à demi. Il eût fallu également faire main-basse sur tous ces auvents de forme gothique, & de toutes sortes de hauteur. On ne peut disconvenir que leur effet ne soit plus choquant, & ne fasse une sorte d'injure aux yeux. Si les rues de la plûpart des Villes étoient mieux allignées, leur défectuosité feroit encore plus sensible. Ils défigurent les maisons par leur saillie, ôtent le jour des boutiques, & offusquent la vûe des croisées des premiers étages. Je ne sache que Lille en Flandres où l'on ait apporté quelque attention à cet égard. Les auvents ont trois à quatre pieds de saillie, & sont composés d'un chassis de bois, sur lequel est clouée une toile cirée : ils sont amovibles & tournent sur des gonds : le jour on les leve, & on les tient en respect avec des especes de cro-

chets : à la nuit on ôte le crochet, & ils retombent le long des murs.

Pour concilier l'embellissement des rues avec l'intérêt des habitans, il conviendroit de substituer sur le devant de la fermeture des boutiques, des chassis à verre & à coulisse, qui les mettroient à l'abri des injures de l'air. Feroit-il beau tems ? on les ouvriroit Viendroit-il à pleuvoir, ou à faire du vent ? on les fermeroit. Cet usage a lieu à Londres, & l'on s'en trouve très-bien. Au-dessus de ces chassis, à-peu près à la hauteur des planchers, les Marchands pourroient mettre des plafonds, qui leur serviroient d'enseignes, mais aux conditions de leur donner au moins onze pieds d'élévation, & dix-huit à vingt pouces de hauteur, sur un pied au plus de saillie vers le haut. Alors rien n'offusqueroit plus la vûe des maisons ; on jouiroit de l'agrément de l'alignement des rues, & en appliquant les lanternes le long des murs, position que j'ai démontré ailleurs être la plus avantageuse, rien ne mettroit d'obstacle à leur clarté, le remarque dans bien des Villes d'Allemagne, produifent un auffi bon effet : on diroit des efpeces de déferts en comparaifon de celles dont l'ufage eft contraire.

§. I. *De la maniere de paver les rues.*

IL n'eft pas befoin d'infifter beaucoup fur la néceffité de paver les rues & de folider leur fol. On remarque que les Villes qui ne jouiffent pas de cet avantage, font à peine praticables dans de certains tems : en été la pouffiere aveugle pour peu qu'il faffe du vent : en hiver, lorfqu'il pleut, cette pouffiere fe convertit en une boue épaiffe, de forte qu'il eft prefque impoffible d'aller dans les rues autrement qu'à cheval ou en voiture.

Les rues de l'ancienne Rome, ainfi que toutes ces voies militaires fi vantées dont il fubfifte des parties très-bien confervées, quoiqu'exécutées depuis plus de deux mille ans, étoient de grands pavés d'environ vingt pouces en quarré, affis fur un maffif de briques à-peu-près de trois pieds d'épaiffeur. Les Villes de Naples, de Florence & de Conftantinople, font pavées ainfi : le premier pavé de la Ville de Paris, dont Gerard de Poiffy, ce généreux citoyen, fit la dépenfe fous le regne de Philippe Augufte, étoit de pierre de quatre à cinq pieds de longueur, & de neuf à dix pouces d'épaiffeur. Ces grands pavés font à la vérité folides & commodes pour les gens de pied, & la boue ne s'y attache pas facilement; mais bien qu'on affecte de les piquer par-deffus, ils ne font pas avantageux pour les chevaux : en traînant des fardeaux, ils ne peuvent y gripper leurs pieds avec facilité, de forte qu'ils font fujets à gliffer & à fe caffer les jambes.

Les rues de Rome moderne font au contraire garnies de petits pavés enchâffés dans des formes de gros, ce qui produit des efpeces de compartimens capables à la bonne heure de faire un coup d'œil, mais qui procurent néceffairement peu de folidité pour réfifter aux charges des voitures.

Les Villes de Madrid & de Londres ne font pas, non plus, pavées

convenablement

convenablement. Les rues de la premiere de ces Capitales font de pavés de grais de forme pyramidale, dont la pointe entre dans la terre : mauvaife conftruction qui doit opérer néceffairement des inégalités fur le fol, à caufe de la preffion des voitures. Le pavé ne fçauroit être affis fur fa forme trop quarrément, pour réfif-ter aux fardeaux qu'il eft d'obligation de foutenir. Les rues de la Capitale de l'Angleterre, ne font point encore pavées avec affez de folidité, tellement que, pour empêcher les charettes d'endom-mager la voie publique, il eft d'ufage de tenir leurs roues fort larges d'épaiffeur, & de ne les point garnir de cercle de fer : il n'y a que les carroffes qui ayent ce privilege (a).

Dans la plûpart des autres Villes, les rues font pavées de petits cailloux ou blocages de toutes fortes de forme, qui bleffent les pieds de ceux qui n'y font pas accoutumés.

De toutes les méthodes de paver les rues, la plus commode pour les voitures, & la plus généralement applaudie, eft celle qui eft en ufage à Paris. Elle confifte en pavés de grais durs, de huit à neuf pouces d'écariffage, & que l'on nomme d'échantillon. Il ne manque à fa perfection que d'être affis fur un fond plus fo-lide & moins fufceptible de produire autant de boue.

Toutes ces comparaifons tendent à faire voir que, pour conci-lier la commodité des gens de pied & l'avantage des voitures, il feroit intéreffant dans une nouvelle Ville de garnir les deux voies, le long des bâtimens, de grands pavés, & celle du milieu, c'eft-à-dire, la chauffée de pavés d'échantillon. Les grands pavés étant placées fur une bonne forme maçonnée avec chaux & ciment, non-feulement accotteroient le bas des maifons & contribueroient à leur durée, en garantiffant leurs fondations de beaucoup d'hu-midité, mais encore affermiroient ces chemins, au point qu'il y auroit rarement à refaire. Pour parvenir auffi à folider le fol de la chauffée, & à lui donner toute la confiftance néceffaire, il n'y

---

(a) On travaille actuellement à repaver avec plus de folidité les rues de la Ville de Lon-dres.

D

auroit qu'à creufer la terre au-deffous du pavé d'un pied de profondeur; remplacer cette terre par huit ou neuf pouces de gros
graviers bien battus à la demoifelle, puis répandre un lait de
chaux fur fa furface pour rendre cette maffe encore plus com-
pacte, & enfin mettre une couche de trois ou quatre pouces du
meilleur fable de riviere, pour faire la forme du pavé & garnir
fes joints. Certainement cette façon d'opérer le pavement, feroit
beaucoup plus folide qu'à l'ordinaire, & formeroit un tout prefque inébranlable, dont même la fermeté augmenteroit à raifon
de fa preffion. Il s'enfuivroit delà qu'on ne verroit pas, ainfi qu'on
en eft témoin continuellement, la terre en fe délayant, s'échapper
à travers les joints des pavés ébranlés par les voitures, & former
une boue auffi confidérable (a). Alors difparoîtroient toutes les
inégalités occafionnées par la mauvaife affiete du pavé qui, en
cédant plus ou moins, produit des trous où s'amaffe l'eau.

Lorfqu'il feroit queftion de rétablir ce pavé, il n'y auroit pas
befoin de toucher à la maffe de gros graviers, il fuffiroit feulement
de renouveller le fable de riviere qui fe trouveroit défectueux.

Une autre attention qu'on devroit toujours avoir, en repavant
les rues, ce feroit de s'attacher fans ceffe à conferver le même
niveau : car par un abus qui n'eft que trop ordinaire dans les
Villes, & auquel devroit veiller la Police, leur terrein va continuellement en hauffant. Pour en être perfuadé, il n'eft befoin que
de remarquer qu'on eft obligé de defcendre dans la plûpart des
bâtimens anciens où l'on montoit autrefois : la raifon en eft qu'en
faifant la forme du pavé, on ajoûte toujours plus de nouveau fable
qu'on n'en emporte d'ancien, de forte qu'à la longue les maifons
s'enterrent, & l'eau des ruiffeaux y entre : ce qui eft très-défagréa-
ble, & rend fingulierement humide les rez-de-chauffée. Il faudroit

(a) M. de Buffon prétend, dans le premier volume de *l'Hiftoire Naturelle* du Cabinet du Roi, que le grais étant un compofé de glaife, fe réduit aifément en boue par le frottement, & cite à cette occafion, celle des rues de Paris ; mais fi l'on veut bien fe rendre attentif, on remarquera que le mauvais fable dont on fait le plus fouvent la forme des pavés, ainfi que la terre détrempée qui reflue à travers de leurs joints, contribuent au moins autant à augmenter cette boue.

pour les rues avoir la même attention que pour les ponts, où l'on a grand foin, en pavant, d'emporter toujours à-peu-près autant de fable qu'on en apporte, fans quoi infenfiblement le fol du pont arriveroit à la hauteur du parapet.

§. II. *Comment l'on peut aller de toutes parts dans une Ville, à l'abri du mauvais tems.*

DE la maniere dont feroient difpofées les rues de notre Ville, rien n'empêcheroit de procurer à fes habitans, l'agrément & la commodité d'aller en tout tems dans fes différens quartiers, fans rifquer d'être mouillés, ou incommodés par les injures de l'air. Pour cet effet, il ne s'agiroit que d'ordonner à chacun de placer dans des colliers de fer, fcellés à deffein dans les bornes, dont il a été queftion précédemment, des perches d'environ huit à neuf pieds de hauteur, lefquelles foutiendroient des bannes de toile, ou même de toile cirée, difpofées en pente vers les ruiffeaux, & attachées aux murs des maifons avec des anneaux & des crochets. Par-là on jouiroit de l'avantage des portiques fans craindre aucun de leurs inconvéniens. Lorfqu'il feroit beau tems, on ôteroit ces bannes ; lorfqu'il feroit mauvais, au contraire, on les placeroit. Cette fujétion feroit peu de chofe pour les habitans, vû que l'utilité en feroit réciproque. Il eft à obferver que ces bannes n'offufqueroient point le jour des rez-de-chauffée & des boutiques, parce que n'étant élevées que d'environ neuf pieds, il refteroit au-deffus une ouverture fuffifante pour leur procurer la clarté néceffaire. Voyez les *Planches I & II :* dans la deuxieme fur-tout qui exprime le profil d'une rue, on voit une des bornes C, avec les deux colliers de fer 1, 2, dans lefquels eft paffée une perche 3, pour foutenir la banne 4, attachée aux murs des maifons.

ARTICLE QUATRIEME.

Moyen d'opérer avec facilité la propreté d'une Ville.

LA propreté d'une grande Ville devroit toujours faire un de ses principaux ornemens : elle contribueroit à la falubrité de l'air, & par conféquent à la fanté de fes habitans. J'ignore fi l'on s'eft appliqué à chercher des moyens efficaces pour opérer un fi grand avantage : tout ce qu'on apperçoit de toutes parts , c'eft qu'il paroît qu'on n'a rien moins que réuffi.

Envain différens Princes ont-ils fait des dépenfes prodigieufes , pour embellir les principales Villes de leur domination ; elles font toujours demeurées des efpeces de cloaques , exhalant continuellement de mauvaifes odeurs , occafionnées , foit par les Manufactures qui produifent un écoulement perpétuel d'eau impure dans les ruiffeaux, foit par les métiers qui mêlent dans les eaux qu'ils employent des préparations fortes & corrofives, foit par les Teinturiers & les Tanneurs, foit par les Boucheries & leurs tueries, foit par l'infection perpétuelle des latrines de chaque maifon , foit par les Hôpitaux & les Cimetieres placés dans l'enceinte des Villes , foit par la difpofition vicieufe des égoûts, foit enfin par le peu de foin à nettoyer les rues.

Avant d'expliquer comment l'on pourroit purger les Cités de toutes les odeurs malfaifantes, il eft néceffaire de faire paffer en revue la maniere ordinaire de foigner leur propreté , ainfi que celle dont s'adminiftre le tranfport de leurs eaux ; enfuite par l'examen de ces procédés combinés avec ceux qu'il conviendroit de leur fubftituer, j'efpere prouver que ce n'eft qu'en réuniffant la conduite des eaux avec les égoûts, qu'on peut fe promettre de procurer à une Ville des avantages fi défirables.

§. I. *Des procédés ufités pour approprier les Villes.*

DANS les Capitales où l'on apporte quelque attention à cet

égard, tout se borne à faire perdre les immondices liquides dans les terres par des puisards, ou bien à faciliter leur écoulement par des égouts soûterrains. Les puisards, à cause de la filtration de leurs eaux, minent peu à peu les fondations des maisons qui les avoisinent, les rendent mal-saines & humides : de plus ils alterent l'eau des puits d'alentour, & lorsqu'il faut les nettoyer ou les dégorger, ils infectent tout un quartier. L'écoulement des eaux mal-propres par le secours des égoûts placés au milieu des rues, n'est pas moins préjudiciable. Leur éloignement fait que ces eaux sont obligés de parcourir à découvert dans les ruisseaux, un chemin considérable avant d'y arriver, d'où il résulte qu'elles incommodent journellement le long de leur passage. Outre cela, ces égoûts débouchent dans les rivieres qui servent de boisson aux habitans, lesquelles deviennent par ce moyen le réceptacle commun de tous les cloaques.

Les ordures qui ne peuvent pas s'écouler, sont balayées & amassées en tas le long des maisons, pour être transportées dans des voitures au-dehors de la Ville ; c'est ainsi que cela se pratique à Paris. Delà des embarras extraordinaires : une infinité de tombereaux sales & dégoûtans parcourent chaque jour les rues & arrêtent la circulation des voitures : souvent les Charretiers en les chargeant, éclaboussent les passans. Rien ne sçauroit être plus mal conçu, plus incommode, & plus dispendieux que cet arrangement.

Il y a même des Capitales que l'on nettoye fort rarement. Les rues de Madrid, il n'y a pas long-temps, n'étoient appropriées qu'une fois par mois. Le jour désigné pour cette opération, personne ne sortoit de sa maison : on lâchoit dans la Ville, de différens réservoirs, une quantité d'eau considérable, ce qui faisoit des rues autant de mares. Trois ou quatre cens balayeurs avec de l'eau jusqu'à mi-jambe, armés de pêle & de balais, grattoient le sol des rues, assembloient les ordures non liquides, les chargeoient dans des tombereaux qui les suivoient, pour les porter dans les champs. Que l'on juge de l'infection & de l'embarras que devoit caufer dans cette Ville un pareil procédé!

Amfterdam eft une des Villes où l'on refpire l'air le plus malfain, à caufe de la mauvaife habitude où l'on eft, de jetter fans ceffe toutes les ordures quelconques dans les canaux qui paffent au milieu de fes principales rues. Comme ces canaux font rarement nettoyés, & n'ont prefque point d'écoulement, il s'enfuit que les immondices y dépofent, de forte qu'en été principalement, il en fort des exhalaifons infupportables qui occafionnent beaucoup de maladies.

Les rues de Londres ne font balayées feulement que deux fois la femaine par des balayeurs publics à la folde de chaque Paroiffe; auffi font-elles toujours extrêmement fales ; à Paris , où on les nettoye chaque jour, on a bien de la peine à entretenir leur propreté.

On affemble à Conftantinople les ordures en tas le long des murs ; & de tems à autre, des Payfans viennent les enlever fur des chevaux avec des paniers pour les transférer dans la campagne.

Dans les Villes de la Chine, pays célebre par la manutention de la police, on n'a pas imaginé d'autres expédiens , que de pratiquer des foûterreins à droite & à gauche de chaque rue, lefquels fe bouchent avec de grandes dalles de pierre que l'on leve à volonté. Toutes les ordures d'une maifon font jettées fucceffivement dans ces efpeces de foffes que l'on vuide feulement une fois tous les ans, pour être tranfportées aux champs où elles fervent d'engrais; il eft aifé de s'appercevoir quelle infection doit caufer le débouchement journalier de ces foffes , & fur-tout le tranfport annuel au dehors, d'un fi prodigieux amas de matieres corrompues.

Cette énumération convainc que la propreté des Villes s'eft toujours exécutée le plus mal-adroitement , par rapport à la falubrité de l'air. Je ne connois dans l'antiquité que les Romains qui ayent fait des efforts, pour opérer avantageufement le nettoyement des rues : encore y furent-ils néceffités par la pofition même de Rome, qui comprenoit dans son enceinte sept montagnes. Dans l'impossibilité d'étendre leur Ville au milieu des vallons qui formoient autant de ravins, ces peuples furent contraints de pratiquer pour recevoir les eaux, ces cloaques ou aqueducs soûterreins dont on voit encore aujourd'hui des ruines (a), & desquels ils se servirent en même-tems avec avantage pour l'écoulement & le transport de toutes leurs ordures. Ces cloaques ne parcouroient pas toutes les rues, ils étoient seulement distribués dans les lieux les moins élevés de cette Capitale, & venoient tous se rendre dans un autre beaucoup plus grand, appellé *cloaca maxima*, qui se débouchoit dans le Tybre entre le mont Aventin & Palatin. On avoit réuni sept sources ou sept ruisseaux dans de vastes réservoirs, qu'on lâchoit fréquemment dans ces voûtes soûterreines, pour les nettoyer & entraîner successivement tout ce qui y avoit été jetté. Il est à remarquer qu'autant ces égoûts ont été autrefois utiles à cette Capitale, autant ils lui sont funestes aujourd'hui : faute d'avoir été entretenus depuis un tems immémorial, ils sont presque comblés ; & comme les eaux y filtrent toujours sans avoir un écoulement suffisant, il s'ensuit qu'en y croupissant, elles causent en partie, ces exhalaisons pernicieuses que l'on respire de toutes parts à Rome & dans ses environs, lesquelles rendent pendant l'été son séjour si dangereux.

§. I I. *De la conduite ordinaire des eaux.*

IL est d'usage de transférer l'eau des différens réservoirs où on les éleve, soit dans les fontaines publiques, soit dans les maisons, à l'aide de tuyaux de plomb placés dans les terres à trois à quatre pieds au-dessous du pavé des rues : il arrive delà que l'on est obligé

(a) Ce n'est pas qu'on n'ait construit des égoûts soûterreins sous une partie des rues de plusieurs Villes ; à Londres entr'autres, il y a quelquefois un égoût des deux côtés des principales rues, le long de chaque trotoir. Mais nulle part on ne les a disposé de maniere à ne point infecter les rivieres dans leur trajet à travers des Villes ; jamais ils n'ont eu pour but que de recevoir les eaux des ruisseaux ; & aucunement d'opérer le nettoyement des rues, le transport de leurs ordures, & de faciliter les réparations des tuyaux de conduite.

de faire des fouilles continuelles au milieu de la voie publique ; lorſqu'il eſt queſtion de réparer ces tuyaux ou de les dégorger, ce qui empêche la circulation des équipages (a). D'ailleurs ces tuyaux par leur poſition ſont de toute néceſſité étonnés par le poids des voitures, qui, en affaiſſant le terrein inégalement, les obligent de s'allonger & de prendre des ſinuoſités qui, non-ſeulement les font crever, mais vont même quelquefois juſqu'à empêcher l'eau de couler, à cauſe de l'air qui ſe loge dans les coudes ou parties ſupérieures des conduits.

Ces réparations n'étant occaſionnées que, parce que les tuyaux ne ſont point aſſis ſur un terrein ſolide, il y en a qui ont imaginé de les faire poſer dans terre ſur des eſpeces de taſſaux de bois, capables de les contenir de niveau ; moyen qui eſt encore inſuffiſant : car le bois renfermé dans un endroit humide pourrit en peu de tems, alors les tuyaux, ceſſant d'être ſoutenus, ſe fendent comme de coutume, leur ſoudure s'arrache, & l'eau ſe perd dans la terre. Pour aſſeoir les conduits plus ſolidement, & empêcher les impreſſions des fardeaux, d'autres élevent de petits murs à droite & à gauche, ſur leſquels ils mettent des dalles de pierre ; mais j'ai rémarqué que la charge des voitures rompoit le plus ſouvent ces dalles, ce qui faiſoit retomber dans les inconvéniens précédens.

Un autre déſavantage des tuyaux de plomb, c'eſt que, lors des grands froids, l'eau qui y reſte venant à geler, quelque précaution que l'on prenne, les fait fendre, de ſorte qu'à la ſuite des grands hivers, il ne manque jamais d'y avoir des rétabliſſemens conſidérables à faire à ces conduits, & il faut dépaver une partie de la Ville pour les réparer.

Les tuyaux de fer fondu que l'on employe pour le même uſage, ſont encore plus ſujets. Comme ils ſont d'une matiere aigre & in-

_____

(a) Ces engorgemens ſont occaſionnés le plus ſouvent par ce qu'on appelle des *queues de renards*, qui ſont des eſpeces d'herbages à longue chevelure, leſquelles, en croiſſant dans les tuyaux, parviennent quelquefois à les boucher.

capable

capable de prendre aucune inflexion , la charge des voitures les caſſe ſans pouvoir tirer aucun parti des morceaux ; il faut renouveller un bout de tuyau tout entier, au lieu qu'en plomb on en eſt quitte pour reſouder. Auſſi n'employe-t-on communément les tuyaux de fer qu'à découvert : car pour s'en ſervir avec ſûreté pour la conduite des eaux ſous les rues , il ſeroit à propos de les enfermer dans une petite voûte capable de les garantir des effets de la preſſion occaſionnée par les fardeaux.

Je me rappelle qu'on propoſa, il y a une quinzaine d'années , de faire tous les tuyaux de conduite de Paris , d'une terre cuite bien verniſſée, ayant huit à neuf lignes d'épaiſſeur, dix pouces de diametre & trois pieds de longueur, ſans y comprendre le colet pour l'emboîtement. Ces tuyaux aſſemblés les uns dans les autres avec un bon maſtic, devoient être placés à cinq pieds ſous le pavé, à l'effet de les mettre à l'abri des impreſſions des voitures, & repoſer ſur un cours d'aſſiſe de pierres de taille, arrêtées tant en deſſous que ſur les côtés par une bonne maçonnerie : entre ces pierres & ces conduits, on projettoit de faire couler du ciment & de couvrir le tout de terre bien battue : de quatre-vingt toiſes en quatre-vingt toiſes, il devoit y avoir ſur ces conduits, des regards de quatre pieds en quarré, où auroit été placé un robinet aiſé à ouvrir ou à fermer à volonté pour arrêter le cours de l'eau, & faciliter dans l'occaſion leurs réparations: enfin de ces gros tuyaux en devoient partir de petits en plomb aboutiſſants dans les maiſons où l'on auroit deſiré de l'eau. Cet arrangement n'étoit point mal imaginé, ſi ce n'eſt que les grands regards auroient embarraſſé les rues, & qu'outre qu'il eût été difficile de démaſtiquer ces tuyaux pour les raccommoder ſans les caſſer, il eût toujours fallu, quoique moins fréquemment, dépaver la voie publique pour cette opération.

Il y a des Villes, telles que Londres, Coppenhague & autres, où l'on ſe ſert de tuyaux de bois pour le tranſport des eaux. Ils ſont formés de troncs de ſapin ou d'aulne, de cinq à ſix pieds de

E

longueur, dont un des bouts que l'on tient plus petit eſt emboîté avec force dans le gros bout du tuyau qui l'avoiſine. On penſe bien que de ſemblables conduits doivent être très-ſujets à réparations; auſſi ne ceſſe-t-on de dépaver, pour les raccommoder, ce qui produit des embarras journaliers & une boue ſi conſidérable, que ſans les trotoirs qui bordent les rues de ces Capiṭales, elles ſeroient preſque impratiquables, ainſi qu'il a été dit dans l'article troiſieme.

Cet expoſé fait voir que la maniere de conduire les eaux, ne demande pas moins à être rectifiée, que la diſpoſition ordinaire des égoûts, & que, tant qu'on s'attachera ſervilement aux anciennes méthodes, on tombera de toute néceſſité dans les mêmes inconvéniens.

§. III. *Comment en réuniſſant les cloaques avec la conduite des eaux, on peut parvenir à opérer la propreté d'une Ville.*

Il a été dit, dans le deuxieme article, qu'indépendamment d'une riviere qui traverſe une Ville du levant au couchant, il ſeroit à ſouhaiter que l'on pratiquât entr'elle & ſes Fauxbourgs ou au-delà de ſes Fauxbourgs, un canal de circonvallation avec des réſervoirs de diſtance en diſtance, où l'on éleveroit une quantité d'eau ſuffiſante, pour être diſtribuée dans ſes différens quartiers. Conſéquemment à cette idée générale, il ne s'agiroit que de ſaiſir l'eſprit du procédé des anciens Romains, & d'appliquer à la totalité d'une Ville, ce qu'ils firent pour opérer la ſalubrité d'une partie de la leur; c'eſt-à-dire, qu'il n'y auroit qu'à pratiquer ſous toutes les rues, des aqueducs ſouterrains, capables non-ſeulement de ſervir aux tranſports des ordures & à leur écoulement ſans embarras, mais encore d'aſſurer la ſolidité des conduits & de favoriſer leur entretien. Voici comme j'imagine que l'on pourroit opérer la réunion de ces différens objets.

Ce ſeroit de placer ſous le milieu des rues, à cinq pieds au-deſſous du pavé, un aqueduc ſouterrain d'environ ſix pieds de largeur

fur fept pieds de hauteur. On affureroit fa folidité, en conftruifant fa partie inférieure en forme de voûte renverfée avec des clavaux de grais ou de pierre dure, & en faifant fa partie fupérieure
auffi voûtée, foit en pierre de meuliere, foit en petits moilons de
roche avec des chaînes de pierre dure, de douze pieds en douze
pieds. De plus, il n'y auroit qu'à pratiquer fous toute la fuperficie
de la voûte renverfée, un maffif d'environ quinze pouces d'épaiffeur auffi de pierre de meuliere à bain de mortier de chaux & ciment, pour intercepter tout paffage à l'eau. Il eft à croire qu'un
pareil ouvrage bien fait, feroit prefque inébranlable, & ne pourroit aucunement être endommagé par les fardeaux des voitures.
Les lignes ponctuées K K, *Planche I*, repréfentent en plan fa
difpofition, & D, *Planche II*, fait voir en profil toute fa conftruction.

Le long des quais de chaque côté de la riviere, on feroit encore
un aqueduc fouterrain L, *Planche I*, de quatre ou cinq pieds
plus large, fervant de tronc principal ou de receptacle commun
aux autres qui viendroient s'y décharger, en fe ramifiant fuivant le
plan des rues de la Ville & les pentes convenables pour faciliter
l'écoulement. Ce grand cloaque feroit éclairé par des jours percé
dans les murs des quais, & auroit fon embouchure dans la riviere
au-dehors de la Ville, & au-deffous de fon courant.

A droite & à gauche, & à quatre pieds du fond de l'aqueduc
on pratiqueroit deux banquettes F, F, *Planche II*, en faillie, d'à
peu-près quatorze pouces de largeur, fur lefquelles feroient placé
deux tuyaux de fer fondu 5, 6, qui conduiroient les eaux de
différens réfervoirs provenant, foit de la riviere, foit de diverfe
fources, dans les fontaines publiques & dans les maifons, à l'aid
de petits conduits de plomb, foudés aux gros tuyaux vis-à-vis de
endroits en queftion.

Cette eau ferviroit pour tous les befoins journaliers des maifons, pour les approprier, pour y prendre des bains domeftiques
& enfin pour boire dans le cas où l'eau deftinée à cet ufage,

dont je parlerai par la suite, viendroit à manquer. Afin qu'elle fût toujours également abondante, il faudroit user d'une telle prévoyance dans la distribution des conduits, que l'eau ne pût jamais manquer, & que dans le cas qu'un tuyau exigeât des réparations, il fût sur-le-champ remplacé.

Il est évident qu'à l'aide de notre arrangement, il ne seroit plus besoin, pour faire les réparations des tuyaux, de dépaver les rues, & d'embarrasser la voie publique. Par dedans l'aqueduc souterrain, on remédieroit avec facilité à tous les accidens qui surviendroient, lesquels ne pourroient être fréquens ni de conséquence, vu que ces tuyaux étant placés solidement & à l'aise, n'auroient à souffrir, ni de la charge des voitures, ni de leur propre poids, comme quand ils sont en plomb, ou placés dans la terre sans précaution.

Dans le cas d'engorgemens ou de fortes gelées, il ne seroit pas moins aisé d'y remédier, en adaptant à ces conduits des robinets de décharge, pour vuider l'eau qui s'y trouveroit : & par-là on obvieroit à tout inconvénient.

Outre ces avantages, en pratiquant dans les ruisseaux *F, Pl. I*, vis-à-vis chaque tuyau de descente des maisons *Q*, un petit conduit qui répondît dans l'aqueduc, il arriveroit que l'eau des toîts y seroit reçue à mesure, ainsi que celle des rues, sans avoir le tems de s'amasser dans les ruisseaux, d'y former des mares, & de se répandre dansl es maisons. On grilleroit du côté du ruisseau l'orifice de ces petits conduits, afin qu'il n'y passât rien de solide, & même on affecteroit de tenir leur ouverture plus large à leur arrivée dans le cloaque pour empêcher l'engorgement. *N, Planche I*, fait voir leur disposition en plan ; & *G, Planche II*, exprime le profil d'un de ces conduits en élévation.

Mais une autre utilité de la plus grande importance, dont peuvent être ces voûtes souterraines disposées sous la voie publique, c'est que par leur moyen, il seroit possible de se passer de tous ces tombereaux incommodes qui s'emparent continuellement des rues d'une grande Ville pour enlever fes boues. Pour cet effet, de quinze toifes en quinze toifes, il fuffiroit de pratiquer des efpeces de puits au-deffus de ces aqueducs, d'environ deux pieds de diametre, fermés à l'aide d'une pierre armée de fer avec un anneau au milieu pour faciliter fon ouverture. De crainte qu'on ne jettât des gravois dans ces puits, ou que des malfaiteurs ne fuffent tentés d'aller fe refugier la nuit dans les fouterrains, il y auroit deux barres de fer en croix pour en défendre l'entrée. *M, Planche I*, repréfente le plan d'un de ces puits fermé de fon couvercle ; & *E, Planche II*, exprime la coupe d'un des puits aboutiffant dans l'aqueduc.

Lorfque les boues des rues auroient été balayées & amaffées en tas, on leveroit tous les matins à une certaine heure reglée le couvercle de chaque puits : alors les Balayeurs feroient tenus de porter jufques-là leurs ordures dans des paniers, pour les verfer par ces ouvertures dans les cloaques : enfuite on lâcheroit fucceffivement dans les voûtes fouterraines par des vanes, l'eau des différens réfervoirs, laquelle auroit été retenue à deffein pendant la nuit, non pas toute à la fois, mais fuivant un certain ordre combiné qui formeroit une forte d'enchaînement relatif, foit aux pentes, foit aux différentes fituations des rues & des quartiers, afin que rien ne pût nuire à l'écoulement ni le contrarier, mais qu'au contraire tout concourût à le faciliter.

Tous les différens cloaques iroient fe décharger, ainfi qu'il a été expliqué ci-devant, dans le grand cloaque commun *L, Planche I*, qui cotoyeroit la riviere le long des quais. Auffi-tôt que toutes les ordures feroient arrivées dans cet endroit, on lâcheroit définitivement l'eau d'un grand réfervoir placé au bord de la riviere, à fon entrée dans la Ville, laquelle entraîneroit, au-deffous de fon courant, toutes les immondices. A l'embouchure de ce grand cloaque, il y auroit un grillage maillé qui arrêteroit les ordures non fluides, fufceptibles de faire un dépôt, lefquelles feroient voiturées de-là, avec des tombereaux, dans la campagne, pour fervir d'engrais.

Par tout ce qui vient d'être expliqué, on a dû s'appercevoir combien ces différentes combinaisons procureroient d'avantages à une Ville. Sa propreté, sa salubrité, la distribution de ses eaux, & le transport de ses immondices s'opéreroient avec facilité & sans embarras. Plus on y réfléchira, plus je me persuade qu'on sera convaincu que ce n'est que par la réunion des cloaques avec la conduite des eaux, qu'on peut espérer d'approprier une Ville avec succès.

§. IV. *Maniere de rectifier les fosses d'aisance, & de purifier l'air des maisons.*

PAR le moyen de nos aqueducs souterrains, il est encore aisé de réformer les fosses d'aisance qui causent dans les maisons d'une Ville une infection journaliere, & empestent tout un quartier, quand il s'agit de les vuider. Il n'y auroit qu'à établir toujours les latrines au rez-de-chaussée, & tenir leur fosse peu profonde en forme d'égoût : alors en plaçant dans le fond un tuyau assis solidement, & disposé en pente vers l'aqueduc, les matieres y seroient conduites à mesure. Dans l'intention de précipiter leur écoulement, il faudroit faire en sorte de diriger à travers les petites fosses en question, toutes les eaux d'une maison, celles des toîts, celles qui proviendroient des cuisines, celles des cours & autres. Par ce procédé ces endroits seroient sans cesse lavés, & leurs immondices étant successivement entraînées, il ne pourroit résulter aucune odeur, dans les maisons, par leur séjour,

Il est à observer que l'issue des tuyaux de ces fosses dans le cloaque, seroit placée dans le socle des banquettes qui portent les conduites d'eau. Comme l'arrangement que je propose est de la plus grande simplicité, & que son seul exposé porte avec lui sa conviction, il est inutile d'insister davantage pour le développer. On voit dans la *Planche I*, le plan *P*, d'une latrine, ainsi que la direction de son écoulement dans l'aqueduc, exprimée par des lignes ponctuées O, & dans la *Planche II*, le profil d'une latrine : S, est le siége : T, est la fosse : X, est le tuyau destiné à conduire les matieres dans l'aqueduc, lequel est assis sur un petit massif de maçonnerie : V, est un petit réservoir occupant le dessus des latrines, lequel peut être rempli naturellement par les eaux des toîts, à l'aide d'un tuyau de communication avec celui de conduite, &c. Cette eau serviroit à lâcher successivement dans la fosse T, pour précipiter l'écoulement des matieres. Enfin, Y est un tuyau destiné à diriger l'eau de la cour à travers de la fosse.

Indépendamment de ce que l'on peut par notre procédé, purger les maisons de l'infection des latrines, il ne seroit pas moins possible de renouveller l'air de leur intérieur, quand on le jugeroit à propos. Il n'est pas douteux que l'air que l'on respire dans les logemens, doit contribuer plus ou moins à la santé suivant sa pureté ; sans cesse il sort de notre corps des exhalaisons qui le corrompent peu à peu, à moins qu'il ne soit quelquefois renouvellé. Supposez une nombreuse compagnie renfermée dans une chambre bien calfeutrée ; au bout de quelques heures, on y respirera nécessairement un air mal-sain. Il est à présumer que la plûpart des vapeurs du sexe font en grande partie engendrées par cette cause : car un air corrompu rend le genre nerveux, lâche, délicat, & est capable de faire fermenter les humeurs. Peut-être même pourroit-on avancer, avec raison, que c'est un abus de fermer les chambres des malades avec tant de précautions, & qu'il seroit plutôt à souhaiter d'en pouvoir rafraîchir l'air de tems à autre, afin que pénétrant toutes les puissances de l'économie animale, cet air nouveau pût leur donner du ressort, & une activité susceptible de rétablir leurs fonctions. Pour cet effet, il ne s'agiroit que d'appliquer, à quelques changemens près, le Ventillateur que M. Halles a inventé pour renouveller l'air des prisons de *Newgate* en Angleterre. On sçait que les prisonniers qui languissoient dans ces endroits, & qui y étoient presque toujours malades à cause de l'air croupi qu'ils y refpiroient, fe font auffi bien portés depuis cette invention, que s'ils fe fuffent trouvés en pleine campagne.

Il n'y auroit donc qu'à placer ce ventillateur compofé de deux grands foufflets, dans l'endroit le plus aëré d'une maifon, dans une chambre haute, dans un grenier, ou fur une terraffe, dont les diaphragmes feroient mus, foit par un petit moulinet à bras avec une manivelle coudée, foit par un petit rouage, à l'aide d'un contre-poids caché dans un tuyau que l'on monteroit, comme l'on fait un tourne-broche. De ce ventillateur partiroit un tuyau principal defcendant le long des étages jufqu'au bas de la maifon, & communiquant par des foupapes à d'autres tuyaux plus petits, répondant dans les différentes chambres dont on voudroit renou-veller l'air. Ces tuyaux feroient difpofés de façon que, lorfqu'il feroit néceffaire d'introduire de l'air nouveau dans une chambre, l'ancien pût toujours fortir par le côté oppofé : l'iffue de ces con-duits dans les chambres s'ouvriroient & fe fermeroient à volonté, par le moyen de plaques à couliffe, capables d'intercepter tout paf-fage aux vents-coulis.

Quand il s'agiroit de renouveller l'air d'une chambre ou d'un appartement, on ouvriroit feulement la foupape du tuyau princi-pal, correfpondante au tuyau particulier de la chambre en quef-tion, & on fermeroit toutes les autres : par ce moyen on dirige-roit le renouvellement de l'air par-tout où l'on voudroit.

De quelle utilité ne feroient pas ces ventillateurs, fur-tout pour les Hôpitaux où il regne tant de mauvaifes odeurs ? les malades en recevroient certainement beaucoup de foulagement. Car il eft d'expérience que, dans une falle fermée où il y a un nombre de malades, fi l'on monte à une échelle jufqu'au haut du plancher, on ne fçauroit y refter, fans fe trouver mal ; tant le mauvais air qui furnage, & qui gagne toujours principalement le haut, y eft infeſt & corrompu. On en peut dire autant des falles de fpeſtacles, où les affemblées font fi nombreufes : non-feule-ment par ces ventillateurs, on y entretiendroit la falubrité de l'air ;

mais

mais encore on opéreroit de la maniere la plus naturelle un rafraî-
chiffement qu'on ne ceffe d'y defirer.

ARTICLE CINQUIEME.

*Néceffité de transférer la fépulture hors d'une Ville, & comment
l'on y peut réuffir.*

LES anciens inhumoient ou brûloient leurs morts ordinairement hors de l'enceinte des Villes. La loi des XII Tables chez
les Romains l'ordonnoit expreffément : *hominem mortuum in urbe
ne fepelito, neve urito* (a). Les Chinois, les Perfans, les Maho-
métans, & prefque tous les Orientaux font, depuis un tems
immémorial, dans l'habitude d'enterrer au-dehors des murs de
leurs Cités. Il paroît que l'ufage contraire ne remonte pas en Europe au-delà de quatre ou cinq cens ans, & ne s'eft introduit que
par abus, & parce que les Cimetieres qui étoient autrefois au-delà
des Villes, fe font trouvés fucceffivement compris dans leur ag-
grandiffement.

Quant à l'inhumation dans les temples, elle n'eft pas plus auto-
rifée par les Saints Canons. Nombre de Conciles en différens
tems l'ont défendu. Ce n'eft manifeftement que par tolérance
qu'elle s'eft introduite dans les lieux facrés : on l'accorda d'abord
aux Evêques & aux Fondateurs des Eglifes : on étendit enfuite
cette faveur à ceux qui faifoient des legs pieux, & infenfiblement
avec de l'argent, chacun parvint à obtenir ce privilége ; il n'y a
pas d'autre titre de cet ufage : la religion n'a aucun intérêt à le
maintenir.

Il eft réfulté de ces abus, 1°. que les temples font devenus des
lieux où l'on refpire continuellement des exhalaifons dangéreufes
qui, de-là fe répandant dans les différens quartiers d'une Ville,

(a) *Cicero de Legib, lib. 2.*

F

portent le germe de toutes les maladies & de la mort (*a*) : 2°. que les Cimetieres placés au milieu des Villes, souvent dans les endroits les plus peuplés, offrent sans cesse sous les fenêtres des citoyens, l'affreux spectacle de fosses ouvertes qui ne sont pas plutôt remplies qu'on en creuse d'autres à côté. L'infection que ces fosses exhalent dans les maisons qui les avoisinent, fait corrompre les alimens les plus nécessaires à la vie ; & si l'on vouloit approfondir la cause des maladies épidémiques qui regnent dans les Cités, on verroit qu'elles ne tirent pas moins leur origine de l'inhumation dans leur enceinte, que de la mal-propreté qu'on y remarque. Il est à présumer que la plûpart des tempéramens foibles, poitrinaires, & cacochimes, qu'on y apperçoit en si grand nombre, ne sont le plus souvent que des victimes lentes du mauvais air qu'on y respire.

Ainsi toutes sortes de raisons concourent à exiger que l'on transfere les sépultures hors d'une Ville que l'on voudroit bâtir : il y a trop à gagner pour la salubrité de l'air dans cette réforme, pour la négliger. La grande difficulté sera dans tous les tems d'extirper cet abus de nos Cités où il est singulierement enraciné, & où il semble tenir à l'opinion des peuples. Comme je suis persuadé qu'il n'y a que maniere d'envisager cet objet pour faire disparoître toute difficulté, je crois devoir entrer dans quelques détails à ce sujet.

L'inhumation ayant été considérée de tous les tems comme une chose sacrée, il est important de ne point l'avilir ni de la dégrader : il faudroit plutôt chercher à en augmenter le cérémonial qu'à le diminuer. Tout projet à cet égard qui ne conciliera pas à la fois, le bien public, l'intérêt de l'Eglise, & la vanité du peuple, échouera nécessairement. Il est essentiel que personne ne paroisse perdre,

(*a*) Les inhumations dans les Eglises d'Espagne & d'Italie sont encore bien plus fréquentes que dans celles de France. Chaque Eglise de ces pays, est en quelque sorte une sépulture continue. La plûpart de leur sol est divisé en cases de sept pieds de long sur quatre de large, séparées par de petits murs très-minces, sur lesquels portent les tombes qui les couvrent, & qui sont toujours très-mal jointoyées : aussi dans les chaleurs, les odeurs qui s'exhalent de ces endroits, sont à peine supportables.

mais semble au contraire gagner à un arrangement de cette nature ; qu'en un mot rien n'ait l'air de troubler le repos & les cendres de nos peres.

Relativement à ces vues, il faudroit transférer chaque défunt, de la maison où il seroit décédé, directement à sa Paroisse, accompagné des Prêtres & du cortége ordinaire. Après les prieres usitées, le corps seroit porté dans une des Chapelles de l'Eglise, au milieu de laquelle il y auroit une tombe de bois facile à lever : sous cette Chapelle, on pratiqueroit un caveau dont la voûte seroit percée d'un tuyau, pour porter les exhalaisons cadavéreuses au-dessus du toît ; dès que le mort y seroit placé, chacun lui rendroit les derniers devoirs comme de coutume ; & ensuite la tombe seroit refermée, ainsi que les portes de la Chapelle que l'on feroit double, à dessein qu'il ne pût pénétrer aucune exhalaison dans l'Eglise. De cette maniere l'inhumation se célébreroit avec toute la décence imaginable : chacun paroîtroit véritablement enterré dans sa Paroisse.

Après avoir satisfait au divin, on satisferoit à la salubrité publique. Vu que dans la plûpart des Villes, les temples sont le plus souvent isolés, ou du moins ont toujours quelqu'une de leurs faces qui borde la rue, il conviendroit de choisir dans une de ces directions une Chapelle pour opérer l'inhumation, dont il fut aisé de hausser le sol dans le besoin, afin que le caveau que l'on pratiqueroit au-dessous, eût une hauteur suffisante; & pût avoir une porte dans la rue assez grande pour sortir les corps, sauf même à y descendre quelques marches, s'il le falloit.

A une certaine heure reglée, telle que deux heures au matin, un char attelé de deux chevaux, couvert d'un drap mortuaire, viendroit du Cimetiere de la Paroisse pour enlever les corps du caveau : il seroit accompagné des Fossoyeurs avec chacun une lanterne, & d'un Prêtre de confiance, qui auroit l'inspection du Cimetiere. Ce Prêtre seroit seul dépositaire de la clef de la porte extérieure du caveau. Après qu'il auroit fait placer les morts dans

le char , il l'accompagneroit jufqu'au Cimetiere, où il enregiftre-
roit le nombre qu'il en auroit trouvé dans le dépôt , pour que
fon regiftre pût être confronté dans un befoin avec celui de la Paroiffe : & enfin il finiroit par faire enterrer les morts en fa préfence
fuivant les conventions demandées , lefquelles feroient à cet effet
toujours écrites fur les bierres, afin qu'il n'y eût point d'équivoque , & que les intentions de ceux qui auroient payé pour une
foffe particuliere , fuffent exécutées fcrupuleufement. (a)

Il feroit effentiel de ne faire aucune diftinction de perfonnes,
pour être transféré dans le Cimetiere commun : fans cela , avec
de l'argent, les abus que l'on veut extirper, renaîtroient bientôt :
toute exemption quelconque les perpétueroit. Le feul privilége
qu'on réferveroit aux grands, aux perfonnages d'une vertu émi-
nente, & aux bienfaiteurs des temples , feroit d'avoir leur cœur
dépofé , foit dans un endroit défigné pour cet effet dans les
Paroiffes, foit dans les Chapelles affectées à leur maifon, où l'on
pourroit leur élever, comme il eft d'ufage, de magnifiques tombeaux, mais qui ne feroient que pour l'ornement, & feulement
repréfentatifs.

Rien n'empêcheroit auffi de transférer les corps des perfonnes
d'un rang diftingué , après la préfentation à l'Eglife, directement
dans les Cimetieres communs : on les y conduiroit dans des voitures drapées, accompagnées des Prêtres & des invités, efcortées de
leurs domeftiques avec des flambeaux : on donneroit tout le relief
que l'on voudroit à ces pompes funebres qui , ayant à traverfer une
grande Ville avec leur cortege, auroient néceffairement quelque
chofe de grand, d'impofant, & de fupérieur aux convois ordinaires.

Les Particuliers en payant doubles droits à l'Eglife pourroient

(a) Un Cimetiere pourroit être commun à plufieurs Paroiffes , compris dans un certain arron-
diffement : alors le char feroit chargé d'enlever en même-tems les corps de chacun de leurs
caveaux , dont le Prêtre en queftion auroit feul les clefs, qu'il feroit tenu de ne confier à perfonne fous aucun prétexte. On fçait combien d'inconvéniens politiques & civils réfulteroient
de la plus légere négligence à cet égard.

également se faire tranférer en droiture dans le Cimetiere : on se serviroit à cet effet d'un char particulier, capable de contenir plusieurs Prêtres : & la suite du convoi suivroit dans des voitures. (*a*)

Les Cimetieres que je propose, seroient situés hors des Villes, au moins à un quart de lieue de leur extrêmité ; on choisiroit des endroits bien aérés où ils ne nuiroient à personne ; on les entoureroit de murailles d'environ vingt pieds de hauteur : de cette maniere les vapeurs étant élevées dans l'atmosphere, ne pourroient causer aucune infection dans l'air. (*b*)

Autour des murailles de ces Cimetieres, on permetteroit à ceux qui le demanderoient, de construire à leurs dépens, des portiques ou galeries élevées de quelques marches, avec des caveaux au-dessous pour la sépulture particuliere de leur famille. A dessein de multiplier les tombeaux, les murs de ces caveaux seroient percés de plusieurs rangs de sépulture, placés au-dessus les uns des autres ; elles auroient six pieds de profondeur dans le mur, sur à-peu-près deux pieds en quarré d'ouverture en-dedans dudit caveau. A mesure que chaque sépulture seroit remplie, on fermeroit hermétiquement son entrée avec une dalle de pierre ou table de marbre qui serviroit de tombe, sur laquelle on graveroit le nom du mort, ses qualités, son âge, l'année de son décès, &c : par ce moyen ces caveaux deviendroient successivement des especes de tables généalogiques extrêmement intéressantes pour les familles. Comme tous les portiques seroient contigus, & regneroient le long des murs des Cimetieres, les caveaux au-dessous occuperoient semblablement toute la longueur de ces portiques, & la portion destinée à chaque famille, seroit seulement séparée par des grilles,

---

(*a*) Il y a un Particulier nommé *Annone*, qui a fait construire à ses dépens, aux portes de Milan, un grand & vaste Cimetiere, orné dans son pourtour de colonnades en marbre, sous lesquelles sont pratiqués des caveaux : au milieu de ce Cimetiere est une Chapelle isolée.

(*b*) Avant qu'un des plus augustes Sénats de la France eût proposé un Réglement pour l'inhumation hors de Paris, j'avois déja indiqué sommairement ce que je développe ici, à la fin de mon livre des *Monumens érigés à la gloire de Louis XV*, en parlant des embellissemens dont cette Capitale pouvoit être susceptible.

afin de laisser dans toute leur étendue une libre communication à l'air : on y descendroit les corps par des tombes placées sous les portiques.

Il seroit libre aux familles d'orner ces galeries, d'inscriptions, de médaillons avec des portraits, de bustes, de figures, d'obélisques, ou d'y faire élever des représentations de tombeaux ; de sorte que par la suite il ne seroit pas impossible que ces endroits ne devinssent un des plus curieux des Villes, par l'importance des monumens qu'ils receleroient, & par les chefs-d'œuvre de sculpture, qui pourroient s'y trouver rassemblés.

Au milieu de chaque Cimetiere, il y auroit une Chapelle où l'on diroit tous les jours la Messe, & qui seroit assez spacieuse, pour que la suite d'un convoi pût s'y placer. On construiroit aussi à son entrée un logement, tant pour le Concierge, que pour quelques Prêtres & les Fossoyeurs. Il y auroit de plus des remises pour les chars, & une écurie pour les chevaux, d'autant que ce seroit toujours du Cimetiere d'où partiroient les chars, soit pour les convois généraux la nuit, soit pour les convois particuliers, le soir ou pendant le jour. (a).

Il est à croire que le projet d'inhumation hors des Villes, tel

(a) Je ne serois pas d'avis que les fosses communes des nouveaux Cimetieres, fussent très-spacieuses, mais seulement suffisantes pour recevoir au plus une douzaine de corps : car ces fosses immenses où l'on rassemble des deux ou trois cens cadavres, semblent avilir l'honneur des sépultures, & révoltent par l'idée d'être enseveli pêle-mêle.

Indépendamment de l'horreur inséparable de la pensée de ces fosses générales, dont l'usage paroît ne pas remonter au-delà de quatre-vingt ans, on doit concevoir combien une masse de pourriture aussi considérable seroit capable d'exhaler à la longue d'infection : malgré les hautes murailles des Cimetieres, il n'est pas douteux que ces exhalaisons seroient quelquefois portées par les vents du côté de la Ville, ce qui en empoisonneroit l'air. Aussi toutes sortes de raisons doivent-elles engager à préférer des fosses communes, pour un petit nombre, & presque journalieres. D'ailleurs la terre corrompra bien

plus facilement une douzaine de corps qu'une très-grande quantité, qui lui feroient perdre certainement sa qualité corrosive, & useroit sa force, de sorte qu'on ne pourroit plus faire de fosse en cet endroit par la suite.

Quant aux différens terrains pour l'emplacement des nouveaux Cimetieres & aux murailles dont il faudroit les environner, on employeroit à ces acquisitions la vente en son tems des emplacemens des Cimetieres situés dans l'enceinte actuelle des Villes, lesquels se trouvant souvent dans des quartiers dont le sol est cher, produiroient au-delà des sommes dont on auroit besoin pour ces établissemens. Au bout de quelques années, avant de disposer du sol des anciens Cimetieres, il conviendroit de rassembler tous les ossemens qu'ils renferment, pour les transférer avec appareil dans les nouveaux. On feroit de cette translation une fête pour le peuple : car encore un coup, on ne sçauroit trop respecter les sentimens publics à cet égard.

que je le propose, ne trouveroit aucune contradiction,

1°. De la part des Prêtres qui doivent se regarder eux-mêmes comme les premieres victimes du mauvais air des Eglises : d'ailleurs par mon arrangement, au lieu de perdre de leurs droits, ils en acquéreroient de nouveaux.

2°. Parce qu'au lieu d'avilir l'inhumation, on donneroit plus de relief que jamais à cette cérémonie : jusqu'à l'Eglise, tout se trouveroit égal entre les grands & le peuple ; ils y paroîtroient également enterrés : chacun y rendroit les derniers devoirs à ses parens, ce qui est conforme à l'esprit de la Religion.

3°. La distinction même accordée aux personnes d'un certain rang, soit d'avoir leurs cœurs déposés dans les Eglises avec des tombeaux représentatifs, soit de se faire conduire en pompe directement dans le Cimetiere, pour y être inhumés dans les caveaux affectés à leurs familles, produiroit certainement le meilleur effet, & ne pourroit manquer d'être de leur goût.

4°. Enfin le bien public y gagneroit ; d'une part on ne respireroit plus dans les temples, en assistant aux sacrés Mysteres, le germe de toutes les maladies, d'autant que le peu de séjour des corps dans les caveaux, n'occasionneroit aucune odeur, & qu'au surplus, celle qu'ils pourroient produire, seroit porté par des tuyaux pratiqués dans la voûte du caveau au-dessus des toîts : d'une autre part les Cimetieres n'étant plus enclavés au milieu des maisons, cesseroient d'offrir des spectacles horribles, & non moins contraires à la santé des citoyens, qu'aux loix d'une bonne police : en un mot les Villes se trouveroient par-là purgées des exhalaisons cadavéreuses qui les infectent journellement, inconvénient auquel je me suis proposé de remédier dans cet ouvrage.

ARTICLE SIXIEME.

Utilité des Briquetteries dans le voisinage d'une Ville, pour diminuer la dépense de la bâtisse.

LES constructions en briques sont presque aussi anciennes que le monde. Ninive, Babylone, Seleucie, Rome, & la plûpart des plus grandes Villes de l'antiquité en furent bâties. Il semble que les briques soient les matériaux les plus naturels pour construire des habitations : car par-tout on trouve des veines d'argile propres à en faire ; il n'est question que de savoir les distinguer, ou du moins savoir mélanger les terres qui peuvent convenir à leur fabrication, afin de les rectifier l'une par l'autre ; tantôt en remédiant à la trop grande maigreur d'un terrein par une certaine proportion d'argile pure, tantôt en corrigeant une terre trop grasse par du sable, ou par un certain alliage de terre maigre. Comme il est rare que ceux qui sont chargés de cet examen, y apportent le soin convenable, ou ayent des lumieres suffisantes pour faire ces distinctions : voilà d'où vient on voit si peu de bonnes briques. Toutes celles que l'on fabrique, par exemple, à Garges, près de Paris, ne sont point compactes, & n'ont point la consistance nécessaire, soit pour durer, soit pour porter des fardeaux : par la raison que la terre dont ces briques sont formées, est mal choisie : aussi se garde-t-on de les employer pour des ouvrages de quelque conséquence ; on n'imagineroit pas que pour avoir de la brique convenable pour cette Capitale, on se croye d'obligation de la tirer de soixante lieues de distance, tandis qu'à ses ports il seroit aisé de s'en procurer d'excellentes, en s'appliquant à choisir une matiere premiere qui ait les qualités nécessaires.

Après le choix des terres & l'art de les mélanger, la cuisson de la brique contribue le plus à leur perfection. On peut l'opérer également avec du bois, du charbon de terre, ou de la houille : mais

autant

autant une bonne cuiſſon eſt-elle à deſirer, autant eſt-il rare d'y voir réuſſir : les briques ſont communément trop, ou trop peu cuites : dans le centre des fours à briques, la chaleur eſt d'ordinaire trop vive, & les briques y ſont en fuſion, tandis que dans leurs extrêmités elles ſont à peine à moitié cuites. Ces déchets immenſes ſont en partie ce qui occaſionne la cherté de ces matériaux. Ce ſeroit certainement un véritable ſervice à rendre, que de s'attacher à perfectionner les fours à briques, ou du moins à faire voir comment l'on pourroit parvenir à gouverner leur feu uniformément. En examinant la dureté conſtante des briques employées dans les bâtimens antiques, il eſt à préſumer que les fours où on les cuiſoit, étoient différemment conſtruits que les nôtres. Indépendamment de nos grandeurs de briques ordinaires, on en remarque qui ont juſqu'à deux pieds en quarré ſur trois pouces d'épaiſſeur, leſquelles ſont parfaitement cuites : or dans nos fours, il ſeroit de toute impoſſibilité de faire cuire des briques de pareil volume, ſans qu'elles ſe gerſaſſent, ou ſe fendiſſent. Bien des raiſons me font conjecturer que les fourneaux des anciens étoient à réverbere.

Au ſurplus ſi j'inſiſte ſur la perfection des briques, c'eſt qu'il ne ſçauroit y avoir que leurs bonnes qualités qui puiſſent les faire ſuppléer à la pierre, & produire beaucoup d'économie dans la conſtruction des bâtimens d'une Ville. En effet la pierre exige bien des frais pour la tirer de la carriere, la tranſporter, la travailler, la tailler, enfin pour établir des échafauds & des machines néceſſaires pour la monter, au lieu que la brique ſe fait pour ainſi dire ſur le tas, s'emploie aiſément & avec peu de préparations.

Il y a eu un tems en France où les conſtructions en briques étoient fort en uſage. Avant le regne de Louis XIV, on ne bâtiſſoit gueres autrement. Le Château de ſaint Germain-en-Laie, celui de Verſailles du côté de l'entrée, les places Royale & Dauphine à Paris, ainſi que beaucoup d'édifices conſidérables, furent

G

conſtruits de ces matériaux. Il s'en falloit bien que l'on prodiguât alors la pierre de taille comme de nos jours : on ne l'employoit ſouvent qu'à l'extérieur & pour la décoration d'un bâtiment, mais l'intérieur des murs étoit de briques ou de moilons.

Peut-être ſera-t-on obligé de revenir bientôt à ces conſtructions, ſur-tout dans cette Capitale & ſes environs. Il eſt ſeulement à craindre qu'on ne s'en aviſe trop tard : je dis trop tard, parce qu'il eſt néceſſaire dans les conſtructions en briques, d'exécuter en pierre quelques-unes des parties qui exigent le plus de ſolidité, telles que les encoignures, les chaînes, les jambes étrieres, & enfin les fondations : au lieu que ſi l'on attend que les carrieres ſoient totalement épuiſées pour avoir recours à la brique, il s'en faudra bien que l'on bâtiſſe auſſi ſolidement qu'on le feroit, en alliant avec art l'une avec l'autre.

La preuve de la bonté & durée des conſtructions en briques n'eſt pas équivoque. Elle eſt atteſtée par une infinité de bâtimens très-anciens (a). Le Pantheon à Rome, & les bains de Julien l'Apoſtat à Paris, qui ſubſiſtent depuis tant de ſiecles, ſont bâtis ainſi. Ces matériaux ont cela d'avantageux, qu'on peut les liaiſonner également avec du mortier ou du plâtre, qu'on peut revêtir les murs qui en ſont fabriqués de ſtuc, de dalles de pierre, ou enfin de tables de marbre à la maniere des anciens. Tous les murs de la Ville d'Herculanum enſevelie ſous le regne de Titus, par les cendres du Veſuve, furent bâties en partie de briques recouvertes d'un fort enduit de poſſolane lavé d'un blanc de chaux. On ſçait encore qu'en Ruſſie, pays où la pierre eſt rare, on fait des colonnades en briques avec leurs plate-bandes, que l'on revêtit d'une eſpece d'enduit compoſé de chaux, de ſable fin, & de plâtre : ce qui imite aſſez bien le ton de la pierre.

En Perſe, où l'on ne bâtit les maiſons qu'en terre graſſe que l'on coupe à volonté, & que l'on fait ſécher pendant quelque-

(a) Outre la ſolidité reconnue de la brique, les murs qui en ſont conſtruits, ont l'avantage de n'être pas ſujets à l'humidité, comme ceux en pierre : ce qui rend les logemens plus ſains. Auſſi je ne doute pas que ce fût une fort bonne méthode de revêtir de briques, poſées de champ, les murs des rez-de-chauſſées du côté des appartemens.

tems au foleil, on couvre les murailles d'une couche de mortier
de chaux que l'on unit le plus que l'on peut : parmi ce mortier on
mêle du verd de Mofcovie & un peu de gomme pour rendre la
chaux plus gluante : en frottant les murs avec une groffe broffe,
on parvient à les rendre brillans & luifans comme du marbre (a).
Qui empêcheroit par quelques procédés femblables d'embellir
les murs des maifons en briques, de façon à ne le point céder pour
le coup d'œil à celui des maifons en pierres ? Prefque tout eft encore à raifonner dans la bâtiffe.

ARTICLE SEPTIEME.

Poffibilité de conftruire les maifons, de maniere à obvier
aux incendies.

DEPUIS long-tems l'on a dit avec raifon qu'il feroit à defirer que
l'on pût profcrire le bois de la conftruction des bâtimens, pour
mettre la vie & la fortune des citoyens à couvert des incendies.
Que de ravages ne caufent-ils pas ! En effet, fans remonter à des
tems trop éloignés, il y a cent ans que prefque toute la Ville de
Londres fut réduite en cendres : en 1721, huit cens cinquante
maifons furent brûlées à Rennes en Bretagne : en 1728, foixante-
& quatorze rues de Coppenhague furent dévorées par les flammes.
On a vu, foit à Mofcow, foit à Conftantinople, brûler à diverfes
fois des parties de ces Capitales auffi confidérables que notre Fauxbourg faint Germain à Paris : de toutes parts on eft continuellement expofé à ce redoutable fléau.

Il y a peu d'endroits, par exemple, où les incendies foient auffi
fréquents que dans la Capitale de l'Angleterre, au point qu'il s'eft
établi plufieurs Chambres d'Affurance, qui, moyennant un rede-
vance annuelle par chaque maifon, l'affurent contre l'événement
du feu, comme l'on affure un vaiffeau, qui entreprend un voyage
de long cours, contre les naufrages.

(a) Voyages de Tavernier, tom. 2, pag. 28.

Envain a-t-on fait dans tous les pays les meilleurs Réglemens relativement au feu. Les incendies font toujours à-peu-près
également fréquens, & l'on n'est parvenu qu'à rendre les fecours
un peu plus prompts. Auffi dans la conftruction d'une nouvelle
Ville, ne peut-on efpérer d'empêcher de pareils accidens, qu'en
coupant le mal par fa racine, c'eft-à-dire, qu'en faifant en forte
de fe paffer abfolument de bois de charpente pour la bâtiffe des
maifons.

Peut-être m'objectera-t-on qu'il y a des endroits où l'on eft
néceffité de conftruire les bâtimens entiérement en charpente, tant
à caufe de la difficulté de pouvoir fe procurer de la pierre, que
par rapport aux fecouffes des tremblemens de terre auxquels les
maifons en bois réfiftent davantage. A cela il eft aifé de répondre;
1°. qu'au défaut de pierre, il eft par-tout poffible d'y fuppléer par
de la brique, vû que dans tous les pays la nature offre des veines
d'argile propre à en fabriquer, ainfi qu'il a été dit dans l'article
précédent; 2°. qu'en fe fervant de bois préférablement à la pierre
ou à la brique par rapport aux tremblemens, c'eft manifeftement
éviter un danger, pour tomber dans un autre : car le feu qui fe
trouve dans les maifons, lorfque ce fléau fe fait fentir, venant à
rouler dans les chambres, confume ce que les fecouffes ont épargné; l'on fçait que lors du dernier défaftre de Lifbonne, le feu
caufa incomparablement plus de dommages que le tremblement
de terre.

Toutes fortes de raifons doivent donc engager à réformer l'a-
liment des incendies ; & ce projet n'offre aucun obftacle qui
puiffe empêcher de l'effectuer. A la place des pans de bois, on peut
fubftituer en toutes occafions des murs en briques : au lieu de
planchers à folive, il n'eft pas moins poffible de conftruire des
voûtes plattes auffi en briques, foit à la maniere pratiquée aux Bu-
reaux de la Guerre & des Affaires étrangeres à Verfailles, foit fuivant la méthode opérée aux baffe-cours du Château de Bify, près
de Vernon en Normandie, foit enfin en prenant pour modele les

procédés qu'on employe pour leur exécution à Lyon & dans le Roussillon ; car il faut bien se garder de juger de ces constructions qui sont excellentes , sur quelques essais malheureux de ces sortes de planchers faits à Paris par des gens sans expérience : les mal-adroits ont plus d'une fois décrédité les meilleures inventions. Pour réussir à leur exécution , il faut que les briques soient de bonne qualité , ainsi que le plâtre ; savoir dérober avec art l'action de leur poussée ; ne point se piquer de faire leur courbure trop surbaissée ; les construire sur des ceintres suffisamment solides , en se gardant de les ôter , comme l'on fait quelquefois , avant que le plâtre soit sec , ou ait opéré toute son action ; en un mot n'exécuter de pareils planchers que sur des murs qui ne soient pas trop nouvellement maçonnés. En attendant que je traite de ces constructions dans toute leur étendue , il me suffit pour le présent de remarquer qu'en général leur exécution ayant été opérée ailleurs avec succès , peut remplacer , sans aucun doute , les planchers à solives.

Personne ne sçauroit disconvenir que les toîts ne puissent être également éxécutés en briques comme les planchers. Il en a été fait un très-considérable depuis peu pour terminer la nouvelle Halle au bled de Paris : on travaille à couronner de cette maniere les nouveaux bâtimens du Palais Bourbon : l'on sçait aussi qu'il en a été bâti à Touloufe & en plusieurs autres endroits qui réussissent très-bien : ainsi les immenses charpentes dont on surcharge le haut des maisons , & qui sont les alimens les plus ordinaires des incendies , peuvent être remplacées sans contredit par des combles briquetés

Il ne sçauroit non-plus y avoir d'obstacles à supprimer totalement les toîts des maisons , pour y substituer des terrasses : il n'y a que façon de les faire solides & légeres à la fois. Dans le grand nombre de celles qui sont exécutées , il s'en trouve quelques-unes d'une construction qui ne laisse rien à desirer : je me propose encore de donner dans la suite de cet ouvrage , toujours en parallele , qui xeſt ma maniere de voir, les meilleurs modeles en ce genre, afin de mettre à même de les répéter dans l'occaſion.

Quoique les bois de menuiſerie ne ſoient pas de la conſéquence de ceux de charpente par rapport aux incendies, ſi l'on vouloit, on pourroit également y ſuppléer. Les portes, & les guichets des croiſées ſe peuvent fabriquer avec de légers bâtis ou grillages de fer plat; ſur leſquels on fixeroit de part & d'autre des plaques de tôle ou de cuivre, ſuſceptibles d'être doreés, ciſelées & enfin enrichies tant qu'on le jugeroit à propos. Les chaſſis des croiſées peuvent auſſi être exécutés ſans le ſecours du bois. En 1753, il fut établi à Eſſone, à ſept lieues de Paris, une Manufacture de chaſſis de croiſées en fer qui n'étoient pas plus lourds que ceux en bois: on donnoit à ces fers tous les galbes & les profils que l'on deſiroit, à l'aide d'un laminoir & de deux cylindres, dont l'un étoit profilé ſur ſa circonférence. Il eſt certain que de pareilles portes & croiſées auroient l'avantage de pouvoir durer autant que le bâtiment, & même de n'être pas ſujettes à ſe déjeter comme celles en bois.

Il n'y a pas juſqu'aux parquets de menuiſerie qui ne puiſſent être avantageuſement remplacés, d'autant qu'ils ne ſervent que de nids à rats & de réceptacles aux vents-coulis. Outre les carreaux de terre cuite, de pierre & de marbre qui ſont en uſage, quelle difficulté y auroit-il pour les appartemens diſtingués, de faire ſur les voûtes en brique, une aire de deux pouces de mortier & plâtre, dans lequel on incorporeroit quantité de petits cailloux ſuſcepti-bles de recevoir le poli. On voit à Veniſe & dans pluſieurs Vil-les d'Italie, de ſemblables parquetages qui ſont très-apparens, & qui imitent très-bien le marbre, ſans en avoir la fraîcheur: ils ont ſeulement le déſagrément de ſe gerſer, par la raiſon qu'ils ſont aſſis ſur des planchers à ſolive; mais il eſt évident que s'ils étoient faits ſur des voûtes en briques, ces gerſures n'auroient pas lieu, & alors on auroit des parquets faciles à approprier & du coup-d'œil le plus agréable.

Il eſt donc palpable qu'on peut véritablement exécuter des mai-

fons entieres fans le fecours du bois , lefquelles dureroient évidemment plus que les autres , & feroient bien moins fujettes à réparations, vû que le bois n'a qu'un période. A la faveur de cette
fuppreffion, il réfulteroit qu'il n'y auroit plus à redouter aucun
embrafement de conféquence dans une Ville : chacun feroit affuré
de conferver fes maifons & de les tranfmettre à fes héritiers. Le
feu des cheminées occafionné par la négligence à les faire ramoner, ne produiroit femblablement aucun effet capable d'allarmer.
On pourroit même dès-à-préfent dans nos maifons actuelles être
délivré pour jamais de toute inquiétude à cet égard , il ne faudroit
pour cela que placer à l'entrée du tuyau de chaque cheminée, un
peu au-deffus de fa tablette, une plaque de tôle difpofée en forme
de trape ; en cas d'événement, il ne s'agiroit que d'abaiffer cette
plaque ; alors l'air de la chambre & celui du tuyau de la cheminée n'ayant plus de communication, la fuie enflammée feroit néceffairement précipitée fur-le-champ par le poid de l'air fupérieur , & il n'en réfulteroit aucun accident : j'ai toujours defiré
qu'un moyen auffi fimple & dont le bon effet eft reconnu, fût
adopté généralement.

Ainfi en profcrivant les bois de charpente , de la conftruction
des bâtimens d'une nouvelle Ville, fes habitans jouiroient de la
fatisfaction d'être en fûreté contre un fi redoutable fléau.

ARTICLE HUITIEME.

*Fontaines domeftiques , à l'aide defquelles on parviendroit à fe
procurer la meilleure de toutes les eaux.*

On ne fait pas affez d'attention à l'avantage qu'il y auroit de
pouvoir fe procurer fans ceffe une eau pure & falubre pour la
boiffon : c'étoit cependant un des principaux foins des anciens.
Communément ils ne fe fervoient des fleuves qui traverfoient
les Villes , que pour y renouveller l'air, pour le commerce d'im-

portation & d'exportation, pour faciliter le tranfport des denrées néceffaires à la confommation des habitans, enfin pour fervir de réceptacle & d'écoulement aux égoûts : rarement en fai-
foient-ils ufage pour boire. On connoît la multitude d'aqueducs
que les Romains firent exécuter de tous côtés avec la plus grande
dépenfe pour amener de bonne eau dans la plûpart des Villes de
leur domination, malgré qu'elles fuffent traverfées par des rivieres. (a)

A leur exemple, beaucoup de Villes modernes ont fait venir
à grands frais & de fort loin, foit par des canaux, foit par des aqueducs, des eaux de fource plus pures que celles des rivieres qui
coulent à travers leur enceinte. Sans entreprendre l'énumération
de tous ces travaux, je me bornerai à remarquer que ce n'eft pas
fans raifon que l'on en ufe ainfi. L'eau qui coule à travers une
Ville eft rarement bien faine : elle eft d'abord corrompue plus ou
moins par la fange & le limon des terres par où elle paffe, avant
d'être raffemblée en fuffifante quantité pour rouler dans fon lit :
enfuite en traverfant une Ville, elle s'empreint de toutes les immondices & des égoûts qui y découlent journellement ; ce qui
forme à la longue, & fur-tout le long des bords où l'on puife
l'eau, une efpece de fediment fangeux qui en altére néceffairement
la qualité.

Cependant on ne peut difconvenir que, quelque précaution que
l'on prenne de toutes parts pour fe procurer d'ailleurs des eaux légeres & bienfaifantes, rien n'eft plus rare que d'en rencontrer qui
rempliffent véritablement cet objet. La plûpart des eaux font im-
prégnées de fels, de minéraux, ou de parties terreufes, capables
de vicier le fang, malgré même la filtration la plus exacte : il n'y
en a gueres qui ne recelent plus ou moins de fubftances fufcepti-

(a) Le Commiffaire Lamare dans fon *Traité de la Police*, tome 1, page 576, a fait voir
que, fi tous les conduits que ces peuples firent exécuter, pour amener des eaux dans les fontaines publiques de Rome, étoient mis bout à bout, ils compoferoient plus de cent lieues de
longueur.

bles

bles d'altérer à la longue l'économie animale par leur différente nature. (*a*).

Les Romains étoient tellement perfuadés de cette vérité, qu'ils attribuoient la plupart des maladies qui affligeoient leurs armées, aux diverfes qualités des eaux des pays où elles alloient faire la guerre. Polibe dit que pour empêcher leurs mauvaifes impreffions on avoit coutume de faire diftribuer aux foldats de *l'acetum* ou vinaigre qu'ils portoient toujours avec eux dans de petits flacons, & qu'il leur étoit défendu expreffément de boire d'aucune eau, fans en avoir mis auparavant quelques gouttes dans le vafe où ils buvoient. Le même Auteur obferve que cette attention exemptoit les armées Romaines, de la plûpart des maladies que l'on voyoit regner dans les troupes ennemies, qui n'avoient pas la même précaution.

Ces remarques fuffifent pour prouver combien il eft intéreffant de boire une eau falubre & qui foit toujours la même. On n'y peut réuffir évidemment qu'en s'attachant à boire de l'eau de pluie. Il n'eft pas douteux qu'elle doit être très-pure : comme elle a été élevée dans l'atmofphère par une véritable diftilation, purifiée par fon agitation dans l'air, pénétrée de toutes parts par les rayons du foleil, elle ne fçauroit manquer d'être extrêmement légere. C'eft de cette eau dont les Chymiftes fe fervent ordinairement pour faire leurs expériences. Il y a des Villes où on la recueille avec grand foin. On pratique à Conftantinople fous toutes les maifons, des endroits bien cimentés qui fervent de citernes pour raffembler l'eau de pluie qui tombe fur les toits : & les habitans de cette Capitale n'en boivent pas d'autre, quoiqu'il y ait dans fes différens quartiers beaucoup de fontaines publiques, abondamment fournies d'eau amenée de fort loin par des aqueducs.

(*a*) Il eft à croire que la plûpart des dévoiemens & des diffenteries que reffentent fouvent les Voyageurs, ne proviennent que des changemens d'eaux & de leurs différentes qualités.

H

À Venife, qui eſt comme l'on ſçait environnée de tous côtés par la mer, on raffemble auffi dans des citernes, pour la boiffon des habitans, toute l'eau de pluie qui tombe fur les maifons; & l'on a remarqué qu'il n'y a pas de Ville où il régne moins de maladie.

En adoptant donc en général ce procédé, c'eſt-à-dire, en s'attachant à recueillir l'eau de pluie, il eſt conftant qu'on auroit une boiffon toujours très-légere & de même qualité. Quoique l'eau de pluie ne puiffe être mal-faifante, de crainte cependant qu'elle n'eût volatilifé quelques parties des matieres auxquelles elle étoit unie avant fon élévation dans l'air, il feroit encore facile de lui ôter tout principe étranger pour la rendre la plus falubre. En conféquence au lieu de la laiffer couler au hafard & fans précaution dans une citerne que l'on nettoye rarement, & & où fon long féjour lui fait perdre fouvent de fa qualité, il ne s'agiroit que de la réunir dans une efpece de grande cuve ou fontaine fablée pratiquée dans un endroit commode de chaque maifon : alors cette eau déjà pure par elle-même fe trouvant dégagée de tout limon & de toute partie terreftre, au moyen de cette filtration, réuniroit au fuprême degré toutes les qualités qu'on peut defirer.

La maniere de raffembler l'eau de pluie feroit fort fimple : on a vu que, dans la conftruction des maifons, j'ai confeillé de les terminer en terraffe ou par des toits plats ; il n'y auroit donc qu'à difpofer les chenaux des combles, de maniere à pouvoir la réunir dans la fontaine domeftique par des conduits bien entretenus. Quand on s'appercevroit qu'il va pleuvoir, on balayeroit avec foin la terraffe & les chenaux le long des toîts ; & après avoir laiffé couler l'eau quelques momens pour lui donner le tems de laver les conduits, on rempliroit la fontaine fablée, ou bien on en renouvelleroitl'e au.

S'il furvenoit une féchereffe, on pourroit fe fervir d'eau de fource ou de riviere, en prenant cette derniere au-deffus de fon trajet dans la Ville. On la feroit d'abord bouillir pour lui ôter tout principe vicieux, & enfuite paffer par la fontaine en queftion.

Il eft tout fimple qu'il faudroit proportionner la grandeur de chaque fontaine aux befoins des maifons, & la placer dans un lieu commode, telle qu'une cour. Si cependant le local ne le permettoit pas, il feroit aifé, à l'aide d'un petit conduit de communication avec le tuyau de décharge du chenau, de fe procurer de cette eau dans des fontaines particulieres à chaque étage.

Je laiffe à ceux qui connoiffent le prix de la fanté, & qui favent à quel point une eau véritablement pure & falubre eft capable d'y contribuer, à juger de l'utilité dont feroit l'établiffement de ces fontaines domeftiques dans notre nouvelle Ville. (a)

ARTICLE NEUVIEME.

Réfumé de tout ce qui a été expofé précédemment, par lequel on fait voir que les Villes font fufceptibles d'être rectifiées plus ou moins fuivant nos vues.

Sɪ l'on a bien compris ce que j'ai dit jufqu'ici, on doit être convaincu qu'une Ville difpofée comme je l'ai décrite, réuniroit tous les avantages que l'on peut fouhaiter pour le bonheur de fes habitans. Traverfée par une riviere navigable, environnée d'un canal, féparée des Fauxbourgs par des promenades, offrant de toutes

(a) Quoique l'exécution de ces fontaines ne puiffe offrir aucune difficulté, voici cependant comme je penfe qu'il feroit à propos de l'opérer. Chaque fontaine pourroit être élevée fur un petit maffif de maçonnerie d'un pied de hauteur, & être faite de fortes planches de bois de chêne au moins de quinze lignes d'épaiffeur cerclées de fer, dont on maftiqueroit les joints en dehors avec de la chaux mêlée avec du fang de bœuf ou de la lie de vin : tout l'extérieur feroit recouvert d'un enduit de bon mortier de l'épaiffeur d'un pouce environ : on placeroit dans l'intérieur de gros fables de riviere, avec de grands couvercles de grès divifés en plufieurs parties, tant à caufe de leur étendue, qu'afin de pouvoir les ôter facilement dans l'occafion : vers le bas de la fontaine, on pratiqueroit une petite porte pour vuider & nétoyer de tems en tems les fables, laquelle s'ouvriroit en la pouffant en dedans, & feroit retenue en dehors folidement par une traverfe : au milieu de cette porte feroit un trou où l'on placeroit une cannule de bois pour tirer de l'eau, quand on voudroit : enfin cette cuve ou fontaine feroit fermée d'un couvercle de bois percé de quelques ouvertures pour donner paffage à l'air. S *Planche I*, repréfente le plan d'une de ces fontaines, & Z dans la *Planche II*, fait voir fon élévation.

H ij

parts des quais à perte de vue : ſes rues diſtribuées de façon à pré-
ſenter des aſpects toujours variés, toujours intéreſſans ; ici une
aiguille ; là une fontaine ou une obéliſque ; plus loin une ſtatue ;
ailleurs des places, des édifices publics, des colonnades, &c.
quelle réſidence auroit jamais été plus agréable ? Quelle poſition
prêteroit davantage, pour déployer toutes les richeſſes de l'Architecture & les reſſources du génie ?

Mais, ce n'eſt-là que le moindre but que je me ſuis propoſé
dans l'entente de ſon plan total, je l'ai ſubordonné à des vûes bien
autrement importantes. Je me ſuis appliqué à prévenir les abus
multipliés qui naiſſent des nombreuſes habitations, & j'ai diſtribué
notre nouvelle Ville, de maniere à pouvoir lui donner une propreté capable de la rendre une demeure délicieuſe, où la ſanté ne
courût aucun riſque, où la ſalubrité de l'air pût être maintenue
dans toute ſa pureté, & où il fût poſſible, en un mot, de jouir du
même avantage que dans les campagnes.

Les métiers bruyans ou produiſant beaucoup d'odeurs, ſeroient
rejetés dans les Fauxbourgs : l'air renouvellé ſans ceſſe dans ſon
centre & ſon pourtour, rendroit le ſéjour de cette Ville unique.
Les Hôpitaux & les Cimetieres relégués au dehors, n'y exhale-
roient aucune odeur vicieuſe : nul accident à craindre dans ſes
rues, ſoit d'être écraſé & eſtropié, ſoit d'être éclabouſſé, à cauſe
de leur diſpoſition : les fortunes des citoyens y ſeroient aſſurées
pour toujours, vû que les maiſons ſeroient à l'abri des incendies :
il ſeroit aiſé d'aller d'une extrêmité de la Ville à l'autre à couvert de la pluie, ou des ardeurs du ſoleil. Toutes les immondices amenées par des conduits ſoûterrains au-deſſous du courant
de la riviere, n'en pourroient empoiſonner l'eau dans ſon trajet :
plus d'infection dans les maiſons à l'occaſion des latrines, ni d'o-
deur mal-faiſante à redouter de leur vuidange : plus de tombereaux dans les rues ; leur propreté s'opéreroit ſans embarras, &
comme par enchantement, à l'aide de l'abondance d'eau diſtribuée dans ſes différens quartiers : pour peu que l'on ſuſpectât la

qualité de l'eau deftinée pour la boiffon, des fontaines domeftiques mettroient les habitans à même de fe procurer la meilleure
de toutes les eaux : enfin les débordemens de riviere, ainfi que
les tremblemens de terre feroient peu à craindre, ou du moins
ne produiroient que des effets peu confidérables, en prenant les
précautions qui feront développées par la fuite.

Mais envain aurai-je fait voir les avantages que l'on peut tirer
de la diftribution raifonnée d'une Ville, s'ils n'étoient applicables à
toutes celles qui exiftent ; j'aurois fait le tableau d'un bonheur imaginaire dont on regretteroit de ne pouvoir jouir ; heureufement,
tout ce que j'ai dit, eft également applicable à toutes les Villes,
& quelque défectueufes qu'elles foient par leur compofition phy-
fique, elles font fufceptibles d'être rectifiées plus ou moins fuivant
notre projet. Pour le perfuader, en bon citoyen qui doit tourner
de préférence fes regards vers fa patrie, je choifis Paris, c'eft-à-
dire, une des Villes où il y a certainement le plus à réformer à tous
égards : on jugera par cet exemple frappant combien les principes
que j'ai établis, font féconds en application.

Ne pourroit-on pas reléguer peu à peu dans les Fauxbourgs,
les métiers groffiers & bruyans, ainfi que les étables & les tueries
des Bouchers, dont on éviteroit par-là les inconvéniens & la
mauvaife odeur ? L'inhumation hors de fon enceinte peut-elle
éprouver des contradictions, fur-tout de la façon dont j'ai envifagé
cet objet ? Qui empêcheroit de pratiquer fous les quais à droite
& à gauche de la riviere, des aqueducs foûterrains depuis l'Arfenal jufqu'au Pont-tournant, pour recevoir les égoûts & la
riviere des Gobelins ? Alors la Seine cefferoit d'être infectée
dans fon trajet par les immondices qui empoifonnent fon
eau. Pourroit-il fe trouver quelques inconvéniens à établir de diftance en diftance, dans fes différens quartiers, des lieux communs,
pour faire difparoître la mal-propreté que l'on remarque prefque
à chaque pas dans les rues de cette Capitale ? Y auroit-il quelque
difficulté pour transférer l'Hôtel-Dieu dans l'Ifle des Cignes ? Eft-

ce qu'il feroit impraticable de donner au pavé une forme moins fufceptible de produire de la boue, ainfi que de veiller à ce que fon rétabliffement n'enterrât pas le fol des maifons ? En faifant de nouvelles rues, pourquoi ne s'attacheroit-on pas à les élargir, & à rendre la voie des gens de pied diftinĉe de celle des voitures, pour empêcher les accidents ? Quel Citoyen s'oppoferoit à la deftruĉion des maifons élevées fur les ponts, lefquelles ôtent l'agrément d'une vûe étendue, & interceptent la libre circulation de l'air ? Ne pourroit-on pas débarraffer les quais de toutes ces piles de bois incommodes qui les offufquent ? Pourquoi n'obligeroit-on pas ceux qui font bâtir, de fupprimer les charpentes des bâtimens, pour prévenir les accidens du feu ? Il ne faudroit préalablement que s'appliquer à former de bons établiffemens de briqueterie dans des endroits favorables: vers le Port-à-l'Anglois, à deux lieues de cette Capitale, on trouveroit tout ce qu'on peut defirer pour remplir cet objet. Il eft à préfumer qu'on opéreroit la cuiffon de la brique à bon compte, à l'aide du charbon de terre que l'on feroit venir des nouvelles mines du Forez, par l'Allier, la Loire & le canal de Briare.

Si l'on vouloit, par le moyen de quelque machine fimple qui n'embarraffât pas le cours de la riviere, élever une quantité d'eau fuffifante de la Seine vis-à-vis l'Hôpital, ou bien tirer des environs de Paris de nouvelles eaux, foit en raffemblant des fources éparfes & qui fe perdent dans les terres, foit en y faifant venir quelques petites rivieres, favorablement fituées pour cet objet, on donneroit de l'eau à divers quartiers de cette Ville qui n'en ont point, & on opéreroit une propreté qui y manquera toujours fans ce fecours.

Il ne feroit pas poffible, à la vérité, d'exécuter un canal au pourtour de cette Capitale, à caufe des montagnes confidérables qui fe trouvent fur la gauche de la riviere, mais il eft certain qu'on peut le pratiquer depuis l'Arfenal, en fuivant les Boulevards, jufqu'au Pont-tournant. Ce projet a été propofé fous Louis XIII,

Ainsi tout ce qui a été dit pour la distribution des réservoirs sur le bord du canal, la manutention & disposition des cloaques, la suppression des latrines & la propreté des rues, pourroit se réaliser par la suite dans cette partie de Paris.

Cette énumération qu'il seroit aisé d'étendre encore davantage, suffit pour faire voir, combien toutes ces réformes qui ne peuvent trouver aucun empêchement physique dans leur exécution, seroient avantageuses au bien-être des Parisiens, & qu'il y en a beaucoup qu'il ne faudroit en quelque sorte que vouloir pour les opérer promptement.

Mais pour réussir à procurer à une Ville des avantages si désirables, il seroit à propos d'en faire un plan général suffisamment détaillé, qui rassemblât toutes les circonstances locales, tant de son emplacement que de ses environs : par-là on seroit à même de juger de la situation respective des différens objets, des rapports dont ils sont susceptibles, & des secours que l'on peut espérer pour l'exécution de nos vues. On connoîtroit par les nivellemens, la direction des pentes nécessaires pour l'écoulement des immondices, comment on peut distribuer ou placer les canaux, & recueillir de nouvelles eaux, soit pour les grossir, soit pour les amener dans les divers réservoirs. Autant que faire se pourroit, il conviendroit d'allier l'agréable à l'utile, en conservant dans la réforme du plan d'une Ville, tout ce qui est digne de l'être, tout ce qui forme déjà des embellissemens particuliers pour les lier avec art à un embellissement total (a). De dire ce qu'il conviendroit de faire positivement

(a) Une grande Princesse qui desire de rendre ses peuples heureux, a proposé, il y a quelques années, en concours, les embellissemens de Pétersbourg : comme le *Prospectus* qui a été publié alors à ce sujet, sert à confirmer ce que je dis relativement aux rectifications de nos Villes, je crois devoir le rapporter.

» Sa Majesté Impériale ayant résolu de mettre la Ville de S. Petersbourg dans un état d'ordre & de splendeur convenable à la Capitale d'un vaste Empire, a nommé une Commission composée de quelques Seigneurs de sa Cour, pour diriger & veiller à cette grande entreprise. Ladite Commission, pour ne rien épargner de ce qui peut mener ce projet à son entière perfection, & pour remplir les vues & les espérances de la Souveraine, a jugé à propos d'inviter tous les Architectes, tant nationaux qu'étrangers qui sont au service de Sa Majesté, & tous les Amateurs à un conen particulier, c'eſt ce qu'il n'eſt gueres poſſible, attendu que les poſitions des Villes ſe modifient d'une infinité de façons, & que ce qui convient à l'une, ne ſçauroit convenir à une autre. L'eſſentiel ſeroit de conſidérer les objets dans le grand, ſuivant toutes les combinaiſons qu'ils peuvent recevoir pour opérer l'utilité publique, la propreté, la ſalubrité, en un mot pour rec-

» cours général pour le plan de ladite Ville
» de Pétersbourg. Pour que tout ſe faſſe dans
» l'ordre & que les Concourans ſoient bien per-
» ſuadés que la bonne foi & la juſtice ſeules
» décideront du mérite & du talent, il ſera
» ponctuellement obſervé ce qui ſuit.

I.

» Tous ceux qui voudront avoir part au con-
» cours, enverront prendre un plan de la Ville
» de Petersbourg telle qu'elle eſt actuellement,
» qui leur ſera délivré par ladite Commiſſion
» à qui on laiſſera un reçu dudit plan, ſigné
» de la main des Recevans.

II.

» Le tems fixé pour le travail des Concou-
» rans ſera de trois mois, à commencer du
» jour de la publication qui en ſera faite par
» la Commiſſion.

III.

» Les Concourans feront deux plans, le pre-
» mier en laiſſant la Ville telle qu'elle eſt, pour
» y réparer les endroits défectueux, l'embellir
» où elle peut être ſuſceptible d'embelliſſement,
» & occuper avantageuſement les places vui-
» des, en obſervant de ſéparer convenablement
» la Ville des Fauxbourgs; en un mot, il faudra
» donner à toutes les parties qui la compoſent
» actuellement, le meilleur ordre & la plus
» parfaite harmonie que faire ſe pourra, tant
» pour l'utile, que pour l'agréable, & géné-
» ralement pour tout ce qui doit entrer dans
» la décoration d'une grande Ville Capitale.
» Dans le ſecond plan, les Concourans auront
» la liberté entiere de faire la Ville, & de la
» décorer comme ils le jugeront à propos, pour
» lui donner la magnificence que doit avoir une
» grande & belle Capitale, en détachant tou-
» jours la Ville des Fauxbourgs par des limites
» convenables. Il doit y avoir ſur chaque plan
» une explication, & en outre les Concourans
» feront un raiſonnement ſéparé du plan,

» bien détaillé & bien circonſtancié de toutes
» ſes parties.

IV.

» Dans le tems aſſigné auquel la Commiſſion
» recevra les plans, les Concourans les feront
» remettre aux perſonnes prépoſées pour les
» recevoir, en obſervant bien de ne donner
» aucune ſuſpicion de l'Auteur; pour cela, ils
» garderont chez eux un coupon de leur plan
» & de ſon raiſonnement, ſur leſquels ils au-
» ront mis une lettre, un chiffre ou telle autre
» marque que bon leur ſemblera, pourvû qu'elle
» ne déſigne point l'Auteur; ladite marque ſera
» partagée, c'eſt-à-dire, que le plan & le rai-
» ſonnement en portera une moitié, & le cou-
» pon qu'ils en auront ſouſtrait, l'autre.

V.

» La Commiſſion ayant reçu les plans, les
» marquera tous par lettres alphabétiques, &
» les expoſera, avec leurs raiſonnemens y joints
» pendant quinze jours dans un lieu convena-
» ble, où tous les Architectes & Amateurs ci-
» deſſus mentionnés auront la liberté de venir
» matin & ſoir les examiner. Ils remarque-
» ront les plans qui leur plairont le mieux,
» en exceptant toutefois les leurs : ils mettront
» par écrit les raiſons pour leſquelles ils préfé-
» rent tels plans, & détailleront les endroits de
» ces plans propres à être exécutés. Ils enverront
» à la Commiſſion le ſecond raiſonnement dans
» un paquet cacheté & ſans ſignature, pour qu'on
» ne ſache pas de qui il vient. Il n'y aura que
» ceux dont les plans ſeront expoſés qui pour-
» ront donner par écrit leur jugement ſur les
» autres.

VI.

» La Commiſſion ayant reçu ces ſeconds
» raiſonnemens & ayant examiné avec la plus
» ſcrupuleuſe exactitude tous les plans avec
» leurs raiſonnemens, ſe décidera pour ceux
» ſeuls qui paroîtront dignes d'être préférés,
» & s'étant préalablement muni de l'approba-

tifier

tifier les inconvéniens produits par les nombreuses habitations : un homme de génie voit souvent des ressources, où d'autres n'apperçoivent que des difficultés, des obstacles, des impossibilités.

Quand une fois le plan d'une Ville seroit suffisamment médité, peu-à-peu on passeroit à son exécution, non pas en abattant, comme on pourroit le croire, toutes ses maisons; mais en ordonnant qu'à mesure qu'il se feroit de nouvelles constructions, elles fussent dirigées suivant l'arrangement projetté : en conséquence, il ne faudroit pas que l'on permît de rétablir ou d'entretenir aucun bâtiment qui pût le contrarier, & faire durer les choses plus long-tems qu'elles ne durent naturellement.

Cette seule défense opéreroit les embellissemens proposés en peu de tems, & changeroit très-promptement la face d'une Ville; au lieu qu'en laissant chacun le maître de rétablir sans cesse son bâtiment, & d'y faire à volonté des reprises par dessous-œuvre, jamais on ne verra jour à effectuer sa rectification ; & nos demeures resteront ce qu'elles sont, à moins qu'on ne veuille dépenser des sommes immenses. La Ville de Metz, dont la plus grande partie a été rectifiée suivant un nouveau plan depuis une vingtaine d'années, ne s'est jamais conduite que par ces principes, & il n'est pas concevable avec quelle facilité & célérité tous ses changemens se sont opérés & s'operent encore journellement. Pour y réussir, il n'a fallu que faire revivre une Ordonnance de Henri IV, qui défend de reconstruire ou de rétablir tout ce qui se trouvera en saillie, ou dans les allignemens arrêtés pour

___

tion de sa Majesté, annoncera les plans qui auront été approuvés : alors on apportera les coupons, pour être confrontés & se faire reconnoître pour Auteurs desdits plans approuvés.

VII.

Pour encourager & échauffer l'émulation des Concourans, la Commission les prévient que ceux dont les plans auront été approu-

vés, outre l'honneur de voir leur ouvrage couronné, seront préférablement employés dans l'exécution du projet ci-dessus expliqué, & que ceux dont les plans n'auront point été applaudis, ne perdront point leur tems, vu qu'ils seront indemnisés par une gratification proportionnée à leur ouvrage.

Ce *Prospectus* a été publié à S. Pétersbourg le 14 Novembre 1763.

I

les embelliffemens des Villes (a). Il n'eft pas douteux qu'en imi-
tant le procédé de Metz, pour la rectification des plans des Cités,
on peut fe flatter d'un femblable fuccès. Ce que nous aurions
commencé, nos defcendans l'acheveroient, & nous auroient l'o-
bligation de les avoir mis fur la voie pour les rendre auffi heureux
qu'ils peuvent l'être dans leurs habitations.

Au furplus, ce n'eft que de la façon de penfer des Monarques
& de leurs Miniftres, qu'on peut efpérer de femblables bienfaits.
Tous ces travaux devant être en grande partie enfevelis fous terre,
peuvent ne pas paroître, au premier coup d'œil, auffi capables d'il-
luftrer un Souverain qui les ordonneroit, que des édifices à colonnades, que des monumens fomptueux, ou que des ouvrages de fafte
& de magnificence ; mais aux yeux de la raifon & du petit nombre de ceux qui apprécient les chofes par les avantages réels qu'ils
procurent, & dont la voix décide la réputation des Princes, ce
feroit des dépenfes véritablement louables, & qui caractériferoient
un Roi ami de l'humanité & du bonheur de fes Sujets. On parle
toujours avec vénération de Tarquin l'ancien, qui fit faire
les égouts de Rome : on fe fouvient de Mæris, qui fit exécuter
tous les canaux qui procurent encore, après tant de fiécles, la
fertilité à l'Egypte : on les cite l'un & l'autre comme les bienfaiteurs de leur peuple ; au lieu qu'on ignore les noms de prefque
tous ceux qui n'ont ordonné que des monumens de vanité, inutiles, pour la plûpart, à la vraie félicité des hommes.

(a) Code de la Voirie, 1607.

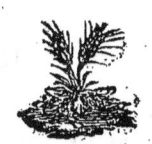

EXPLICATION DES FIGURES.

La Planche I repréſente le plan d'un Carrefour de la Ville projettée avec l'arrangement, ſoit des Rues, ſoit des Quais.

A, Chauſſée garnie de petits pavés, pour faciliter le trait des che‑ vaux.

B, *B*, Chemins le long des maiſons pour les gens de pied, ſéparés chacun de la chauſſée par un ruiſſeau *F*.

C, Carrefour dont les angles ſont arrondis.

D, Fontaine publique environnée de bornes, pour mettre les Por‑ teurs‑d'eau à l'abri des voitures : au‑deſſous de chaque robinet, ſont de petites ouvertures, pour faciliter le ſurplus des eaux de tomber dans l'aqueduc ſoûterrain, ſans ſe répandre ſur la chauſ‑ fée.

E, Bornes placées près des ruiſſeaux en‑deçà de la chauſſée, pour mettre les habitans à couvert de tout accident de la part des voitures : il y a du côté des maiſons de doubles colliers de fer, ſcellés dans ces bornes, leſquels ſont deſtinés à recevoir des perches.

G, Quai bordé, tant du côté des maiſons que du parapet, de grands pavés, tandis que ſon milieu eſt garni de petits pavés : il eſt à obſerver que les ponts ſeroient diſtribués comme les rues, avec deux chemins de niveau le long des parapets, ſéparés de la chauſſée par des bornes.

H, Riviere avec des trotoirs à fleur d'eau, le long des murs des quais, pour reſſerrer ſon lit lors des baſſes eaux.

I, Lanternes pour éclairer les rues : elles ſont adoſſées aux mai‑ ſons, & placées en échiquier, c'eſt‑à‑dire, alternativement l'une d'un côté & l'autre de l'autre.

K, *K*, Lignes ponctuées, qui indiquent, ſous les rues, la po‑ ſition des cloaques ou aqueducs ſoûterrains deſtinés à rece‑

voir les ordures : on peut remarquer que leurs divers embran-
chemens, foit du côté des quais, foit dans les carrefours, font
dirigés vers le courant de la riviere, & de façon que rien ne
puiſſe contrarier leur écoulement.

L, L, Lignes ponctuées exprimant la poſition du grand cloaque
placé ſous les quais, deſtiné à la décharge des cloaques *K*, &
à porter les immondices au-dehors de la Ville, au-deſſous du
courant de la riviere.

M, Eſpece de puits d'environ deux pieds de diametre, fermé avec
un couvercle de pierre armé de fer, & ayant un anneau au milieu pour le lever, lorſqu'il s'agiroit de jeter par-là les ordures
tous les matins.

N, Petits conduits placés dans les ruiſſeaux pour l'écoulement
des eaux dans l'aqueduc ſoûterrain, & empêcher qu'elles ne
s'y aſſemblent.

O, O, Lignes ponctuées exprimant la direction par-deſſous le
pavé des foſſes d'aiſance *P*, & leur écoulement dans l'aqueduc.

Q, Tuyaux de deſcente pour les eaux des toits.

R, Ruiſſeau d'une des cours, diſpoſé de maniere à diriger l'écoulement des eaux à travers les latrines *P*.

S, Fontaine domeſtique deſtinée à raſſembler l'eau de pluie.

T, Lieux communs pour les beſoins publics.

V, V, Maſſes de maiſons.

*La Planche II fait voir en profil la largeur d'une Rue, avec la
conſtruction des Bâtimens qui la bordent.*

A, Profil de la chauſſée, au-deſſus duquel on apperçoit dans le
lointain, une fontaine placée au milieu d'un carrefour, laquelle
eſt marquée *D, Planche I.*

B, B, Profils des chemins deſtinés pour les gens de pied.

C, Bornes avec de doubles colliers de fer, *1, 2,* dans leſquels
ſont paſſées des perches *3*, pour ſoutenir une banne *4* de toile
cirée, lors des mauvais tems.

D, Profil d'un des cloaques ou aqueducs foûterrains ; il eft conftruit par le bas en forme d'arc renverfé, & affis fur un maffif de maçonnerie : fa voûte fupérieure eft percée d'un trou *E* en forme de puits, pour recevoir toutes les ordures des rues.

F, F, Banquettes à droite & à gauche de l'aqueduc, foutenant les tuyaux, 5, 6, de fer fondu, pour conduire l'eau dans les maifons.

G, Direction d'un des conduits des ruiffeaux dans l'aqueduc *D*.

H, Profil d'une maifon conftruite fans bois de charpente.

I, Terraffe couverte de dalles de pierre.

K, Caniveau fervant de chenau.

L, Planchers en briques & en voûte plate.

D, Cheminée conftruite depuis le deffus de fa tablette en hotte & en briques. Son tuyau feroit fait de boiffeaux de terre cuite de dix pouces de diametre, bien verniffés intérieurement, affemblés les uns dans les autres, & jointoyés avec de bon maftic : ce tuyau feroit foutenu de diftance en diftance par des embrâfures de fer fcellées dans le mur doffier, & feroit recouvert de deux ou trois pouces, tant de mortier que de plâtre. Pour ramoner ce tuyau, de deffus la terraffe, à l'aide des degrés *N*, pratiqués dans la partie fupérieure du mur doffier, il fuffiroit de defcendre ou de faire promener haut & bas une efpece de tampon attaché à une corde, qui le nettoyeroit avec d'autant plus de facilité, que la fuie s'attacheroit très-difficilement autour des parois de ces boiffeaux verniffés. Lorfque je parlerai par la fuite, des précautions à prendre dans la conftruction des maifons, contre les effets des tremblemens de terre, je ferai voir les avantages de ces tuyaux de cheminées fur les autres.

O, Cave dont l'aire eft couvert de dalles pofées fur un petit maffif de maçonnerie : au milieu eft une pierre recreufée *P*, en forme de baffin, que l'on entretiendroit toujours propre, afin de recevoir dans un befoin le vin d'un tonneau qui viendroit à crever ou à s'échapper.

Q, Profil d'une autre maifon conftruite fans bois de charpente; avec un toit plat & un chenau : fes planchers feroient auffi exécutés en briques.

R, Coupe des latrines.

S, Siége de commodité.

T, Foffe peu profonde & difpofée en pente.

V, Petit réfervoir à l'ufage des latrines, & pouvant fe remplir de lui-même par le moyen de l'eau des toits.

X, Tuyau des latrines difpofé en pente fur un petit maffif de maçonnerie, aboutiffant d'une part dans l'aqueduc au-deffous des banquettes *F*, & de l'autre dans le bas de la foffe *T*.

Y, Autre tuyau dirigeant toutes les eaux des ruiffeaux de la cour, à travers la foffe *T*, à deffein de laver continuellement cet endroit.

Z, Fontaine domeftique deftinée à raffembler l'eau de pluie pour la boiffon : elle eft fablée, faite en bois cerclé de fer, & couverte d'un bon enduit, avec une petite porte vers le bas dans laquelle eft une cannule de bois.

&, Tuyau de conduite dirigeant l'eau des toits vers la fontaine *z* pour la remplir quand on le jugeroit à propos.

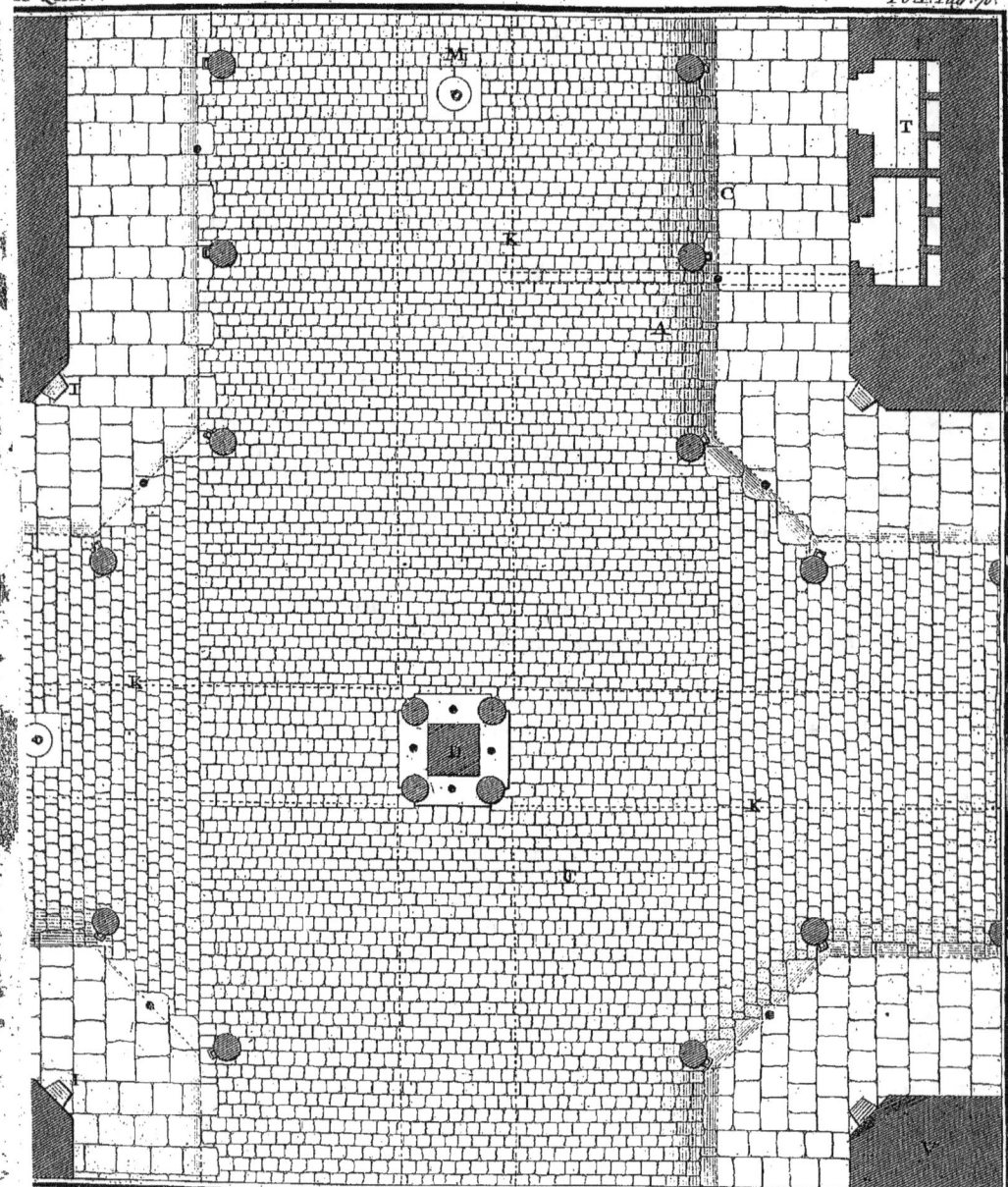

PLAN D'UN CARREFOUR D'UNE NOUVELLE VILLE, AVEC LA DISTRIBUTION POUR LES BAINS ET LES QUAIS.

PL. C. Pag.81

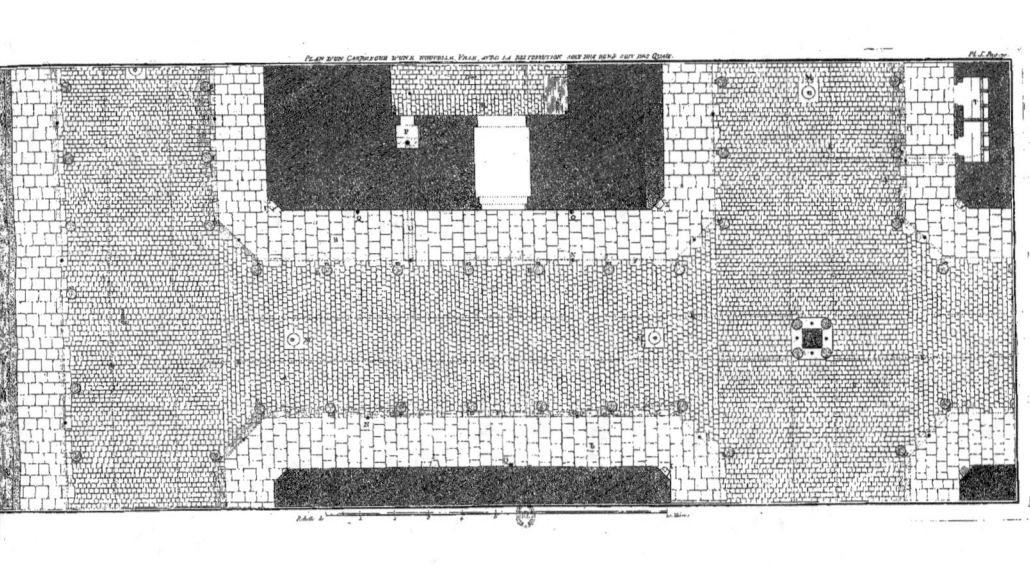

Pl. II. Pag. 70.

PROFIL D'UNE RUE

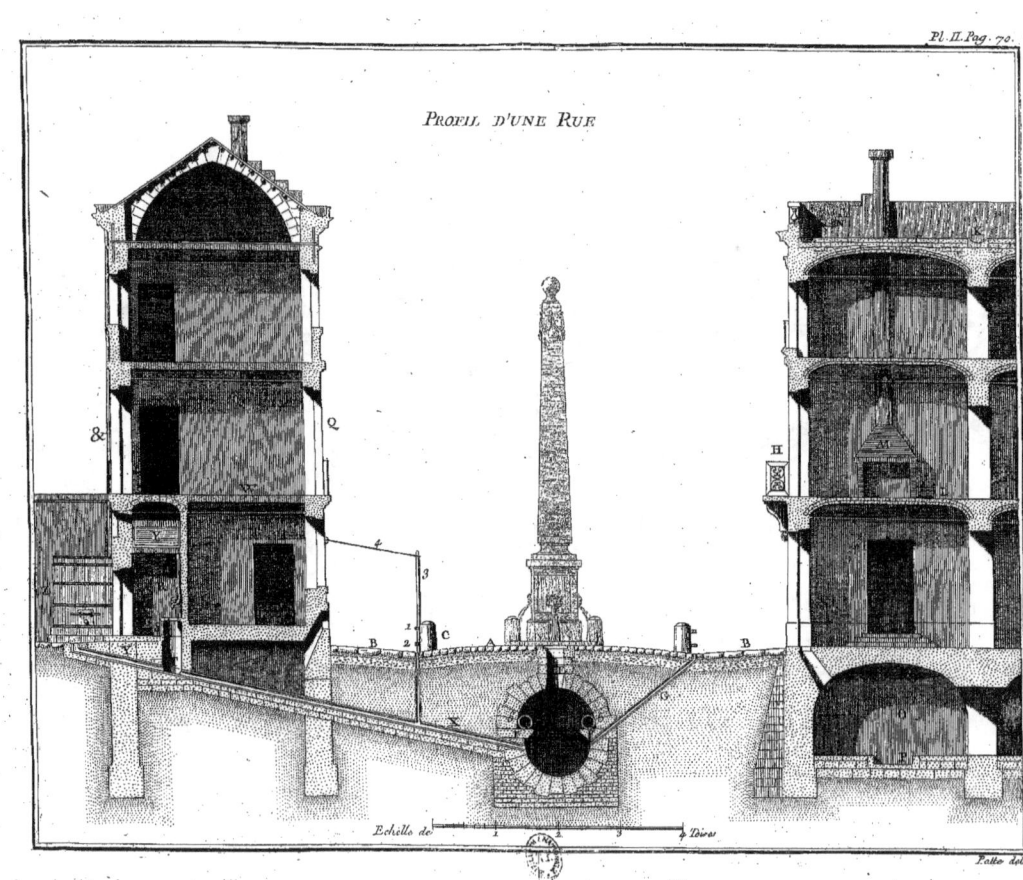

Echelle de
Toises

Fatto del.

CHAPITRE SECOND.

Dissertation sur les proportions générales des ordres d'Archi-
tecture, où l'on fait voir jusqu'à quel point il est possible
de les déterminer.

LEs proportions font ce qui conftitue le beau effentiel de l'Architecture. S'il étoit poffible de parvenir à les déterminer, de maniere à produire dans tous les cas l'afpect le plus agréable, on
pourroit affurer que cet art feroit arrivé au plus haut dégré de
perfection auquel il puiffe prétendre. Perfonne n'ignore combien
de volumes ont été écrits à ce fujet, & que dans tous les temps
les premiers Architectes fe font exercés fur cette importante matiere, fans avoir pu s'accorder, & rien ftatuer d'univerfellement
applaudi. Ainfi une differtation qui tend à faire voir jufqu'à
quel point on peut efpérer de fixer les proportions par la comparaifon des tentatives qui ont été faites jufqu'à préfent, ne
fçauroit être que très-intereffante pour les progrès de l'Architecture.

Pour y parvenir, nous allons fuivre les proportions dans leur
origine, les envifager fuivant tous leurs rapports, par ce qu'on a
fait, juger de ce qu'on auroit dû faire, & enfin nous ferons voir
que ce n'eft qu'en conciliant le goût & le jugement, qu'on peut
réuffir, finon à les fixer invariablement, du moins à trouver de
moyens d'approximation capables de tenir lieu dans la pratique
d'une rigoureufe précifion jufqu'ici fi inutilement cherchée.

Ce furent vraifemblablement les troncs d'arbres qui foutenoien
les toits des anciens bâtimens, qui fournirent la penfée des premieres colonnes de pierre & de marbre dont on les décora par
la fuite, & non la proportion humaine, comme quelques-uns
l'ont prétendu. En effet, quelle relation une colonne peut-elle

avoir véritablement avec la ftructure de l'homme? La tête ou les
pieds ont-ils un rapport avec le chapiteau & la bafe? Les han-
ches & les autres parties du corps ont-elles quelque correfpondance avec fon fût? Il eft au contraire bien plus naturel de
penfer que les arbres feuls ont fuggéré l'ordonnance générale des
colonnes ; le tronc de l'arbre, qui va en diminuant du bas en
haut, a donné l'idée du fût ; l'étêtement de la naiffance des branches à l'extrémité du tronc, faifant un enfourchement où il refte
quelquefois des feuilles, a fait naître la penfée du chapiteau.
De plus, les racines qui forment fouvent au pied des arbres une
efpece de bourlet ou d'empâtement, ont produit la repréfentation
des bafes.

Les entablemens tirent de même leur origine de la premiere conftruction des planchers & des toits : les architraves repréfentent
les piéces de bois horifontales qu'on mettoit d'un pilier à l'autre
pour foutenir le plancher ; la frife exprime l'épaiffeur du plancher & le bout des folives qui le compofoient : enfin la corniche n'eft qu'une repréfentation de la faillie que l'on donnoit à
l'extrémité des piéces de bois inclinées qui formoient le toit,
afin de faciliter l'écoulement des eaux, fans faire tort au bâtiment.

Les Egyptiens, qui fe fervirent les premiers de colonnes, les
firent d'abord très-matérielles, & beaucoup plus groffes qu'il ne
falloit, par rapport à leur élévation, ainfi qu'on le remarque dans
les ruines de leurs plus anciens édifices. Ce furent les Grecs qui
commencerent à leur donner une groffeur relative à leur hauteur
& au poids qu'elles devoient porter; en conféquence, ils diffé-
rencierent la proportion en folide, moyenne & délicate; & établi-
rent trois genres de colonnes en rapport avec ces diverfes manieres de bâtir, lefquelles ont retenu les noms de Dorique, d'Ionique & de Corinthienne, à caufe des Villes où elles ont été
inventées.

Cette nouveauté heureufe ayant été univerfellement applaudie, ces peuples, à force d'études & de combinaisons, parvinrent à trouver des proportions agréables pour les diverses ordonnances d'Architecture, relativement aux caracteres de solidité, d'élégance & de légereté qu'ils avoient inftitués. Ce beau une fois trouvé, on examina comment il parvenoit à opérer fon effet : on approfondit par voie de comparaifon, pour quelle raifon certaines proportions produifoient un afpect plus fatisfaifant que d'autres, pourquoi l'on en voyoit qui plaifoient généralement, tandis qu'il y en avoit qui fembloient bleffer les yeux. De ces paralleles & de ces obfervations, font réfultées les premieres regles que l'on s'eft appliqué depuis à développer.

Cependant il faut convenir que, quoique les Grecs ayent paffé pour avoir inventé les proportions générales des ordres d'Architecture, on ne remarque pas dans les ouvrages qu'ils nous ont laiffé, des déterminations bien conftantes & bien précifes. Les colonnes doriques fe trouvent tantôt plus hautes, tantôt plus baffes, relativement à leur diametre; leur entablement eft auffi, ou le tiers, ou le quart, ou le cinquieme; quelquefois plus, quelquefois moins. Dans leur Ionique & leur Corinthien, on obferve également des variétés, ainfi qu'il eft aifé de s'en convaincre par les développemens des ruines de la Grece, qui nous ont été donnés depuis quelque tems.

Les proportions que l'on remarque dans les reftes de l'Architecture antique de Rome, que Defgodets a levé avec tant d'exactitude, femblent auffi n'avoir bravé les injures des tems & les atteintes de la barbarie gothique, que pour faire aujourd'hui le défefpoir des interprêtes. Il fe trouve dans ces édifices des proportions de tous les genres, & de quoi juftifier toutes fortes d'opinions. Il eft à croire que les Romains n'étoient pas plus d'accord que les Grecs fur des loix fixes & invariables, foit que ces peuples, pour paroître moins devoir à ces Inventeurs, affectaffent de faire de leurs ordres autant de compofés, foit qu'ils regardaffent véritablement les proportions de cet art comme arbitraires. La doc-

K

trine même que Vitruve nous a laissé par écrit, ne s'accorde pas davantage avec ce qui se pratiquoit de son tems, & les exemples qui nous restent de l'antiquité.

Tant de variétés ont fait présumer à la plupart des Architectes qui ont étudié les ouvrages des anciens, que les proportions pouvoient être constantes dans leurs meilleurs édifices, & qu'il ne s'agissoit que de les approfondir pour en connoître la distinction ; d'autres au contraire se sont imaginé que chaque bâtiment, suivant sa position, pouvoit occasionner la différence des proportions ; que les Grecs & les Romains n'avoient pas de principes généraux, mais seulement applicables à des cas particuliers ; & qu'enfin les différens aspects leur fournissoient autant de proportions nouvelles selon la diversité des circonstances, du local, de la situation, & de la grandeur.

De-là tous ces systèmes sur les ordres, où l'on s'est efforcé de développer le mystere des proportions de l'Architecture ancienne, & de concilier toutes les contradictions qu'on y trouve, soit en s'appuyant de l'autorité de Vitruve, soit en proposant les ordonnances de quelques-uns des bâtimens antiques pour regle, soit en s'attachant à les rectifier ou à y ajouter, pour les faire quadrer avec des opinions particulieres. Cependant malgré toutes les tentatives qui ont été faites jusqu'ici comme à l'envi par les principaux Architectes depuis la renaissance des arts, pour établir des principes bien certains sur les proportions, aucun d'eux n'a pû encore parvenir à faire des loix inviolablement observées, soit à cause de la difficulté de trouver des regles qui ayent en elles-mêmes des vérités évidentes, ou du moins des probabilités dont le goût & la raison puissent être également satisfaits, soit à cause de l'impossibilité d'asservir l'esprit humain à des déterminations, lorsqu'elles n'ont pas leurs principes puisés dans la nature.

Ouvrez les ouvrages de Palladio, de Vignole, de Scamozzi, de Serlio, de Barbaro, de Cataneo, de Philibert de Lorme, de Viola, de Jean Bullant & autres, qui ont travaillé successivement d'après les édifices antiques à fixer les beautés de cet art, en essayant de déterminer immuablement fes proportions; vous verrez qu'ils n'ont fait que convaincre par la diverfité de leurs opinions, de la difficulté d'y réuffir ; vous trouverez qu'il n'y a pas deux proportions dans l'Architecture dont ils foient unanimement d'accord, & qu'il n'y a pas même deux édifices parmi ceux que ces Architectes ont fait exécuter où ils ayent obfervé les mêmes regles. Par exemple, les uns ont donné à leurs entablemens le quart de la hauteur des colonnes; les autres ont donné le cinquieme, & d'autres ont tenu un milieu entre ces deux proportions. Les élévations des piédeftaux, celles des colonnes par rapport à leur diametre ne font pas déterminées avec plus d'unanimité : les hauteurs des corniches, les relations des moulures entr'elles, celles des frifes, des architraves, des chapiteaux & des bafes, offrent auffi des contrariétés continuelles.

Si des ordres on paffe à l'examen des parties d'Architecture en rapport avec eux, tels que les foubaffemens & les attiques, on ne remarquera pas moins de contradiction. Les foubaffemens font employés, tantôt les deux tiers de l'ordre qu'ils fupportent, tantôt plus, tantôt moins. Les attiques fe trouvent femblablement être élevés, foit le tiers, foit la moitié, foit les deux tiers de l'ordre qu'ils couronnent. On rencontre des exemples de chacune de ces proportions dans les édifices les plus recommandables. En France on adopte (a) les proportions de Vignole, en Italie celles de Scamozzi, en Angleterre celles de Palladio, en Efpagne & en Allemagne celles de toutes fortes d'Auteurs indiftinctement.

Les feuls avantages que l'Architecture a véritablement retiré de toutes les tentatives que les Auteurs modernes ont faites jufqu'ici fur cette matiere, fe font bornés à connoître comment on peut s'approcher ou s'écarter des vraies proportions, mais fans pouvoir cependant les déterminer au jufte. Car de même qu'on peut expli-

(a) Quand nous difons qu'on adopte, c'eft-à-dire, que ceux qui fe deftinent à l'Architecture, étudient de préférence le fyftême de ces différens Auteurs : car dans l'exécution, on ne remarque pas que les Architectes s'afferviffent fcrupuleufement à les fuivre. L'ordre Corinthien du périftile du Louvre, ne reffemble pas plus à celui de Vignole, que celui de la place de Louis XV.

quer en quoi confifte la beauté d'une tête, bien qu'on ne puiffe pas démontrer géométriquement le rapport exact des yeux, du nez, de la bouche, du front, des oreilles & de toutes les parties qui la compofent, de maniere qu'un peu plus ou un peu moins doive néceffairement opérer une difformité ; de même auffi dans l'Architecture quoiqu'on n'ait pas encore décidé avec précifion aucune proportion, il eft pourtant vrai de dire que l'on en a reconnu pour chaque membre, dont on ne peut gueres s'écarter fans pécher par excès ou par défaut. Par exemple, on ne fçauroit donner à un entablement plus du quart de la hauteur de fa colonne, ni moins du cinquieme, fans rifquer de tomber dans le pefant ou dans le mefquin : on fçait que la vraie proportion ne doit pas paffer ces deux extrêmes inclufivement, & doit ou leur appartenir, ou à quelqu'un des degrés de l'efpace intermédiaire que l'on n'a pas encore déterminé pofitivement (a). Il en eft ainfi de toutes les autres proportions fur lefquelles il y a plus de deux mille ans que l'on s'effaye & que l'on varie, fans avoir pu encore rien décider de bien certain.

Perrault, dans un ouvrage intitulé *Ordonnances des cinq efpeces de colonnes felon la méthode des anciens*, où il effaye auffi inutilement que l'ont fait plufieurs Architectes, de concilier les variétés des ouvrages antiques, en affignant à chaque ordre une proportion moyenne entre tous les exemples connus, fait voir que ce n'eft ni l'imitation de la nature, ni la raifon, ni le bon fens qui foient le fondement des beautés que l'on croit voir dans la difpofition & l'arrangement des parties d'une colonne, & qu'il n'eft pas

---

(a) Il eft fi vrai que les proportions confidérées fuivant de certains rapports généraux, ont une forte de beauté univerfelle faite pour plaire à tous les hommes, que les Chinois qui avec grande apparence n'ont rien emprunté des anciens à cet égard, ont des ordonnances d'Architecture affez approchantes des leurs. Si M. Chambers, dans les détails qu'il nous a donné de quelques-unes de leurs Pagodes, n'a pas ajouté du fien, il eft certain que l'enfemble général de la proportion de leurs colonnes, différe peu de celui des bâtimens antiques. Les colonnes Chinoifes ont des diminutions graduelles de bas en haut. Leurs fûts fe terminent par le bas en ove formant une efpece de bafe. Elles n'ont pas à la vérité de chapiteaux, mais, à leur place, le haut du fût eft traverfé par des poutres, attendu que les Chinois font ordinairement leurs colonnes de bois. Leur hauteur eft de huit à douze diametres, proportions relatives au caractere de folidité ou d'élégance qu'ils veulent donner à un bâtiment.

poſſible d'indiquer d'autres cauſes de l'agrément qu'on y trouve, qu'une forte d'habitude (*a*) ; d'où il réſulte, ſuivant lui, que les beautés qu'on remarque dans l'Architecture, n'étant pas abſolument poſitives, on peut ſe permettre quelques légers changemens, en uſant toutefois de cette permiſſion avec beaucoup de circonſpection, & ſans altérer les maſſes générales. Il y a lieu de croire que ce que dit cet Architecte, eſt la véritable raiſon pour laquelle on trouve ſi peu d'uniformité dans les ouvrages antiques, & pourquoi on a tant diſcuté ſans s'entendre. On s'eſt imaginé que les anciens avoient un ſyſtême ſuivi de proportions qui n'exiſte pas: chacun a voulu commenter une choſe imaginaire, & voilà d'où vient perſonne ne s'eſt rencontré. Il en étoit des Architectes Grecs & Romains, comme de la plûpart des modernes ; chacun avoit ſa méthode, ajoutoit ou diminuoit dans les proportions, ou bien adoptoit quelque ſyſtême connu, ſuivant qu'il le jugeoit convenable pour la perfection de ſon édifice.

Mais ce n'eſt pas ſeulement ſur la proportion particuliere de chaque ordre que l'on diſcute depuis long-tems; on n'eſt pas plus d'accord ſur celle que l'on doit donner, ſoit aux ordres, ſoit aux divers membres d'Architecture, ſuivant qu'ils ſont plus ou moins éloignés de la vue. Il y a nombre d'Architectes modernes qui penſent que, quand bien même on parviendroit à fixer les proportions des ordonnances d'Architecture, il faudroit néceſſairement les changer quelquefois relativement à leur poſition ; attendu qu'un ordre de peu de diametre ou coloſſal, élevé ſoit au rez-de-chauſſée, ſoit au ſecond, ſoit au troiſieme étage, doit être différemment proportionné pour faire ſon effet. Scamozzi, Boffrand & pluſieurs autres ſont de ce ſentiment. Dans le même ouvrage que nous avons cité ci-devant, Perrault agite auſſi beaucoup cette queſtion : il ſoutient qu'il n'y a pas dans l'antiquité d'exemple de la pratique de cette regle du changement de proportion, à cauſe

(*a*) Page X de la Préface.

des différens aspects plus ou moins élevés ; & que s'il s'en rencontre ; il ne faut pas croire qu'elles aient été faites par des raisons d'optique, mais seulement par hasard. Il cite à cette occasion une foule d'exemples tirés des bâtimens les plus approuvés de l'antiquité, & fait voir que dans les mêmes points de vue, souvent leurs proportions sont différentes, & au contraire pareilles dans des aspects tout opposés.

De-là cet Architecte entre dans les détails des raisons pour lesquelles il ne faut point changer de proportions, & prouve que la vûe est accoutumée de suppléer les proportions des choses entieres par le jugement, & que comme le jugement ne manque jamais de rectifier les effets désavantageux que l'on imagine que l'éloignement & les différentes situations sont capables de produire, c'est une précaution tout-à-fait inutile que de vouloir y apporter remede. Il va jusqu'à faire voir que, quand bien même ce qu'il avance, ne seroit pas certain, il ne s'ensuivroit pas que le changement des proportions fût un moyen efficace pour empêcher que l'éloignement des objets & leur situation ne nous trompe ; parce qu'alors ces proportions changées, ne pourroient avoir d'aspect agréable qu'à une certaine distance déterminée, & seulement en supposant que le Spectateur ne changeât pas de position pour regarder un édifice. Hors de-là, dit-il, elles paroîtroient vicieuses, à l'exemple de ces figures d'optique dont les dimensions sont tellement compassées, que vues d'un certain endroit, elles font un bon effet, & paroissent au contraire difformes, dès que l'œil est déplacé (a). Il conclut enfin qu'il n'y a point de raison qui puisse obliger de changer les proportions relativement aux différens aspects, & que dans les occasions où le changement des proportions peut avoir lieu, comme lorsqu'il s'agit de placer une statue colossale sur un endroit élevé, ou lorsqu'on ne veut pas donner beaucoup de saillie à une corniche, & dans quelqu'autre cas semblable,

(a) Ordonnance des cinq especes de colonnes, pag. 107.

cela fe fait par des raifons de convenance, & non par aucune raifon d'optique.

Ces raifons de Perrault font d'autant plus judicieufes que, fi l'on
vouloit avoir véritablement égard aux principes d'optique, par lefquels les objets paroiffent de différentes grandeurs, à proportion
de la différence de l'angle qu'ils forment dans l'œil, il s'enfuivroit
que, lorfqu'on met trois ordres l'un fur l'autre, fuppofé qu'une
colonne dorique placée au rez-de-chauffée eût vingt-quatre pieds
d'élévation, il faudroit, fuivant cette regle, pour que la Corinthienne parût de même hauteur, la rendre gigantefque, & lui donner près de vingt-huit pieds de longueur, ce qui eft abfurde, parce
qu'alors les parties fupérieures de l'édifice feroient beaucoup plus
grandes que les inférieures, & que ce feroit le foible qui porteroit le fort. Ainfi ces raifons d'optique, pour empêcher la diminution des objets élevés, ne méritent aucune confidération, attendu
que le jugement & l'habitude redreffent ordinairement le fens de
la vue. De même que, quand nous nous promenons dans une longue avenue qui nous paroît plus petite à l'extrêmité, nous ju-
geons par notre maniere de voir ordinaire, qu'elle eft par-tout
d'une largeur égale; de même auffi, quand nous regardons un objet
élevé, nous apprécions fa grandeur réelle à raifon de fon élévation, & par comparaifon avec ce qui le fupporte ou l'environne.
C'eft évidemment contrarier les procédés de la nature que de vouloir que ce qui eft éloigné de la vue, foit énoncé de maniere à
nous paroître de même proportion que s'il en étoit proche. Par-
tout nous ne voyons que des raccourcis, des objets qui fuyent ou
qui diminuent relativement à leur éloignement de l'œil ou à leur
fituation. Prétendre que la vraie beauté de l'Architecture peut dans
certain cas confifter à fe fouftraire à cette loi générale, eft une
abfurdité manifefte.

Ce n'eft pas, encore un coup, qu'on ne doive avoir égard aux
faillies des corps les uns fur les autres, afin d'élever ceux qui feroient trop cachés, ou qui paroîtroient trop bas, trop écrafés :

comme quand on exécute un dôme, il faut faire attention aux raccourcis de sa courbe extérieure pour l'allonger convenablement, & de maniere à le rendre agréable à la vûe ; mais ces changemens ne font jamais qu'une affaire de jugement & de goût ; il ne sçauroit y avoir d'autres raisons.

Malgré tout ce que nous venons de dire, il faut cependant convenir qu'à travers les tentatives qui ont été faites pour fixer les proportions de l'Architecture, on remarque épars çà & là, dans les différens ouvrages qui en ont traité, des beautés de détails, plusieurs profils d'un goût exquis, & même jusqu'à des ordonnances générales, dont nombre d'Architectes ont sçu tirer des partis très-avantageux dans les diverses occasions. Aussi, loin de chercher désormais de nouveaux systêmes (dessein que l'on peut regarder comme frivole, sur-tout après les efforts inutiles qui ont été faits par tant de Maîtres de l'art) il seroit sans doute préférable de travailler à établir des moyens d'approximation pour la pratique, capables de tenir lieu d'une rigoureuse exactitude qui s'échappe à nos recherches, soit en conciliant les différentes opinions qui ont été agitées sur cette matiere, soit en les enchaînant de maniere à ne former qu'un tout raisonné, susceptible de réunir à la fois les sentimens des modernes, ainsi que le goût & le jugement. Ce projet est d'autant plus possible, que dans l'Architecture il s'agit moins d'inventer de l'extraordinaire & du nouveau, que de chercher à plaire par la maniere de mettre en œuvre les beautés déjà trouvées, & de les placer à propos dans un point de vue propre à produire un effet agréable.

Pour y réussir, voici comme nous pensons qu'on pourroit s'y prendre. Ce seroit de s'en tenir aux trois ordres Grecs, parce qu'ils suffisent dans tous les cas, & sont relatifs aux trois manieres de bâtir, solide, moyenne & délicate. Car les deux autres ordres qu'on y a joint n'en sont qu'une insipide imitation, & ont été cause de toutes les licences qui ont fait dégénérer l'Architecture sous les Empereurs. En considérant donc chacune de ces trois manieres sous

deux

deux dénominations particulieres, l'une simple & mâle, & l'autre
élégante ou plus riche, on parviendroit à avoir en quelque sorte six
façons d'arranger les ordres. Ainsi on auroit deux Doriques, deux
Ioniques, deux Corinthiens. Le caractere de chaque ordre seroit
distinct comme à l'ordinaire, mais chacune des deux especes différe-
roit par plus ou moins de simplicité. Il n'y auroit qu'à approprier à
ces ordres toutes les proportions les plus universellement applaudies,
& les divers membres d'Architecture dont le bon effet de l'exécution a cimenté la réputation, on parviendroit à avoir non-seulement
tout ce qui est nécessaire pour varier les ordonnances, mais encore
un guide sûr, à l'aide duquel on ne pourroit risquer de se tromper sensiblement. Le choix parmi les ordonnances d'Architecture
antiques se réduiroit à un petit nombre ; car il y en a très-peu qui
méritent d'être imitées ; à l'exception peut-être des trois colonnes
de *Campo - vaccino*, du portique de la Rotonde, de l'ordre du
temple de Mars le Vengeur, des profils du théâtre de Marcellus,
& de quelqu'autres semblables, la plus grande partie n'est gueres
digne de servir de modeles, & doit être plutôt regardé comme
autant de singularités vicieuses, plus capables de corrompre le
goût que de le former.

Dans les ruines de la Grece, il n'y a pas un profil, ni un détail
intéressant d'Architecture dont on puisse se promettre de faire
usage avec succès en exécution ; mais dans celles du temple de
Balbec & du palais du Soleil à Palmyre, on remarque par endroits
des ordonnances d'Architecture, des profils, des détails d'ornemens d'un goût exquis, & dont avec discernement il seroit possible de faire des choix très-avantageux.

Parmi les Architectes modernes qui ont travaillé sur les ordres,
& qui ont pris l'antique pour modele, tels que Palladio, Vignole,
& quelquefois Scamozzi, il y a aussi quelques proportions générales & plusieurs profils admirables qu'on peut adopter.

Nous n'avons garde d'en dire autant des ordonnances d'Architecture composées par Barbaro, Serlio, Alberti, Cataneo, Bul-

L

lant, Viola & Philibert de Lormes : leurs manieres seches & mef-
quines dont on peut juger dans le livre des Paralleles de Cham-
bray, ne méritent aucune attention, & doivent les faire regarder
comme nulles pour notre objet.

Le cours d'Architecture de François Blondel (a) qui renferme
tantd'excellens préceptes, offre en général sur les ordres des discuf-
fions plus favantes qu'appropriées à l'usage ordinaire ; auffi n'a-t-il
fait aucun sectateur. Il en est de même du traité des ordonnances
des colonnes suivant la méthode des anciens de Perrault, où il
propose pour regle générale une moyenne proportionnelle entre le
plus & le moins de toutes les proportions antiques : système que
perfonne n'a adopté, parce qu'il n'est pas vrai que cette moyenne
proportionnelle puiffe produire, dans tous les cas, l'effet le plus
agréable, & soit toujours le véritable point de perfection.

En suivant notre penfée, le Dorique simple (*figure* 1, *Pl. III*),
feroit, à quelques changemens près, le Tofcan de Vignole, fept
diametres de hauteur ; entablement le quart ; piédestal le tiers.
Cette proportion réuffit parfaitement dans plufieurs édifices. Il
n'y auroit qu'à rectifier la gueule pendante du soffite du larmier
de la corniche de l'entablement, ne donner qu'un feptieme de
diminution au haut du fût de la colonne, changer la corniche de
fon piédestal, compofée d'un filet & d'un talon qui est mefquine,
en une plinte, un filet & un cavet, enfin élever un peu fon focle :
on auroit un ordre ruftique à-peu-près parfait.

Pour l'ordre Dorique orné (*figure* 2, *Planche III*), on peut
adopter encore le Dorique de Vignole, qu'il a imité de plufieurs
exemples antiques. Il a huit diametres d'élévation : fon entablement
est auffi le quart & fon piédestal le tiers ; avec quelques rectifications d'après les autres Doriques, & en ne diminuant fur-tout fa

_____

(a) On est fâché de remarquer dans cet Ouvrage qu'après avoir donné, tome II, quatrieme
partie, page 664, tous les détails de la porte Saint Denis, monument fupérieur à tout ce que les
anciens ont jamais fait en ce genre, François Blondel propofe en parallele un arc de triomphe
de fa compofition, du plus mauvais goût & fans aucune proportion ; on est prefque tenté de
croire, en la voyant, qu'elle ne fçauroit être du même Auteur ; tant le contrafte est frappant,

colonne que d'un feptieme par le haut, (changement dont nous rendrons raifon par la fuite), cet ordre peut être employé avec fuccès. Tant qu'on n'accoupleroit pas les colonnes, on conferveroit, à l'imitation des anciens, les métopes quarrés dans la frife; mais lorfqu'on fe trouveroit obligé à l'accouplement, quelle difficulté y auroit-il de faire dans ce cas tous les métopes barelongs uniformément? Au lieu de fe donner la torture, comme de coutume, pour accorder ces métopes, foit en faifant pénétrer les bafes des colonnes les unes dans les autres, foit en élevant la hauteur de l'entablement au-deffus du quart, foit en augmentant la proportion ordinaire du fût des colonnes, on parviendroit à employer cet ordre avec la même facilité que les autres. Notre arrangement procureroit d'ailleurs une variété qui n'auroit rien de choquant, & n'altéreroit en rien l'enfemble général de cet ordre, ni d'aucune de fes principales parties. La forme oblongue des triglyphes contrafteroit avec la forme barelongue des métopes : rien ne peut affurément être contraire aux vrais principes de l'Architecture dans ce procédé. Pour rendre le barelong des métopes moins fenfible, il feroit aifé d'élargir le triglyphe d'un douzieme, & de diminuer auffi d'un cinquieme la faillie des bafes des colonnes, de forte que le métope n'auroit qu'à-peu-près un neuvieme de plus de largeur que de hauteur, ce qui eft peu confidérable. Quelques perfonnes pourront trouver à redire à ce changement, mais ce fera fans pouvoir objecter des raifons plaufibles.

Au lieu de faire les bords des canelures en angle aigu, ainfi que le propofe Palladio & Vignole, d'après le Dorique des Thermes de Dioclétien, il feroit mieux de fubftituer toujours un petit liftel entr'elles, comme l'a fait Scamozzi, attendu que lorfqu'on exécute ces colonnes en pierres, ces arêtes n'ayant pas fuffifamment de confiftance, font très-aifées à écorner.

Pour les intérieurs, rien n'empêcheroit d'adopter l'entablement du théâtre de Marcellus avec des denticules : elles y réuffiffent très-bien, malgré que Vitruve les défapprouve dans cet ordre , comme étant affectées particuliérement à l'Ionique.

Nous n'infisterons pas fur quantité de petits détails de proportions, attendu que le deffein ci-joint les rend fenfibles : d'ailleurs
nous ne voulons ici qu'indiquer fommairement les ordonnances
générales.

La colonne de l'ordre Ionique , fimple , (*figure 3. Planche III.*)
auroit neuf diametres d'élévation ; proportion prefque généralement affectée à cet ordre dans tous les édifices , tant anciens que
modernes: fa diminution par le haut feroit entre le fixieme & le feptiéme du diametre inférieur: fon chapiteau feroit celui de Scamozzi,
dont les quatre faces font femblables : fa bafe feroit celle connue
fous le nom d'Attique ; elle eft d'un profil univerfellement eftimé :
au lieu que celle que Vignole donne à cet ordre , ainfi que plufieurs autres Auteurs d'après Vitruve, n'a point de proportions ;
c'eft un gros tore qui paroît écrafer un tas de petites moulures.

La hauteur de l'entablement feroit entre le quart & le cinquieme de la colonne : les dimenfions de fa corniche feroient les mêmes que celles affectées à cet ordre par Palladio. En tenant les mu-
tules un peu plus larges, & la frife fans bombement, (*a*) égale à
l'architrave, & en donnant à cette derniere feulement deux faces
féparées par un petit talon , on auroit un entablement de beaucoup de caractere , & dont les diverfes parties auroient toute la
correfpondance néceffaire. Enfin , la proportion du piédeftal
dont on peut adopter les profils de Palladio, feroit entre le tiers
& le quart.

L'ordre Ionique riche , (*figure 4 , Planche III.*) auroit les mêmes dimenfions générales que le précédent. Ses membres ne dif-
féreroient que par plus d'élégance & de légéreté ; pour cet effet,
on adopteroit les profils de l'entablement du temple de la Fortune virile, qui eft un des plus précieux de l'antique, & dont la hau-

(*a*) Nous fupprimons le bombement de la frife, qui eft une opinion particuliere à Palladio,
& qui a peu d'exemples dans l'antique. Son but étoit par-là de donner plus de relief à fes corniches : au furplus en n'outrant pas trop ce bombement, ainfi qu'on le remarque dans plufieurs
exemples des ruines de Palmyre , on peut l'employer quelquefois avec avantage.

teur générale eft moyenne, proportionnelle entre le quart & le cinquieme ; c'eft-à-dire, la même que celle que nous avons défigné pour l'ordre ci-devant. Le chapiteau de la colonne feroit l'antique, & la bafe celle que Palladio a affectée à cet ordre, laquelle eft un peu plus riche que l'attique. Les profils du piédeftal pourroient être ceux de Vignole, dont on éléveroit le focle de la bafe que cet Architecte tient, à fon ordinaire, trop bas. Le deffein rend palpable toute la difpofition de cette ordonnance, qui eft une des plus parfaites qu'il foit poffible d'imaginer.

Le Corinthien fimple, (*figure 5, Planche III.*) auroit fa colonne de dix diametres de hauteur. La diminution de fon fût feroit le fixiéme du diametre, conformément aux fentimens de Vignole, de Palladio, & de la plûpart des plus beaux modeles antiques & modernes, qui font d'accord en ce point. Son chapiteau reffembleroit à celui du Corinthien ordinaire, fans altération & avec la proportion de deux modules $\frac{1}{3}$, qui eft auffi générale dans tous les anciens édifices. La bafe auroit un module de hauteur, & une reffemblance avec celle du Corinthien de Palladio. La corniche de l'entablement feroit celle de l'ordre Compofite de ce même Architecte, avec fes modillons à double face, qui produifent un fi bon effet en exécution. En faifant la frife égale à l'architrave, en ajoutant une face à cette derniere, & en lui fubftituant pour couronnement un talon avec un filet, on auroit un entablement corinthien d'une grande maniere, & fufceptible de beaucoup d'élégance. Sa hauteur totale feroit le cinquiéme de la colonne. De plus, le piédeftal dont les profils font les mêmes de Palladio, auroit d'élévation le quart de la colonne.

L'ordre Corinthien riche (*figure 6, Planche III.*) reffembleroit dans prefque toutes fes proportions générales, à l'autre. Son entablement eft imité de celui de la colonnade du Louvre, dont les moulures feroient réparties proportionnellement dans la hauteur totale du cinquieme de la colonne, que nous donnons à fon élévation : le chapiteau auroit un module $\frac{1}{2}$, c'eft-à-dire, feroit un

peu moins haut que celui de la colonnade en queſtion, qui a deux
modules dix-huit parties, que l'on rectifieroit, en ajoutant une petite épaiſſeur aux tigettes du milieu des faces, pour leur donner plus de grace, & les empêcher de ſe rencontrer à angle aigu,
ainſi qu'on peut le remarquer par les détails que nous donnerons ci-après, dans l'Hiſtoire de la conſtruction du périſtile du
Louvre. Cette plus grande élévation feroit favorable furtout pour
les chapiteaux, pilaſtres qui n'ayant pas de diminution, par-
roiſſent un peu trop larges, lorſqu'on ne leur donne que deux modules ⅓. La baſe auroit un module & les mêmes profils que celle
de ce dernier édifice. La colonne auroit dix diametres & ⅙ : cette
hauteur d'un ſixieme affectée de plus, eſt relative à l'augmenta-
tion d'élévation du chapiteau fur le précédent, & a pour but de
conferver à ſon fût la même longueur. Enfin le piédeſtal feroit
compoſé des mêmes moulures que celui de Vignole. Il eſt à
croire que ce changement élégiroit ſingulierement cette ordonnance faite pour réunir toutes les richeſſes de l'Architecture, &
que tout cet enſemble l'emporteroit encore de légéreté fur le
précédent.

· Si l'on ſe donne la peine d'examiner attentivement notre procédé, on verra que toutes nos ordonnances d'Architecture ſont
progreſſives en élégance, en légéreté, & analogues à la vraie maniere de bâtir, qui conſiſte à proportionner les fardeaux aux piliers qui doivent les ſoutenir. Sans ceſſe on avance par gradation
du ſimple au plus riche. Nous n'admettons que trois ordres, parce qu'ils renferment tout le néceſſaire de l'architecture, qu'eux
ſeuls ſuffiſent dans toutes les circonſtances, & que ce que l'on a
voulu inventer au-delà ſous le nom de Compoſite, d'ordre François, &c. n'a fait qu'apporter de la confuſion. D'ailleurs le point
de vue ſous lequel nous conſidérons les ordres Grecs, eſt plus
étendu que de coutume. On auroit deux ordres pour un, dont
chacun en particulier, quoique ſous une même dénomination,
pourroit être employé différemment ſuivant les occaſions.

On ne doit point regarder comme une licence, de ce que nous confidérons le Tofcan comme un Dorique fimple. Sa proportion de fept diametres, étoit celle que les Grecs lui donnoient le plus fouvent. Au Théâtre de Marcellus, le Dorique n'a que fept diametres. Quant aux métopes & aux triglyphes que nous n'admettons pas dans cet ordre, ils ne font pas plus effentiels au Dorique que fa proportion. Tout le monde appelle Dorique, l'ordre qui environne la place de Saint Pierre de Rome, bien qu'il n'y ait ni métopes ni triglyphes dans fon entablement.

Le Dorique riche, de la maniere dont nous l'envifageons, en fecouant la fervitude des métopes quarrés, quand l'accouplement des colonnes ne fçauroit le permettre, autrement qu'en tronquant & défigurant quelques parties principales de cet ordre, le rend fufceptible d'être employé partout où l'on veut donner un caractère mâle & héroïque à un édifice. Il n'y a qu'une fuperftition aveugle pour tout ce qui n'eft pas confacré par l'antiquité, qui puiffe trouver à redire à ce changement.

On obfervera auffi que nous avons donné à nos colonnes une progreffion dans leur diminution, relative à leur longueur & à leur délicateffe. Le Dorique a de diminution par le haut le feptieme de fon diametre; le Corinthien a le fixieme; l'Ionique a une diminution moyenne proportionelle, entre le fixieme & le feptiéme. Vignole veut qu'on diminue uniformément toutes les colonnes d'un fixieme, excepté celles de l'ordre Tofcan qu'il affecte même de diminuer plus que les autres. Palladio & Scamozzi vont jufqu'à donner à ce dernier le $\frac{1}{4}$ de la diminution de la colonne; ce qui femble abfurde, vû que plus les colonnes font courtes & matérielles, moins elles devroient être au contraire diminuées, ne fuffe qu'afin de paroître porter avec plus de folidité ce qui eft au-deffus. Au Dorique de la fépulture d'Albane, un des plus eftimés de l'antique, la diminution n'eft que d'un feptieme; proportion adoptée par Palladio. Quant aux autres diminutions de colonnes Ioniques & Corinthiennes, elles font affez conftantes dans les meilleurs édifices.

L'élévation des colonnes par rapport à leurs diametres que nous avons assignés, est encore conforme à celle qu'on remarque dans la plûpart des modeles, tant anciens que modernes. On est presque convenu aujourd'hui généralement, que la proportion de huit diametres pour le Dorique, de neuf pour l'Ionique, & de dix pour le Corinthien, produisoit l'effet le plus agréable à la vue; de sorte qu'on ne peut gueres s'en écarter.

Il en est de même de la diminution des colonnes qui l'on fait commencer partout, depuis le tiers inférieur du fût progressive-ment, jusqu'en haut. Il paroît que c'est un systême adopté main-tenant par tous les Architectes, malgré la plûpart des exemples de l'antiquité, dont presque toutes les colonnes font diminuées du bas en haut du fût, à l'imitation des arbres (a).

Vignole indique pour regle générale, de donner le quart de la hauteur des colonnes aux entablemens de tous les ordres : pro-portion qui paroît gigantesque, surtout pour les ordres délicats. Il s'ensuit de son systême qu'une colonne Corinthienne de même élévation qu'une Toscane, doit supporter un fardeau égal, ce qui est contraire à la raison, relativement à la grande différence des diametres, qui paroît demander un fardeau proportionné. C'est précisément proposer de mettre sur les épaules d'une jeune fille délicate & à qui l'âge rend la taille déliée, le même poids que sur celles d'un robuste athlete. Nous sçavons que beaucoup d'exem-ples antiques offrent cette proportion, aussi ne faisons-nous cette remarque que pour apprécier ce qui est le plus d'accord avec le jugement, lequel est une espece de pierre de touche à laquelle il faut tout essayer dans les arts ; sans quoi tout dégénére en bizar-rerie ou en confusion.

Palladio veut au contraire que l'on donne le cinquieme à

(a) Quant au renflement vers le tiers inférieur du fût de la colonne, observé dans quelques édifices modernes, & principalement à la colonnade du Louvre ; indépendamment que cette licence est contre tout exemple antique, il semble que ce renflement soit contraire à la cons-truction, & annonce que la colonne s'étant affaissée, a bouclé dans son milieu. Or, suivant les regles de l'art de bâtir, tout doit s'élever à plomb & en retraite.

l'entablement

l'entablement corinthien & ionique indistinctement, & une hauteur entre le quart & le cinquiéme à l'entablement dorique ; proportions qui ne sont pas raisonnées : car la cause de la diminution des entablemens (a), ne pouvant être autre que de décharger les colonnes, à mesure qu'elles s'affoiblissent & qu'elles deviennent plus délicates, il s'ensuit qu'il faut la rendre progressive, c'est-à-dire, différente sur une colonne ionique que sur une corinthienne. C'est pourquoi nous avons donné le quart à l'entablement dorique, le cinquiéme à l'entablement corinthien, & une hauteur moyenne proportionnelle, à l'entablement ionique qui est intermédiaire. Il résulte encore de cet arrangement que les corniches des entablemens des ordres délicats, devenant moins saillantes à mesure qu'elles s'élevent, sont d'une exécution plus facile.

De toutes les proportions générales, celles des piedestaux paroissent les plus difficiles à déterminer, parce qu'ils ne sont pas des parties absolument indispensables aux colonnes, & qu'on ne les emploie gueres que dans des cas de nécessité ; car hors de là, il faut leur substituer des socles, & les moins hauts favorisent d'autant plus l'élévation & la grace des colonnes.

Entre la hauteur constante du tiers des colonnes que Vignole donne à tous ses piedestaux, laquelle nous paroît excessive pour les ordres délicats, dont elle semble allonger encore le fût par la grande élévation, & la hauteur aussi constante du $\frac{1}{4}$ que leur donne Palladio, nous avons pris également le parti de leur assigner une relation intime avec le caractère de l'ordre qu'ils supportent : ainsi nous avons donné le tiers au piedestal de l'ordre Dorique, le quart à celui de l'ordre Corinthien, & une hauteur entre le quart & le cinquiéme, au piedestal de l'ordre Ionique.

(a) Il y a des Architectes qui inclinent sur le devant les larmiers, à l'imitation de quelques exemples antiques, prétendant que cette inclinaison dessine mieux les profils des corniches & leur donne plus de relief. Mais ces licences plaisent à peu de monde ; & en général dans tout ce que l'on fait, il faut suivre les méthodes approuvées : c'est presque toujours avoir tort, que d'être seul de son sentiment.

M

En pourfuivant ainfi les paralleles fuivant notre méthode, & en s'attachant à motiver toujours les raifons de préférence, on parviendroit à déterminer des rapports d'approximation à tous les différens membres d'Architecture. On établiroit une correfpondance entre les portes & les croifées, avec le caractère des ordres qui les accompagnent. Les portes & croifées de notre dorique fimple, par exemple, pourroient avoir de hauteur deux fois leur largeur ; celles du fecond dorique auroient deux fois & un fixiéme : celles de l'ionique deux fois & un tiers ; celles du corinthien deux fois & demie.

Il en feroit de même des efpacemens des colonnes que l'on apprécieroit toujours par des comparaifons, foit avec l'ufage des Anciens, foit avec les meilleurs exemples modernes, foit avec les fuffrages des Maîtres de l'art.

On affigneroit auffi des hauteurs aux foubaffemens & aux attiques, relativement aux ordres qu'ils fupportent ou qu'ils couronnent fuivant les différens cas. On parviendroit encore à déterminer les proportions les plus agréables des ordres d'Architecture, lorfqu'ils font élevés l'un au-deffus de l'autre, & s'il vaut mieux donner à chaque ordre fupérieur, le diametre du haut de la colonne qui lui eft inférieur, ou bien feulement un module de moins que l'ordre qu'il furmonte, ou bien enfin s'il n'y auroit pas quelqu'autre difpofition générale plus favorable : en un mot, par des obfervations fagement rédigées, on viendroit à bout d'indiquer quelles font les variétés que le jugement, & non l'optique, peut apporter fuivant les circonftances, dans les proportions.

Il eft à croire qu'un traité des proportions développé fuivant notre expofé, feroit fatisfaifant à tous égards, & répondroit aux diverfes ordonnances que l'on peut fouhaiter. A la place de fyftêmes pleins de difparates & d'inconféquence, par-tout les regards du Philofophe dirigeroient le compas de l'Architecte : par-tout le jugement éclaireroit le goût. Les proportions cefferoient d'être livrées à la bifarrerie des opinions fous aucun prétexte

ſpécieux ; elles feroient un aſſemblage exquis de tout ce qui a ob-
tenu féparément le ſuffrage univerſel, placé dans le point de vue
le plus propre à produire un effet agréable, & par conféquent
ſuſceptible de réunir tous les ſentimens. Sans riſquer d'opérer au
haſard & machinalement, comme par le paſſé, on pourroit ſe
flatter alors d'avoir une méthode raiſonnée avec des approximations conſtantes d'après les meilleurs exemples, à l'aide deſquelles
on feroit certain de ne pouvoir ſenſiblement s'égarer dans la pratique ; avantage qu'on ne peut ſe promettre de tous les ouvrages
qui ont été produits juſqu'à préſent ſur cette matiere.

EXPLICATION DES FIGURES.

*L*A *figure premiere* eſt le Dorique ſimple. La colonne a ſept fois
ſon diametre de hauteur ; ſa diminution par le haut eſt d'un ſeptieme ; ſon entablement eſt le quart, conformément à la proportion
que lui donnent Vignole & Palladio ; on peut remarquer le bon
effet de cet ordre à l'Orangerie de Verſailles.

Il eſt à obſerver pour l'intelligence de notre deſſein, que nous
ſuppoſons le module diviſé en trente parties, & que les cottes des
différentes ſaillies ſont meſurées depuis la ligne centrale de la
colonne.

Le piedeſtal eſt le tiers de la hauteur de la colonne : le talon &
le filet qui lui ſervent de corniche, ſuivant Vignole, ont été chan-
gés en une pleinte, un filet & un cavet ; & nous avons auſſi élevé
ſon ſocle de trois parties.

La figure 2 repréſente le Dorique riche ; ſa colonne à huit diametres ; ſa diminution eſt d'un ſeptieme ; ſes canelures ſont ſéparées par un liſtel ; ſon entablement eſt le quart avec les mêmes
profils que Vignole lui donne ; ſon piedeſtal qui eſt du même Auteur, a le tiers ; nous en avons ſeulement ſupprimé le double ſocle.

M ij

La figure 3 eft l'Ionique fimple. La colonne a neuf diametres ; fon chapiteau eft le moderne de Scamozzi ; fa bafe eft attique ; fa diminution vers le haut eft entre le feptieme & le fixieme ; la corniche de l'entablement eft celle que Palladio affecte à cet ordre. Pour tenir un milieu entre Vignole qui fait la frife plus haute que l'architrave dans cet ordre, & Palladio qui la fait plus baffe, nous les avons fait égales, & nous avons divifé la hauteur de l'architrave en deux faces partagées inégalement par un petit talon. Le piedeftal eft compofé des profils de celui de Palladio, dont nous avons diminué la hauteur du focle que cet Architecte au rebours de Vignole, tient dans tous fes piedeftaux trop élevée ; notre proportion eft entre le tiers & le quart.

La figure 4 qui repréfente l'ordre Ionique riche, a la proportion générale de l'Ionique du temple de la Fortune Virile : la colonne a neuf diametres ; la diftribution de la totalité & des diverfes parties de l'entablement eft la même. Nous avons feulement fupprimé le filet qui couronne la frife pour élever les denticules qui, par ce moyen, deviennent plus apparentes ; ainfi que le filet qui couronne le larmier pour en augmenter la cimaife. La bafe de la colonne eft celle de Palladio. Les profils du piedeftal font ceux que Vignole a affectés à cet ordre, dont nous avons élevé le focle de dix parties.

La figure 5 eft l'ordre Corinthien fimple : fa hauteur eft dix diametres : le chapiteau a la proportion de l'antique ; la bafe eft celle de Palladio. L'entablement eft le cinquieme de la colonne ; la corniche eft celle de l'ordre Compofite de ce dernier Architecte dont nous avons tenu les modillons à double face, un peu moins larges : la frife a été faite égale à la hauteur de l'architrave : & à ce dernier nous avons affecté des profils en rapport avec le Corinthien. Le piedeftal a de hauteur le quart de la colonne : fon profil eft celui que Palladio donne à cet ordre, à la différence du focle que nous avons tenu plus bas.

La figure 6 eft le Corinthien riche ; fa colonne a dix diametres

Pl. II. Pag 41

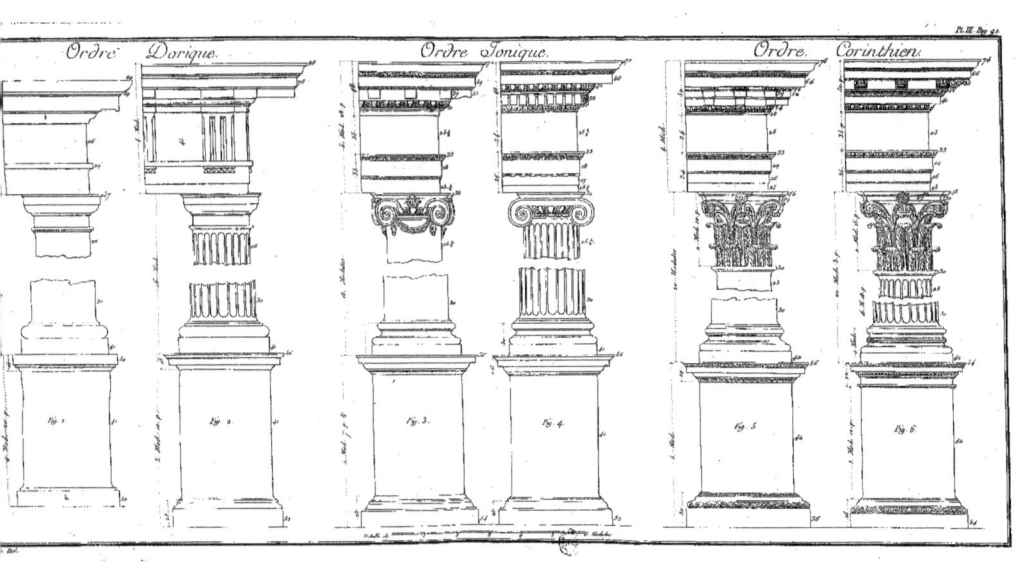

& trois parties de hauteur ; fon chapiteau a deux modules ; fa bafe eft celle que l'on remarque à la Colonnade du Louvre ; fon entablement qui eft auffi le cinquieme de la colonne, offre toutes les diftributions des moulures du même ordre de la Colonnade, reparties proportionnellement dans notre hauteur générale : enfin fon piedeftal a les mêmes profils que celui du Corinthien de Vignole , avec un focle plus élevé de fix parties.

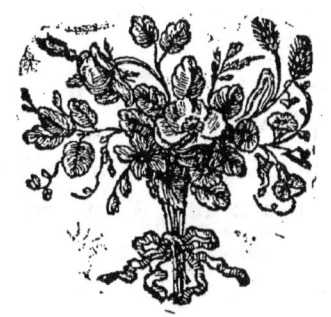

CHAPITRE TROISIEME.

Instructions pour un jeune Architecte sur la construction des Bâtimens.

QUOIQUE l'Architecture, considérée en elle-même, ne paroisse dépendre aux yeux du vulgaire, que de la connoissance de la pratique, il s'en faut bien, Monsieur, que cette derniere donne le génie & les lumiéres. Que l'on cite des Architectes vraiment dignes de ce nom, on nommera des hommes dont l'esprit étoit préparé par l'étude de l'Antiquité, cultivé par les Belles-Lettres, & enrichi de connoissances philosophiques, à l'aide desquelles ils ont porté le flambeau dans tous les détours de leur Art : tels ont été les Vitruve, les Palladio, les Michel-Ange, les Perrault, les François Blondel, & plusieurs autres, dont les ouvrages feront à jamais l'admiration de la postérité.

Ce sont vraisemblablement les connoissances sans nombre nécessaires pour exceller dans l'Architecture, qui firent dire autrefois à Platon, que la Grece toute florissante qu'elle étoit de son tems, avoit de la peine à citer un excellent Artiste en ce genre. En effet, comme l'a très-bien observé un Académicien moderne (a) : » les » plus difficiles de tous les Arts, sont ceux dont les objets sont chan- » geans, qui ne permettent pas aux esprits bornés l'application » commode de certaines régles fixes, & qui demandent à chaque » moment, les ressources naturelles & imprévues d'un génie heu- » reux.

Pour réussir à devenir un habile Architecte, le vrai moyen est de tourner toute son instruction en parallele; ce n'est qu'à force de 'accoutumer à voir & à comparer les objets entr'eux, qu'on peut espérer d'acquérir un sentiment fin & délicat, & de se rendre le coup-

(a) *Fontenelle*, éloge de M. de Vauban.

d'œil en quelque sorte infaillible. A l'aide de cette maniere d'étudier, on parvient insensiblement à mouler à sa tête les modèles
que l'on copie, à saisir l'esprit des ouvrages des grands Maîtres,
leurs traits, leur génie, & à prendre chez eux de quoi les égaler,
sans devenir leur plagiaire. Une fois l'imagination suffisamment
nourrie par ces différens parallèles, on contracte l'heureuse habitude
de composer avec facilité, parce qu'on trouve en soi - même une
abondance de pensées dont on s'est enrichi, sans presque s'en appercevoir. C'est ainsi qu'ont étudié ceux qui se sont le plus distingué
en Architecture, & c'est la seule maniere de l'étudier avec fruit.

Mais malgré votre application à vous perfectionner, je ne puis
cependant vous dissimuler que vous entrez dans une carriere bien
difficile à parcourir, & que vous obtiendrez avec peine les occasions de manifester vos talens. Eussiez-vous autant de sçavoir que
les Perrault & les Mansards, peut-être n'aurez-vous jamais l'avantage d'employer une colonne. La raison en est, qu'il y a peu
d'art où il se rencontre moins de connoisseurs qu'en Architecture. Communément on choisit sur sa réputation pour les grands
ouvrages un Peintre, un Sculpteur, ou un Musicien ; mais c'est
presque toujours le hazard qui décide du choix d'un Architecte.
Envain aurez-vous développé ces édifices si vantés, où l'antiquité
semble nous avoir transmises les traces pompeuses de son génie &
de sa grandeur, si vous n'avez des protecteurs puissans, ou une
cabale qui vous produise ; un Écolier protégé l'emportera sur vous,
vous enlevera les occasions que vous méritiez, & les moyens de
signaler votre capacité.

Vous espererez aussi inutilement avoir la préférence dans les
concours que l'on propose quelquefois, lorsqu'il s'agit d'édifices
publics. Quelques chef-d'œuvres que vous fassiez, soyez persuadé que toutes vos pensées seront le plus souvent sacrifiées à celui
de vos rivaux qui se trouvera en faveur. Vous verrez avec dou-
leur qu'un autre se parera de vos idées, & que vous n'aurez exactement servi qu'à la réputation d'autrui.

Quoi qu'il en foit, je vous exhorte à ne vous pas rebuter, en attendant les occafions favorables, & à travailler de plus en plus à vous perfectionner, foit dans la théorie, foit dans la pratique. Car le deffein ne fuffit pas feul, pour exceller dans l'Architecture. Rien n'eft au contraire plus commun, que de voir d'excellens Deffinateurs, être de très-médiocres Architectes, témoins Oppenort, Meiffonier, Germain & Pinault. Le deffein, s'il n'eft éclairé par l'expérience, n'eft qu'une illufion agréable, dont l'exécution détruit le charme la plûpart du tems : c'eft de l'Architecture en peinture, & voilà tout. Croyez qu'il y a une différence immenfe entre l'effet que produit un édifice fur le papier, & celui qu'il fait fur le lieu. Le dôme des Invalides deffiné géométralement tel qu'il eft, ainfi que je l'ai éprouvé, n'eft pas fupportable; il paroît lourd, pefant, fans proportion ; cependant, quelle élégance n'a-t-il pas en exécution ? Eft-il rien d'auffi gracieux, & d'auffi heureufement terminé ? C'eft ce qui caractérife le grand Architecte, que de fçavoir juger par avance de ce que deviendront fes penfées fur place, d'apprécier l'effet des avant-corps, des raccourcis & de la perfpective d'un projet, afin que toutes les diverfes parties de fon enfemble foient tellement liées, que de leur affemblage il réfulte une forte d'harmonie muette, où rien ne fe contrarie, où rien ne fe confonde, où rien ne rompe l'unité de deffein; mais où tout tende au contraire à grandir les objets, & à les faire valoir, afin de produire aux yeux une efpéce d'enchantement. C'eft la réunion de la pratique à la théorie, qui vous inftruira de tous ces rapports.

Ajoutez à cela, que le véritable honneur d'un Artifte doit confifter à ne rien ignorer de ce qui conftitue effentiellement fa profeffion. Il ne faut pas moins qu'il cherche à s'y diftinguer par fon talent, que par fa droiture & fon intégrité: il doit furtout redouter de fe charger des intérêts d'autrui, fans les lumiéres néceffaires, & avoir fans ceffe devant les yeux que c'eft la même chofe pour le particulier qui fait bâtir, d'être ruiné par un ignorant

plein

plein de probité & sans talent, ou par un prétendu Architecte qui s'est entendu avec les Entrepreneurs, pour le tromper. Ce que le célèbre Averoës disoit de la Médecine, qu'un honnête homme pouvoit s'amuser de la théorie de cette science, mais qu'il devoit trembler lorsqu'il passoit à sa pratique, peut s'appliquer à aussi juste titre à notre profession. Si l'on confiesa santé à son Médecin, on met le plus souvent sa fortune entre les mains de son Architecte. Combien de gens ont été ruinés uniquement par le mauvais choix ou l'ineptie de ceux auxquels ils avoient confié la direction de leurs bâtimens !

Il paroît qu'anciennement on étoit bien plus circonspect à donner sa confiance qu'aujourd'hui. Avant d'employer un Architecte, dit Vitruve, Livre VI, on prenoit garde à ses mœurs & à son éducation : on se fioit davantage à celui dans lequel on reconnoissoit de la modestie, qu'à ceux qui affectoient de montrer beaucoup de suffisance : la coutume de ce tems-là, étoit que les Architectes n'instruisoient que ceux qu'ils jugeoient capables des grandes connoissances nécessaires dans cet Art, & surtout de la fidélité desquels ils pouvoient répondre : on leur apprenoit qu'il faut qu'un Architecte attende qu'on le prie de se charger de la conduite d'un bâtiment, & qu'il ne peut sans rougir, faire une démarche qui le fasse paroître intéressé, parce qu'on ne sollicite pas quelqu'un pour lui faire du bien, mais au contraire pour en recevoir.

Indépendamment des connoissances relatives au dessein, un Architecte instruit doit être à la fois, Appareilleur, Maçon, Charpentier, Serrurier, Couvreur, Menuisier, Peintre, Sculpteur, Marbrier, Vitrier & Plombier. Il convient qu'il sçache parler à chaque ouvrier son langage ; qu'il connoisse leurs différens travaux, leur nature, leurs bonnes ou mauvaises qualités ; qu'il soit au fait de leurs emplois, de leurs main-d'œuvres, & surtout des différentes manieres de tromper, pour les prévenir. Il faut qu'il assigne à chaque objet sa place, ses mesures, sa liaison, sa proportion ; qu'il soit en état d'entrer dans tous les détails de leurs

N

devis & de leur toifé, pour réduire chaque Entrepreneur à des prix raifonnables, ou lui rendre juftice avec connoiffance de caufe. Sans toutes ces lumieres, vous ne devez pas vous hafarder de conduire en chef un bâtiment: fans ceffe vous ferez la dupe des ouvriers, & par contre-coup vous courerez rifque de tromper, fans le vouloir, ceux qui vous auront donné leur confiance.

Les Ouvriers fe rendent fingulierement attentifs pour démêler fi ceux qui leur commandent font fuffifamment inftruits, & rarement ils s'y méprennent. S'ils jugent que vous n'avez pas l'expérience néceffaire; fi vous leur paroiffez indécis; fi vous leur propofez des chofes peu exécutables, ou dont vous n'êtes pas en état de leur démontrer la folidité; fi enfin, vous ne leur parlez pas avec un ton qui leur en impofe, & qui les perfuade de votre capacité, peu-à-peu ils chercheront à vous fubjuguer: fous le prétexte qu'ils répondent de l'ouvrage, ils feront leur poffible pour augmenter votre indécifion; fans ceffe vous les entendrez vous confeiller pour leurs intérêts, & quelquefois même faire naître des incidents capables de conftituer dans des dépenfes plus confidérables. Il me fouviendra toujours de ce qui arriva lors de la fondation d'un de nos grands édifices publics, il y a une vingtaine d'années. Le terrain fur lequel il s'agiffoit de fonder, étoit un tuf de la meilleure qualité; l'Entrepreneur qui fçavoit avoir affaire à un homme peu expérimenté, lui éleva des doutes fur la bonté du fol, prétendit qu'il n'y avoit pas fuffifamment de fûreté à bâtir deffus, & engagea l'Architecte à conftruire un maffif de fix ou fept pieds d'épaiffeur en pierre, fous toute la fuperficie de l'édifice; de forte que les fonds que l'on comptoit employer pour le parfaire, fe trouverent confommés avant qu'il fût forti hors de terre.

La connoiffance intime de la pratique vous apprendra encore à réformer la prodigalité des matériaux, pour diminuer la dépenfe des bâtimens dont vous ferez chargé. Par un examen réfléchi des procédés ufités, il eft aifé de s'appercevoir combien l'on confond fans ceffe dans la conftruction, l'acceffoire avec le principal, ce qui doit fupporter avec ce qui ne fupporte point; d'où il réfulte qu'on n'opere continuellement que de petites chofes avec des moyens extraordinaires. Quelques réflexions fuffifent pour en convaincre. N'eft-il pas vrai que dans un bâtiment, toutes les parties des murs ne fervent pas également à fon foutien ? A l'exception des encoignures & des jambes fous poutre qui ont befoin de folidité, le refte, abfolument parlant, pourroit refter à jour, & n'eft en quelque forte que de rempliffage. Les premieres habitations de nos peres étoient foutenues fur quatre piliers, portant chacun dans les angles les pieces tranfverfales & inclinées qui formoient le toit; leur intervalle étoit garni de terre graffe & de branchages pour garantir des injures de l'air : on fe feroit fans doute mocqué dans ces tems groffiers, de celui qui eût planté des piliers jointifs à côté les uns des autres, fous le prétexte de donner plus de folidité à fa cabane. C'eft pourtant-là ce que font à-peu-près nos Bâtiffeurs, en prodiguant indifféremment de la pierre de taille partout; en confondant ce qui exige de la force, & ce qui n'en exige point, en faifant de leurs édifices de vraies carrieres.

Le grand art en Architecture confifte à ne donner d'épaiffeur qu'autant qu'il en faut pour la folidité; c'eft de mettre des forces, & d'affurer avec toute la fermeté poffible les fondations, les points d'appui, ainfi que les endroits où doivent être la charge & la pouffée : dans tout le refte il convient d'élégir & d'économifer : ce n'eft affurément que par ignorance que l'on donne plus que moins. Examinez les ouvrages des Goths, dont tous les Conftructeurs devroient fans ceffe étudier la bâtiffe, au lieu de fe contenter fimplement de l'admirer; vous verrez avec quelle intelligence ils répartiffoient leurs matériaux; vous obferverez qu'ils affuroient très-folidement les fondations de leurs édifices fans profufion, mais qu'à mefure qu'ils les élevoient, ils élégiffoient leurs conftructions, tellement qu'on remarque des murs d'Eglife, réduits quelquefois à fept à huit pouces d'épaiffeur, & leurs voûtes n'avoir que quatre à cinq pouces. Que l'on compare avec ces chefs-d'œuvre la plûpart de nos bâtiffes modernes, on verra qu'on donne fouvent à nos voûtes jufqu'à deux pieds d'épaiffeur ; de-là vient que leurs clavaux, qui reffemblent à des coins, ont une pouffée prodigieufe qui oblige d'augmenter la force des murs à proportion.

Mais fans remonter à des tems reculés, avant le fiecle dernier, il s'en falloit bien qu'on fût auffi prodigue qu'on l'eft devenu de-puis de pierres de taille : on s'en fervoit le plus fouvent pour la montre , & comme d'une efpece de lambri capable de décorer l'extérieur d'un bâtiment : le dedans des murs étoit en moilon ou en briques. Lorfque l'on fit, il y a quelques années, le percement du guichet Marigny dans le rez-de-chauffée de la grande galerie du Lou-vre exécutée fous Henri II, on fut tout étonné de ne trouver que des plaquis de pierre de taille de huit ou neuf pouces d'épaiffeur, qui mafquoient des murs de moilons très-durs, maçonnés avec du mortier de chaux & fable. On s'imagina que c'étoient les Entre-preneurs de ces tems-là qui avoient trompé : il ne vint à la penfée de perfonne que la tromperie eût été trop publique & trop grof-fiere, mais qu'on l'avoit fait au contraire exprès, par épargne & à deffein de diminuer la dépenfe de cet édifice. Le Palais Royal exécuté aux dépens du Cardinal de Richelieu, qui avoit affuré-ment le moyen de payer, fut en grande partie conftruit de cette maniere : toutes les fondations, ainfi qu'on l'a obfervé depuis peu dans les démolitions qui ont été faites de plufieurs corps de bâti-mens, furent exécutées feulement en moilons durs ; la plûpart même des murs de face extérieurs étoient auffi revêtus de pierres de taille apparentes, tandis que leur intérieur étoit en moilons.

Il n'eft pas moins inutile de mettre de gros murs dans un bâtiment , comme on le fait fouvent, lorfqu'il n'y a ni plan-cher ni charge quelconque à fupporter, & où la plus fimple cloi-fon peut fuffire. Il y a plus d'art qu'on ne croit à répartir avec une intelligence économique les matériaux dans un bâtiment, afin de ne point multiplier les objets fans néceffité : car fuppofé qu'à caufe du peu de largeur des trumeaux, dans une maifon ordinaire, on fe croie obligé de faire les murs de face tout en pierre de taille, il n'y a pas de raifon au moins pour conftruire ainfi les murs de refend & mitoyens ; c'eft une prodigalité ruineufe , & c'eft jeter l'argent par la fenêtre, que de ne les pas exécuter en moilons durs & en briques, avec feulement des chaînes en pierres où elles font indifpenfables.

On peut dire que la conftruction des bâtimens eft véritablement un tiffu d'abus, où les routines tiennent lieu de principes : c'eft un art où l'on peut faire en quelque forte toutes les fottifes que l'on veut impunément, ainfi que vous pourrez le remarquer par tous les détails où nous allons entrer.

ARTICLE PREMIER.

Des Us & Coutumes, & des Devis.

POUR ne pas confondre toutes les idées, je vais vous faire par-courir par ordre les attentions qu'il conviendroit fans ceffe d'ob-ferver dans l'exécution d'un bâtiment, afin qu'en les comparant avec ce qui fe pratique journellement, vous foyez en état de dif-tinguer avec connoiffance de caufe ce qui conftitue la bonne conf-truction.

Je fuppofe que votre projet foit diftribué de maniere à tirer tout l'avantage convénable de l'emplacement où il s'agit de l'exé-cuter ; que vous avez eu égard à toutes les contraintes & aux dif-férens nivellemens du local ; que vous avez donné à vos murs, des épaiffeurs proportionnées aux fardeaux qu'ils doivent porter ; que vous avez réparti tous vos matériaux avec l'intelligence néceffaire ; & qu'en un mot vous avez concilié l'économie avec la folidité.

Je fuppofe encore que vous êtes inftruit des ufages relatifs aux fervitudes refpectives des bâtimens voifins, par rapport foit aux différens allignemens, foit à l'écoulement des eaux, foit aux fujétions des murs mitoyens. Relativement à ces murs, par exemple, vous devez fçavoir qu'il convient d'en payer les charges en cas de furhauffement, qu'il n'y faut pas engager les tuyaux de cheminées, qu'on n'y peut fceller que des folives d'enchevêtrure ; qu'il eft d'ufage de ne leur faire fupporter des poutres qu'autant qu'on éleve au-deffous des chaînes de pierre de taille ; qu'on n'y fçauroit pratiquer de croifées fans les griller & les élever à la hauteur portée par les Ordonnances, fçavoir à neuf pieds au rez-de-chauffée & à fept pieds pour les autres étages ; que pour adoffer une écurie ou une foffe d'aifance contre un mur commun, il eft à propos d'appliquer un contre-mur de huit pouces d'épaiffeur jufqu'au rez des mangeoires dans le premier cas, & dans le fecond un contre-mur d'un pied d'épaiffeur de toute la hauteur de ladite foffe ; que dans la conftruction d'un four contre un mur mitoyen, il eft néceffaire de laiffer de fon côté un vuide de fix pouces, appellé le *tour du chat.* Vous devez auffi ne pas ignorer que les tuyaux de cheminées font obligés d'avoir trois pieds de long fur dix pouces de large dans œuvre ; qu'il eft défendu d'approcher aucun bois de charpente plus près que de fix pouces de l'intérieur defdits tuyaux ; & qu'enfin pour l'âtre d'une cheminée, il faut laiffer d'une part trois pieds fix pouces de diftance, depuis le nud du mur jufqu'au devant du chevêtre, & de l'autre écarter les folives d'enchevêtrure, d'un pied de plus que le dedans-œuvre des jambages d'une cheminée : car fans ces connoiffances que l'on trouve dans tous les livres de toifé, & plufieurs autres encore, vous conftituerez votre Propriétaire dans des procès avec fes voifins ; & fi vos Entrepreneurs n'y prennent garde, ils feront condamnés par la Police à des amendes & à la démolition d'une partie de leurs travaux.

Votre projet étant donc rédigé, eu égards aux us & coutumes & aux loix des bâtimens ; & tous vos plans depuis la cave jufqu'au grenier, ainfi que les élévations & les coupes étant fuffifamment terminés ; avant de mettre la main à l'œuvre, il faudra que vous faffiez un devis circonftancié des différentes fortes d'ouvrages qui doivent entrer dans la conſtruction du bâtiment en queſtion. Vous y fixerez leurs qualités & leurs diverſes natures : vous aſſignerez auſſi à chacun des prix modérés, mais raiſonnables, & ſuivant leſquels vous puiſſiez vous rendre difficile, & exiger d'être bien ſervi. Car c'eſt, ſelon moi, une mauvaiſe économie que de vouloir obtenir quoi que ce ſoit à trop bon marché : il eſt aiſé de ſe rendre compte avec de l'expérience, du gain que peut faire un Entrepreneur par chaque toiſe d'ouvrage : ſi vous ne lui paſſez pas des marchés convenables, il faut de deux choſes l'une, ou qu'il vous trompe pour ſe tirer d'affaire, ou qu'il ſe ruine.

Mais pour opérer avec efficacité ce devis, il faut immuablement arrêter comme vous voulez que chaque ouvrage ſoit conſtruit, & faire en ſorte de n'avoir plus rien à changer après coup à vos deſſeins. N'imitez point ces Architectes irréſolus qui n'ont jamais d'idées nettes de ce qu'ils veulent faire, & qui font démolir aujourd'hui ce qu'ils ont fait exécuter hier. Le célebre François Manſard étoit de ce caractere ; il aima mieux n'être point chargé de la conduite de la Colonnade du Louvre, que de ne ſe point réſerver, à ſon ordinaire, la liberté de réformer, & de recommencer ce qu'il jugeroit à propos : c'eſt payer ſans contredit bien cher l'habileté d'un Architecte, que de l'acheter à pareil prix.

Un devis bien fait eſt pour chaque Entrepreneur une eſpece de leçon qui lui indique toutes les conſtructions, & le conduit, comme par la main, dans toutes ſes opérations; il y voit non-ſeulement l'ordre dans lequel chaque ouvrage veut être exécuté, mais encore la maniere dont il doit être exécuté. Si au contraire un devis eſt équivoque & mal expliqué, ce ſera une ſource de conteſtations & de procès. Il eſt eſſentiel d'y ſpécifier, outre les prix, la maniere dont ſera toiſé chaque nature d'ouvrage. L'on ſçait combien ces matieres ſont ſujettes à chicanes, & donnent lieu à des diſcuſſions ruineuſes que l'on éviteroit toujours, en s'expliquant d'avance poſitivement à cet égard. Comparez le même toiſé d'un édifice fait par différens Experts, vous trouverez des contradictions continuelles ; l'un paffera pour deux toifes, ce que l'autre eftimera pour deux toifes & demie, ou ce qu'un troifieme ne voudra accorder que pour une toife trois-quarts. Quelquefois même la différence eft encore plus fenfible. Il y en a qui veulent que l'on compte les arrachemens faits pour les tuyaux de cheminées dans les murs neufs, ainfi que les fcellemens des marches d'efcaliers dans lefdits murs ; d'autres ne veulent pas qu'il en foit queftion. Vous trouverez auffi des Experts qui prennent pour épaiffeur ce qui eft longueur, & pour longueur ce qui eft épaiffeur dans leur toifé, fuivant que cela favorife davantage ceux dont ils défendent l'intérêt. Par exemple, s'il y a un petit avant-corps de trente-fix pouces de longueur fur deux pouces d'épaiffeur, en prenant trente-fix pouces pour la longueur, il faudra en prendre moitié, qui, étant ajouté avec l'épaiffeur deux pouces, donnera vingt pouces, au lieu qu'en prenant deux pouces pour la longueur & trente-fix pouces pour la largeur, on obtiendra trente-huit pouces : fi on multiplie dans ces deux cas par deux pouces, le premier produira fix pieds quatre pouces, & l'autre donnera cinq pieds : ce qui eft bien différent pour le prix, fi l'ouvrage furtout eft en pierre dure.

Autrefois que les trumeaux avoient fept ou huit pieds de large entre les croifées que l'on tenoit ordinairement fort étroites, il étoit d'ufage de toifer les murs dans leur entier comme pleins, fans déduire les vuides des bayes ; aujourd'hui que la coutume eft de multiplier les croifées, de les tenir grandes avec des trumeaux qui n'ont quelquefois pas deux pieds, on a continué cette façon de toifer. Il y a des Toifeurs qui prétendent devoir toifer comme pleine une arcade quelconque, eût-elle douze pieds de largeur, uniquement parce qu'il eft dit qu'il ne faut pas déduire les bayes.

Ce qu'on nomme ufage, dans les toifés des bâtimens, n'eft évidemment qu'une fource perpétuelle d'abus, où ceux qui font bâtir, tantôt perdent, tantôt gagnent ; abus qu'il feroit effentiel de réformer, ou du moins de ne point permettre d'interpréter arbitrairement. L'Entrepreneur fe croit toujours lézé par l'Expert qui

lui

lui accorde le moins ; de-là des procès & des conteſtations ſans fin, auxquels le bien public demanderoit un prompt remede.

Les prix des différens travaux peuvent à la bonne-heure varier ſuivant les difficultés & la nature de l'ouvrage, ſuivant qu'il eſt au rez-de-chauſſée ou au quatrieme étage, ſuivant qu'il a plus ou moins de ſujétions, ſuivant l'habileté des Ouvriers, ſuivant le plus ou moins bon marché des matériaux, des voitures, de la main-d'œuvre, & d'autres cauſes ſemblables : mais une toiſe d'ouvrage n'a & ne ſçauroit avoir qu'une maniere d'être, une certaine étendue limitée, une certaine ſolidité ou ſuperficie invariable qu'il ne devroit pas être arbitraire de ſtipuler plus ou moins.

Dans la plûpart des Pays Étrangers & des Provinces du Royaume, on meſure les ouvrages tels qu'ils ſont ; il n'y a qu'à Paris & dans ſes environs, où on laiſſe ſubſiſter l'uſage de les toiſer par routines. C'eſt aſſurément une des contradictions de nos jours, que dans un ſiecle où la Géométrie a fait de ſi grands progrès, on admette encore, comme lors de la barbarie gothique, des pratiques groſſieres ſous le nom d'uſages, pour meſurer la plûpart des travaux de nos bâtimens, dont les uns, tels que les voûtes, ne ſont compoſés que de courbes géométriques, & les autres de ſolidité, ou de ſurface, qu'il ſeroit très-aiſé de fixer, ſi l'on vouloit : c'eſt un ſervice que le public attend de notre Académie Royale d'Architecture depuis ſon inſtitution, & qu'elle ſeule peut lui rendre efficacement.

Au défaut de regles certaines pour les toiſés, ſi l'on s'attachoit, ainſi qu'il ſeroit à deſirer, à fixer dans les devis la maniere de meſurer les diverſes ſortes d'ouvrages, on préviendroit toute diſcuſſion, & l'on pourroit toujours dire d'avance le prix que doit coûter un bâtiment. Il paroît que les Anciens pratiquoient cet uſage. Il y avoit autrefois, dit Vitruve, Livre X, une loi fort ſage établie à Epheſe, pour prévenir la ruine des Particuliers qui faiſoient bâtir, par laquelle un Architecte étoit tenu de ſigner combien devoit coûter un bâtiment avant de l'entreprendre, & d'en

O

gager en conféquence fes biens pour caution, & s'il arrivoit que la fomme excédât à un certain point le devis qu'il avoit fait, il étoit obligé de fournir le furplus de fes deniers. Rien ne feroit affurément plus important que de renouveller une pareille loi : il en réfulteroit qu'on ne fe diroit pas auffi facilement Architecte : ce titre cefferoit d'être banal, comme il l'eft de nos jours ; on ne verroit que des gens capables & d'expérience fe propofer. Les Particuliers ne feroient pas fans ceffe la victime de l'ineptie des Conftructeurs : en un mot l'habileté d'un Architecte confifteroit à étudier pour économifer fur la bâtiffe, & non à prodiguer inutilement les matériaux les plus chers.

Au refte, c'eft plutôt par des vûes d'intérêt que par ignorance, que l'on accufe le plus fouvent au-deffous du vrai prix que doit coûter une bâtiffe ; mais cette diffimulation eft fans contredit indigne d'un honnête-homme. Dût-on manquer par fa franchife des occafions, il vaut mieux faire moins & ne tromper perfonne. On cherche, en affectant de cacher une partie de la dépenfe, à ne point effrayer les Propriétaires, & à les engager à mettre la main à l'œuvre, perfuadé que lorfqu'une maifon fera une fois commencée, on ne voudra point la laiffer imparfaite pour ne point perdre fes avances : ce qui dérange les affaires des familles, & occafionne des déclamations perpétuelles contre la plûpart de ceux qui dirigent les bâtimens : auffi a-t-il paffé comme en proverbe que, *qui bâtit, ment.*

Lorfque vous aurez fait approuver vos plans par le Propriétaire, & qu'après de mûres réflexions, vous aurez apprécié, comme il vient d'être dit, les différens ouvrages, & toutes les circonftances qui doivent conftituer la bonne qualité & façon de chacun d'eux, alors vous en conférerez avec les différens Entrepreneurs, vous leur communiquerez vos deffeins, vous leur lirez vos devis, & vous écouterez leurs objections pour y avoir égard, fi elles méritent attention. Quelquefois il fe trouve parmi ces Ouvriers des gens très-intelligens qui, comme ils n'ont jamais étudié qu'un feul

objet ; appercevront quelquefois des chofes qui vous auront
échappé, malgré votre capacité : c'est pourquoi affectez de les
mettre fur la voie, & de les engager à vous dire librement tout
ce qu'ils penfent pour la perfection de votre ouvrage ; fouvenez-
vous de ce précepte de l'art poëtique de Boileau.

Ecoutez tout le monde affidu confultant,
Un fot ouvre fouvent un avis important.

Le Maréchal de Vauban, qui a fait tant de grandes chofes,
avoit coutume de dire qu'il devoit une partie des opérations
qui lui avoient fait le plus d'honneur, à des confeils que lui
avoient quelquefois donné des gens groffiers qui croyoient parler
au hafard, & fans fe douter de leur importance : avec de l'orgueil
& de la fuffifance on fe prive de cette reffource, dont on peut tirer
un parti immenfe dans l'occafion.

Si les Entrepreneurs ne voûloient pas acquiefcer aux prix raifonnables que vous avez arrêtés, vous leur perfuaderez que vous
ne leur propofez rien au hafard, & pour les en convaincre, il fera
à propos de faire en leur préfence le détail de chaque toife d'ouvrage contefté. Par l'examen de ce que doit coûter la matiere
premiere, de fon déchet, de fon emploi, des journées d'Ouvriers néceffaires pour fon exécution, & du bénéfice raifonnable
qu'ils doivent faire, vous parviendrez à les réduire à des prix
convenables.

Par exemple, je fuppofe qu'il s'agiffe d'établir le prix d'une
toife quarrée en pierre dure de trente pouces d'épaiffeur à deux
paremens, dont l'Entrepreneur demande 170 livres, vous lui
prouverez,

1°. Qu'il ne lui faudra au plus que 105 pieds
cubes de pierre brute, en y comprenant un fixieme
pour le déchet de la taille, auxquels ajoûtant les
droits d'entrée, les pour boire aux Charretiers,
les journées de carriere de l'Ouvrier qui va à la

O ij

pierre, il s'enfuit que rendu à l'attelier, chaque
pied cube ne fçauroit lui revenir qu'environ à 20f.
ce qui produit en totalité . . . .　　105 liv.

2°. Que la taille des deux paremens faifant
enfemble foixante & douze pieds de fuperficie,
c'eft-à-dire, deux toifes de Tailleur de pierre, à
raifon de 45 fols, à caufe des grandes épaiffeurs
de lits & de joints, ne fçauroit lui coûter de débourfés au-delà de . . . .　　27 liv.

3°. Qu'il ne peut entrer de mortier de chaux &
fable, pour ficher les joints d'une pareille toife
d'ouvrage qu'environ pour . . . .　　3 liv.

4°. Que la pofe & le bardage ne peuvent excéder plus de . . . .　　15 liv.

tous lefquels articles font enfemble . . . .　　150 liv.

Et en ajoûtant à cette fomme le dixieme pour
les équipages & le bénéfice de l'Entrepreneur,
c'eft-à-dire . . . .　　15 liv.

vous réduirez fa demande à la fomme totale de　　165 liv.

Et vous lui démontrerez par ce détail qu'il n'a
pas de raifon pour prétendre rien au-delà.

En entrant ainfi avec les différens Ouvriers, dans le développement de chaque toife d'ouvrage contefté, vous viendrez à bout
de folider votre devis. Vous n'oublierez pas furtout d'y marquer,
non-feulement la maniere dont feront faits les toifés de chaque
forte d'ouvrage, foit en fe conformant aux us & coutumes, foit
en y dérogeant pour l'avantage de celui qui vous confie fes intérêts, mais encore vous y ajouterez que, dans le cas de quelques
changemens ou augmentations, il en fera fait un marché particulier,
pour ôter tout prétexte aux Ouvriers de rompre leurs conventions, afin d'en venir enfuite à l'eftimation. Enfin vous y infére-
rez que fi les Entrepreneurs excedent les mefures confignées dans

leurs marchés, il ne leur fera tenu aucun compte de plus valeur à cette occasion, & que si au contraire, ils les font moindres, elles ne leur feront comptées que pour ce qu'elles sont.

Vous ferez reconnoître par-devant Notaire, suivant l'usage, ces devis & marchés. Bullet, Degodets & autres, dans leur traité des toisés, ont suffisamment détaillé comment ils se doivent faire, ainsi il seroit inutile d'insister à cet égard. Comme la solidité des bâtimens dépend essentiellement de la bonne qualité des matériaux qu'on employe à leur construction, il est essentiel de traiter de leur nature avant de parler de leur emploi.

ARTICLE DEUXIEME.

Des matériaux en usage pour la construction des Bâtimens.

§. I. *De la Pierre.*

IL est comme démontré que les pierres font un composé de terre & d'eau. Pour concevoir leur origine, il faut sçavoir que l'eau contient trois choses qui, quoiqu'unies, sont pourtant différentes entr'elles, & peuvent même se décomposer. L'une est sa fluidité, l'autre sa pesanteur, & la troisieme une certaine viscosité plus ou moins gluante, qui lie ensemble les deux autres. Si vous imaginez une masse de terre très-serrée, pénétrée pendant un long-tems par le concours de diverses filtrations, & qu'à mesure que l'eau s'évaporera, elle dépose suffisamment de viscosité pour lier insensiblement les parties terreuses, de maniere à former par la suite, un tout plus ou moins dur suivant l'abondance de la glue, ou suivant que les mollécules de terre combinées avec différens principes métalliques ou autres, se trouveront disposées, vous aurez une idée de la formation des pierres.

Pour ce qui est de leur différence, elle provient de quelques circonstances particulieres, soit de la part de la nature des terres, soit de celle des eaux qui, en contribuant à leur formation, les font

varier à raison de leurs principes généraux, & produisent en conséquence, ou du marbre, ou du grès, ou de la craye, ou enfin des
carrieres dont les pierres font difpofées par couches.

Sans nous arrêter davantage à cet examen qui eft plus du ref-
fort des Phyficiens que des Architectes, il fuffit de fçavoir que
parmi les pierres difpofées par couches, dont on fe fert le plus
communément pour la bâtiffe à caufe de leur facilité pour le travail, les unes font dures, & les autres tendres. Les pierres dures
font les plus propres à réfifter aux fardeaux & aux injures du
tems, parce que leurs parties font plus folides & plus conden-
fées que dans les autres : leur perfection confifte à être pleines, à
avoir une égale denfité dans leur totalité, & à paroître fonores,
quand on frappe deffus. Celles qui font tendres au contraire fe
placent dans les endroits les moins importants d'un édifice, ou
qui n'exigent pas beaucoup de force.

Il eft d'ufage d'employer les pierres pour la conftruction de la
maniere dont la nature en a difpofée la formation, c'eft-à-dire,
que celles qui ont été trouvées par couche doivent être placées
du même fens dans les bâtimens ; mais que celles au contraire qui
ont été formées en maffes, & dont toutes les parties n'affectent
aucune fituation, tel que le marbre, le grès & le roc, peuvent
être pofées indifféremment. C'eft l'expérience qui a fait connoître
que les pierres formées par couches, ont plus de confiftance & de
folidité, lorfqu'on les place dans les bâtimens felon la pofition
qu'elles ont dans la carriere. On ne fçauroit mieux comparer la
plus grande réfiftance des différentes maffes pierreufes dans leur
emploi, qu'aux feuillets d'un livre ; fi vous le chargez de maniere
que le poids porte perpendiculairement fur la tranche, vous appercevrez qu'il fera effort pour écarter les feuillets : mais fi au
contraire vous chargez ce livre horifontalement fur le plat, vous
remarquerez que le poids joindra au contraire avec plus de
fermeté les feuillets les uns fur les autres.

Ce n'eft pas qu'on n'ait fouvent employé des pierres en délit.

Les Gothiques faifoient ordinairement leurs petites colonnes de
cette maniere. Les fûts des colonnes de la façade du Château de
Verfailles du côté des jardins, ainfi que ceux de la cour du vieux
Louvre à Paris, font la plûpart compofés de pierre en délit. Malgré ces exemples il n'eft pas douteux, ainfi qu'il vient d'être dit,
que l'autre méthode eft incomparablement plus folide, & il convient toujours de la préférer, à moins que la pierre n'ait pas de
fardeau à fupporter, telle eft une borne, ou à moins que la
preffion ne fe faffe fuivant la direction d'un centre, comme dans
les voûtes où les claveaux font appareillés fuivant la longueur du
lit de la pierre, pour oppofer plus de force & de réfiftance.

Entre les pierres dures formées par différentes couches, il fe
trouve fur leur lit, lorfqu'on les transfere des carrieres, une efpece de mouffe ou pierre à demie formée, que l'on nomme boufin, qu'il faut toujours avoir grand foin de faire enlever, avant
de les employer. Il eft à remarquer que le lit inférieur d'une
pierre fuivant fa pofition dans la carriere, eft toujours plus tendre que le lit fupérieur, c'eft pourquoi en la taillant, il eft à propos d'affecter d'ôter du côté du lit inférieur davantage que de
l'autre.

Quelquefois il fe rencontre au milieu du lit d'une pierre quelques petites couches de boufin qu'on nomme moyes, ce font
autant de veines terreufes ou de parties de pierres à demi formées
qui, n'ayant pas de confiftance, peuvent s'écrafer fous le fardeau:
auffi doit-on avoir grand foin de rebuter de pareilles pierres
& de ne pas fouffrir qu'on en employe dans la conftruction d'un
édifice, à moins de les faire fcier à l'endroit de la moye, pour
en ôter le boufin.

Il fe trouve encore dans la hauteur du lit des pierres; des fils,
mais cet inconvénient n'eft pas à beaucoup près auffi préjudiciable
à la folidité que le précédent ; & en ne plaçant pas ces pierres
dans les angles d'un bâtiment ou en parement, on peut les faire
fervir.

Les pierres en fortant de la carriere font ordinairement pleines d'humidité, & en féchant il eft d'expérience qu'elles fe retirent un peu : fi vous taillez une pierre nouvellement arrivée fur le chantier, & que vous en preniez la mefure bien jufte, après l'avoir fait fécher fuffifamment au foleil, vous remarquerez qu'elle fe fera retirée d'environ une demie ligne fur une longueur de deux pieds.

Il eft effentiel pour la folidité d'un bâtiment, de n'y point employer des pierres tirées depuis peu de la carriere, & de les laiffer au moins reffuyer un hiver, avant de les mettre en œuvre, afin de donner le tems à l'eau ou à l'humidité qui s'y trouve concentrée, de s'évaporer : car fans cette précaution il arrive fouvent que le froid venant à furprendre cette eau dans l'intérieur de la pierre, & la faifant enfler par l'effet de la gelée, la délite, la fait fendre, ou décompofe fes parties. Toutes les pierres ne font pas également geliffes ou fujettes aux impreffions de la gelée ; cela dépend de la pofition de l'endroit d'où on les tire : c'eft pourquoi il eft à propos de les éprouver, principalement quand une carriere eft nouvelle. J'ai vu des Conftructeurs intelligens faire venir dès le printemps, toute la provifion de pierre, qu'ils devoient employer dans l'automne, & fe fervir au contraire durant tout l'é é de la pierre, à mefure qu'elle arrivoit de la carriere, d'où il réfultoit que cette derniere avoit le tems de fécher jufqu'à l'hyver, tandis que la premiere ayant été pénétrée par les rayons du foleil pendant long-tems, & fe trouvant paffablement reffuyée, pouvoit être employée fans inconvénient dans l'arriere faifon, & fans crainte que la gelée pût lui caufer aucun dommage. Quoique ce procédé ne foit pas auffi fûr que de laiffer fécher la pierre pendant un hiver, cependant on peut en ufer, quand il n'eft pas poffible de faire autrement.

Comme les pierres ont toujours une force relative à leur denfité ou à leur dureté, on a coutume de placer celles qui font les plus dures dans les fondations, dans les foubaffemens, dans les angles des édifices, dans les lieux humides, & dans tous les endroits qui ont de grands fardeaux à fupporter, ou qui reçoivent

directement

directement les injures de l'air, tels font les jambes fous poutres, les appuis de croifées, les terraffes qui couvrent les bâtimens, les cimaifes des entablemens, &c : car dans tout le refte on ne fait ufage le plus fouvent que de pierres tendres.

Les diverfes efpeces de pierres varient fuivant les pays, & prennent leurs noms des endroits où font fituées leurs carrieres : ainfi la pierre dure que l'on employe à Paris, laquelle fe tire d'Arcueil, de Bagneux & de Saint Cloud, s'appelle pierre d'Arcueil, pierre de Bagneux, pierre de Saint Cloud : la tendre, qui fe tire de Conflans, de Saint Leu, fe nomme auffi pierre de Conflans, pierre de Saint Leu, &c.

Tous les bans de pierre de peu de hauteur ou à demi formés, produifent ce qu'on appelle le moilon, lequel participe de la nature des carrieres d'où il eft tiré. Comme ce moilon eft toujours chargé de boufin, & que les Ouvriers prennent rarement le foin de l'atteindre au vif en l'employant, de crainte de le réduire prefque à rien, il s'enfuit que les conftructions qui en font faites, ont ordinairement peu de folidité.

Il y a une autre efpece de moilon que l'on trouve aux environs de Paris, & dont il feroit à fouhaiter que l'on fît plus d'ufage, appellé pierre de meuliere, laquelle eft fort dure & poreufe : elle opere avec le mortier une excellente liaifon, & forme au bout de quelques années un corps difficile à défunir : fon défaut eft d'être un peu feche & caffante, & de n'avoir pas un beau coup d'œil, mais on rectifie facilement l'un & l'autre, foit en conftruifant quarrément par charge égale au-deffus, foit en y faifant un enduit qui la cache, & qui s'y attache toujours très-bien.

Il y a bien des expériences à defirer pour connoître les fardeaux que peuvent fupporter les différentes efpeces de pierre, par exemple, quel poids un pilier de deux pieds de diametre & d'une hauteur donnée, foit en pierre d'Arcueil, foit en pierre de Saint Leu, peut foutenir fans s'affaiffer ou s'écrafer. Le pied cube de pierre d'Arcueil pefant cent cinquante livres, & celui de Saint Leu ne

P

pefant que cent quinze livres, il eft tout fimple que l'un doit porter un fardeau bien plus confidérable que l'autre. Mais quel eft ce fardeau relatif, & jufqu'où peut-il aller? C'eft ce qu'on n'a point encore démontré. Au défaut de cette connoiffance, on procede fans ceffe au hafard & l'on multiplie les objets fans néceffité, en mettant plus que moins : il paroît que les Goths en favoient plus que nous à cet égard.

Dans la conftruction des bâtimens, les pierres doivent toujours fe placer en liaifon, bien de niveau, fuivant leurs couches, au-deffus les unes des autres, à lits & joints quarrés, & de maniere que leurs furfaces foient toujours comprifes entre des plans bien paralleles : on lie enfemble tous leurs joints par du mortier com-pofé de chaux & fable, lequel peut être regardé comme une efpece de colle deftinée à les unir, pour leur donner une inhérence par-faite.

§. II. *De la Brique.*

DANS les pays où la pierre manque, on y fupplée par de la brique que l'on fait, foit avec de la terre-glaife mêlangée, foit avec de l'argile, que l'on pêtrit & corroye avec de l'eau, de ma-niere à en faire une pâte ductile, à laquelle on donne dans des moules la forme que l'on veut. On fait fécher cette terre moulée fous des angars, enfuite cuire dans des fours faits exprès, avec du bois, du charbon de terre, ou de la houille. Trois chofes concou-rent à la perfection de la brique, la nature des terres, le foin avec lequel elles font corroyées, & le degré de cuiffon : cette derniere qualité, c'eft-à-dire, le degré de cuiffon eft fur-tout celle qui eft la plus rare à rencontrer : de-là vient que les briques s'écrafent fous le fardeau, ou bien qu'elles s'effeuillent, & ne fçauroient réfifter au feu.

Si l'on pouvoit parvenir à perfectionner les briqueteries, & que le Gouvernement fe prêtât à les favorifer, afin que ces matériaux coûtaffent le moins poffible, il eft certain qu'on diminueroit beaucoup la dépenfe des bâtimens que la cherté de la pierre rend de jour en jour exceffive, & qu'on fe trouveroit avec les mêmes fommes en état d'exécuter des édifices plus nombreux ; voyez ce qui a été dit à ce fujet dans l'article fixieme du premier chapitre.

Les briques fe lient enfemble, foit avec du mortier de chaux & fable, foit avec du plâtre.

§. III. *De la Chaux.*

TOUTE pierre qui fait effervefcence avec les acides, eft propre plus ou moins, pour faire de la chaux. Il paroît que plus les pierres que l'on employe à fa fabrication font dures, meilleure elle eft : peut-être eft-ce en partie pour cela que celle des anciens, qui étoit faite communément de marbre, produifoit un auffi bon mortier.

La chaux convenablement cuite doit être fonore, quand on frappe deffus, & exhaler beaucoup de fumée en la mouillant. Il eft effentiel, après fa fortie du four, de ne la voiturer que dans des tonneaux bien fermés, afin que l'humidité ne puiffe la pénétrer : fans cela elle perd une partie de fa qualité & ne fermente plus que médiocrement, c'eft-à-dire, qu'elle n'a pas toute l'aptitude qu'elle devroit avoir pour faire du bon mortier. Il n'eft pas moins de conféquence de l'éteindre peu de tems après fa cuiffon : car lorfqu'elle eft confervée en pierre trop long-tems, même à l'abri de l'air, elle perd auffi de fa vertu, attendu que la chaleur qui lui eft apparemment néceffaire, pour convertir l'eau en vapeurs fubtiles, fe diffipe peu-à-peu, & lui ôte enfuite de fon action, lorfqu'on en fait ufage.

Toutes fortes d'eau ne font pas propres pour éteindre la chaux. Il faut éviter furtout celle de mares ou de marais : l'eau de puits expofée à l'air dans des tonneaux quelques jours avant de l'employer, afin de lui faire acquérir un peu de chaleur, eft celle dont on fe fert de préférence : fans cette précaution il feroit à craindre que la fraîcheur de l'eau, furtout dans l'été, ne referrât les pores de la chaux en l'éteignant, & qu'en l'empêchant de se fondre, elle ne la mît en grumeaux.

L'usage est d'éteindre la chaux dans un petit bassin que l'on pratique à côté du trou où l'on en veut conserver une provision, pour l'employer successivement. Dans ce bassin on jette une quantité de pierre à chaux que l'on concasse auparavant avec des masses, pour la réduire en morceaux à-peu-près égaux : on remue ces pierres avec des rabots, en versant de l'eau à mesure, & de maniere que la chaux étant parfaitement arrosée partout, puisse se fondre facilement. Cette eau doit être versée avec discrétion dans le bassin ; car trop d'eau noye la chaux, & trop peu la fait au contraire brûler.

Quand on juge que la chaux est délayée, ou la fait couler du bassin dans la fosse où il est question de la garder, & on continue cette opération jusqu'à ce qu'elle soit remplie, ou suivant qu'on en veut amasser plus ou moins. La fosse étant pleine, on la laisse découverte pendant quelques-tems, & on l'arrose d'eau pendant quatre ou cinq jours, pour faire réunir les fentes qui se font dans la chaux : sitôt qu'on s'apperçoit qu'elle ne se fend plus, ce qui annonce que sa chaleur est absolument évaporée, on la couvre d'un pied ou deux de sable : cela fait on la laisse reposer, & on peut la garder en cet état très-long-tems, sans craindre aucunement qu'elle se desseche.

La chaux se vend au muid, qui se divise en douze septiers : chaque septier contient deux mines ; chaque mine deux minots, & chaque minot un pied cube.

§. IV. *Du Sable.*

LA qualité du sable que l'on mélange avec la chaux, ne contribue pas moins à la bonté du mortier. On a toujours remarqué que dans tous les pays où l'on ne peut se procurer de bon sable, la bâtisse n'y vaut rien. L'expérience journaliere confirme que, plus le sable est pur, dégagé de toutes parties terreuses, composé de

petits grains fans inhérence entr'eux, & roulant facilement les uns
fur les autres, fans falir les mains en le frottant, plus le mortier
qui en provient eft excellent, & fait aifément corps avec les pierres. Il n'y a gueres que le fable des riveres, qui ait cette qualité.
Comme il eft fans ceffe lavé, chaque grain forme autant de petits
cailloux très nets, au lieu que celui que l'on tire des fablonieres ou
des fouilles des bâtimens, eft prefque toujours mêlé d'argile, & de
parties terreufes qui émouffent l'action du mortier.

Pour s'affurer de la défectuofité de ce dernier fable, l'effai eft
bien fimple : il n'y a qu'à en prendre une petite quantité, le laver dans de l'eau chaude en l'agitant pendant quelques-tems, peu-
à-peu ralentir le mouvement pour laiffer précipiter au fond du
vafe le vrai fable, & enfuite faire écouler l'eau trouble par inclination ; fi l'on pefe ce fable avant & après cette opération, on
s'appercevra qu'il s'y trouve beaucoup de parties terreufes, & que
la différence eft quelquefois très-confidérable. Auffi ne peut-on
efpérer de faire de bon mortier avec du fable tiré des décombres
des bâtimens, qu'en le lavant préalablement.

A confidérer la chaux & le fable féparément, vous obferverez
que la chaux par elle-même n'a pas de corps, ni le fable de liaifon, & que ce n'eft que leur réunion dans une certaine proportion qui puiffe opérer de la confiftance. Cette proportion reconnue de toute antiquité eft un tiers de chaux contre deux tiers
de fable bien net. Une plus grande quantité de chaux empêcheroit
les grains d'appuyer les uns fur les autres, d'où il réfulteroit que
les parties du mortier n'auroient pas la folidité néceffaire pour
faire corps : trop peu de chaux au contraire ne feroit pas moins
préjudiciable ; car alors les intervalles ne fe trouvant pas fuffifamment remplies, il n'y auroit pas affez de glue ou de colle pour lier
enfemble tous les petits grains de fable ; de forte que dans ces deux
cas, le mortier n'étant pas en état, ni de gripper les pierres, ni
de s'y incorporer, ne feroit pas un tout avec elles.

Le mortier fe fait en mêlangeant dans la proportion fufdite, la chaux & le fable avec de l'eau, & en obfervant d'en mettre le moins poffible : fi la chaux eft nouvellement éteinte, on peut même s'en paffer ; à force de les corroyer avec des rabots, on parvient à le rendre auffi mol que l'on fouhaite ; car le trop d'eau ôte au mortier de fa qualité & le noye. Lorfque cette mixtion eft bien faite, elle grippe les pierres, & fe durcit entr'elles comme du mâche-fer. C'eft cette attention à bien travailler le mortier qui eft une des principales caufes de la durée des bâtimens antiques & gothiques qui fubfiftent depuis tant de fiecles.

§. V. *Du Ciment.*

LE ciment eft une tuile concaffée qui, étant mêlée au lieu de fable avec la chaux, fait un excellent mortier, dont on fe fert principalement pour les ouvrages dans l'eau, pour les terraffes, & pour opérer les bâtiffes en grès. Il faut fe garder d'y mêler du carreau de terre cuite & de la brique, attendu que ces matieres n'ayant pas autant de confiftance que la tuile, qui eft d'une cuiffon beaucoup plus forte, en alterent néceffairement la qualité.

Il eft à obferver que, pour opérer une bonne bâtiffe en grès avec ce mortier, il faut faire de petites tranchées en ziguezague, & des trous tant dans les joints que dans les lits ; alors le ciment rempliffant tous ces intervalles, unit bien mieux ces fortes de matériaux.

§. VI. *Du Plâtre.*

LE plâtre ne mérite pas moins d'attention que la chaux & le fable. La pierre propre à le fabriquer, eft un compofé de terre cretaçée & de fable dans lequel il entre beaucoup d'acide vitrio-lique : on diroit une efpece de marbre gros-grain. Pour diftinguer fi une pierre eft bonne à faire du plâtre, il n'y a qu'à en réduire un morceau en poudre crue, & la placer dans un chaudron fur le feu, alors fi l'on obferve qu'elle fe mette à bouillir, comme fi elle étoit mêlée avec de l'eau, qu'elle s'agite comme un vrai fluide, & qu'enfin après être parvenue à un certain degré de cuiffon, elle fe précipite comme un fable fans remuer davantage , c'eft une marque infaillible que la pierre en queftion a les qualités requifes pour opérer de bon plâtre.

Après le choix des pierres convenables , fon degré de cuiffon influe beaucoup fur fa perfection. Rarement remarque-t-on que les Plâtriers apportent à cette opération l'exactitude néceffaire. Quand la pierre à plâtre eft calcinée par un feu trop violent ou trop long-tems continué, elle perd de fa qualité, de forte que le plâtre qui en provient refte mol avec l'eau, & ne fe durcit qu'avec peine : il arrive même quelquefois que fon effence fe trouve tellement détruite, que ne pouvant plus acquérir de confiftance, il refte conftamment en poudre : il en eft de la cuiffon des pierres à plâtre comme de celle de la brique ; les briques du milieu du four font ordinairement trop cuites, tandis que celles qui fe trouvent vers les extrêmités ne le font prefque point. On reconnoit furtout la bonne qualité du plâtre, lorfqu'en le gâchant avec l'eau & en le maniant, on fent dans la main une efpece d'onctuofité : quand il ne vaut rien au contraire, il eft rude, fec, & ne tient point aux doigts.

Il faut fe fervir du plâtre incontinent après fa cuiffon. C'eft pourquoi dans les endroits où il ne s'en trouve pas , au lieu de l'envoyer tout préparé en poudre , il eft toujours effentiel de le tranfporter en pierre, pour le faire cuire dans le pays où il doit être employé. Il y a dans le plâtre une grande quantité de pores, qui abforbent auffi-tôt l'eau qu'on y met pour le délayer ; auffi, comme il fait prife fur le champ, ne le gâche-t-on qu'à mefure qu'on en a befoin ? Malgré cet abforbement, il faut bien fe garder de croire que l'eau qui s'y eft incorporée foit pour cela détruite ; elle n'eft en quelque forte qu'interpofée entre les molécules du plâtre, où elle fe conferve pendant plus ou moins de tems, fuivant que les lieux font fecs ou humides : fon action eft même telle, qu'elle fait gonfler le plâtre fuivant les circonftances , au point que fi l'on ne prend pas de précaution à cet égard, elle force & renverſe les obſtacles qu'on lui oppoſe. La chaleur fait ſucceſſivement évaporer l'eau qu'a retenu le plâtre, au lieu que l'humidité la concentre : c'eſt la raiſon pour laquelle le plâtre ne vaut rien dans les endroits humides ; toujours il y eſt en action, il ſe tourmente, il ſe détache, & fait travailler la maçonnerie entre laquelle il ſe trouve.

On employe le plâtre avec ſuccès principalement dans les endroits à l'abri des injures de l'air. Il réuſſit ſurtout merveilleuſement pour les plafonds, les ſouches de cheminées, les corniches & les ornemens dont on décore l'intérieur des appartemens. Les Goths en fabriquoient des voûtes très-étendues, auxquelles ils ſe contentoient de donner quatre ou cinq pouces d'épaiſſeur, & dont il y en a qui ſubſiſtent depuis plus de cinq à ſix cens ans dans pluſieurs de nos Egliſes. Le plâtre ſe lie très-bien avec la brique & avec le fer ; il eſt au contraire ennemi du bois, & n'y tient qu'en le lardant de cloux.

Il eſt à obſerver que le plâtre ne reprend plus ſa premiere qualité par une ſeconde calcination : on a fait pluſieurs fois des tentatives pour refaire du plâtre avec des plâtras, en les faiſant paſſer au four, ſans avoir pu y réuſſir. Ce nouveau plâtre n'a plus d'action, & n'eſt plus ſuſceptible d'être gâché. Dans les Mémoires de l'Académie des Sciences, année 1719, on lit des détails de pluſieurs eſſais inutiles qui ont été faits à cette occaſion par M. de Juſſieu.

Le plâtre cuit ſe vend au muid qui contient ſoixante & douze boiſſeaux, ou quarante-huit pieds cubes, deux boiſſeaux font un ſac.

Outre le mortier & le plâtre, il n'y a gueres de pays où l'on n'ait l'uſage de quelque maſtic particulier pour les joints des dalles de pierre des terraſſes. Les Goths, & beaucoup de Modernes ſe ſont ſervi avec avantage de limaille de fer mêlée avec un peu de chaux & de ciment, bien pulvériſée & délayée dans de l'urine.

VI.

§. VI. *Du bois qu'on employe pour la charpente des Bâtimens.*

Le chêne eſt le bois que l'on préfere pour la bâtiſſe. On en diſtingue de deux eſpeces ; l'un tendre & gras qui ſert pour les ouvrages de menuiſerie, l'autre dur & ferme que l'on employe pour les ouvrages de charpenterie. C'eſt la nature des terreins où les chênes croiſſent, ainſi que leurs diverſes expoſitions qui font leurs différentes qualités. Ils ſont communément dans leur perfection depuis ſoixante juſqu'à deux cens ans : au de-là de ce terme, ils dégénerent & dépériſſent. En coupant un chêne par le pied, on juge de ſon âge par le nombre de couches annulaires qui forment ſon épaiſſeur : il eſt à remarquer que ces couches ne ſont point concentriques, & que leurs ſéparations ſont toujours moins épaiſſes du côté du midi que du nord, parce qu'en recevant directement l'impreſſion de la chaleur, elles ſe durciſſent plus facilement. La texture de l'intérieur d'un chêne eſt ce qui conſtitue ſa force : ſes fibres ne ſont pas paralleles à ſon axe dans leur longueur, mais depuis le bas juſqu'au ſommet & à l'extrêmité des branches, ils ſinuent, s'entrelacent, & forment les ondes que l'on remarque ſur les faces du ſciage des pieces de bois. C'eſt pourquoi les bois de brin ont, à groſſeur égale, beaucoup plus de force pour porter des fardeaux que ceux de ſciage, attendu que dans les premiers, les fibres ſe prêtent un mutuel ſecours, & ne ſont point coupés, comme dans les ſeconds.

On coupe ordinairement les bois dans l'automne & l'hiver, c'eſtà dire, dans le tems où leur ſéve eſt ſans action, ou en quelque ſorte endormie. Il faut les garder enſuite au moins deux ou trois ans expoſés à l'air avant de les employer, afin de donner le tems à l'humidité de s'évaporer, ſans quoi ils ſe pourriſſent en peu de tems. On dit que dans la Province de Stafford en Angleterre, on écorce ſur pied, dès le printems, les chênes qu'on ſe propoſe d'abattre pendant l'automne, de ſorte que les arbres reſtant en cet état durant tout l'été, expoſés au ſoleil & aux injures de l'air, ſe durciſ-

Q

fent & fe deffechent, de maniere que la féve devient auffi com-
pacte & auffi ferme que le cœur de l'arbre. Peut-être pourroit-on
fe fervir avantageufement de cette méthode, pour augmenter efficacement la folidité des bois de charpente, & opérer leur féchereffe avec plus de promptitude.

Tout ce qui interrompt la texture du chêne & la liaifon de fes
fibres, ou ce qui peut occafionner fa corruption, eft regardé
comme un défaut dans ce bois. Auffi dans les devis de charpenterie a-t-on grand foin de fpécifier qu'il ne fera employé aucun
bois fans être bien fec, fans aubier, fans roulure & nœuds vicieux (*a*).

Le bois roulé eft celui dont les couches annulaires ne font
point de liaifon enfemble, & dont la féve de la croiffance d'une année, n'a point d'inhérence avec celle de la précédente ; les nœuds
vicieux font ceux qui, en interrompant les fibres du bois, le rendent fujet à caffer ; enfin l'aubier eft une efpece de bois blanc ou
à demi formé qui fe trouve fous l'écorce, qu'il eft important d'ôter
totalement, vu qu'il fe pourrit en peu de tems, & engendre des
vers qui attaquent enfuite le cœur de la piece de bois.

ARTICLE TROISIEME.

De la fondation des Maifons.

APRÈS s'être affuré de la bonté des matériaux qui doivent être
employés à la conftruction d'un bâtiment, il eft important de s'appliquer à connoître la nature du fol fur lequel il s'agit de l'élever. Le
meilleur fonds pour affeoir une maifon, eft le tuf, la terre franche,
le gravier ou le gros fable ; le roc eft auffi fort bon, quand il a une
fuffifante épaiffeur, & qu'on peut le mettre de niveau à la hauteur
où l'on en a befoin, ou dumoins l'égalifer le long de chaque face du

_____

(*a*) Quant au bois mort fur pied, il eft abfolument profcrit de la bâtiffe, parce qu'il fe
pourrit dans les lieux humides, & tombe en peu de tems en pouffiere dans les lieux fecs.

bâtiment. Les terreins vicieux, au contraire, font le fable fin & mouvant, la glaife, les terres marécageufes & rapportées.

Il y en a qui veulent que l'on confulte les Maçons de l'endroit où il eft queftion de bâtir, pour connoître la folidité d'un terrein : D'autres difent que, pour plus de fûreté, il faut faire quelques puits pour juger véritablement des différentes couches de terre, & fi celle où l'on doit fonder a une épaiffeur fuffifante. Bullet confeille de fe fervir d'une piece de bois telle qu'une groffe folive de fix ou huit pieds, & de battre la terre avec le bout : fi l'on s'apperçoit qu'elle réfifte au coup, & que le fon paroiffe fec & un peu clair, c'eft une marque, fuivant cet Architecte, que le fol eft ferme & compact : mais fi au contraire, en frappant la terre, elle rend un fon fourd ou molaffe, & n'offre aucune réfiftance, on peut, dit-il, conclurre que le fond n'en vaut rien (a).

Quand après avoir fondé un fol, on reconnoît qu'il a la confiftance néceffaire pour affeoir les fondations à la profondeur que l'on défire, alors il n'y a plus de difficultés ; mais s'il ne l'a pas, & qu il faille creufer trop confidérablement pour atteindre jufqu'au bon fond, en fuppofant que le bâtiment ne doive pas être d'un grand poids, on peut y remédier avec facilité. Si l'on remarque que ce fol foit fufceptible d'être également comprimé, il faut, pour économifer, établir à la profondeur où l'on veut s'arrêter pour fonder, un grillage de charpente bien de niveau, compofé de deux cours de racinaux d'environ dix pouces de gros, efpacés d'un pied l'un de l'autre, affemblés chacun par leurs bouts à queue d'aronde, & dans les angles par des équerres de fer. On remplit l'intervalle entre ces deux cours de racinaux de moilons pofés à fec, & on les lie enfemble en chevillant fur chacun, de deux pieds en deux pieds, des plateformes de quatre pouces d'épaiffeur, & de huit pouces de largeur : enfin on garnit l'intervalle entre ces plateformes de moilons auffi pofés à fec bien de niveau, & l'on place deffus cet arrafe avec le plus d'uniformité poffible la premiere affife des fondations.

(a) *Architecture pratique*, page 224.

Q ij

M. Fremin, Préfident du Bureau des Finances, qui écrivoit, au commencement de ce fiecle, fur les tromperies des Entrepreneurs de bâtiments, prétend que c'eft un abus de faire les fondations des maifons ordinaires très-profondes, & que dans le cas même où le terrein paroît équivoque, on peut toujours fe difpenfer de les defcendre plus bas que de deux pieds audeffous de l'aire des caves; » faites, dit-il, vos quatre gros murs & tous les murs » de refend d'une bonne matiere: faites qu'en aucun il n'y ait point » de vuide, que vos pierres & moilons foient affis comme des dez » ou de la brique; qu'ils ne foient pas mal façonnés comme font » tous les Limofins; mettez les premieres affifes de vos quatre » murs & de ceux de refend d'un parfait niveau; placez fous elles » des plateformes de charpente de trois à quatre pouces d'épaif- » feur, de toute la largeur des rigoles des fondations; ramenez vos » quatre gros murs à fruit égal en dedans, & ne donnez, fi vous » voulez, que deux pieds de fondation audeffous du fol de vos » caves, & ne craignez rien, votre maifon ne branlera jamais; car » alors, ajoûte-t-il, tous vos murs portant dans toute leur éten- » due uniformément fur ces plateformes, il faudroit qu'ils enfon- » çaffent la maffe de terre qui eft audeffous pour baiffer: ce qui » ne fe peut, quand bien même le terrein feroit mouvant. (a)

Il eft certain que, lorfqu'un bâtiment n'eft pas d'un grand poids, on peut employer avantageufement cette méthode pour fe dif- penfer de creufer des fondations très-profondes: mais pour fon- der avec fuccès, tant par ce procédé que par le précédent, il faut conftruire les murs de fondation, non les uns après les autres, mais tous à la fois bien quarrément & d'un même niveau, & af- fecter de les lier tous enfemble, de maniere que l'un ne puiffe fe mouvoir fans l'autre: alors le poids d'un bâtiment agiffant fans ceffe bien à plomb, & le taffement du terrein devenant uniforme, il ne fçauroit y avoir rien à craindre de l'effort de la péfanteur, pour-

(a) *Mémoires critiques d'Architecture*, pages 210, 211 & 213.

vû qu'il n'y ait aucun trou, aucune cavité, aucune partie plus foible que l'autre, & que le fol ne foit point marécageux ou rempli
d'eau.

Dans le cas de troux ou de cavités fous quelque endroit du terrein où il s'agit de fonder, il n'y a d'autre parti à prendre que de
les combler s'ils font peu confidérables ; & s'ils le font, d'élever
des piliers de pierre depuis le bon fond, pour y bander des arcs capables de porter les murs des caves.

Mais fi l'on trouve au contraire de l'eau, il faut néceffairement
pilotter. On employe à cet effet, (après avoir fait pomper l'eau,
ou l'avoir fait écouler dans des lieux plus bas,) des pieux de bois
de chêne, proportionnés pour leur groffeur à la profondeur du
terrein dans lequel il s'agit de les enfoncer. Cette groffeur eft ordinairement le douzieme de leur longueur. On les arme de fabots
de fer par le bout, lorfque le bâtiment eft de conféquence ; finon
on fe contente de brûler leurs pointes pour les durcir. Ces pieux
doivent être plantés d'un droit allignement dans les tranchées des
fondations, & battus jufqu'au refus du mouton : on n'en peut
pas placer moins de deux rangs fous un mur de peu d'épaiffeur,
mais fous ceux qui font épais, il en faut mettre trois, quatre,
cinq, fix, & plus fuivant leur largeur. La coutume eft de les planter
tant pleins que vuides, c'eft-à-dire de ne pas laiffer plus d'efpace
entre eux que celle de leur groffeur ou diametre. Après qu'on a
ainfi garni de pieux le deffous des différens maffifs des fondations,
on les récepe de niveau, & l'on remplit tous leurs intervalles de
moïlons enfoncés avec force. Sur chaque file de pieux, on pofe
un cours de racinaux de bois de chêne, de fix pouces d'épaiffeur
fur quatorze à quinze pouces de largeur, c'eft-à-dire, proportionnés à la groffeur de la tête des pilotis, que l'on affemble avec d'autres pareils racinaux entaillés par moitié à queue d'aronde en forme de grillage. Après cette opération, on perce des troux de tarriere à travers ce grillage fur chaque pieu, pour l'attacher avec
de bons boulons à pointe, de quinze à feize pouces de long, en

forme de chevilles enfoncées à tête perdue. On garnit encore de moilons tous les quarrés de ce grillage que l'on arrase avec les racinaux. Sur cette arrase on établit un plancher de plate-formes de bois de chêne, de trois à quatre pouces d'épaisseur, & d'une largeur suffisante, que l'on fixe aussi sur les racinaux avec des chevilles de fer à tête perdue. On pose enfin sur ce plancher un lit de mousse de demi pouce d'épaisseur, sur lequel on place la premiere assise de pierre dure des fondations, bien de niveau, de hauteur égale, & faisant tout le parpin du mur avec mortier de chaux & sable.

Je n'insisterai pas, pour le présent, sur les difficultés que l'on rencontre quelquefois de la part du terrein, pour fonder des Edifices d'importance & d'un grand poids, attendu que je me propose, dans le chapitre suivant, de traiter à fond cette matiere.

Ainsi, supposé que vous ne trouviez pas de difficultés de la part du sol, & qu'il ait la consistance requise pour fonder, il faudra faire les fouilles des tranchées de fondation, assez larges & spacieuses, pour pouvoir élever les murs entre deux lignes, soit que vous bâtissiez en libages ou en moilons durs; car la même précaution doit s'observer pour l'un comme pour l'autre, afin que les murs soient droits, & qu'il ne se puisse trouver de porte à faux, quand il y aura des corps saillans.

Vous donnerez successivement aux Entrepreneurs, à mesure qu'ils en auront besoin, les Plans soit des fondations, soit des différens étages, ainsi que les élevations & les coupes dans tous les sens, bien arrêtés & cottés en pieds, pouces & lignes, avec exactitude; lesquels desseins ou parties de dessein seront signés & approuvés par vous pour leur exécution.

De crainte que les ouvriers ne se trompent, vous leur tracerez, ou vous leur ferez tracer en votre présence votre plan sur le terrein, suivant les allignemens convenus avec les Propriétaires des maisons voisines & les voyers, si c'est dans une ville que vous faites bâtir, pour éviter toute discussion.

Une fois les profondeurs de vos fondations assurées, il faudra en

prendre les attachemens, c'eſt-à-dire meſurer leur hauteur en con-
treba, pour eſtimer la maçonnerie qu'on y doit élever, vû qu'il
ne ſeroit plus tems après l'achevement du bâtiment. Pour cet effet
vous vous nivellerez audeſſus du rez-de-chauſſée avec quelque objet
remarquable, de maniere à avoir un repaire immuable, & qu'on ne
puiſſe changer, tel qu'une retraite ou un appui de croiſée d'une maiſon voiſine, ou bien avec un corps de maçonnerie fait exprès. Vous
prendrez de longues regles que vous mettrez bout à bout bien de niveau, depuis la retraite en queſtion juſqu'audeſſus des fondations, ſi
le repaire eſt proche, ou bien un niveau d'eau, s'il eſt à une certaine
diſtance; delà vous jetterez un plomb juſqu'au fond deſdites rigoles. Après avoir meſuré cette hauteur exactement, de concert
avec l'Entrepreneur, vous en ferez un écrit double dont il ſignera
l'un qui vous demeurera, & dont vous ſignerez l'autre qui lui reſ-
tera, pour ſervir de juſtification lors du réglement des mémoires
& des vérifications du toiſé. Si leſdites profondeurs ſont à redens,
& non uniformes, vous apporterez ſucceſſivement la même attention à conſtater toutes leurs différentes meſures.

Les tranchées des fondations ayant été établies bien de niveau,
il conviendra de poſer la premiere aſſiſe en bons libages de pierre dure, équarris, ſans mortier, & audeſſus d'élever le mur
en gros moilons durs, bien ébouzinés, à bain de mortier de chaux
& ſable, juſqu'à trois pouces audeſſous de l'aire des caves, à laquelle hauteur on établira une aſſiſe de pierre de taille dure, faiſant toute l'épaiſſeur deſdits murs, piquée du côté des terres, &
& en parement du côté des caves; le tout à lits & joints quarrés.
Cette aſſiſe doit être poſée de niveau & de hauteur égale, à trois
pouces de retraite ſur celle de deſſous, tant par dedans que par
dehors. Il faut ſurtout s'attacher à ne laiſſer aucuns vuides entre les pierres, qui ne ſoient remplis de clauſoirs enfoncés avec
force, & à couler tous les joints de mortier d'une conſiſtance aſſez
liquide, pour qu'il puiſſe les remplir bien exactement.

La plûpart des Architectes varient beaucoup ſur l'épaiſſeur que l'on doit donner aux murs de fondations. Vitruve & Philibert de Lorme difent que cette épaiffeur doit être la moitié en fus de celle du mur hors de terre : Scamozzi veut qu'elle foit le quart : Palladio propofe au contraire de la faire le double de l'épaiffeur du mur apparent : ce qu'il y a de fingulier, c'eft que ni les uns ni les autres, en fixant ces épaiffeurs, n'ont eu égard ni à la hauteur des murs, ni aux charges qu'ils doivent porter, comme fi c'étoit une chofe indifférente, & comme fi ce n'étoit pas ce qui mérite la principale confidération en pareil cas : c'eft pourquoi les régles qu'ils ont prefcrites ne fçauroient être de quelque utilité. Dans les bâtimens ordinaires élevés de trois ou quatre étages, l'ufage eft de faire un empattement d'environ trois pouces de chaque côté de tout mur de refend, de face, ou mitoyen, tant au fol de la rue qu'à celui des caves ; ainfi, fuppofé que les murs de face au rez-de-chauffée ayent vingt-quatre pouces, & ceux de refend dix-huit pouces, (épaiffeurs qui font les meilleures) ; les fondations des murs de face au niveau des caves doivent avoir trente pouces, & au-deffous des caves trente-fix pouces : & celles des murs de refend auront vingt-quatre pouces dans les caves, & au-deffous vingt-huit pouces : donc, fuivant cette regle, l'épaiffeur des plus baffes fondations peut être fixée à peu près à la moitié en fus de celle des murs apparens.

La meilleure conftruction eft de faire tous les murs d'un bâtiment, ainfi que toutes les voûtes des caves, de pierre de taille ; mais le plus fouvent on fe contente d'une conftruction moyenne, qui eft prefque équivalente pour la folidité, lorfqu'elle eft bienfaite, & qui produit par proportion beaucoup d'économie; c'eft de cette derniere dont il va être queftion dans la fuite de notre inftruction, où il ne s'agit que de la bâtiffe d'une maifon ordinaire.

Suivant ce procédé, il fuffit de mettre de la pierre de taille dure au bas de tous les murs des caves & dans leurs encoignures, aux pieds-droits & aux platebandes des portes, aux abajours, & aux chaînes des voûtes, en ayant foin que ces chaînes, pieds-droits & platebandes des portes faffent toute l'épaiffeur du mur, & foient pofées alternati-

vement

vement en carreaux & boutiffes (*a*), au moins de fix pouces de faillie. On conftruit enfuite tout le refte en moilons durs ou en pierres
de meuliere , pofés par affifes égales, maçonnés avec mortier de
chaux & fable, en obfervant de fraper chaque moilon avec le marteau, jufqu'à ce qu'il porte à plein & quarrément fur ceux de deffous;
& en faifant toujours en forte de les liaifonner, de façon qu'il ne fe
trouve jamais deux joints l'un fur l'autre , non-feulement du côté
des faces , mais auffi dans le corps des murs (*a*).

On continue de garnir & de monter les murs des caves de la même maniere jufqu'au rez-de-chauffée, avec l'attention que les longues pierres des chaînes ayent trois pieds de long, & les courtes deux
pieds ; & que les plus longues des jambages des portes ayent deux
pieds , & les plus courtes feize ou dix-huit pouces. Car il y a autant
d'inconvéniens à faire les harpes trop longues que trop courtes : quand
elles font trop longues, elles rompent : quand elles font au contraire
trop courtes, elles ne font point de liaifon. Les arcs des voûtes à plomb
des chaînes doivent avoir au moins quinze pouces d'épaiffeur vis-
à-vis la clef, & être également en pierre dure , pofés alternativement en carreaux & boutiffes de la même qualité & longueur ,
afin que, tant dans les murs, que dans les voûtes, la maçonnerie faffe une bonne liaifon. Les voûtes fe font des mêmes conftructions
que leurs murs de foutien, avec auffi mortier de chaux & fable,
malgré l'ufage prefque journalier de les faire en plâtre , lequel ne
vaut rien dans l'humidité : enfin on garnit les reins des voûtes
jufqu'à leur couronnement de moilons, avec mortier de chaux &
fable.

Quand il fe trouve au rez-de-chauffée des cloifons de charpente
montant de fond & portant plancher, il eft à propos de prendre dans
les caves des précautions pour les foutenir : fi elles doivent porter
fur la longueur de leurs berceaux, il faut élever un mur au-deffous:

_____

(*a*) C'eft-à-dire, pofée de maniere que la longueur des unes foit placée fuivant la face des
murs , & la longueur des autres fuivant leur épaiffeur.

R

& si elles doivent porter sur la largeur, on peut se contenter de
pratiquer dans la partie de la voûte correspondante un arc en pierre.

Les murs d'une fosse d'aisance, ainsi que sa voûte, doivent
être construits en moilons durs, piqués aux paremens, maçonnés
de mortier de chaux & sable : si elle est contre un mur mitoyen, il
ne faut pas oublier de faire, suivant l'usage, un contre-mur de
neuf pouces d'épaisseur, non compris l'empattement du rez-de-
chaussée qui est de trois pouces, avec un trou dans la voûte de
deux pieds sur vingt-un pouces, pour recevoir un couvercle de
pierre de taille destiné à faciliter les vuidanges. Le tuyau de la
fosse montant de la voûte jusqu'au dernier étage du bâtiment,
doit être construit avec des boisseaux de terre cuite, bien ver-
nissés en dedans, sans aucune fente ou cassure : l'essentiel est de
les bien joindre les uns sur les autres, d'en mastiquer les joints
avec de bon mastic, de maçonner ensuite leur pourtour avec mortier de chaux & sable, & enfin de mettre par-dessus un enduit de
plâtre du côté apparent. Il est à observer qu'il faut d'abord entourer
de mortier directement les tuyaux, parce que le plâtre, en les res-
serrant, les feroit casser. Si c'est aussi contre un mur mitoyen qu'est
adossé le tuyau, il convient d'isoler de son côté, la maçonnerie de
trois pouces dans toute la hauteur, tant, afin que l'air puisse passer, que pour empêcher les matieres qui pourroient couler par les
joints, d'infecter le mur voisin. Quant au fond de ladite fosse, il
est à propos de la garnir d'un massif au moins de dix-huit pouces ou deux pieds d'épaisseur, composé de deux rangs de moilons à bain de mortier, sur lequel on place des pavés de grès à
chaux & à ciment.

Les descentes de caves s'exécutent en faisant les têtes des murs
d'échiffre de pierre dure, & le reste de moilons piqués, avec des
marches aussi de pierre dure, d'une seule piece & de longueur
suffisante pour porter dans les murs par les deux bouts, ayant
chacune la largeur nécessaire pour avoir deux pouces de recouvrement. Sous lesdites marches, on fait des voûtes rampantes &

des maffifs en bons moilons, toujours avec mortier de chaux & fable.

Pour conftruire un puits, foit rond, foit ovale, il faut fouiller auffi bas qu'il eft befoin pour avoir de l'eau vive. Au fond on place un rouet de charpente battu à la demoifelle, fur lequel on éleve la maçonnerie compofée de gros libages & moilons piqués aux paremens. Au rez-de-chauffée de la cour, on pratique un mur d'appui de pierre de taille dure, fur lequel on met une mardelle s'il fe peut d'une feule piece. Toute cette conftruction fe maçonne avec mortier de chaux & fable.

En général il convient d'obferver d'élever toutes les fondations d'un bâtiment quarrément, autant que faire fe peut, afin que toute fa charge taffe uniformément, & perpendiculairement fur le ter-rein.

Le devoir d'un Architecte, pendant la conftruction des fonda-tions, eft de veiller à ce que l'Entrepreneur exécute fidélement fon devis, & fe conforme aux dimenfions prefcrites par fes plans. Il doit prendre garde que les pierres qu'on employe, ne foient trop nouvellement arrivées de la carriere, qu'elles foient de bonne qualité, fans fils ni moyes, bien ébouzinées, bien liaifonnées les unes avec les autres, maçonnées avec du mortier fuffifamment corroyé, & dont le fable ne foit pas terreux. Car c'eft dans les fondations que les Maçons cherchent d'ordinaire à introduire, fi l'on n'y prend garde, leurs matériaux défectueux, parce que les travaux y font moins expofés en vue : quelquefois il s'en trouve qui placent des deux côtés d'un mur des carreaux de cinq ou fix pouces de pierre de taille, & qui rempliffent l'intervalle avec du moilon : on en voit encore qui, n'ayant pas fuffifamment de pierre d'une certaine hauteur de lit, pour arrafer le deffus de la premiere affife des fon-dations, introduifent des pierres de trois ou quatre pouces moins hautes, en garniffant le deffous de terre & de gravois, pour les faire paroître de même élévation de cours d'affifes.

En vain votre devis fera-t-il bien fait, croyez qu'il n'y aura que

R ij

votre furveillance qui opérera la perfection de la bâtiffe: fans ceffe
vous vous appércevrez que la plûpart des Ouvriers ne manquent
gueres de la négliger, dès qu'ils prévoyent le pouvoir impunément. La conftruction des murs moilons eft ce qui méritera fur-
tout votre attention. Autant les Maçons s'appliquent à mettre en
parement le beau côté du moilon, autant l'intérieur de ces fortes de
murs eft d'ordinaire peu foigné: rarement font-ils arrangés en bonne
liaifon dans leur épaiffeur: vous en remarquerez qui, au lieu de placer dans leurs intervalles de bons garnis de tuileaux & d'éclats
de pierre, les rempliffent de mortier pour aller plus vîte, & quelquefois même de terre ; or, comme il s'en faut bien que la fura-
bondance du mortier équivale à de bons garnis de pierre, & ait
autant de folidité, il s'enfuit que de pareils murs fe dégradent en
peu de tems, & s'écrafent facilement fous le fardeau: enfin vous
verrez des Ouvriers qui ne fe donnent pas la peine d'écarir les
moilons, comme il convient, d'où il réfulte que ne pofant pas à
plat, mais fur des boffes, des angles & des inégalités, ils fe déran-
gent aifément, lorfqu'ils font comprimés par un fardeau
fupérieur.

ARTICLE QUATRIEME.

De la conftruction des murs d'une Maifon.

LE deffus des voûtes des caves étant donc arrafé, on pofe à trois
pouces de retraite, tant en dedans qu'en dehors, dans toute l'é-
tendue des faces d'un bâtiment, un cours d'affife de pierre de
taille dure, de la meilleure qualité, bien ébouzinée, atteinte au
vif, & dont on coule les joints avec de bon mortier de chaux &
fable. Cette affife doit embraffer toute l'épaiffeur du mur, comprendre la faillie du focle régnant au pourtour du bâtiment, & porter les pieds-droits, foit des portes, foit des croifées, foit des pétits
corps faillans du dehors & du dedans, fuivant la diftribution du

plan. On continue quelquefois de pofer d'autres affifes femblables en bonne liaifon, faifant toutes parpins à lits & joints quarrés jufqu'à la hauteur du premier étage ; mais le plus fouvent, après trois ou quatre affifes de pierre dure, on fe contente d'élever le refte d'une maifon en pierre tendre.

On place auffi en retraite à trois pouces de chaque côté fur les autres murs des caves, une affife en pierre dure au bas des murs mitoyens & de refend, laquelle doit faire toute leur épaiffeur & fe pofer bien de niveau, à lits & joints quarrés. On éleve fur cette affife les pieds-droits des portes en pierre tendre, en bonne & fuffifante liaifon, avec des plate-bandes à claveaux en croffettes au-deffu , & l'on conftruit ces fortes de murs en bons moilons, bien ébouzinés, avec mortier de chaux & fable, en obfervant de faire en pierre dure toutes les jambes fous poutre auffi en bonne liaifon. A la rencontre de tous les murs de face avec ceux de refend & mitoyens, il eft encore effentiel de laiffer dans ces premiers, de deux affifes l'une, des harpes fuffifantes pour qu'ils puiffent fe lier folidement avec les autres.

Sous les cloifons de charpente, qui portent plancher, on pofe des murs parpins de neuf à dix pouces d'épaiffeur, & d'environ dix-huit pouces de hauteur ; lefquels doivent être élevés fur des corps folides, tels que des murs fondés dans les caves, ou des chaînes de pierre, ainfi qu'il a été dit ci-devant.

Si le principal efcalier d'une maifon eft en pierre jufqu'à une certaine hauteur, on éleve une ou deux affifes en pierre dure fur le mur d'échiffre, & l'on continue de cette maniere jufques fous le rampant, en obfervant toutes les faillies marquées fur le deffein. Au-deffus de ce mur, on conftruit en pierre tendre les voûtes qui doivent foutenir les rampes & les paliers ; enfuite on pofe une plinthe pour porter la rampe de fer, ainfi que les marches que l'on fait de belle pierre de liais, d'une feule piece, & que l'on place à recouvrement de deux pouces les unes au-deffus des autres.

Il eſt important d'élever à la fois tous les murs apparens d'un bâtiment autant qu'il eſt poſſible, afin que leur poids taſſe également ſur ſes fondations.

A la hauteur des planchers du premier étage, il faut poſer des chaînes de fer plat de dix-huit à vingt lignes de largeur, ſur ſept à huit lignes d'épaiſſeur, d'un mur de face à l'autre, avec des ancres de quatre pieds de long, de bon fer quarré au moins de quinze lignes, entaillés & encaſtrés preſque à l'affleurement des murs de face, tant à leurs extrêmités qu'au droit de tous les murs de refend : de plus s'il y a des poutres, il convient de mettre des ancres & des tirans de deux ou trois pieds de longueur à chaque bout. Lorſque les appartemens ſont doubles, & que les bouts des poutres ſe trouvent vis-à-vis l'un de l'autre, on poſe des plate-bandes de fer de trois à quatre pieds de longueur, que l'on cramponne & cloue ſolidement ſur tous les deux : & s'il n'y a point de poutre, on attache ces plate-bandes ſur des ſolives ou ſur des ſablieres de cloiſon, afin qu'outre les chaînes qui ſont au droit des murs, le bâtiment ſoit de toutes parts fermement retenu, ſans pouvoir pouſſer au vuide d'aucun côté.

On éleve ſucceſſivement les différens étages en pierre tendre, de la même façon que le rez-de-chauſſée, ayant toujours attention que les pierres faſſent l'épaiſſeur des murs en bonne liaiſon ; en ſorte qu'il ne ſe trouve jamais de joints l'un ſur l'autre, & que chaque joint des aſſiſes inférieures ſoit conſtamment recouvert par le lit de l'aſſiſe ſupérieure. Les plate-bandes des croiſées doivent ſe faire à claveaux, & leurs appuis en pierre dure : on obſerve de laiſſer des boſſages ſuffiſans pour les moulures & les ornemens d'architecture ou de ſculpture, marqués dans les deſſeins : on retient à chaque étage comme ci-devant, les murs de tous côtés par des ancres & des tirans ; enfin on conſtruit l'entablement ou la corniche en pierre tendre, de maniere que les pierres qui doivent porter ſaillie, faſſent toute l'épaiſſeur du mur, & ayent une queue ſuffiſante pour porter leur baſſecule.

S'il arrivoit que les Ouvriers miffent dans un cours d'affife une pierre de deux carreaux, il faudroit que ces carreaux fuffent d'égales longueurs, & qu'ils euffent affez d'épaiffeur pour former enfemble celle du mur : car fi l'un faifoit les trois quarts, & l'autre environ le quart, ce ne feroit pour lors qu'un plaquis non recevable : encore pour admettre cette conftruction feroit-il néceffaire que les deux carreaux, faifant enfemble par moitié l'épaiffeur du mur, fuffent pofés fur une affife d'une piece, qu'il y eût à côté des deux carreaux, deux parpins, & qu'on pofât en l'affife de deffus auffi un parpin qui, non-feulement recouvrît les carreaux, mais fît encore liaifon fur les côtés.

En fuppofant que les pierres ne puffent faire toute l'épaiffeur d'un mur, il faudroit les arranger des deux côtés en liaifon entr'elles, de façon qu'il y en eût de longues & de courtes qui s'entrelaffaffent alternativement : car fans cette attention on feroit un mur en deux parties capables de fe féparer, & dont la conftruction feroit contraire à la folidité.

Il eft d'ufage d'élever les murs de face à plomb du côté de l'intérieur d'une maifon, & de leur donner depuis le fol de la rue ou de la cour jufques en haut, un peu de talud ou fruit par dehors, lequel doit être au moins de trois lignes par toife : de plus il eft à propos de laiffer une retraite d'un pouce par dehors, au droit de la plinthe de chaque étage : ainfi, fuppofons que les murs de face ayent deux pieds d'épaiffeur, & huit toifes de hauteur avec quatre étages, il s'enfuit qu'ils auront, fuivant ces diminutions fucceffives vis-à-vis l'entablement, dix-huit pouces, ou fix pouces de moins qu'au rez-de-chauffée : c'eft une régle qu'obfervent les meilleurs Conftructeurs. Quant aux murs de refends & mitoyens, auxquels on donne dans le bas communément dix-huit pouces, il y en a qui les élevent à plomb, & d'autres qui laiffent un demi-pouce de retraite de chaque côté à la hauteur des planchers, c'eft-à-dire, qui diminuent ces murs d'un pouce à chaque étage : ce fecond procédé vaut mieux que le premier.

Lorſque l'on veut exécuter une bâtiſſe avec une certaine propreté, on laiſſe des mains aux paremens extérieurs, afin que les
Ouvriers, en poſant leurs pierres, puiſſent aiſément les remuer,
ſans être obligé de ſe ſervir de pinces qui altérent leurs arêtes :
cependant, à moins qu'un édifice ne ſoit d'importance, ou qu'une
pierre ne ſoit vue ſur ſes quatre faces, on peut s'en diſpenſer, &
avec de l'adreſſe les Ouvriers parviennent à la poſer ſans l'endom-
mager. Cette propreté dépend encore de l'attention que l'Entrepreneur apporte dans le tranſport des pierres, après qu'elles ſont
taillées ; il faut qu'il les faſſe garnir ſur le chariot de nattes de
paille, de tampons, & qu'il faſſe mettre des eſpeces de couſſins
entre leurs arêtes, pour empêcher qu'elles ne s'écornent. Ce ſont
toutes ces attentions ſucceſſives qui font la beauté de l'exécution
d'un édifice, & honneur à celui qui le conduit.

Le haut des murs-pignons, & la plûpart des murs-doſſiers en
aîles qui accôtent les cheminées, doivent être conſtruits avec le
même ſoin & de la même maniere que ceux de refend & mitoyens : ſouvent on fait la partie ſupérieure de ces murs avec
des plâtras provenant de la démolition des anciennes cheminées ;
ce qui fait une aſſez bonne conſtruction.

Au lieu de bâtir les murs de face de toute une maiſon en pierre,
on peut ſe contenter de les opérer partie en pierre, partie en
moilons ; c'eſt la moindre de toutes les conſtructions. Leurs fondations ſe font comme il a été expliqué ci-devant. Dans le bas du
rez-de-chauſſée, on place quelques aſſiſes de pierre dure ; on en
met encore aux chaînes ſous poutre, & aux appuis des croiſées ;
enſuite on éleve les encoignures en pierre tendre, & tout le reſte
ſe conſtruit en moilons. Il eſt d'uſage de faire les linteaux des portes & des croiſées en bois, ce qui ne vaut rien ; il ſeroit mieux de
tailler toujours les moilons en vouſſoirs, & de placer par-deſſous
des linteaux de fer. Si l'on veut laiſſer les moilons apparens, on
les pique ou on les eſſenille, ſinon on les crépit : dans ces deux
cas, il convient de les bien ébouziner au vif, de tailler leurs lits

&

&joints quarrément, de les pofer par affifes égales en bonne liaifon & toujours avec mortier de chaux & fable, en ayant fans ceffe
l'attention de ne mettre aucun joint l'un au-deffus de l'autre dans
les faces d'un mur, ni l'un vis-à-vis de l'autre dans fon intérieur. Il
eft furtout important de bien faire remplir les vuides entre les
moilons, de bons garnis & d'éclats de pierre autant qu'il en peut
entrer dans le mortier. A chaque étage on doit placer auffi des tirans
pour retenir l'écartement des murs de face, comme précédemment.

Lorfque le plâtre eft commun dans l'endroit où l'on bâtit en
moilon, on en fait la plûpart des corniches tant intérieures qu'ex-
térieures, les chambranles & les ornemens qui fe trouvent fur les
faces des bâtimens: on en fait encore le ravalement de tous les murs-
moilons, c'eft-à-dire, qu'on les crépit extérieurement & qu'on les
enduit intérieurement: en un mot, on en fabrique tous les légers
ouvrages d'une maifon.

A proportion que le bâtiment avancera, vous donnerez aux Ouvriers les profils & les développemens, foit des corniches, foit des
entablemens, foit des plinthes, foit des bafes de colonnes s'il y en
a, foit des chambranles de portes ou de croifées, deffinés de la grandeur de l'exécution: vous veillerez à ce que les ouvriers n'en altérent pas la correction; car c'eft principalement par le goût des
profils & par la pureté de leurs contours & de leurs proportions que
les connoiffeurs apprécient l'habileté d'un Architecte: c'eft pourquoi
il faut toujours les faire à la main, & non au compas, ils en ont
plus de grace. Après que l'Appareilleur aura reporté ces profils de
deffus le mur, où vous les aurez tracé en grand, fur un carton ou
une volige pour les appliquer fur les pierres, il eft bon de vous
les faire repréfenter, pour y rétablir la correction, fi elle s'y trouvoit altérée.

Vous apporterez pour la conftruction des murs d'une maifon, à
peu près les mêmes attentions que pour ceux des fondations, par
rapport à la qualité & à l'emploi des matériaux, afin qu'il n'y ait
point de fils ni de moyes dans les pierres, & que tout le bouzin en

S

foit ôté. Il feroit bien à fouhaiter à cette occafion que l'on fondât toujours les pierres avant de les mettre en place, pour reconnoître fi elles ont été véritablement atteintes au vif : on ne voit tant de pierres fe décompofer fur les bords de leurs lits, qu'à caufe de cette négligence. Souvent les Entrepreneurs, pour gagner davantage, recommandent à leurs ouvriers d'enlever le moins de bouzin poffible : quelquefois auffi l'ouvrier ôte également du lit inférieur comme du fupérieur ; ou bien en taillant un des lits, il en ôte trop, ou fait quelqu'éclat par maladreffe ; ce qui l'oblige, pour réparer fa faute & conferver la hauteur qui lui eft prefcrite, d'ôter moins de l'autre côté, c'eft-à-dire, d'opérer un lit au dépend de l'autre, en laiffant une partie du bouzin. De-là vient que l'humidité, la gelée & le foleil, attaquant par la fuite le lit de cette pierre, la décompofent & la ruinent en peu de tems : inconvénient que l'on éviteroit, fi l'on prenoit la précaution de les fonder, afin de rebuter ou de faire retailler les pierres qui ne fe trouveroient pas bien ébouzinées.

ARTICLE CINQUIEME.

De la conftruction de la Charpente.

A MESURE que la maçonnerie d'une maifon avance, le Charpentier doit pofer les cloifons, les planchers, les combles, & enfin faire les efcaliers qui font en charpente.

Parmi les cloifons, il faut diftinguer celles qui portent planchers, & celles qui ne font fimplement que de féparation. Les premieres doivent monter de fond, & avoir en conféquence des bois plus forts ; on les éleve au rez-de-chauffée, fur des murs parpins de huit à neuf pouces d'épaiffeur & d'environ dix-huit pouces de hauteur, placés fur des corps folides. Les unes & les autres fe font en partie de bois de fciage ; & s'affemblent haut & bas dans des fablieres à tenons & mortoifes, ainfi que dans les liernes, s'il y en a. En général c'eſt la hauteur des cloiſons & la charge qu'elles doivent porter, qui déterminent la groſſeur de leur bois.

La maniere la plus ſolide d'établir ſur un plancher les cloiſons de ſéparation, eſt de les placer en travers de toutes les ſolives, afin que chacune en porte ſa part ; mais lorſqu'on eſt obligé de les placer ſuivant leur longueur, indépendamment qu'il faut tenir la ſolive qui ſe trouve au-deſſous de la ſabliere plus forte que les autres, il eſt bon pour plus de ſolidité de mettre, par-deſſous la ſabliere, des bouts de barres de fer qui portent ſur les deux ſolives voiſines de celle où eſt la cloiſon, afin de partager ſon poids.

Pour les paſſages des portes, on place des poteaux d'huiſſerie dans les cloiſons qui affleurent ou excédent leurs bois, ſuivant que l'on veut qu'ils ſoient recouverts ou apparens.

Il y a encore une autre ſorte de cloiſons très-légeres, appellée à claire-voye, que l'on fait de planchés de chêne, aſſemblées haut & bas dans des couliſſes pratiquées dans les ſablieres, entre leſquelles on laiſſe quelque eſpace. Si ces cloiſons ont une certaine hauteur, on met des liernes dans le milieu, ſolidement entretenues par chaque bout dans les murs. En conſtruiſant toutes ſortes de cloiſons, lors de la rencontre d'une cheminée, il faut toujours laiſſer ſix pouces de diſtance entre le bois & le dedans œuvre du tuyau.

Dans la diſtribution des ſolives des planchers, on doit avoir principalement égard aux âtres des cheminées & aux paſſages de leurs tuyaux. Il eſt d'uſage de laiſſer au droit de tous les âtres, au moins trois pieds ſix pouces de diſtance, depuis le mur où eſt adoſſé une cheminée juſqu'au chevêtre qui porte les ſolives de rempliſſage ; & entre les deux ſolives d'enchevêtrure, un eſpace d'un pied de plus que le dedans-œuvre des jambages d'une cheminée. Le paſſage d'un tuyau doit avoir quatre pieds entre les deux ſolives d'enchevêtrure, & dix-huit pouces depuis le mur auquel il eſt adoſſé, juſqu'au devant du chevêtre. Quand il ſe trouve deux tuyaux l'un à côté de l'autre, on laiſſe ſept pieds trois pouces de largeur entre les deux enchevêtrures, & toujours le même espace de dix-huit pouces depuis le mur jusqu'au chevêtre. Si les tuyaux sont engagés dans le mur, au lieu d'être adossés, alors on tient le chevêtre plus près, afin que dans tous les cas, il y ait une distance de six pouces entre le devant d'un chevêtre & l'intérieur d'un tuyau, conformément aux Ordonnances. Pour la solidité on évite de faire un chevêtre commun à trois tuyaux; & on doit laisser la place nécessaire après deux tuyaux, pour sceller dans le mur dossier une solive d'enchevêtrure, de façon qu'il puisse y avoir toujours six pouces de distance jusqu'au dedans-œuvre de chacune des deux cheminées, comme ci-devant.

Les solives d'enchevêtrure, ainsi que les chevêtres & les linçoirs, étant les principales pieces des planchers, & celles qui fatiguent davantage, vû qu'elles portent les âtres des cheminées & la plûpart des solives, il convient de leur donner au moins un pouce d'écarissage sur leurs faces de plus que les solives, lorsqu'elles embrassent un âtre & un passage; & jusqu'à deux pouces de gros, lorsqu'elles embrassent âtre & passage à la fois, ou deux passages. La grosseur des bois d'un plancher doit être toujours en relation avec leur longueur & leur charge, c'est-à-dire, qu'il est nécessaire d'augmenter les grosseurs des solives à proportion de leur longueur : ainsi, depuis six pieds jusqu'à neuf pieds, les bois de remplissage peuvent avoir quatre & six pouces de gros; depuis neuf jusqu'à douze, cinq & sept pouces de gros; depuis douze jusqu'à quinze, six & sept pouces de gros; depuis quinze jusqu'à dix-huit, six & huit pouces de gros; & les autres à proportion. Au-dessous de quinze pieds de portée, on fait quelquefois les solives de remplissage, de bois de sciage; mais il vaut mieux les faire toujours de bois de brin, ainsi que les solives d'enchevêtrure, pour lesquelles on doit employer du bois de brin, dans tous les cas.

Lorsque les chevêtres & linçoirs ont plus de six ou sept pieds de longueur, pour fortifier leurs tenons, il faut toujours les soutenir à leurs extrémités par des étriers de fer qui les embraſſent par-deſſous, & ſe clouent ſur les enchevêtrures.

Dans le cas que les ſolives, à cauſe de la grande étendue d'un plancher, auroient trop de portée, on place au milieu une poutre avec une lambourde, de chaque côté, bien boulonnée & ſoutenue par des étriers qui l'embraſſent : ces lambourdes ſervent à recevoir les ſolives du plancher par aſſemblage, & diſpenſent d'affamer la poutre à cet effet. Comme on arraſe les ſolives par-deſſous la poutre, on met au-deſſus des fourures pour atteindre ſon épaiſſeur & pouvoir établir de niveau l'aire du carreau.

Afin d'empêcher les ſolives de ployer, lorſqu'elles ont une longueur conſidérable, on les lie enſemble pour ne faire qu'un même corps, ſoit en mettant entr'elles des bouts de bois, appellés étreſillons, dans de petites rainures qu'on y pratique exprès pour les recevoir, ſoit en poſant par-deſſus des pieces de bois qu'on nomme liernes, entaillées de la moitié de leur épaiſſeur au droit de chaque ſolive.

Il ſeroit bien à ſouhaiter qu'on en uſât à l'égard de tous les murs d'un bâtiment, comme au droit de tous les murs mitoyens, c'eſt-à-dire qu'on n'y ſcellât que des ſolives d'enchevêtrure & des corbeaux de fer, pour ſoutenir des lambourdes qui recevroient par aſſemblage toutes les ſolives des planchers : par-là les murs de face & de refend ne ſeroient pas découpés à chaque étage par les tranchées que l'on fait pour loger les bouts des ſolives, ce qui feroit beaucoup plus ſolide.

Il y a des Architectes qui prétendent qu'il faut néceſſairement ſcier une poutre en deux ſuivant ſa longueur, & mettre dos-à-dos ſon écariſſage pour laiſſer évaporer l'humidité de ſon intérieur ; mais ſi on réfléchit ſur la texture du chêne, on verra que c'eſt lui ôter une grande partie de ſa force que de réduire une poutre en deux morceaux de ſciage, dont tous les fibres n'ont plus de liaiſon, & ſont coupés ou interrompus. Quand une poutre eſt employée véritablement ſeche, comme elle doit l'être, l'humidité qu'elle paroît enſuite receler, n'a plus d'autre principe que celle des murs où ſes bouts ſont placés, laquelle s'inſinue avec d'autant plus de facilité, que la poſition de la piece de bois eſt horiſontale. Le vrai moyen d'empêcher cette humidité, c'eſt d'envelopper exactement de plomb les bouts de chaque poutre qui doivent porter dans les murs : on ſe ſert depuis long-tems de ce procédé avec ſuccès dans le pays de Liége & dans quelques cantons de l'Allemagne,

Les fermes & demi-fermes portant panes & faitages doivent toujours être élevées ſur des corps ſolides, & non porter à faux ſur des vuides, vû qu'elles ſoutiennent tout le fardeau des combles. On peut les eſpacer de dix à douze pieds & même plus. Toutes leurs pieces de bois doivent avoir, comme dans les précédens ouvrages de charpente, une groſſeur en rapport avec leur longueur & leur uſage. Par rapport au feu, il convient d'obſerver d'éloigner les chevrons, des tuyaux de cheminées, & de n'en adoſſer aucun contre leſdits tuyaux ſans être aſſemblés dans des linçoirs eſpacés de trois pouces. Lorſque le faitage vient auſſi aboutir contre les tuyaux, il faut mettre un chevalet diſtant de deux ou trois pouces, & le faire poſer, ſur l'aire du plancher du grenier, dans une femele placée ſur des cales ſi les ſolives ſont ſuivant la longueur des tuyaux, & en travers ſur les ſolives directement ſi elles ſont perpendiculaires à la longueur des tuyaux. On doit faire de bois de brin les entraits, les arbalêtriers, les poinçons, les eſſeliers & les pannes quand elles ont plus de neuf pieds de portée ; car pour tous les autres bois des combles, on les fait de ſciage.

En ſuppoſant que l'eſcalier ſoit en charpente, ſouvent on met au rez-de-chauſſée au-deſſus du mur d'échiffre, une aſſiſe de pierre de taille, ſur laquelle on poſe les patins qui ſont des eſpeces de ſablieres où s'aſſemblent les poteaux qui doivent porter le limon. On fait une entaille au moins d'un pouce dans ce limon pour porter un bout des marches, & une tranchée dans le mur pour ſoutenir l'autre bout. Les paliers longs ſe font comme les planchers ; & les quarrés ſe font d'ordinaire à baſſecule, c'eſt-à-dire, fe foutiennent à l'aide de deux pieces de bois de chacune douze ou treize pouces de large fur fix pouces d'épais, placées en croix, de maniere que l'inférieure porte fur les deux murs, & que la fupérieure qui pofe en baffecule fur fon milieu, foit entretenue d'un côté par les murs où elle eft fcellée dans l'angle, & bute de l'autre, contre le limon où elle eft attachée avec des écroux pour le foutenir. Le limon & les marches doivent être portés en l'air par affemblages & par de bonnes décharges de palier en palier, & être retenus par de grands boulons de fer qui paffent par-deffous les marches, & font fcellés dans les murs.

On donne communément fix pouces de hauteur aux marches fur un pied de largeur. Il arrive quelquefois que l'on fait des marches apparentes en pierre, quoique l'on ait un limon de bois : comme on ne peut enclaver folidement de la pierre dans du bois, on revêtit une petite folive qui porte d'un ou de deux pouces dans le limon, de dalles de deux pouces d'épaiffeur tant par-deffus que par-devant : il y en a même qui fe contentent de ne mettre que la dalle de deffus, & pour lors au-deffous du quart de rond, ils font blanchir le devant de la piece de bois de blanc à l'huile, ainfi que le limon jufqu'à la hauteur des marches apparentes en pierre.

Il faut avoir foin pendant l'exécution de la charpente d'un bâtiment, que les bois foient toujours placés de champ, qu'ils foient fecs, de droit fil, fans aubier, fans être gras & fans nœuds vicieux; qu'ils foient efpacés convenablement, & n'excédent pas les groffeurs portées par le devis; & il faut fur-tout ne point fouffrir que l'on mette des dents-de-loups au lieu de tenons, pour arrêter par le bas ou par le haut les poteaux des cloifons, ainfi que des chevilles & chevillettes pour fuppléer aux affemblages.

Comme les bois fe mefurent dans une progreffion de dix-huit pouces en dix-huit pouces jufqu'à la longueur de vingt-un pieds; & au-delà de cette longueur, de trois pieds en trois pieds, un Architecte intelligent doit combiner les hauteurs & grandeurs des chambres lors de la diftribution de fon plan, de façon que les

uſages tournent, autant que faire ſe peut, à l'avantage du Propriétaire qui lui confie ſes intérêts, & qu'il n'y ait que le moins de
déchet, ou le moins de perte de bois poſſible. En conſéquence il
ne doit pas lui être indifférent, par exemple, de diſpoſer une
chambre pour que les ſolives ayent vingt-un pieds ſix pouces de
long, que l'on doit paſſer ſuivant les uſages à l'Entrepreneur pour
vingt-quatre pieds; il fera en ſorte au contraire d'arranger les dimenſions de ſon plancher, de maniere qu'elles ayent vingt-un
pieds juſte : il combinera de même les longueurs des bois des cloiſons & des combles : avec cette attention continuelle, on peut
opérer une économie conſidérable dans l'exécution d'une charpente.

ARTICLE SIXIEME.

De la conſtruction des légers Ouvrages.

APRÈS que les gros murs & la charpente ſont édifiés; on travaille aux légers ouvrages, c'eſt ainſi qu'on appelle les cheminées
& leurs tuyaux, les planchers, les cloiſons, les lambris, les crépis,
les moulures, les corniches, &c.

§. I. Des Cheminées.

LA meilleure maniere de conſtruire les cheminées, eſt celle en
briques avec mortier de chaux & ſable paſſé au panier. On les
exécutoit autrefois en pierre de taille, mais on n'en fait plus guères de cette façon, attendu qu'elles coûtent beaucoup, ſans avoir
davantage de ſolidité. On donne quatre pouces d'épaiſſeur aux
languettes en briques : il eſt d'uſage de tremper la brique dans
l'eau à meſure qu'on la poſe ſur le mortier, de la faire liaiſonner
dans le mur-doſſier, & d'enduire le dedans des tuyaux avec le
moins d'épaiſſeur, ſoit avec du plâtre s'il y en a dans le lieu où
l'on bâtit, ſoit avec du mortier de chaux & ſable bien fin : plus

cet

cet enduit eſt uni, moins la fuie peut s'y attacher. On doit mettre des barres ſous tous les manteaux, ainſi que de trois pieds en trois pieds dans les languettes, des bandes de fer dit côte de vache, fendues par les bouts, relevées en forme d'équerre & ſcellées dans les murs doſſiers, leſquelles ſervent de harpons pour retenir les tuyaux (*a*).

Dans les endroits où le plâtre eſt commun, comme à Paris & dans ſes environs, on fait d'ordinaire les languettes des tuyaux de cheminée en plâtre pur pigeonné à la main, avec un enduit de plâtre paſſé au panier, tant en dedans qu'en dehors, auxquelles on donne au moins trois pouces d'épaiſſeur. Il ne faut point ſouffrir que l'on opere les languettes tant rampantes que droites ſur des planches, attendu qu'elles ſont ſujettes à ſe gercer ou à ſe fendre, & qu'elles ne ſont pas auſſi ſolides que faites à la main. Dans la hauteur des tuyaux, on met des chaînes de fantons au moins de trois pieds en trois pieds, pour unir enſemble les languettes de face, celles de refend, & le mur qui leur eſt adoſſé: on ſcelle ces fantons, au fond des tranchées pratiquées pour lier les languettes de plâtre avec le mur, dans des trous faits exprès plus profonds que leſdites tranchées. Rarement les Ouvriers employent-ils la plus grande partie des fantons qu'on leur fournit, bien qu'ils ne leur coûtent rien, & quelquefois ils les emportent, ſi l'on n'y prend garde : auſſi doit-on attribuer à cette négligence, les fréquentes réparations que l'on fait aux tuyaux de cheminée.

Les tuyaux doivent avoir trois pieds de long ſur dix pouces de large intérieurement : quelquefois cependant on ne donne à ceux des cabinets, que deux pieds huit pouces de long ſur neuf pouces de large. Quelque ſoit la conſtruction des cheminées, on fait leur fermeture par dedans en portion de cercle, à laquelle on donne quatre pouces d'ouverture pour l'iſſue de la fumée; & leurs plinthes ſe font en pierre tendre ou en plâtre, ſuivant que leſdits

(*a*) Ces ſortes de cheminées ne ſont pas compriſes dans ce qu'on appelle *les légers ouvrages*; mais comme on les exécute en même-tems, nous croyons devoir en rapporter ici la conſtruction.

T

tuyaux font en briques ou en plâtre. Les jambages de cheminées fe maçonnent de cinq ou fix pouces d'épaiffeur, foit en briques avec mortier de chaux & fable, foit en moilons, foit en platras avec plâtre. On doit garnir le contre-cœur d'une cheminée d'une plaque de fonte, au droit, foit d'un mur de refend, foit d'un mur mitoyen ; finon il faut faire un contre-cœur en tuïleaux ou en briques dans le premier cas, & dans le fecond un contre-mur de fix pouces d'épaiffeur auffi en tuileaux ou en briques, pour fe conformer à la coutume. Dans le vuide ménagé fous chaque âtre à travers un plancher, on met deux bandes de trémie de fer coudé, dont les deux bouts portent fur les folives d'enchevêtrure, & dont le bas defcend à un pouce près defdites folives. Lorfque les bandes de trémie excédent fix pieds de longueur, on place par-deffous leur milieu une autre bande de trémie en travers pour les foula-ger, portant d'une part fur le chevêtre, & de l'autre fcellée dans le mur. Tous les âtres fe font de toute l'épaiffeur du plancher jufques fous les carreaux, & fe bandent avec des platras taillés en vouf-foirs, d'une folive d'enchevêtrure à l'autre. On fupporte toujours la gorge & le manteau d'une cheminée fur fes jambages, à l'aide d'une barre de fer coudée d'une groffeur proportionnée à la longueur, que l'on fcelle par les bouts dans le mur où elle eft adoffée : il n'y a que dans les cheminées de cuifine faites en hotte, dont le manteau étant d'ordinaire en bois revêtu de plâtre, qu'on n'a pas befoin d'un femblable foutien.

Il faut bien fe garder d'enclaver, lors de leur conftruction, les tuyaux de cheminée de toute leur épaiffeur dans les murs de re-fend ; & quand on s'y trouve obligé, il eft effentiel de les faire monter à plomb fans les dévoyer jufqu'au deffus des combles, fans quoi le mur, au-deffus du dévoiement, porteroit en l'air & n'auroit aucune folidité. Lorfqu'on veut engager les tuyaux feule-ment de fix pouces dans les murs, il eft encore à propos de ne les pas dévoyer chacun dans toute leur hauteur au-delà d'un pied & demi, c'eft-à-dire, de plus de moitié de la longueur d'un tuyau.

§. II. *Des Planchers.*

Il se faisoit autrefois des planchers de bien des façons : aujour-
d'hui du moins à Paris & dans ses environs, on n'en construit
plus guères que de deux manieres. Les uns sont à solives apparentes par-dessous, & lattés à lattes jointives clouées par-dessus ; sur ce
lattis, on étend un aire de plâtre de trois pouces, où l'on pose du
carreau ; & par-dessous les entrevoux, entre les solives, on fait un
enduit en plâtre. Les autres sont creux, lattés par-dessus & par-dessous à lattes presque jointives : on étend sur le lattis supérieur une
aire de plâtre d'environ trois pouces, sur lequel on pose aussi du
carreau, ou bien l'on scelle des lambourdes à augets, si l'on veut
revêtir le plancher de parquets ; enfin par-dessous le plancher on
plafonne, & l'on pousse au pourtour les moulures des corniches
avec des calibres, suivant les profils que l'on desire.

Il est à remarquer que, pour qu'il entre moins de plâtre dans la
construction de cette seconde espece de plancher en usage pour
les appartemens, les Ouvriers affectent souvent de placer leurs
lattes les plus jontives qu'ils peuvent, du côté du plafond ; d'où il
s'ensuit que le plâtre ne faisant qu'un plaquis sur les lattes, occa-
sionne dans les plafonds la plûpart des gerçures qu'on ne cesse de
raccommoder : aussi est-il important de recommander aux Maçons,
de laisser toujours à-peu-près un demi-pouce d'intervalle entre les
lattes, afin que le plâtre passant entre leurs joints, & les embrassant, donne plus de soutien & de consistance au plafond.

Mais pour éviter toute gerçure, en supposant que la latte soit
de cœur de chêne, de bonne qualité & sans aubier, la meilleure
façon de construire les planchers, est de les faire en augets : après
avoir latté par-dessous le plafond à claire-voie, c'est-à-dire, tant
plein que vuide, on larde de clous les côtés des solives, puis
ou met du plâtre de part & d'autre par-dessus chaque entrevoux
en triangle, de maniere à former une espece d'auge : & afin d'empêcher ce plâtre de tomber, on place sous l'entrevoux une plan-

che que l'on laiſſe juſqu'à ce qu'il ait fait ſa priſe : enſuite en pla-
fonant, le nouveau plâtre s'incorpore, par l'intervalle des lattes,
avec celui des augets qui eſt retenu par les clous placés dans les
ſolives, ce qui opere une conſtruction de plafond qui ne laiſſe
rien à déſirer pour la ſolidité.

§. III. *Des Cloiſons.*

LES cloiſons ainſi que les pans de bois s'opérent de différentes
manieres Les unes appellées cloiſons ſimples ſe maçonnent, entre
les poteaux, de plâtre & de platras que l'on enduit, en laiſſant les
bois apparens ſur les faces : on ruine & tamponne les côtés de ces
bois dans l'épaiſſeur des cloiſons, ou ce qui vaut mieux, on les
larde de rappointis & de clous de charette. Les autres appellées
cloiſons pleines ſont lattées ſur les poteaux de trois en trois pouces des deux côtés, maçonnées de plâtre avec platras entre les ſolives, & enduites de part & d'autre : les baies des portes ou des
croiſées qui ſe trouvent dans ces cloiſons, ou dans les pans de
bois conſtruits de cette maniere, ſont feuillées ordinairement &
recouvertes de plâtre. La troiſieme eſpece de cloiſons ſe nomme
cloiſons creuſes ; elles ſont beaucoup plus légeres que les précédentes & doivent être lattées à lattes preſque jointives ſur les poteaux
des deux côtés, crépies & enduites ſeulement avec du plâtre par-
deſſus le lattis. Enfin il ſe fait une quatrieme ſorte de cloiſons en
planches, appellées à claire-voie, que l'on latte tant plein que
vuide, & qu'on enduit de plâtre des deux côtés.

Pour ce qui eſt des lambris que l'on pratique dans les man-
ſardes, ou lorſqu'on lambriſſe les greniers, il eſt d'uſage de les
latter à lattes jointives intérieurement contre les chevrons.

§. IV. *Des Eſcaliers.*

SOUS les rampans des eſcaliers de charpente, on latte ſemblablement à lattes jointives, & l'on maçonne enſuite au-deſſus deſdites
lattes avec plâtre & plâtras entre les marches ; après cette opération

on enduit le deſſous des rampes avec du plâtre fin, & enfin l'on finit par carreler par-deſſus, à fleur des marches. Quant aux paliers, ils ſe font quelquefois comme les planchers, mais le plus ſouvent on les hourde plein, c'eſt-à-dire, qu'après avoir latté par deſſous à claire-voye, on garnit de plâtras les intervalles des ſolives, & par-deſſus on place les carreaux ſur l'hourdis, & ſans preſque de plâtre ſur les ſolives.

En général dans la conſtruction des légers ouvrages, il n'y a d'autre attention à avoir, que de prendre garde que les Maçons n'employent que du plâtre de bonne qualité, convenablement cuit, ſans mêlange de pouſſiere; que les languettes de cheminées ſoient faites des épaiſſeurs convenables; que la latte ſoit ſans aubier & toujours de cœur de chêne; & que tous les enduits ou crépis quelconques, tant intérieurs qu'extérieurs d'un bâtiment, ſoient toujours faits le plus uniment poſſible.

§. V. *Différentes obſervations relatives à la conſtruction d'un Bâtiment.*

Voici quelques obſervations importantes qui demandent beaucoup d'attention de la part de celui qui dirige un bâtiment. Si, lorſqu'on veut conſtruire une maiſon, ſon emplacement eſt occupé par un vieux bâtiment, on doit ſe rendre compte, s'il eſt avantageux au Propriétaire d'abandonner la pierre qui peut provenir de ſa démolition à l'Entrepreneur, en dédommagement des frais qu'il en peut coûter, tant pour l'abattre, que pour le tranſport de tous les gravois & des terres ſuperflues aux champs; ou s'il eſt plus utile de faire opérer ces démolitions par œconomie. Je ſuppoſe que vous jugiez qu'il ſoit plus avantageux de faire cette opération aux dépens de celui qui veut bâtir, à cauſe de la quantité de pierres propres à être remployées dans la conſtruction du nouveau bâtiment: alors vous ferez démolir avec précaution; vous recommanderez qu'on prenne garde de briſer les pierres; vous ferez entoifer la pierre de taille d'un côté & le moilon de l'autre, pour les donner enfuite en compte à l'Entrepreneur.

Il y a des Architectes qui ont, en pareil cas, la bonne méthode de toifer, de concert avec les Entrepreneurs, avant de démolir, toute la pierre propre à reffervir, & qui les obligent de la prendre en compte moyennant un certain prix, ou bien en leur paffant un tiers ou un quart pour le déchet. Il s'enfuit de-là, que les Maçons étant intéreffés à la confervation des matériaux bons à être remployés, prennent alors beaucoup de précautions en démoliffant, pour ne pas caffer les pierres, comme ils le font d'ordinaire : ils les defcendent avec des cordes, ils les déjointoyent à l'aide de petites pinces, avec la plus grande attention, ou bien ils introduifent dans les joints de petites fcies à main ; enfin ils garniffent de fumier le pourtour des murs, afin que, lorfqu'il s'échappe quelques pierres, elles ne puiffent fe brifer. C'eft le meilleur parti en femblable circonftance, & autant qu'il vous fera poffible, faites en forte d'obliger par le devis les Entrepreneurs à fe prêter à cet arrangement, qui ne fçauroit être qu'avantageux pour les Propriétaires : avant la fignature des devis & marchés, on leur fait volontiers entendre raifon fur ces différens objets économiques : ce n'eft qu'après coup qu'on les trouve difficultueux.

A l'égard du bois de charpente, bon à reffervir dans une démolition, il faut auffi le toifer en préfence du Charpentier entre les portées & les tenons fur place, avant que de le démonter, & faire un état de leur longueur, groffeur, ainfi que de leur nombre, dont l'Entrepreneur donnera une reconnoiffance ; afin, lors du réglement des mémoires, de ne lui tenir compte de pareille quantité de bois que pour façon : par ce moyen, les ouvriers ne hacheront pas votre bois, & ne feront pas, fuivant leur coutume, une quantité de coupeaux pour leur profit. A cette occafion vous vous rendrez finguliérement attentif, pour qu'il ne foit pas employé enfuite, davantage de bois vieux dans le bâtiment qu'il n'en aura été repris en compte : car les Charpentiers en ont souvent dans leur chantier de cette sorte qu'ils tâchent de faire passer comme neuf, à la faveur de l'ancien qu'ils ont repris : il faut y prendre d'autant plus garde, que le bois vieux n'a pas la solidité du neuf, & est d'ailleurs d'un prix bien différent.

Il est encore essentiel, avant qu'un plancher, une cloison ou un pan de bois, soit plafonné, latté, & recouvert de maçonnerie, de faire un état double du nombre des pieces de bois qui composent chacun d'eux, ainsi que de leur grosseur & longueur, que vous ferez reconnoître par le Charpentier, afin que dans son mémoire il ne compte pas plus de bois qu'il n'y en a, & que vous puissiez demander en toute sûreté, en cas de contestation à ce sujet, la démolition des plafons & enduits pour la vérification, aux dépens de qui il appartiendra : en vous y prenant de cette maniere qui est d'usage, vous éviterez toute discussion.

Vous agirez de même à l'égard du plomb, qui doit être pesé à mesure qu'il arrivera de chez le Plombier, & dont vous donnerez successivement des reconnoissances qui formeront le mémoire de cet Entrepreneur à la fin de l'ouvrage. Si dans les démolitions dont il a été parlé plus haut, il se trouve du vieux plomb, vous le ferez reprendre au Plombier, ainsi qu'il se pratique, moyennant un reçu, pour ne lui tenir compte d'un pareil poids que pour façon, & en lui passant quatre livres par cent pour le déchet de la fonte.

Comme dans la construction d'un bâtiment il entre beaucoup de gros fers, tels que des harpons, des ancres, des étriers, des platebandes, des fantons, &c. vous n'apporterez pas moins d'attention pour qu'il n'en soit employé aucun qui n'ait été pesé en votre présence, ou en celle de quelqu'un commis par vous, qui donnera à mesure au Serrurier des reçus de leur quantité : & afin de simplifier cette opération, on demande d'avance au Serrurier la quantité de gros fer dont on prévoit avoir besoin pendant un tems, suivant telle grosseur & longueur, laquelle quantité se dépose dans un endroit fermé, voifin du bâtiment, pour être livré aux ouvriers à proportion qu'ils en auront befoin, fuivant vos inftructions : je dis fuivant vos inftructions, parce que vous devez fçavoir combien il doit entrer de fantons, de tirans, de harpons & de bandes de tremie dans chaque nature d'ouvrage que vous faites exécuter.

Si dans les démolitions du bâtiment qui occupoit la place de celui que vous élevez, il fe trouve des vieux fers capables d'être remployés, il convient de les mettre à part : & s'il eft befoin de les redreffer ou reforger, on ne les compte enfuite au Serrurier que pour façon.

Je joindrai à ces obfervations une remarque qui a été faite au commencement de ce fiécle, fur l'utilité que l'on pourroit tirer de la démolition des vieux bâtimens. M. Fremin, dans l'ouvrage dont j'ai déjà parlé, avance qu'on peut fe fervir avec avantage de la plus grande partie des matériaux d'une vieille maifon, pour en faire une neuve ; il cite pour exemple, un Hôtel qui fut bâti de fon tems, rue de Grenelle, Fauxbourg Saint Germain à Paris, avec la plus grande folidité, & dans la conftruction duquel on avoit employé jufqu'aux moindres gravois & platras, foit des cheminées, foit des cloifons & autres (a). Il rapporte comment on s'y eft pris, ainfi que les effais qu'il a fait lui-même avec le plus grand fuccès de cette conftruction. » Il n'y a, dit-il, qu'à faire des caiffes
» de deux pieds de long fur un pied de haut, & quatorze pouces
» de large, & après les avoir remplies de petits plâtras, de gravois,
» de pierrailles, &c. y jetter de bon plâtre délayé un peu clair, à
» l'aide de grandes auges faites exprès, afin de les répandre toutes
» à la fois, & de ne point laiffer durcir l'un fans l'autre, comme

(a) Cet Hôtel fubfifte encore ; il eft fitué prefque vis-à-vis l'Abbaye Royale de Panthemont, & a confervé dans le quartier le nom de l'*Hôtel des Platras*, qui lui fut donné alors ; je l'ai examiné attentivement, & j'ai remarqué que, quoique conftruit depuis près de quatre-vingts ans, on ne voit dans ce bâtiment ni crevaffes ni lézardes : fes murs paroiffent tous d'une piece & bien à plomb, les planchers font d'un parfait niveau, & il n'y a pas encore eu dans cette maifon aucune groffe réparation : ce qui prouve complettement la bonté de cette bâtiffe.

» il arriveroit si l'on ne mettoit le plâtre que successivement ;
» cela fait des carreaux moulés qui deviennent en très-peu de jours
» d'une dureté surprenante , & dont l'intérieur étant bien plein est
» conséquemment stable : on employe ces carreaux pour ériger
» des murs qui ne sont point exposés à l'humidité , tels que des
» murs de refend ou des murs élevés au–dessus de neuf à dix pieds
» de terre ; on les place de rang en rang & on les coule, en ré-
» pandant entre les assises , du tuillot concassé ; enfin on crépit &
» on enduit lesdits murs (a).

J'ai beaucoup réfléchi sur cette maniere de bâtir, qui ne sera certainement pas du goût des maçons, vû qu'il n'y a pas de fortune pour
eux à se servir d'un pareil procédé, & je me suis convaincu qu'en
l'employant avec discrétion dans la bâtisse des maisons ordinaires &
peu élevées, on pourroit en effet opérer une économie considérable,
sans avoir rien à craindre pour leur solidité. Par exemple, en supposant qu'une vieille maison fût démolie avec les précautions expliquées ci-devant, tant par rapport aux pierres de taille , que par
rapport aux moilons , à la charpente, aux gros fers, &c. qui empêcheroit de faire resservir généralement tous les matériaux quelconques qui ne se trouveroient ni pourris ni défectueux ? La plûpart
des pierres, en les retaillant, pourroient être remployées à la recons-
truction des fondemens, du rez-de-chaussée, & d'une partie des murs
de face ; on ajoûteroit seulement en pierres nouvelles , les jambes
sous poutre, les angles & les principaux points d'appui d'un bâtiment : pour tout le reste il n'y auroit qu'à prendre les gravois,
les pierrailles , les recoupes de pierres , les petits morceaux de
tuile , de brique , &c, enfin tout ce qu'on a coutume d'envoyer aux champs , pour les encaisser ou mouler, comme il a été
expliqué ci-devant : on employeroit ces carreaux moulés dans les
endroits qui ne sont pas sujets à l'humidité , dans les murs de
refend , mitoyens, de cloture , & enfin dans toutes les parties qui

_____

(a) *Mémoires critiques d'Architecture* , pages 338 & 339.

V.

ne font que de rempliffage , ou qui ne portent pas directement les principaux fardeaux.

Pour donner encore plus de confiftance à ces carreaux , & les mettre en état d'être employés en tous lieux, quelle difficulté y auroit-il de les maçonner, au lieu de plâtre, avec de bon mortier de chaux & fable ? Il ne s'agiroit que de les préparer d'avance, & de les laiffer fécher quelque-tems dans leur encaiffement avant de les mettre en œuvre ; de pareils matériaux feroient évidemment préférables pour la folidité à la plûpart des moilons d'ufage : on feroit enfuite le haut des murs & les murs doffiers des cheminées avec les gros plâtras provenans auffi des démolitions, comme il fe pratique ordinairement.

Par ce moyen, une nouvelle maifon fe trouveroit rebâtie avec la démolition d'une vieille ; les Entrepreneurs n'auroient que peu de matériaux à fournir ; la plûpart de leurs travaux ne leur feroient payés que pour façon ; en un mot il réfulteroit un profit très-confidérable de cette maniere de traiter la conftruction en bien des occafions.

ARTICLE SEPTIEME.

De la coupe des Pierres.

LA connoiffance du trait de la coupe des pierres n'eft pas moins importante pour un Architecte jaloux de fçavoir ce qui conftitue effentiellement fa profeffion. Elle apprend à élégir les bâtimens ; elle met en état de donner des conféils aux Appareilleurs pour diriger la coupe des pierres le plus avantageufement, & rectifier les angles aigus qui font fi vicieux, furtout dans les voûtes compofées ; elle enfeigne à dérober artificieufement les pouffées des voûtes & à les répartir vers les endroits capables de mieux réfifter ; enfin elle l'inftruit à fentir la poffibilité de l'exécution de ce qu'il ordonne , & à ne rien propofer que de faifable, ou dont il ne puiffe rendre raifon.

Mais pour réuſſir dans cette étude, l'eſſentiel eſt de s'en inſ-
truire par jugement, & de ne point imiter tous les Appareilleurs
qui ne font que d'aveugles routiniers, incapables de raiſonner ce
qu'ils opèrent; c'eſt d'apprendre à faire les développemens, par pa-
neaux, d'une ſphère, d'un cône & d'un cylindre, ſoit droit, ſoit
oblique, & à tracer les courbes que produiſent les pénétrations différentes d'un cône dans un cylindre, d'un cylindre dans une ſphere,
& d'une ſphere dans un cône, ou bien de tous ces corps l'un dans
l'autre en toutes ſortes de ſens.

Dès que vous ſçaurez ces opérations, qui n'exigent qu'une legére
teinture de Géométrie, il n'y a plus qu'un pas à faire pour opérer
toutes ſortes d'épure. Il ne s'agit pour cet effet que de ſe repréſenter
le rapport que la piece que l'on veut conſtruire, peut avoir avec les
développemens des corps en queſtion ou avec leurs pénétrations: ſi,
par exemple, c'eſt une porte en talud & en tour ronde, vous obſerve-
rez qu'elle n'eſt que la pénétration d'un demi-cylindre dans un cône;
ſi c'eſt une voûte d'arrête, vous verrez que c'eſt la rencontre de quatre
demi-cylindres; ſi c'eſt une deſcente de caves, vous remarquerez
que c'eſt la coupe d'un demi-cylindre oblique &c. En vous rendant
ainſi attentif à quelle courbe geométrique, ou portion de courbe,
chaque piece de trait peut appartenir, vous ſerez en peu de tems
en état de vous en rendre compte, pour les opérer en grand dans
l'occaſion, d'en raiſonner avec les ouvriers, & d'éclairer leur rou-
tine. Freſier a donné des détails très-ſçavans ſur la coupe des pierres,
que preſque aucun conſtructeur n'étudie, faute de connoiſſances
préliminaires pour les comprendre.

ARTICLE HUITIEME.

Des abus qui ſe font introduits dans la Conſtruction des Bâtimens.

INDÉPENDAMMENT des mal-façons qui influent plus ou moins
ſur la bâtiſſe, il y a une multitude d'abus conſacrés en quelque
ſorte par l'uſage, qui empêchent les maiſons de durer autant qu'el-

les devroient , & qui feroient fingulierement effentiels à reformer pour l'intérêt public. Quoique j'en aie touché déjà quelques-uns en paffant, il ne fera pas inutile de les raffembler ici fous un même point de vue.

Un des abus les plus préjudiciables à la folidité d'un bâtiment eft l'ufage du plâtre pour faire les mortiers des gros murs , des murs de fondations, des voûtes de caves , en un mot , pour opérer les travaux enfevelis fous terre. Autant fon emploi réuffit dans les intérieurs , pour faire des tuyaux de cheminées , des plafonds avec leurs corniches, & toutes fortes d'ornemens à l'abri des injures de l'air , autant eft-il pernicieux pour la bâtiffe dans les lieux bas & fufceptibles d'humidité. La raifon en eft fenfible ; le plâtre n'étant qu'un corps factice par lui-même, ne fçauroit produire qu'une apparence de liaifon ; jamais il ne pénétre les pores des pierres pour les unir indiffolublement ; il ne fait que remplir leurs inter-valles , & voilà tout. En confidérant comment le plâtre agit lorf-que l'on pofe une pierre, on apperçoit qu'il fait fa prife, qu'il renfle , & féche prefque auffitôt , mais qu'à mefure que l'on éleve les murs, principalement lorfqu'il eft employé en fonda-tions , les affifes de pierre que l'on place au-deffus jufqu'à la hau-teur d'un bâtiment, comprimant par leur charge le plâtre enfer-mé dans leurs joints, défuniffent fes parties , & le pulvérifent au point que des murs ainfi conftruits ne font pas plus liés que fi l'on s'étoit avifé de les maçonner avec de la pouffiere & de l'eau. Malgré cette expérience journaliere , rien n'eft plus commun dans Paris, ainfi que dans la plûpart des endroits où l'on peut fe procurer du plâtre avec facilité, que d'en voir maçonner ainfi les gros murs des rez-de-chauffées, & même ceux des fondations des maifons or-dinaires. La plûpart des voûtes de caves furtout ne fe fabriquent point autrement. On fait dans ces endroits jufqu'à des enduits en plâtre, que l'humidité détache prefque auffitôt qu'ils font finis. Au refte il ne faut pas croire que ce foit par économie qu'on en ufe ainfi ; car le plâtre , dans les lieux mêmes où il eft commun, coûte au moins auſſi cher aux Maçons, que le mortier de chaux & ſable, dont il faudroit toujours ſe ſervir en pareil cas. Le ſeul profit que les ouvriers en tirent, eſt d'accélérer leurs travaux, de jouir plutôt, & de pouvoir enlever leurs ceintres promptement à cauſe de la célérité avec laquelle ſéche le plâtre. C'eſt à ce léger avantage qu'eſt ſacrifiée la durée d'un bâtiment.

Ce n'eſt pas que le mortier de chaux & ſable de la maniere dont on le prépare, vaille ſouvent beaucoup mieux que le plâtre. Rien n'eſt plus rare que de le voir employer avec les précautions néceſſaires. La chaux eſt quelquefois noyée ou éventée. On y met toujours trop d'eau en la mélangeant pour en faire du mortier. Au lieu de ſable de riviere, qui eſt le ſeul convenable à cauſe de ſa qualité pétrifiante, pour opérer un corps ſolide avec la chaux, on lui ſubſtitue preſque continuellement du ſable tiré des décombres de bâtimens, lequel équivaut, à peu de choſe près, à de la terre véritable.

Il s'en faut bien que les Entrepreneurs prennent les précautions dont j'ai été témoin aux nouveaux bâtimens des Enfans-Trouvés à Paris, conſtruits, il y a une vingtaine d'années, par feu M. Boffrand, dont j'ai l'honneur d'être l'Eleve. Pour aſſurer le parfait mêlange du mortier, cet Architecte s'aviſa d'un moyen tout-à-fait induſtrieux; il fit pratiquer un baſſin d'environ neuf pieds de diamêtre, au milieu duquel fût placé un axe pour porter une piece de bois traverſée par des dents ou chevilles de la profondeur du baſſin, eſpacées à un pouce l'une de l'autre, & arrangées irrégulierement. Après avoir mis dans ce baſſin une quantité de chaux nouvellement éteinte, à l'aide d'un petit cheval attaché à l'une des extrémités de la piece de bois en queſtion, qui, en tournant, diviſoit ſans ceſſe cette chaux, on parvenoit à la rendre auſſi liquide qu'on vouloit, ſans y ajouter de nouvelle eau. Pendant ce tems, un Manœuvre jettoit peu à peu des pelletées de ſable de riviere ſur ſa ſuperficie, juſqu'à la concurrence du double de chaux contenu dans le baſſin. De cette maniere le mortier ſe trouvoit à peu de frais uniformément & parfaitement corroyé: douze hommes n'auroient pas suppléé à une opération si simple. Aussi ai-je remarqué que le mortier qui en est résulté, est devenu en peu de tems dur comme du mache-fer, & s'est incorporé avec les pierres, de manière à faire avec elles un corps indissoluble : avantage qu'on rencontreroit difficilement dans nos édifices modernes.

Qui voudroit, en effet, se donner la peine d'examiner l'action qu'opére le mortier sur les pierres de la plûpart des bâtimens, seroit très-étonné de voir qu'au bout de quelques années il n'a produit aucune liaison entr'elles ; que les pierres ne se soutiennent véritablement que par leur masse, leur coupe, leurs crampons, leur à plomb, leur retraite, & nullement par le secours du mortier. Jugez ce qu'on peut attendre pour la durée d'un édifice de matériaux ainsi divisés, qui ne sont que contigus, sans inhérence entr'eux, & si l'on n'a pas raison de se plaindre que nous ne bâtissons pas aussi solidement que les anciens & les Goths: la perfection du mortier est ce qui constituoit en grande partie l'excellence de leur construction.

La mauvaise qualité du moilon qu'on employe d'ordinaire dans les bâtimens ne contribue pas moins à accélérer leur ruine. Ce sont presque toujours des pierres à demi formées, sans consistance, & toutes remplies de bouzin. En vain les ouvriers affectent-ils d'ôter ce bouzin en les taillant pour les employer en parement, on remarque que la plûpart se pourrissent dans l'humidité au lieu de durcir. Comme l'on fait beaucoup d'usage de ces moilons dans les fondations des maisons ordinaires, il s'ensuit que leurs murs manquant dès le bas d'une solidité suffisante, s'affaisent & s'écrasent par la suite sous leur propre poids. Voilà pourquoi on voit tant de murs boucler, sortir de leur à-plomb, se tourmenter de tant de manieres, occasionner enfin tant de reprises par-dessous œuvre. Jugez, quand au lieu de bon mortier de chaux & sable, on s'avise en pareil cas d'employer du plâtre dans les fondations d'un bâtiment, combien une telle réunion doit opérer une bâtisse vicieuse, & s'il faut chercher ailleurs les raisons des fréquentes réparations des maifons & de leur peu de durée.

Le vrai moyen d'obvier à ces abus ruineux, feroit de profcrire le moilon ordinaire fait de bancs de pierres à demi formées, furtout des fondations, des endroits qui ont de grands fardeaux à fupporter, ainfi que de tous les lieux fufceptibles d'humidité, & d'ordonner que l'on employât toujours alors du moilon de roche ou de la pierre dite de meuliere, avec du mortier de chaux & fable bien préparé, tant dans les fondations que jufqu'à la hauteur au moins du premier étage de chaque bâtiment.

Après ces abus capitaux, il en eft beaucoup d'autres qui contribuent en particulier plus ou moins à la dégradation d'une maifon : telle eft la coutume de faire les linteaux des portes & des croifées en bois, fur lefquels on fait porter ordinairement la maçonnerie qui eft au-deffus quarrément & de tout fon poids. Il arrive de-là que ces linteaux que l'on recouvre de plâtre, venant à pourrir par la fuite, entraînent de toute néceffité la chûte de ce qu'ils fupportent; il faudroit ou fe paffer de bois en cette occafion, ainfi que cela eft facile, ou du moins fi on en vouloit, mettre en pareil cas les moilons en coupe avec un peu de bombement au-deffus defdits linteaux; alors quand ces pieces de bois viendroient à manquer, il feroit aifé de les renouveller fans que le refte du bâtiment en fouffrît. Tous les ouvriers favent cela, & prefque jamais ils ne le font.

La pratique de fceller les bouts de toutes les folives des planchers à chaque étage dans l'épaiffeur des murs, diminue encore confidérablement de leur force. Les tranchées néceffaires pour cette opération, dont les intervalles font toujours garnis de méchans moilons, découpent les murs, les affoibliffent en les divifant, interrompent la liaifon des pierres, & alterent néceffairement leur folidité: d'ailleurs les bouts des folives renfermés ainfi dans les murs qui font toujours humides, fe pourriffent & mettent dans la néceffité de renouveller les planchers au bout d'un certain tems : on éviteroit cet ufage pernicieux, fi l'on plaçoit dans tous les cas, le long des murs, des lambourdes, ainsi qu'on est obligé de l'observer vis-à-vis des murs mitoyens.

Le peu de durée des maisons provient encore de ce qu'on se hâte trop d'employer les pierres à la sortie de la carriere, & de la négligence à les atteindre au vif en les taillant ; presque toujours on y laisse des parties de bouzin ; souvent aussi on les emploie soit avec des fils , soit avec des moyes : s'il étoit possible de construire sur-tout les parties basses des édifices en pierre de bas appareil, on en verroit difficilement la fin.

La multiplicité des croisées dans les façades des nouveaux bâtimens, séparées ordinairement par des trumeaux très-étroits, portant à vuide souvent sur de larges ouvertures pratiquées pour former des portes-cocheres , des remises ou des boutiques , ne concourt pas moins à diminuer leur solidité, qui ne sçauroit être qu'en raison de la force des appuis.

Anciennement on ne prodiguoit pas autant que de nos jours, la grosseur des bois de charpente dans un bâtiment : souvent chaque chevron portoit ferme dans les combles ; ce qui élégissoit, soulageoit les murs, & ne les accabloit pas d'une surcharge énorme qui, en les fatiguant, les fait travailler sans cesse.

L'art de la distribution qui s'est perfectionné depuis quarante ans en France, a nui plus qu'on ne pense à la solidité des bâtimens, en occasionnant quantité de formes , dont on tourmente la plûpart de leurs plans, sous prétexte de rendre les appartemens plus commodes : il en est résulté une multitude de porte-à-faux qui varient quelquefois à chaque étage, tellement qu'à peine peut-on deviner comment l'un peut subsister au-dessus de l'autre, tant tout y est dénaturé. Au lieu de tous ces murs placés dans les édifices anciens , vis-à-vis ou à plomb les uns des autres avec de bonnes retraites , & de maniere à se prêter de mutuels soutiens , dans les bâtimens modernes où l'on se pique sur-tout de rafiner sur la distribution , tout est sans cesse coupé, interrompu, rien ne se trouve acôté ; & il n'y a nulle liaison entre la plûpart des murs.

On

On voit des Hôtels où les Architectes se sont cru obligés de laisser un plan particulier des constructions secrettes aux Propriétaires, afin que, lors des réparations, on se gardât bien de toucher à certains endroits qu'on ne pouvoit soupçonner être des points capitaux, sous peine de jetter bas la maison. Ce sont pour ainsi dire des especes de quatre de chiffres : ici c'est un gros mur élevé au premier étage, dont il n'y a nul vestige au rez-de-chaussée, & qui est soutenu en l'air par artifice ; là ce sont des cheminées élevées au milieu d'un plancher, adossées à des cloisons, & dont les souches sont soutenues par le moyen de tirans montans jusques dans la charpente ; tantôt ce sont des poutres dont les bouts portent à faux sur des vuides ; tantôt ce sont des cheminées dévoyées dans l'épaisseur des murs, de maniere à les découper totalement, & qu'une partie du mur est en l'air, sans aucun soutien, &c.

Cet exposé qu'il seroit aisé d'étendre beaucoup plus loin, suffit pour vous convaincre que l'art de la construction est presque absolument livré aux caprices ou aux routines, & que s'il y avoit des loix véritablement établies pour réprimer les abus qui s'y sont introduits, nous aurions des maisons très-solides qui, sans coûter davantage à ceux qui les font bâtir, dureroient autant que toutes les constructions antiques & gothiques : car les Anciens se servoient des mêmes matériaux que les nôtres ; ce n'est donc que la maniere de les mettre en œuvre qui fait toute la différence de leur bâtisse avec celle d'aujourd'hui. Croyez que, tant qu'il sera libre d'employer du plâtre dans les fondations & dans les gros murs, ainsi que du moilon d'aussi mauvaise qualité que celui dont on se sert le plus souvent ; tant qu'on ne veillera pas à la bonté du mortier ; tant qu'on ne réprimera pas les linteaux de bois ; tant qu'on découpera les murs des maisons à chaque étage par le scellement des solives ; tant qu'il sera permis enfin de faire tous les porte-à-faux qu'on voudra, & d'accabler les murs par la grosseur des bois de charpente, non-seulement les maisons seront de peu de durée, mais encore il y aura toujours à refaire ; sans cesse elles

X

travailleront, fe tourmenteront, & occafionneront les fréquentes réparations dont fe plaignent journellement leurs poffeffeurs.

ARTICLE NEUVIEME.

De la vérification des Ouvrages, & du réglement des Mémoires.

LES différens travaux étant terminés, leur réception s'en doit faire pendant l'année après leur achevement, fuivant l'Ordonnance. Les Maçons & les Charpentiers font feuls obligés de répondre de leurs ouvrages & de les garantir durant dix ans, parce que feuls ils peuvent parfaire & clore un bâtiment, & que c'eft principalement de la bonté de leur travail dont dépend fa folidité. Ce n'eft pas que le Serrurier en fourniffant de mauvais fer, ou que le Couvreur en faifant mal fa couverture n'y contribuent auffi beaucoup, mais ce n'eft pas l'ufage qu'ils répondent de leurs opérations.

Après que les différens Ouvriers vous auront remis leurs mémoires, il s'agira d'en vérifier le toifé fur place, foit en leur préfence, foit en celle du chef ouvrier qui a conduit les travaux. Vous ferez attention à la qualité des ouvrages, & fi l'on a exécuté le devis : vous prendrez garde furtout aux doubles emplois, & aux articles qui pourroient être répétés fous d'autres dénominations dans les mémoires : enfin vous obferverez de quelle nature font les demandes en argent pour les réduire au toifé, lorfque cela fe pourra.

Quand il s'agit d'ouvrages neufs, l'eftimation & le toifé font faciles, on fcait à-peu-près ce qu'il entre de matériaux, quels peuvent être les débourfés des Entrepreneurs, & ce qu'ils doivent gagner. Mais quand ce font au contraire des réparations à de vieilles maifons, à moins qu'on n'ait pris des renfeignemens fuffifans avant de les opérer, il n'eft pas aifé de les apprécier au jufte. C'eft alors que les Ouvriers donnent carriere à leurs prétentions : auffi aiment-ils beaucoup mieux de pareils travaux que de nouvelles conftructions.

S'il arrivoit qu'on eût énoncé dans les mémoires, des mefures au-deffus ou au-deffous de ce qu'elles font véritablement, vous les réformerez conformément à ce qui exifte. Car, quoique vous foyez véritablement commis pour prendre les intérêts de celui qui fait bâtir, néanmoins vous devez vous regarder, en pareil cas, comme un Juge impartial qui doit en confcience apprécier les chofes tellesqu'elles font : il n'eft pas ordinaire aux Ouvriers de fe tromper à leur défavantage, mais lorfque cela arrive, vous devez y avoir égard.

Vous trouverez des mémoires où l'on affectera de décompofer tellement les différens articles des toifés, que peu s'en faudra que les Entrepreneurs ne demandent à part, jufqu'à la pofe des pierres & le mortier. Souvent ils affectent d'entrer dans les détails des moindres angles, pour demander, à l'occafion des retours, des plus valeurs de pierre ; comme fi ce n'étoit pas une partie du talent d'un Ouvrier, que de fçavoir choifir dans fon chantier les pierres convenables, pour qu'il y ait le moins de déchet ; ou comme fi dans le prix de la toife d'un mur, on ne lui paffoit pas un cinquieme ou un fixieme à cette occafion. Il faut donc être ferme fur tous ces articles, & au furplus, pour éviter toute difficulté, il eft à propos, comme il a été recommandé plus haut, de fpécifier lors du devis, la maniere dont fera fait le toifé.

Après que vous ferez bien affuré de là vérité des articles expofés dans les mémoires, vous en vérifierez les calculs, & rectifierez ceux qui le demanderont relativement aux obfervations que vous aurez faites. Bien des Architectes regardent tous ces détails de toifés & de mémoires au-deffous d'eux, & fe confient à leurs Commis, ou à des gens en fous ordres pour ces vérifications : cependant fi l'on confidére bien l'intérêt des Particuliers qui font bâtir, c'eft une opération des plus importantes pour eux, & qui exige à la fois le plus d'intégrité & de fuffi-

X ij

fance. Qui vous affurera que celui, que vous chargerez d'une com-miffion fi délicate , fera auffi intelligent & auffi incorruptible que vous pouvez le défirer ? Ainfi, entreprenez plutôt moins, & rempliffez dans toute fon étendue ce qu'on doit attendre d'un homme d'honneur, & d'un Architecte vraiment digne de ce titre.

Tels font en général, Monfieur, les procédés pour operér les principaux travaux des bâtimens ordinaires avec folidité, & les attentions qu'il faut apporter pour juger de la bonté de leur conftruction. Lorfque vous aurez des édifices publics à fonder, des dômes à conftruire, des colonades à élever, des terraffes ou des planchers de briques à exécuter, des conftructions dans l'eau, ou d'autres ouvrages difficiles à opérer, vous trouverez détaillés fucceffivement en paralleles, dans le cours de ces mémoires, les meilleurs exemples en chaque genre.

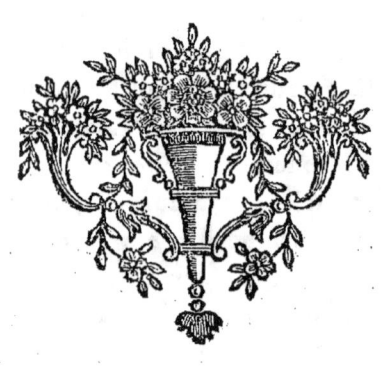

CHAPITRE QUATRIEME.

De la maniere de fonder les Édifices d'importance.

Procédés des Anciens & des Goths, pour assurer les fondemens de leurs Édifices.

LA durée des édifices publics destinés à passer à la postérité, dépend principalement de la façon dont ils sont fondés. De toutes les parties de la construction, il n'y en a aucune qui demande plus d'attention, attendu que c'est la fermeté de la base sur laquelle est élevé un bâtiment, qui constitue sa solidité.

Les Grecs & les Romains, pour mieux assurer leurs monumens, construisoient ordinairement des massifs de maçonnerie jusqu'à une certaine hauteur sur toute la superficie du sol des fondations : par ce moyen ils prévenoient les inconvéniens qui pouvoient naître de la part des différens terreins sur lesquels ils bâtissoient.

Les Architectes Goths, grands ménagers de pierre, quoiqu'ils ne fissent pas de massifs continus sous leurs bâtimens, ne laissoient cependant pas d'en solider avec le plus grand soin les fondemens. Lorsqu'ils érigeoient un édifice sacré, par exemple, ils s'attachoient singuliérement à lier par le bas leurs diverses parties, afin qu'agissant toutes ensemble, elles se prêtassent de toutes parts de mutuels soutiens. Pour cet effet, ils avoient coutume d'élever des murs continus, depuis le bon fond à droite & à gauche de la nef, avec de larges empattemens jusqu'au niveau du pavé, pour unir suivant la longueur les piliers qui devoient la soutenir. Si le temple avoit de double-bas-côtés, ils construisoient encore d'autres murs qui, des fondemens des piliers de la nef, alloient aboutir à angle droit, par-dessous les bas côtés, aux murs latéraux. Ce n'é- toit guères que lorsqu'une Eglise avoit peu d'étendue, qu'ils se dispensoient de ces seconds murs. De plus, les Goths étoient dans l'ufage de pratiquer encore à la rencontre des bras de la croix, de femblables murs par-deffous le pavé, pour joindre l'un à l'autre les piliers d'angle, qui font, comme l'on fçait, autant de points capitaux.

Quand il étoit queftion d'élever une Cathédrale avec deux tours, non - feulement les Architectes Goths formoient un maffif fous chaque tour, mais encore continuoient le même maffif dans leur intervalle, afin de les lier l'une à l'autre par le pied, & de les tenir dans une forte d'équilibre. Enfin tous les murs extérieurs étoient toujours conftruits avec de larges empattemens élevés en talud ou en redens depuis le fol jufqu'au niveau de la rue. C'est ainfi que Notre-Dame de Paris & la plûpart des édifices gothiques font fondés.

Les Modernes en ont ufé dans les occafions importantes, tantôt à la maniere des Anciens, tantôt fuivant celle des Goths ; & il feroit difficile de citer un édifice durable où l'on fe foit difpenfé de l'une de ces deux regles.

Il ne faut pas s'imaginer que ce foit par hafard, & fans raifon qu'on s'eft accordé jufqu'à préfent à en ufer ainfi de toutes parts. Ces procédés font fondés fur un petit nombre de principes de ftatique d'une expérience journaliere, dont l'expofé feul porte avec foi la démonftration.

Principes de ftatique d'où dérivent les procédés ufités pour fonder les Batimens.

I.

Que l'on place bien quarrément fur un fol d'une égale confif-tance dans toute fon étendue, foit tuf, foit terre franche, foit fable, foit gravier, plufieurs piliers de pierre dure, ifolés de diffé-rentes groffeurs, mais d'un égal poids, on remarquera que la pierre étant un corps plus denfe que la terre, y occafionnera de toute né-ceffité une compreffion plus ou moins confidérable, qui variera à raifon de la fuperficie de la bafe de chaque pilier.

Pour fe convaincre que cela ne fçauroit être autrement, il ne faut que faire attention que, plus les parties comprimées du fol préfentent de furface & par conféquent de maffe, plus elles doivent oppofer de force, foit pour réfifter à la preffion du fardeau comprimant, foit pour foutenir efficacement fa charge : ainfi en fuppofant que chacun de ces piliers équivale à un poids de vingt milliers, celui qui n'aura que deux pieds en quarré de bafe, imprimera fon action plus fortement fur le fol qu'un pilier de même péfanteur qui aura quatre pieds en quarré, & ce dernier à fon tour en produira davantage qu'un autre de douze pieds de bafe. Si, par exemple, dans le premier cas le fardeau peut occafionner une compreffion ou taffement d'un pied fur le terrein, dans le fecond elle pourra n'être que de fix pouces, & dans le troifieme il pourra fe faire qu'elle foit à peine fenfible. Donc la pefanteur des corps durs imprimant fur des fuperfices moins compactes qu'eux une action relative à leur bafe, il s'enfuit que, pour augmenter la fermeté de ces corps & diminuer le refoulement ou taffement des différens terreins fur lefquels on les place, il n'y a d'autre moyen que de leur donner une extenfion ou empattement par le bas, relatif au degré de folidité dont on a befoin.

I I.

Si plufieurs piliers ifolés de même groffeur & hauteur font chargés quarrément de fardeaux inégaux, ces différentes charges occafionneront fur le fol des taffemens relatifs à leur maffe combinée avec la fuperficie de leur bafe. C'eft une conféquence néceffaire du principe précédent.

I I I.

Si fur ces mêmes piliers ifolés, au lieu de placer les fardeaux quarrément, on les pofe plus fur une de leur face que fur les autres, alors la partie correfpondante du fol au-deffous de leur bafe, fe reffentira néceffairement de cette inégalité de charge, au point que fe prêtant à cette nouvelle action, il pourroit arriver que les piliers parvinffent à perdre leur à-plomb.

On en fera convaincu fi l'on réfléchit qu'alors l'effort de la péfanteur, étant dirigé fur une moindre portion du fol, produira un effet de compreffion d'autant plus confidérable que la bafe fera petite, & qu'ainfi les fardeaux ceffant d'agir quarrément fur les piliers, ceux-ci à leur tour cefferont d'être fupportés horifontalement fur leur bafe.

I V.

Il en fera de même fi le fol fur lequel font élevés les piliers, n'eft pas également compact, comme nous l'avons fuppofé, ou qu'au-deffous il fe trouve des parties capables de céder fous le fardeau, pendant que d'autres oppoferont de la réfiftance ; alors les piliers recevront les impreffions de ce fol vicieux, & non-feulement tafferont plus ou moins, mais encore coureront rifque d'être déverfés fuivant les circonftances. C'eft ce qui eft arrivé aux tours de Pife & de Boulogne en Italie, lefquelles panchent, comme l'on fçait, d'une maniere effrayante.

Ce font toutes ces confidérations réciproques entre la maniere d'agir des fardeaux, & les refoulemens des terreins qui les reçoivent, d'où font dérivés les principes de la façon de fonder les édifices. En voyant tous les inconvéniens qui pouvoient naître, foit de la part du fol, foit de la part de l'inégalité de répartition de la charge d'un édifice fur fes différens fupports, on a reconnu combien il étoit dangéreux de le fonder par petites parties, de ne point faire un tout de fes fondations, & qu'en un mot pour efpérer de bâtir folidement, le fol devoit être regardé comme un ennemi qu'il falloit toujours commencer par captiver. En conféquence, on s'eft appliqué à rendre la preffion fur le fol auffi générale qu'il a été poffible, afin que la bafe des fondemens embraffant une grande maffe de terrein, les taffemens devinffent moins fenfibles, & qu'au furplus leurs effets ne puffent fe diriger autrement que

perpendiculairement

perpendiculairement & avec uniformité. Voilà d'où vient, pour conferver le parallelifme parfait des maffes fupportées, les uns ont fouvent élevé des plateaux d'une certaine épaiffeur, & les autres y ont fuppléé, en s'attachant à lier les piliers des fondations dans tous les fens jufqu'à la fortie des terres, & à les accoter de tous côtés par de larges empattemens. La raifon, le bon fens, l'expérience, tout convainct de l'efficacité de ces moyens de fonder un bâtiment, qui font de tous les tems & de tous les pays.

Mais pour ne nous point borner à des généralités, nous allons nous attacher à développer les procédés de conftruction qui ont été employés avec plus ou moins de fuccès, pour fonder plufieurs édifices de même genre : ces paralleles inftruiront par des faits, combien il eft important de ne point s'écarter des principes reconnus.

Les procédés que nous nous propofons d'expofer, font :

1°. Ceux qui ont été employés pour fonder le dôme de Saint Pierre de Rome ;

2°. Ceux dont on s'eft fervi pour opérer la nouvelle Eglife de Sainte Genevieve à Paris ;

3°. Ceux qui ont été mis en œuvre pour l'exécution de l'Eglife de la Madeleine de la Ville-l'Evêque, auffi à Paris ;

4°. Ceux employés pour affeoir les fondations de l'Eglife Paroiffiale de Saint Germain en Laye.

Ces différentes defcriptions méritent d'autant plus d'attention que, fi ce n'eft la conftruction du dôme de Saint Pierre dont nous ne parlons que d'après les Auteurs, nous avons été témoins de l'exécution des trois autres Eglifes.

Enfin nous terminerons ce chapitre par des obfervations générales fur ce qui doit conftituer dans tous les cas la folidité des fondemens des édifices.

A R T I C L E   P R E M I E R.

Defcription de la maniere dont a été fondée l'Eglife de Saint Pierre de Rome.

Il s'en faut bien, ainfi qu'on pourroit le croire, que le dôme de Saint Piere de Rome ait été fondé avec toutes les précautions néceffaires, pour lui donner une folidité relative à fon immenfité & à fa grandeur. Suivant ce que les Auteurs contemporains en ont rapporté, il feroit peut-être difficile de citer un monument dont la conftruction ait été fi mal dirigée, & exécutée avec plus de négligence : auffi ne nous fommes-nous déterminés à en donner la defcription, que pour montrer par un exemple frappant, de quelle conféquence il eft d'apporter les plus grandes attentions pour fonder un Edifice d'importance.

Le terrain fur lequel s'éleve l'Eglife de Saint Pierre de Rome, eft un vallon formé par deux côteaux du mont Vatican, dont l'un regarde le midi, & l'autre le nord. Toutes les eaux qui tombent de ces côteaux viennent fe rendre dans cet endroit, & furtout dans la partie méridionale qui eft moins élevée que l'autre. Anciennement il avoit exifté, au milieu de ce vallon, un Cirque que Néron avoit fait conftruire ; & ce fut fur fes ruines, & en fe fervant d'une partie de fes fondemens, que l'Empereur Conftantin avoit pris la réfolution d'élever l'ancienne Bafilique de Saint Pierre, qui fut la premiere Eglife chrétienne. Relativement au mauvais fond fur lequel cette Bafilique fut établie, elle avoit toujours été fujette à de fréquentes réparations ; & enfin fous le Pontificat de Jules II, cet édifice menaçant ruine, ce Pape ordonna d'élever dans le même emplacement le magnifique Temple qui fubfifte aujourd'hui.

Bramante qui fut choifi pour être l'Architecte de cet important morceau, au lieu d'abattre totalement l'ancienne Bafilique, afin de reconnoître & de folider fuffifamment le terrain où il devoit fonder, fe contenta de n'en démolir qu'une partie, pour mettre au plutôt la main à l'œuvre (*a*). Il n'eft aucunement fait mention qu'il en ait arraché les anciens fondemens, & même il eft à croire qu'il fe fervit de la plûpart : car Bonani a remarqué que les Plans de cette Bafilique, réduits à la même échelle que ceux de la nouvelle Eglife de Saint Pierre, étant appliqués l'un fur l'autre, deux des gros piliers qui foutiennent aujourd'hui la coupole, & tous ceux qui féparent la nef des allées collatérales de la partie du midi, portent encore fur la longueur des fondemens de cette ancienne Eglife, & parconféquent fur ceux du Cirque de Néron, dont on s'étoit fervi originairement en cet endroit.

Quoi qu'il en foit, Bramante commença en 1506 par fonder les quatre piliers du Dôme de Saint Pierre : il les acheva entiérement, & parvint même jufqu'à ceintrer les arcades des quatre branches de la croix de l'une à l'autre. Tous ceux qui ont donné des defcriptions de ce monument, s'accordent à dire que cet Artifte conftruifit cet ouvrage avec la plus grande précipitation, fans laiffer prefque d'empattement fous les fondemens de fes piliers, & même fans leur donner de liaifon, foit entr'eux, foit avec les autres parties des fondations. Auffi, après fa mort, Julien San-Gallo, Fra-Giocondo & Raphaël, qui furent chargés en commun de la continuation de cet édifice, trouverent une difproportion fi manifefte entre la coupole & les piliers deftinés à la porter, qu'ils refolurent de les fortifier, d'autant que ces piliers travailloient déjà fous le feul poids des arcades, & menaçoient de s'ouvrir, ainfi qu'il arriva en effet quelques années après.

Avant de continuer ce monument, il fallut donc que les nouveaux Architectes travaillaffent à réparer ce qui étoit déjà fait; ils

---

(*a*) Nous avons extrait ce que nous rapportons fur la conftruction de cet édifice, de la Defcription de Saint Pierre de Rome par Fontana, de celle du même édifice par Bonani, des Mémoires du Marquis de Poleni, des Differtations des Peres le Sueur & Jacquet au fujet des lézardes occafionnées à la tour du dôme de cette Eglife ; & nous avons fait auffi beaucoup ufage de plufieurs lettres fur Saint Pierre, inférées dans différens Journaux de Trévoux, années 1752 & 1760.

reprirent les fondemens des quatre piliers par-deſſous œuvre; ils les fortifierent par des maſſifs & des arcades conſtruites à une grande profondeur; enfin ils s'appliquerent à relier enſemble toutes les diverſes parties des fondations, afin d'empêcher l'inégalité des taſſemens, & que toute la maſſe du bâtiment pût preſſer également le terrain. Tous les autres Architectes, qui ſuccèderent à ceuxci, s'attacherent ſemblablement à fortifier ces piliers de plus en plus, perſuadés qu'en pareille occaſion il eſt toujours important de pécher plutôt par excès que par défaut.

Ce qui paroîtra peut-être incroyable dans une entrepriſe auſſi importante, & qui cependant eſt très-vrai, c'eſt qu'il y avoit déjà quarante ans que l'on travailloit à cet édifice, ſans avoir encore de Plan véritablement arrêté; chaque Architecte qui ſuccédoit, réformoit & changeoit ce qu'il jugeoit à propos. Ce fut Michel-Ange qui eut la gloire de fixer enfin ce Plan auquel il donna la forme d'une croix greque. Il employa toutes les reſſources de l'art & de ſon génie pour lier enſemble les travaux de ſes prédéceſſeurs, & s'il ne fit pas tout ce qu'il voulut à l'occaſion de ce qui étoit commencé, il parvint du moins à donner à cet édifice une ſolidité à l'épreuve des accidens les plus ordinaires. Cet Architecte n'éleva ce monument que juſqu'au haut du tambour de la coupole. Ce fut Fontana qui termina cette voûte immenſe en 1588, ſous le Pontificat de Sixte V, laquelle fut exécutée avec une diligence incroyable: il eſt dit que 600 ouvriers y travaillerent jours & nuits, & l'acheverent en vingt-deux mois.

Paul V étant monté ſur la Chaire de Saint Pierre en 1605, réſolut d'étendre cette Egliſe, & de croix grecque d'en faire une croix latine, en allongeant le bras de la croix où ſe trouve aujourd'hui le Portail. Maderne, ouvrier en ſtuc & ſans aucune pratique dans l'Architecture, aidé d'une puiſſante protection auprès du Pape, obtint la préférence ſur les plus habiles Architectes d'alors, pour conduire cet important ouvrage, qui demandoit toute l'expérience & la capacité imaginables. Auſſi arriva-t-il ce qu'on devoit attendre d'un semblable choix. Ce prétendu Architecte fit des fautes de toutes especes en construisant la nef de l'Eglise de S. Pierre. La premiere par laquelle il débuta, fut de ne pas examiner le sol sur lequel il vouloit étendre cette nef : après avoir creusé ses fondemens à quinze pieds de profondeur, il s'arrêta trompé par l'apparence de solidité du fond, qui n'étoit que factice, vû qu'elle venoit uniquement du reste des voûtes & des fondemens de l'ancien Cirque de Néron, lequel portoit lui-même sur un terrain mouvant. A cette faute impardonnable il en ajoûta une autre qui en rendit les effets encore plus funestes. En supposant que le sol eût été des plus solides, la hauteur & la pésanteur de l'Edifice projetté exigeoient que les fondemens fussent d'une grande épaisseur, construits de larges quartiers de pierres bien dures & bien liaisonnées, qu'on établît de bons empattemens avec même des contreforts en talud, pour appüier de toutes parts les murs dans les fondations ; au lieu de ces sages précautions, Maderne se contenta de faire des tranchées, comme s'il eût été question d'une maison ordinaire ; il les fit remplir de mortier & de quartiers de pierres, non taillées, & jettées à la boulevue, comme il se pratique souvent en Italie. On peut juger par-là ce qu'on devoit attendre d'une pareille maçonnerie faite au hazard, sans ordre, fondée sur des ruines, & sur un terrain mouvant plein d'eaux courantes.

Enfin l'ineptie de Maderne étoit si grande, qu'il se trompa dans l'allignement de sa nef. Comme la superficie du terrain où il travailloit étoit embarrassée, tant par les débris de l'ancienne Basilique que par les divers matériaux nécessaires à une vaste construction, cet Architecte denué des lumieres nécessaires pour se conduire au milieu de ces embarras, au lieu de planter les fondemens de sa nef perpendiculairement vis-à-vis le milieu de la coupole, leur fit faire un angle du côté de l'orient avec ceux de la partie déjà construite, d'où il devoit résulter dans la suite un coude semblable à ceux qu'on remarque dans quelques-unes de nos Eglises Gothiques.

Maderne s'étant apperçu de son erreur, lorsque ses fondations furent sorties hors de terre, au lieu de les recommencer, ou du moins d'ajoûter à leur largeur des massifs en bonne liaison pour parvenir à redresser ses deux lignes paralleles, de crainte de donner à connoître son erreur grossiere, & à dessein de la rendre moins sensible, aima mieux la pallier que de la rectifier. Il se contenta de redresser le plus qu'il pût les murailles de sa nef, en les faisant courir en diagonale sur leurs fondations; d'ou il est arrivé qu'à l'extrêmité qui touche le Porche, les fondemens n'ont à-plomb du mur de la nef qu'au plus quinze pouces de saillie ou d'empattement dans le bas: aussi l'ouvrage n'étoit pas encore achevé que l'enceinte méridionale du Portique se lézarda tout à coup en plusieurs endroits, & menaça ruine; effet nécessaire de la foiblesse des fondations & de l'inégalité des tassemens, d'autant que c'étoit en cet endroit que le sol se trouvoit le plus mauvais, & que là, comme dans un réservoir, se rendoient toutes les eaux des deux côteaux, avant d'aller se décharger dans le Tybre.

A dessein de prévenir la chûte du portique, Maderne fit creuser à peu de distance des fondemens un large puits qu'il remplit de mortier & de pierres; ce moyen n'ayant pas suffi, il les environna de plusieurs autres puits qui furent remplis comme le premier. Le terrain ayant pris alors un peu plus de consistance, on parvint enfin à achever le portique; mais il est évident que toutes ces précautions prises après coup, ne détruisirent pas la cause du mal, & ne purent donner une assiete bien solide à toutes les parties de ces fondations.

Le Cavalier Bernin, Artiste de la plus grande réputation, ayant été chargé en 1638 d'élever sur les extrêmités du portail deux tours ou campaniles, commença aussi par une faute tout-à-fait singuliere. Il ne pouvoit certainement ignorer ce qui étoit arrivé une vingtaine d'années auparavant sous Maderne, lorsque l'on construisoit l'extrêmité méridionale du portique où il étoit question d'élever ces tours. Avant donc de le surcharger d'un nouveau poids, il négligea de s'assurer par lui – même de la solidité de ces fondemens, dont il avoit tant de raisons de se défier, & d'examiner mûrement s'ils étoient en état de supporter une pareille surcharge : il s'en rapporta pour cet examen à des Maçons, qui étant, à ce qu'on prétend, les mêmes que Maderne avoit anciennement employés, & dès-lors intéressés à approuver leur ouvrage, lui firent un rapport infidele : aussi avant que le Campanile du côté du midi fut fini, il se fit des crevasses de toutes parts régnant depuis le haut de cette tour jusqu'en bas du portique : ce qui prouvoit qu'il s'étoit fait un mouvement irrégulier dans une partie des fondations, qui cédoit & rompoit sa liaison avec le reste. D'habiles Architectes chargés de visiter à cette occasion les fondemens du portique, les trouverent du côté du midi presque entièrement dégradés par les eaux courantes qui les avoient pénétrés de tous côtés, & qui, après en avoir emporté le mortier, avoient produit partout d'énormes cavités ; ce qui découvrit à la fois l'ineptie de Maderne à fonder cet édifice, & l'imprudente crédulité du Bernin, & enfin fit renoncer à la continuation de ces tours, que l'on démolit totalement.

Jusqu'en 1743, on ne remarqua aucun dérangement dans la construction de ce monument ; mais cette même année on observa qu'il s'étoit formé nombre de lézardes dans la tour du dôme, qui allarmerent singulierement. On fit assembler plusieurs célebres Mathématiciens, & quelques-uns des premiers Architectes d'Italie, pour conférer à ce sujet & indiquer quelque remède. Il résulta de leurs observations, que ces dommages ont été occasionnés par la précipitation avec laquelle la coupole fut construite sous Sixte V, par les placages faits en différents tems pour fortifier les piliers du dôme fondé par Bramante, lesquels n'ont jamais pû se lier solidement avec le reste ; enfin par les travaux de Maderne, lesquels étant mal construits ont pû communiquer un ébranlement à la partie bâtie par Michel-Ange. Vanvitelli, alors second Architecte de Saint Pierre, proposa, pour y remédier, qua-

tre éperons ou contreforts sur le massif des pendentifs, couron‑
nés de figures ; mais cet expédient fut rejetté comme pouvant sur‑
charger encore les fondations qu'on estimoit être déja trop foi‑
bles. Enfin on convint généralement que le vrai moyen de pré‑
venir un plus grand mal, étoit de cercler la coupole ; en consé‑
quence toute la tour du dôme fut entourée de quatre cercles de
fer, à une certaine distance l'un de l'autre, à chacun desquels
on donna quatre à cinq pouces d'épaisseur sur six à sept de
largeur. On parvint à bander chaque cercle le plus possible, à l'aide
de cinquante coins de fer sur lesquels autant d'ouvriers, à un certain
signal, frappoient tous en même-tems, ce qui fut exécuté avec
beaucoup de précision.

Cet exposé fait voir combien l'on a apporté peu de précautions
pour fonder la vaste Eglise de Saint Pierre de Rome, & que
peut-être jamais entreprise importante ne fut plus mal conduite :
ce qui peut faire conjecturer que ce monument n'aura pas une
durée égale à sa grandeur, vû qu'il péche par sa base, c'est-à-dire
par ses fondemens.

A R T I C L E   S E C O N D.

Description de la maniere dont a été fondée & construite la nouvelle
Eglise de Sainte Genevieve ; PLANCHE IV.

L'EGLISE de Sainte Genevieve, dont les fondations ont été com‑
mencées en 1757, a trois cens trente pieds de longueur hors œu‑
vre, compris le porche, & deux cens cinquante-deux pieds de
largeur aussi hors œuvre. Sa forme est à-peu-près celle d'une croix
greque, au milieu des quatre branches de laquelle il y aura un
dôme de onze toises un pied de diamètre. Son intérieur est
décoré de cent trente-deux colonnes corinthiennes tant isolées
qu'engagées, dont le diamètre est trois pieds cinq pouces,
& l'écartement quatorze pieds d'axe en axe. Sa nef a trente-
huit

huit pieds sept pouces de largeur , & les bas-côtés qui la domi-
nent de cinq marches, ont seulement dix pieds sept pouces de
largeur. Enfin son porche est orné de vingt-deux colonnes aussi
corinthiennes de cinq pieds cinq pouces de diamètre , lesquelles sont espacées de vingt-un pieds d'axe en axe , & il doit être
couronné , du côté du portail, par un grand fronton , porté par
six colonnes.

Lorsqu'il fut question de fonder l'Eglise de Sainte Geneviève,
on rencontra , en faisant des sondes sur le terrain où ce monument avoit été projetté , à-peu-près à vingt pieds de profondeur , un très-bon sable qui fut jugé convenable pour l'asseoir
solidement. La superficie de ce sol ayant été découverte pour y
établir quarrément les fondations , on apperçut différentes places
garnies de terre & de coquillages, qui annoncerent qu'il y avoit
eu par endroits des terres rapportées. Quelques-unes de ces places ayant été fouillées, manifesterent que c'étoient autant de puits
pratiqués anciennement pour tirer de la terre à pot. M. Soufflot,
Architecte de cet édifice , crut avec raison devoir prendre les plus
grandes précautions pour remédier aux défauts de solidité d'un
pareil terrain. Il fit en conséquence faire les perquisitions les plus
exactes de ces puits, sur toute sa superficie où il en fut trouvé environ cent cinquante épars ça & là, lesquels avoient depuis quatre
jusqu'à sept pieds de diamètre , sur depuis vingt jusqu'à quatre-
vingt pieds de profondeur. Ces puits ayant été excavés dans toute leur hauteur, pour s'assurer s'il n'y en avoit pas quelques-uns
qui eussent échappé aux recherches, on pratiqua de l'un à l'autre des chemins de mines, qui traversoient la terre de toutes parts.
Une fois bien certain que tous les trous, qui pouvoient se trouver sur la superficie du sol des fondations, avoient été reconnus,
on entreprit de les combler totalement de maçonnerie. Pour cet
effet, dans le fond de ces puits on plaça quelques assises de gros
libages e, (figure 4. Pl. IV.) sur lesquelles il fut construit un massif
moilon de quatre ou cinq pieds d'épaisseur , à bain de mortier

Z

de chaux & fable. Sur ce maffif on mit une affife de libages, puis au-deffus quatre ou cinq pieds de moilons, & ainfi alternative-ment jufqu'à l'orifice de chaque puits, qui fut fermé toujours par des affifes de libages.

Quand il fe trouvoit deux ou plufieurs puits *c*, *c*, (*fig.* 4.) voifins l'un de l'autre, on défonçoit la terre *b*, *b*, qui étoit entre eux de quelques pieds, vers leur orifice, pour leur donner une fermeture commune, & les relier enfemble par quelques affifes de libages *f*, *f*, jufqu'à l'arrafe du fol des fondations. La portion de plans & de profils de différens puits, exprimée (*fig.* 4.), démontre tout cet arrangement.

Il s'enfuit de ce que nous venons d'expofer que, s'il étoit pof-fible de voir tous ces piliers de rempliffage dégagés de la terre qui les environne, on appercevroit, au-deffous des fondations de l'Eglife de Sainte Genevieve, à-peu-près cent cinquante efpeces de chandelles ou pilots en pierre, de différentes groffeurs, & de-puis vingt jufqu'à quatre-vingt pieds de hauteur.

Nous nous fommes difpenfé de donner un plan général de la difpofition de tous ces trous diftribués au hafard fous ces fon-dations, parce que relativement à notre but, il nous fuffit de rendre compte de la maniere dont ils ont été comblés uniformé-ment, & dont on eft parvenu à leur donner de la confiftance, à mefure qu'il s'en eft rencontré.

Lorfqu'après des travaux immenfes enfevelis fous terre, on fut venu à bout de rendre ce fol, d'équivoque qu'il étoit, auffi ferme qu'on pouvoit le defirer, il fut arrafé fuivant fon niveau le plus bas, & le fable provenant de cet arrafement fut employé par la fuite pour les mortiers de la plus grande partie de la bâtiffe de ce monument.

L'égalifement étant fait, pour affermir le terrain, on plaça fur fa furface des madriers fur lefquels on frappa de toutes parts fortement avec une demoifelle, à deffein d'en condenfer le fable le plus poffible. Après cette opération on fe mit en devoir de commencer les fondemens de ce monument.

La premiere affife fut pofée fur le fable, non à fec, mais après y avoir répandu un lait de chaux. On battit cette affife & la fuivante à la demoifelle, pour la faire entrer autant qu'il fe pouvoit dans le fable, & lui faire opérer un corps folide avec lui. On plaça ainfi quatre affifes de libages fous toute la fuperficie des fondations (*fig.* 1.) des trois branches de la croix de cette Eglife, à l'exception des parties *b, b,* où l'on fe contenta de n'en mettre que deux, & des feuls endroits *c, c, c,* fous le dôme, la nef & le porche, qui ne furent pas couverts de maçonnerie.

Quant à la branche de la croix où eft le chœur, vû le mauvais état de fon fol qui s'étoit trouvé criblé de trous plus que tout autre, indépendamment des quatre affifes générales, il en fut placé une cinquieme au-deffous de l'arrafe commune du terrain des trois autres parties.

Ce fut fur ce plateau qu'on traça au jufte le plan de l'édifice, & qu'on établit les dimenfions particulieres de fes fondemens: en conféquence, fous toutes les colonnes de la nef, qui ont, ainfi qu'il a été dit, trois pieds cinq pouces de diametre, & quatorze pieds d'axe en axe, on éleva à-plomb depuis le bas jufqu'au pavé de l'Eglife, des piliers de libages de fix pieds en quarré, en bonne liaifon avec mortier de chaux & fable, pour leur fervir de fondemens. Leur plan eft repréfenté en *d*(*fig.* 1.) & leur élevation en H & M (*fig.* 5 & 6). On conftruifit de la même façon les murs du pourtour de l'Eglife, repréfentés dans le plan en *h* (*fig.* 2.) & dans l'élévation en L (*fig.* 6.); lefquels ont à-peu-près douze pieds d'épaiffeur dans le bas, & s'élevent en retraite d'affife en affife extérieurement jufqu'au niveau R de la rue.

A-plomb des colonnes & des murs du portail, il fut également élevé fur les plus baffes fondations, des maffifs-libages *k, k, k,* (*fig.* 2.) en talud jufqu'au fol des caveaux pratiqués fous le porche; & à l'exception des vuides marqués *c, c,* fous cet endroit (*fig.* 1.), tous les intervalles au-deſſus de la quatrieme aſſiſe furent remplis de moilons. Sous les marches qui élevent le portail , il fut auſſi conſtruit une voûte rampante E (*fig.* 5.) dont le mur de ſoutien, au-deſſus de la quatrieme aſſiſe, fut continué en moilon avec chaînes de pierre.

Pour entretenir les piliers de fondations des colonnes de l'intérieur de l'Egliſe & empêcher que l'un ne puiſſe taſſer plus que l'autre , on les lia entr'eux par le pied , ainſi qu'avec les murs du pourtour par des murs *e,e,e,* (*fig.* 1.) de trois pieds d'épaiſſeur, auſſi compoſés de quatre aſſiſes de libage, mais avec cette différence que les deux aſſiſes ſupérieures furent taillées en clavaux , poſées l'une au-deſſus de l'autre en arc renverſé, ayant leurs joints tendant à un centre , & butant de toutes parts quarrément contre les piliers & le mur du pourtour de l'Egliſe : N (*fig.* 6.) fait voir en élevation l'arrangement de ces doubles arcs renverſés (*a*).

A deſſein de ſolider encore davantage les murs de liaiſon , dans les eſpaces quarrés *b, b,* (*fig.* 1.) il fut placé ſur le ſol des fondations deux aſſiſes de libages , comme il a été dit ci-deſſus, & le reſte de la hauteur juſqu'à l'arraſe de la quatrieme aſſiſe, c'eſt-à-dire , juſqu'au niveau des arcs renverſés , fut ſeulement rempli de moilon à bain de mortier : ainſi il n'y a que les intervalles *b, b,* où il ne ſe trouve dans les fondations que deux aſſiſes de libages. Il réſulte de cette conſtruction que, ſuppoſé que le ſol où eſt fondé cette Egliſe vint à taſſer inégalement ou à faire par la ſuite quelque mouvement , les murs de fondations ne pourroient ſe mouvoir que quarrément , & ſans qu'il leur fut poſſible de ſe déranger de leur à-plomb.

Après cette opération , on continua d'élever en moilons, les

_____

(*a*) L'invention des arcs renverſés eſt de Léon-Baptiſte Alberti , avec cette différence qu'il propoſe de poſer ces arcs renverſés ſur la terre qui eſt entre les piliers, au lieu que dans les fondations de l'Egliſe de Sainte Genevieve , ils ont été placés ſur deux cours d'aſſiſes de libages , ce qui leur donne beaucoup plus de force & de conſiſtance pour s'oppoſer efficacement à l'inégalité du taſſement.

murs de liaifon n, n, n, (*fig.* 2.) jufqu'au pavé de l'Eglife : car il eft à remarquer que les autres murs, qui ne font pas exprimés dans ce plan, refterent à la hauteur des arcs renverfés.

Quoique nous ayons dit plus haut que les intervalles b, b, (*fig.* 1.) avoient été arrafés en moilons à la hauteur de la quatrieme affife, cependant dans l'intention de folider davantage les fondemens du dôme, on excepta les trois caiffons p, p, p, (*fig.* 2.) qui entourent chacun de fes piliers ; lefquels furent élevés en maffifs-moilons depuis la deuxieme affife-libage du fol des fondations jufqu'au niveau de l'Eglife ; en conféquence auffi les murs de liaifon, qui environnent & féparent ces caiffons, furent conftruits depuis le bas à leur même hauteur tous en libages, & non en moilons comme les autres.

Sous les piliers du dôme (*fig.* 1.) furent placés de larges empattemens continus furtout du côté de fon intérieur : au-deffus des quatre affifes générales en libages, on a élevé de ce côté, des murs-moilons avec chaînes de pierre, faifant parpin avec les maffifs-libages triangulaires q (*fig.* 2.), montant jufques fous les murs qui portent la coupole, & fervant de foutien à une voûte circulaire, qui tourne au-tour de l'efcalier defcendant à l'Eglife fonteraine.

Enfin, pour lier enfemble les deux côtés de chaque nef, on a fondé deux murs-moilons s, s, fous chacune, de trois pieds d'épaiffeur, qui partagent fa largeur en trois parties égales, dont le plan eft repréfenté en l, l, l, (*fig.* 2.), & l'élevation en P, (*fig.* 6.). Ces murs l, l font pofés, comme les autres, fur quatre affifes de libages, dont les deux fupérieures font une retraite de dix-huit pouces de chaque côté fur les deux inférieures. Il a été placé dans tous ces murs-moilons, des piliers de libages i, (*fig.* 2.) en correfpondance avec ceux des colonnes & des mêmes dimenfions, lefquels montent, ainfi qu'il a déjà été dit, jufques fous le pavé de l'Eglife.

Avant d'aller plus loin, il eft important de remarquer que tous

les murs de fondations de cet édifice, furent conftruits quarrément dans toute leur étendue, de maniere qu'on n'entreprenoit
jamais un nouveau cours d'affife, que celui qui étoit commencé
ne fût fini dans tout fon pourtour; par ce moyen tout taffoit
également & enfemble fur le fol. Toutes les pierres-libages ont
été tirées des carrieres d'Arcueil de la meilleure qualité, & employées fans fils ni moyes : elles furent taillées à joints quarrés,
ruftiquées fur leurs lits, pofées bien de niveau fur cales en bonne
liaifon, & de maniere qu'elles font harpes de tous côtés dans les
murs de moilons qui les environnent : tous les joints en ont
été coulés à bain de mortier de chaux & fable, tiré des fouilles des
fondations, dont le fable étoit paffé à la claie : après qu'un cours
d'affifes étoit terminé, on apportoit le plus grand foin à remplir les petits intervalles qui pouvoient être reftés entre les libages, foit de mortier, foit de claufoirs de pierre enfoncés avec
force quand la place le permettoit : enfin les moilons employés
dans ces fondemens font de pierres dures ébouzinées au vif, écar-
ries, piquées du côté de leurs faces apparentes, & maçonnées
auffi à bain de mortier de chaux & fable.

Lorfqu'on fut parvenu à-peu-près à la hauteur de la ligne C
D, des fondemens (*fig.* 5 & 6), où étoit fixé l'aire des caveaux,
on remplit de terre jufqu'à cette élévation tous les vuides qui fe
trouverent au-deffus, tant des quarrés de moilons *b*, *b* (*fig.* 1),
arrafés avec les arcs renverfés, que de ceux qui étoient entre les
murs de fondations des caves, fous la nef, le porche & le dôme.

On continua enfuite à élever quarrément & en retraite, les
murs pourtours L (*fig.* 6), jufqu'au niveau R de la rue, de même
que les piliers fous les colonnes *i* (*fig.* 2), & généralement tous
les murs de féparations des caves & caveaux *m*, *l*, *s*, *u*, (*fig.* 2),
en obfervant fur-tout de placer toujours dans ces derniers, des
chaînes de pierres vis-à-vis les piliers-colonnes correfpondans,
& de faire auffi en pierre les ceintres de toutes les portes, ainfi
que leurs piédroits, lefquels forment autant de chaînes prenant

naiſſance ſur les plus baſſes fondations ; la conſtruction d'une de ces portes eſt repréſentée en G (*fig.* 5).

Arrivé à la naiſſance des voûtes des caves & caveaux ſous le dôme, ſous la nef, & ſous le porche, on les conſtruiſit des mèmes matériaux que leurs murs de ſoutien, c'eſt-à-dire, qu'elles furent bâties de moilons piqués du côté des faces apparentes, avec chaînes de pierre aux endroits marqués ſur le plan (*fig.* 2), le long de ces murs. Les voûtes des caveaux *m*, pratiquées ſous les bas-côtés, leſquelles ſont élevées de deux pieds plus que les autres, à cauſe de la différence de hauteur du ſol de l'Egliſe en cet endroit, furent bandées auſſi en moilons avec chaînes de pierres vis-à-vis les piliers de fondations des colonnes. La coupe *P, O, O,* des caveaux qui ſont ſous la nef & les bas-côtés (*fig.* 6), indique leurs dimenſions & leur conſtruction (*a*). Il eſt à remarquer que tous les piliers repréſentés *i, i, i,* (*fig.* 1) en plan, & *H* & *M* en élé-vation (*fig.* 5 & 6), percent perpendiculairement les retombées des voûtes où ils ſe trouvent engagés.

Enfin toutes les voûtes des caves étant terminées, on a garnit leurs reins de moilons à bain de mortier juſqu'à l'arraſement du niveau de la nef ; & au-deſſus du pavé de l'Egliſe on laiſſa ſur les murs de fondations des retraites convenables. Les murs pourtour *a* (*fig.* 3), furent réduits à cette hauteur à trois pieds huit pouces : les ſocles des colonnes de la nef firent retraite de huit pouces ſur leurs piliers de fondations : en un mot tant ſous les colonnes du porche, que ſous le dôme, il fut laiſſé de larges empattemens re-préſentés (*fig.* 5 & 6).

Après les détails particuliers dans leſquels nous ſommes entrés, jettons un regard ſur les attentions générales que l'on a apporté pour la perfection de cette bâtiſſe. Toutes les pierres apparentes de cet édifice ſont de pierres dures, dites du fond de Bagneux,

_____

(*a*) *Nota* que l'Egliſe ſoûterraine pratiquée ſous le chevet de la grande Egliſe, n'a appor-té aucun changement à la diſtribution générale des murs de fondations, attendu que les petites colonnes qui la décorent, furent poſées ſur les murs des caveaux qui partagent le deſſous des nefs.

dont les Entrepreneurs avoient acheté les carrieres, afin d'employer conftamment la même pierre, & d'obvier à ce qui fe voit dans plufieurs de nos bâtimens, & entr'autres à la façade du Palais Bourbon du côté de la riviere, où l'on remarque des cours d'affifes de différentes couleurs ; inconvéniens qui ôtent la beauté du coup-d'œil d'une conftruction, & qui proviennent des impreffions de l'air fur les diverfes efpeces de pierres. Rien n'a été épargné pour le choix de leur bonne qualité, & l'on a rebuté conftamment pendant le cours de cet ouvrage toutes les pierres où fe trouvoient, foit des fils, foit des moyes : elles ont toutes été employées à bas appareil, des plus grands quartiers, & réduites à des affifes reglées de onze pouces de hauteur : toujours chaque pierre a été pofée fur cales, bien de niveau, à bain de mortier de chaux & fable, & en bonne liaifon. Cet édifice étoit déjà élevé de plus de trente pieds, qu'on n'y avoit encore employé ni plâtre ni gros fer.

Pour la propreté de l'exécution, & n'altérer aucune arête des pierres apparentes en les pofant, on leur laiffoit à prefque toutes des mains du côté des paremens : par ce moyen les Ouvriers pouvoient les remuer, & les placer facilement fans rifquer de les écorner avec leurs pinces. Jamais on n'entreprenoit un nouveau cours d'affifes, ainfi qu'il a été déjà dit pour les fondations, que le précédent ne fût achevé dans fon pourtour, afin que tout taffât à la fois & également. Enfin, pour empêcher que les joints, en venant à fe toucher par l'applatiffement des cales, ne s'éclataffent dans les parties baffes de cet édifice, on a pouffé l'attention jufqu'à élargir après coup ces joints avec de petites fcies à main, afin de leur conferver toujours à-peu-près deux lignes de hauteur.

Il faut obferver que, quoique nous ayons dit ci-deffus que tous les cours d'affifes apparentes avoient été conftruits à bas appareil de onze pouces, cependant pour faciliter l'exécution des clavaux qui forment les linteaux des portes & des croifées de cet édifice, il fut employé à leur élévation, c'eft-à-dire, à quinze ou vingt
pieds

pieds au-deſſus du ſol, des pierres de haut-ban de vingt-deux
pouces, dites de Mont-rouge ; mais pour les faire paroître d'une
même hauteur que les autres cours d'aſſiſes, on a affecté de faire
un trait de ſcie de deux ou trois lignes de profondeur au milieu
de ces haut-bans, de ſorte qu'elles ont le même coup-d'œil.

Par le compte que nous venons de rendre, on a dû s'appercevoir avec quelle attention on s'eſt attaché à remédier au défaut
de ſolidité du ſol, à lier de toutes parts les fondations de cet
édifice, & à leur donner une inhérence telle qu'aucune de leurs
parties ne puiſſent agir autrement que toutes enſemble, conformément aux principes que nous avons rapporté. Pour com-
pléter cet examen, il faudroit ſans doute ne pas ſe contenter de
décrire ſimplement ces fondations ſuivant les rapports qu'elles
ont entr'elles, mais encore les conſidérer relativement à leur largeur & à leurs proportions, ſoit avec ce qu'elles doivent ſupporter, ſoit avec la pouſſée des voûtes & plate-bandes, ſoit avec le
poids de la coupole & les épaiſſeurs qu'elle peut exiger : c'eſt ce que
nous nous propoſons d'expliquer dans la ſuite de nos mémoires.

Afin de ne rien laiſſer à déſirer pour l'intelligence de cette conſtruction, nous terminerons ſa deſcription par un précis des précautions que l'on a pris pour poſer chaque pierre, & la lier auſſi
parfaitement qu'il eſt poſſible avec les autres. Ce n'eſt pas que
nous regardions ces procédés comme nouveaux, mais c'eſt qu'il eſt
rare de les voir opérer avec cette ſuite d'attentions, & que d'ailleurs il eſt toujours important de remettre ſous les yeux les excellentes pratiques.

L'Ouvrier, en taillant ſa pierre ſuivant les dimenſions qui lui
ſont tracées par l'Appareilleur, obſerve non-ſeulement de laiſſer
quelques mains du côté du parement, mais encore de pratiquer
ſur les bords de chaque lit quatre ou cinq pouces de liſſes ou de
plumées, & de faire ſur le reſte de la ſuperfice un petit renfoncement ruſtiqué de trois ou quatre lignes, deſtiné à recevoir
le mortier : il a encore l'attention de tailler une autre plumée de

A a

trois ou quatre pouces de largeur fur le bord intérieur du joint
montant du parement, & de laiffer le refte brute : de plus, il lui eft
recommandé de tenir toujours l'angle de fa pierre qui doit former
le joint montant, plutôt maigre que gras, afin d'avoir une ligne
ou deux à ôter fur place.

Lorfqu'une pierre eft préparée de cette maniere, elle eft en état
d'être placée dans fon cours d'affife. Pour cet effet les Pofeurs
commencent par mettre des calles de bois de chêne d'environ
deux lignes d'épaiffeur fur la plumée des pierres de l'affife inférieure qui doit la recevoir ; ils font répondre ces calles aux différens angles de la pierre en queftion, en évitant toutefois de les
placer trop près des arêtes, de crainte qu'elles ne les faffent éclater
lors du taffement ; enfuite les ouvriers élevent cette pierre fur le
cours d'affife inférieure, & la pofent en liaifon & bien de niveau,
à l'aide des mains de pierre : après l'avoir approchée de celle qui
l'avoifine, afin que leurs angles fe touchent, ils terminent le
joint montant fur place, de maniere à le rendre prefque imper-
ceptible avec une petite fcie à main, de l'eau & du grès.

Après cette opération, les ouvriers introduifent de la filaffe
entre le bord du joint de lit du parement, & la font entrer de
force, pour que le mortier qui doit être coulé entre ces pierres,
foit retenu, & ne puiffe s'échapper ou baver par cet endroit. Cela
fait, ils verfent de l'eau où ils ont délayé de la chaux par les
joints fupérieurs des pierres, afin de les bien abreuver, & d'empêcher qu'elles ne boivent trop promptement l'eau du mortier,
ce qui nuiroit à fon action fur les pierres dans les pores defquelles il ne doit s'incorporer que peu-à-peu. Enfin ils finiffent
par couler le mortier, tant par l'intervalle des joints montans,
que par celui des joints de lits qui ne font pas apparens ; & pour
que l'efpace entre chaque joint horifontal foit rempli autant que
faire fe peut & également, ils fe fervent à cet effet d'une efpece
de petite fcie recourbée vers le manche, laquelle a des dents
taillées de façon à faire avancer le mortier & à l'étendre, en

même-tems, sans cependant pouvoir l'emporter en la retirant.

Il ne s'agit plus après cela, que d'arracher cette filasse d'entre les joints, lorsque l'on juge que le mortier a acquis de la consistance, & qu'il n'y a plus à craindre qu'il puisse baver.

Tels sont les détails des précautions successives que l'on a prises pour la pose de toutes les pierres de cet édifice, dont l'explication particuliere des figures achevera de donner une connoissance complette de la construction.

EXPLICATION DES FIGURES
De la Planche IV.

L<small>A</small> *Figure premiere* représente le quart du plan des fondations pris au-dessus de la quatrieme assise, c'est-à-dire, au niveau de la ligne *A B*, *des figures 5 & 6.*

a, a, a, Massifs de murs-libages élevés de quatre assises sur toute la superficie des fondations.

b, b, b, Massifs-moilons arrasés avec la quatrieme assise, & sous lesquels il y a aussi deux assises de libages.

Il faut observer que, pour différencier la pierre du moilon, nous avons exprimé par des lignes diagonales dans les *fig.* 1 *& 2,* toutes les parties en pierre ou en libages, & qu'au contraire nous avons représenté par un grignotage toutes les parties construites en moilon.

c, c, c, Différentes places sur le sol des fondations où il n'est point entré de maçonnerie.

d, d, d, Piliers-libages de six pieds en quarré servant de fondemens aux colonnes de l'intérieur de l'Eglise, & s'élevant à-plomb jusqu'au pavé de la nef.

e, e, e, Murs-libages de trois pieds d'épaisseur, élevés de quatre assises, servant dans les plus basses fondations à lier ensemble les piliers *d, d,* & les murs pourtours de ce monument : les deux assi-

ſes ſupérieures de ces petits murs ſont taillées en claveaux, & for‑
ment entre les piliers *d*, *d*, un arc renverſé.

f, Fondemens des murs de l'eſcalier qui eſt autour de la châſſe,
pour arriver dans la Chapelle ſoûterraine pratiquée ſous le chevet
de la grande Egliſe.

g, *g*, Murs-libages de quatre pieds & demi d'épaiſſeur.

La Figure deuxieme exprime le quart du plan des fondations
au niveau de l'aire des caves, c'eſt-à-dire, à la hauteur *C D*,
des figures 5 & 6.

h, *h*, Mur du pourtour de l'Egliſe, réduit à ſept pieds & demi
d'épaiſſeur, & faiſant retraite d'aſſiſe en aſſiſe depuis le bas des
fondations juſqu'au ſol de la rue.

i, *i*, Piliers de fondations des colonnes, qui ſont les mêmes que
ceux marqués *d*, *fig*. 1.

k, *k*, Murs continués en libages ſous les colonnes du portail.

l, *l*, *l*, Caves pratiquées ſous la nef, ſéparées par des murs *s*, *s*,
conſtruits en moilons avec des piliers *i* en pierres, correſpondans
à ceux des fondations des colonnes, & dont les portes *y* ont des
piédroits en pierre, deſcendant juſques ſur les quatre aſſiſes gé‑
nérales.

m, *m*, Caveaux pratiqués ſous les bas-côtés.

n, *n*, Murs-moilons ſervant de liaiſon aux piliers de fondations
des colonnes.

o, *o*, Murs-libages élevés juſqu'au ſol de l'Egliſe.

p, *p*, Caiſſons de moilons montant depuis la deuxieme aſſiſe
des fondations juſqu'au pavé de l'Egliſe, pour accoter les piliers
du dôme.

q, Maſſif-libage triangulaire montant juſqu'au ſol de l'Egliſe,
où il porte un des piliers du dôme.

r, Cave tournante de quatorze pieds de largeur, pratiquée ſous
le dôme.

t, Grande cave pratiquée ſous le porche.

u, *u*, Murs moilons de quatre pieds d'épaiſſeur avec chaînes de pierre, vis-à-vis les colonnes du portail, foutenant une voûte rampante pratiquée fous les marches de l'efcalier.

x, Emplacement de l'efcalier autour de la châffe.

Nous avons ponctué fur les *fig.* 1 & 2 le plan du rez-de-chauffée, afin que l'on s'apperçoive mieux de leurs rapports.

La Figure troifieme repréfente le plan de la moitié du rez-de-chauffée de l'Eglife.

a, Mur du pourtour de l'Eglife, réduit à trois pieds huit pouces d'épaiffeur.

b, b, Colonnes de l'intérieur de l'Eglife, lefquelles ont trois pieds fept pouces de diametre & quatorze pieds d'axe en axe.

c, Pilier deftiné à porter la coupole qui doit avoir onze toifes un pied de diametre : il eft à obferver que ce pilier n'a véritablement que trois pieds cinq pouces d'épaiffeur en retour fur la longueur de la nef.

d, d, Colonnes du portail qui ont cinq pieds cinq pouces de diametre, & vingt-un pieds d'axe en axe.

L'examen de ce plan fera voir fes correfpondances avec les précédents.

La Figure quatrieme repréfente les plans & profils de différens puits quelconques trouvés dans le fol des fondations.

a, Portion de plan où l'on voit plufieurs puits.

b, c, Différentes excavations faites à l'orifice de plufieurs puits voifins, pour les relier enfemble.

d, Puits ifolé.

e, e, Profils de puits de différentes profondeurs remplis d'affifes de libages placées alternativement entre des maffifs moilons de quatre à cinq pieds de hauteur.

f, f, Affifes de libages faifant une plate-forme commune pour relier les trous des puits, lorfqu'il s'en eft trouvé plufieurs à côté l'un de l'autre.

g, Coupe d'un puits ifolé dont le haut eft auffi bouché par une affife de libages.

La Figure cinquieme repréſente la coupe des fondations ſuivant la ligne *X Z* des plans, *fig. 1, 2, 3.*

A B, eſt une ligne de niveau à la quatrieme aſſiſe des fondations.

C D, eſt une ligne qui repréſente le niveau de l'aire des caves. Il faut faire attention que nous ſuppoſons, tant dans cette figure que dans la ſuivante, la terre enlevée d'entre les murs au-deſſous du niveau *C D*, afin de découvrir leur conſtruction.

E, Profil de la voûte rampante ſous les marches du portail.

F, Caveau pratiqué ſous le porche, dont les murs ſont élevés en retraite d'aſſiſe en aſſiſe depuis les plus baſſes fondations.

G, Porte d'une des caves, ceintrée en pierre, & dont les piédroits, qui ſont auſſi en pierre, prennent naiſſance ſur la quatrieme aſſiſe: *G* exprime encore la conſtruction des murs-moilons deſdites caves qui ont pour fondemens les quatre aſſiſes du plateau général.

H, Pilier de libages ſervant de fondemens aux colonnes, & montant à-plomb juſques ſous le pavé de l'Egliſe.

I, Colonnes du porche, portées ſur des maſſifs de libages, élevés depuis les plus baſſes fondations, & unis entr'eux par des murs-moilons.

V, Colonnes de la nef.

Nous nous ſommes diſpenſé d'étendre cette coupe juſques ſous le dôme, attendu que les murs des caves n'offrent qu'une conſtruction uniforme, faiſant répétition avec la partie marquée *G*.

La Figure ſixieme repréſente une coupe des fondations ſuivant la ligne *YY* des plans, *fig. 1, 2 & 3.*

A B, Niveau de la quatrieme aſſiſe.

C D, Niveau de l'aire des caves.

L, Mur du pourtour de l'Egliſe ayant près de douze pieds dans les plus baſſes fondations, & réduit à trois pieds huit pouces au rez-de-chauſſée.

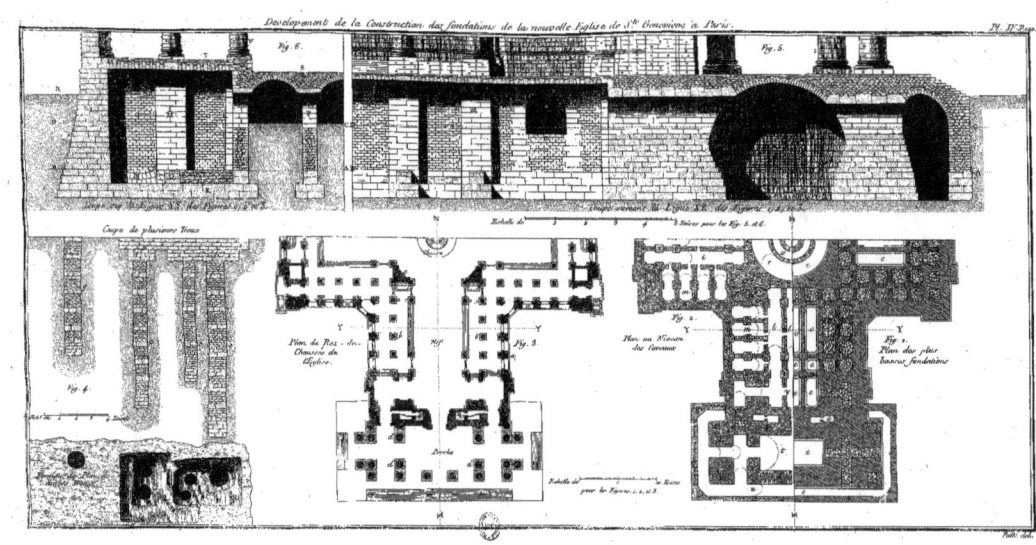

Developement de la Construction des fondations de la nouvelle Eglise de Ste. Genevieve à Paris.

Pl. IVe.

M, Pilier de fondations des colonnes perçant la voûte avec des retombées à fa naiffance.

N, Deux rangées de claveaux, appareillées en arc renverfé, & placées au-deffus de deux affifes de libages au pied de tous les murs de liaifon.

Il eft à remarquer que nous avons fuppofé à l'un de ces encaif-femens le petit maffif moilon enlevé, pour faire voir le bas de la conftruction des murs de liaifon.

O, O, Coupe des claveaux pratiqués fous les bas-côtés, dont les voûtes font de deux pieds plus élevées que celles conftruites fous la nef.

PP, Trois berceaux de cave, pratiqués fous la nef, & conftruits en moilon.

Q, Profil des deux affifes en arc renverfé d'un des petits murs de liaifon qui reftent à cette hauteur, & ne font point élevés comme les autres marqués *O*.

K, Deux affifes de libages placées dans les intervalles des murs de liaifon, & au-deffus defquelles font de petits maffifs-moilons jufqu'à l'arrafe de la quatrieme affife, c'eft-à-dire, des arcs ren-verfés.

R, Niveau de la rue.

S, Sol de la nef dont le deffous eft arrafé avec moilons, au droit des reins des voûtes de caves.

T, Sol des bas-côtés.

V, Colonnes de l'intérieur de l'Eglife.

ARTICLE TROISIEME.

Defcription des procédés employés pour fonder l'Eglife de la Mag-
deleine de la Ville-l'Evéque, à Paris ; PLANCHE V.

PAR l'examen du plan du rez-de-chauffée de cette Eglife (*fig.* 2),
on peut juger de fes dimenfions. Elle aura à-peu-près trois cens
foixante pieds de longueur , fur deux cens quarante pieds de largeur : fa nef qui a quarante-deux pieds de large , eft décorée de
colonnes ifolées , faifant périftile , ayant quatre pieds de diametre , & dix-fept pieds d'axe en axe : chacun des piliers de la coupole, où fera placé le Maître-Autel, eft compofé de trois colonnes ifolées , derriere lefquelles eft un large paffage de vingt-
huit pieds, communiquant avec la nef & les bras de la croix :
les Autels des Chapelles font placés en face de la nef, & adoffés
à un paffage par où les Prêtres peuvent y communiquer des différentes Sacrifties fituées dans les angles rentrans de la croix (*a*).

Pour l'intelligence de cette conftruction , & l'envifager fous le
point-de-vue convenable, il eft important d'obferver, que toute
fa force doit réfider furtout dans deux points capitaux ; 1º dans
les murs de féparations des chapelles qui font deftinées à contreventer , non-feulement les plate-bandes correfpondantes des colonnes de la nef au mur des bas-côtés, mais encore à fupporter
l'effort des arcs-boutans qui doivent contenir la pouffée de la
grande voûte de l'Eglife ; 2º. dans la maniere dont font placées
les facrifties dans les angles rentrans de la croix , afin que
leurs maffes puiffent s'oppofer à l'effort de la voûte tournante derriere les pendentifs , & faciliter en conféquence l'exécution du
dôme.

(*a*) Dans notre Ouvrage des *Monumens érigés à la gloire de Louis XV* , nous avons inféré
le deffein de cette Eglife , comme devant faire point de vûe à la Place du Roi ; & nous avons
applaudi avec juftice à fa compofition, mais fans parler de fa conftruction qui n'étoit pas alors
affez avancée pour en pouvoir juger.

A vant

Avant de fonder cette Eglife, il fut fait plufieurs puits dans l'emplacement où il s'agiffoit de l'élever, afin de connoître la nature de fon fol. On trouva à feize pieds de profondeur, une couche de terre-franche ou terre à four, d'environ quatre pieds & demi d'épaiffeur, & au-deffous un gros fable. M. Contant, Architecte de cet Edifice, fe détermina à préférer la terre-franche pour affeoir fes fondations, tant à caufe de l'économie qui lui parut devoir en réfulter, que parce qu'il jugea cette couche de terre fuffifamment folide. Il eft à remarquer que, fous les nouveaux bâtimens en colonnades de la Place de Louis XV, qui font dans le même quartier, quoiqu'on eût rencontré un femblable fol, on avoit pris au contraire le parti de lui préférer le gros fable pour plus de fûreté.

Après les fouilles ordinaires des fondations qui n'embraffent encore que le chevet de cette Eglife, la croifée & les deux bras collatéraux de la croix, on plaça à feize pieds de profondeur fur cette terre-franche, une premiere affife de libages de vingt-deux pouces de hauteur, bien cramponnée fous toute l'étendue des murs continus *f*, *g*, *h*, *l*, (*fig.* 1) qui font le pourtour de l'Eglife, & les féparations des différens caveaux *i*, *i*, pratiqués fous les chapelles & les facrifties. Au-deffus de cette affife qui fut pofée à fec, on éleva ces mêmes murs *f*, *g*, *h*, *l*, foit en moilons durs, foit en pierres de meuliere, en affectant de n'employer de la pierre que dans les endroits capitaux, comme aux têtes des murs de féparations des cavaux, à tous les angles rentrans & faillans & aux autres places, que nous avons diftingués, dans la *figure* 1, par des lignes diagonales, tandis que toutes les parties en moilons font exprimées par un petit grignotage.

Les piliers des fondations *a*, *b*, *c*, *d*, *d*, (*fig.* 1), deftinés à porter les colonnes A, B, C, D, repréfentées dans le plan du rez-de-chauffée (*fig.* 2), font conftruits depuis le fol jufqu'au pavé de l'Eglife tous en libages, & n'ont prefque aucune liaifon,

B b

foit entr'eux, foit avec les fondemens des autres parties de l'E-
glife, comme il eft aifé de le remarquer en A, B, C, D, dans
la *fig.* 5 qui exprime leur élevation. Le pilier *a*, fervant de maffif à un des groupes de colonnes qui doit porter le dôme, a de
dimenfions vingt-deux pieds de longueur en deux fens, fur
feize pieds d'épaiffeur, avec un pan coupé du côté de l'intérieur : il fait retraite d'affife en affife en s'élevant, de-forte qu'au
rez-de-chauffée de la nef, il eft réduit à quatorze pieds de longueur auffi en deux fens, fur à-peu-près huit pieds d'épaiffeur,
avec encore un pan coupé. Le pilier *b* qui doit porter la premiere colonne de la nef a environ dix pieds en quarré, & eft
élevé à-plomb avec deux murs de liaifon en moilon *e, e*, de
chacun trois pieds d'épaiffeur, qui l'uniffent d'une part au pilier
de la feconde colonne *c*, & de l'autre avec le mur des bas-côtés.
Les autres piliers *c, d, d*, fervant de foutien à différentes colonnes, tant de la nef que des bras de la croix, ont chacun fix pieds fept pouces en quarré, & font élevés fans aucun
fruit depuis le fol jufqu'au pavé de l'Eglife, où ils font un
empattement de fix pouces de tous côtés fous le focle de chaque
colonne. Les *figures* 5 & 6 qui repréfentent deux différentes coupes des fondemens de cet Edifice, font voir l'arrangement de
fa conftruction (*a*).

Comme les piliers A, B, C, D, (*fig.* 5) font indépendans les
uns des autres, & n'ont pas d'inhérence avec les autres parties
des fondations, on n'a pas cru devoir s'affujettir à la hauteur
des mêmes cours d'affife, & l'on a conftamment employé les
libages des épaiffeurs de lits telles qu'elles fe font trouvées, en
obfervant feulement de les arrafer au niveau, foit de l'Eglife, foit
de la rue.

(*a*) Vû qu'il ne s'agit ici que de l'efprit de la conftruction des fondemens de cette Eglife,
qui fera la même dans toute fon étendue, il eft à obferver que nous avons exprimé indifféremment une partie du plan de la nef fur notre deffein, au lieu de celle du chevet qui eft
déjà exécutée : ainfi ce que nous difons des fondemens de la nef doit s'entendre également de
ceux des bras de la croix.

Toutes les pierres-libages employées dans cette conſtruction ont été équarries & ruſtiquées ſur leurs lits, ſans y pratiquer de renfoncemens pour le mortier : on les poſoit d'abord ſur de gros coins de bois, enſuite on couloit entre ces pierres force mortier avec une pelle : quand cet intervalle étoit bien rempli, on retiroit doucement les coins pour faire repoſer la pierre ſur le mortier, & on leur ſubſtituoit des calles ; enfin on finiſſoit par bien battre chaque pierre avec une demoiſelle pour la faire taſſer ſuffiſamment, & par remplir les intervalles qui ſe trouvoient entre les pierres, de bons clauſoirs enfoncés avec force.

Il avoit été réſolu, & même on commença ces fondations avec le projet de cramponner toutes les aſſiſes de pierres ; mais pour diminuer la dépenſe, on ſe reſtraignit enſuite à ne cramponner chaque aſſiſe que de deux l'une, c'eſt-à-dire qu'au-deſſus d'une aſſiſe cramponnée, il y en a une qui ne l'eſt pas, mais la ſuivante l'eſt. Les crampons dont on s'eſt ſervi ont à-peu-près dix-huit pouces de long ſur quinze lignes de large, avec ſix ou ſept lignes d'épaiſſeur, & ſont recourbés à chaque bout en forme de crochet. Chaque crampon eſt poſé de champ, entaillé de ſa profondeur ſur le lit de deux pierres où il eſt ſcellé en plâtre. On voit la repréſentation, à part d'un de ces crampons ſur notre deſſein en C, (fig. 4), ainſi que leur arrangement dans un cours d'aſſiſes en A (fig. 3).

Tous les murs-moilons qui ſont repréſentés par un grignotage ſur le Plan (fig. 1), ainſi que nous l'avons dit, ont été faits de moilons durs, ébouzinés au vif avec mortier de chaux & ſable, & ont été élevés perpendiculairement de toute leur épaiſſeur aux différens ſols, ſoit de la rue, ſoit de l'Egliſe.

Arrivé au niveau de la rue, ſur le mur pourtour de l'Egliſe h, qui a dans ſes fondemens quatre pieds d'épaiſſeur, il a été fait ſeulement une retraite en dehors d'un pied, ſans en laiſſer du côté des chapelles : on a fait encore une retraite à-peu-près

femblable fous les murs des bas - côtés en dedans de la nef, à la
hauteur du pavé de l'Eglife ; & enfin fous les murs de féparations des
chapelles on en a également pratiqué une à la hauteur fufdite.

Tous les libages employés dans cette conftruction font de pierres d'Arcueil , ainfi que toute la pierre parementée de l'intérieur
de l'Eglife : celle au contraire dont on fe fert pour conftruire les
murs extérieurs eft du cliquard de la plus dure qualité, tiré des
carrieres de Vaugirard. On n'a pas encore laiffé de mains aux paremens: en effet lorfqu'il n'y a qu'une face apparente, avec un peu
d'adreffe les pofeurs peuvent remuer une pierre par les trois
autres côtés, fans écorner les arêtes.

Jufqu'à préfent, au lieu de faire un parement uni au cliquard,
on s'eft contenté de faire une cizelure d'un pouce au pourtour
de la face extérieure, & de tenir le refte légérement ruftiqué. Il eft
à croire que l'on continuera ainfi en dehors les cinq ou fix premieres affifes , & qu'enfuite on tiendra le parement liffe à l'ordinaire pour faciliter le ragrément.

Toutes les pierres de taille au-deffus du pavé font auffi cramponnées de deux affifes l'une, non-pas avec des crampons de fer
plat recourbés par les bouts, femblables à ceux employés dans les
fondemens, mais avec des crampons ordinaires de fer quarré d'un
pouce , dont l'élévation eft repréfentée en D (*fig.* 4).

Quant à la conftruction des murs extérieurs, toutes les parties comprifes entre les murs de féparations des chapelles n'ayant à foutenir
aucune pouffée , doivent, à ce qu'on prétend, être revêtus en
dehors de pierres d'un pied d'épaiffeur , & continués en moilons
du côté de l'intérieur. La vue de notre deffein, joint à fon explication particuliere que nous donnons ci-après , nous difpenfe
d'entrer dans un plus grand détail ; c'eft pourquoi nous allons
paffer aux réflexions néceffaires pour apprécier cette conftruction.

Quiconque a fait attention à ce que nous avons dit précédemment , à tous les procédés des Anciens & des Goths pour fonder
leurs Edifices , aux principes de Statique qui prouvent la nécef-

fité de ces procédés, aux inconvéniens qui font réfultés de leur négligence en bâtiffant l'Eglife de Saint Pierre de Rome, & enfin aux précautions qu'on a prifes pour affurer les fondemens de celle de Sainte Genevieve, doit être fans doute furpris en voyant la maniere dont eft fondée l'Eglife de la Magdelaine.

Ce qui doit frapper d'abord, c'eft de voir combien l'ifolement de toutes les parties de fes fondations (*fig.* 1) paroît contradic-toire à la maniere de bâtir de tous les tems. En effet les quatre piliers du dôme ne font liés, ni entr'eux, ni avec les colonnes de la nef : pour efpérer une réuffite de cette façon de bâtir, il faudroit non-feulemeut être bien affuré de l'égalité de confiftance intérieure du fol (*IVᵉ. Principe*), mais encore que le poids & la pouffée, tant du dôme que des voûtes tournantes, chargeront les piliers avec un tel équilibre (*IIIᵉ. Principe*), que le refoulement des terres fous leur bafe ne pourra manquer d'être reparti avec la plus grande uniformité ; toutes chofes fi incertaines & fi conjecturales, que, pour ne point donner au hazard dans une affaire de cette importance, il eft à croire qu'il eût été prudent de lier enfemble toutes ces diverfes parties, comme de coutume, pour ne faire qu'un tout incapable de pouvoir fe mouvoir autrement que quarrément.

Il en eft de même des colonnes de la nef qui, à l'exception des deux premieres, n'auront aucune liaifon, foit entr'elles, foit avec les bas-côtés ; à peine fe trouve-t-il quelque empattement fous ces colonnes. On voit par les Plans qu'elles font fupportées par des piliers *c, d, d,* (*fig.* 1), de fix pieds fept pouces en quarré, parfaitement ifolés, élevés à pic depuis les plus baffes fondations, & fur lefquels chaque focle de colonnes ne fera retraite que de fix pouces. Jamais cependant circonftance ne parut exiger davantage de lier enfemble des piliers, foit entr'eux, foit avec les bas-côtés, & de leur donner, du côté intérieur de la nef, de bons empattemens : car la corniche de l'entablement chargera d'abord en bafcule fur le devant des colonnes ; enfuite la voûte de la

grande nef agira fur ces points d'appui avec une certaine pouffée ; enfin les différentes plate-bandes , tant fuivant la longueur
de la nef , que fuivant la largeur des bas-côtés, opéreront encore
des efforts dans d'autres fens ; de forte que le concours de ces
diverfes puiffances (*IIIe. Principe*) , imprimant leur action fur la
bafe des piliers des colonnes , produira néceffairement des taffemens autres que perpendiculaires.

Indépendamment de ces raifons, la nature du fol fur lequel eft
placée une partie de cet Edifice, ne fembloit pas moins engager
à lier de toutes parts fes fondations. Nous avons dit que c'étoit
une couche de terre-franche d'environ quatre pieds & demi d'é-
paiffeur , au-deffous de laquelle il s'eft trouvé un lit de fable ; or
il s'en faut bien qu'un pareil fol ait une grande confiftance pour
foutenir un poids auffi confidérable que celui de ce bâtiment: tout
doit porter à croire au contraire que lorfqu'il fera plus élevé, ces
piliers ifolés agiffant comme autant de pilots fur la terre-franche,
à raifon des différens fardeaux dont ils feront chargés , imprime-
ront leur action jufques fur le fable, au hafard d'y occafionner des
taffemens inégaux qui, de tous les inconvéniens , font les plus à
craindre dans un édifice de cette efpece.

Ajoutons à ces confidérations que le terrain où l'on fonde cette
Eglife n'étant pas tout-à-fait libre , c'étoit encore une nouvelle
raifon qui paroiffoit néceffiter d'en lier de toutes parts les fondations, afin qu'au défaut de pouvoir taffer toutes enfemble, elles
puffent du moins agir avec le plus d'uniformité poffible fur le fol.

En vain, pour fuppléer à ces liaifons, dira-t-on qu'on a cramponné, de deux l'un, tous les cours d'affife avec des fers plats, dont
la forme eft repréfentée en C, (*fig.* 4,) ; nous croyons qu'il eft
aifé de faire voir l'infuffifance de ce moyen. De deux chofes l'une,
fi ces crampons peuvent être utiles, il ne falloit pas les faire d'un
fer auffi fragile, & de plus il ne falloit excepter aucun cours d'affife ; fi au contraire, comme on eft fondé à le croire, ils ne peuvent être d'aucune utilité, il falloit les fupprimer, attendu qu'il ne

sçauroit être à craindre que des pierres bien posées de niveau sur un fond convenable, liées par de bon mortier, & accôtées de tous côtés par les terres, puissent se séparer, ou se remuer autrement que toutes ensemble ; & si ce dernier cas arrivoit (ainsi qu'il peut être à présumer, vû l'isolement des piliers de fondations de la nef) on ne voit pas de quel secours pourroient être ces crampons contre une pression inégale sur le terrain : il n'y a que de bons murs de liaison, élevés d'un pilier à l'autre jusqu'au pavé de l'Eglise, depuis les plus basses fondations, qui soient capables d'opérer un effet efficace dans cette circonstance.

Enfin la façon de construire en réduisant dès les plus basses fondations la bâtisse à un nécessaire absolu, jusqu'à faire en moilons les fondemens même des murs de séparations des chapelles & des sacristies, dans lesquels doit résider toute la force de la construction de cet édifice, paroît devoir lui être préjudiciable : de forts libages en pareil cas auroient sans contredit une toute autre solidité que des moilons, par la raison que de grands corps continus ont beaucoup plus de consistance qu'une multitude de petits corps contigus. Il semble qu'il étoit indispensable en outre dans tout l'extérieur du mur pourtour de cette Eglise, de pratiquer de larges empattemens en talud au moins de trois à quatre pieds, depuis le bas jusqu'au sol du pavé pour le fortifier de toutes parts : en un mot, en supposant qu'à la rigueur, dans un bâtiment ordinaire, on puisse admettre une pareille répartition économique de matériaux, dans un Edifice à colonnades, destiné pour passer à la postérité la plus reculée, & dont l'exécution exige toujours la plus grande sujétion, on demande s'il est prudent d'en user de cette maniere. Bâtir ainsi, n'est-ce pas supposer dans les ouvriers une perfection qu'ils n'apportent presque jamais dans l'exécution? n'est-ce pas se mettre dans le cas de rendre la moindre négligence, ou la moindre inégalité de tassement funeste à un semblable Edifice? C'est de cette maniere, comme nous l'avons vû, que Bramante fonda le dôme de Saint Pierre de Rome. Dans l'intention d'ac-

célérer fon ouvrage & d'en jouir plutôt, il hafarda fa conftruction, ne lia aucune partie de fes fondations & fupprima les empattemens néceffaires ; de-là toutes les difgraces qui arriverent fucceffivement à cet Edifice. L'on a vu que les Architectes qui furent chargés après lui de fa continuation, s'appliquerent pendant
long-tems à fortifier fes fondemens, à les lier, à les reprendre par-
deffous œuvre, & qu'il fallut enfin toute l'habileté de Michel-Ange
pour rétablir jufqu'à un certain point la folidité qui leur man-
quoit.

Afin de ne nous point trop étendre fur l'examen de cette conftruction, nous avons marqué exprès par un pointillage *m, m,* fur la
fig. 1, tous les murs de liaifon & les empattemens que nous croyons
qu'il conviendroit de lui ajoûter pour être conforme aux procédés
ufités, & aux principes ci-devant rapportés. Ce n'eft pas que nous
penfions qu'il fût aifé de rectifier ainfi ces fondations ; car tous
les murs des bas-côtés, & la plûpart des piliers B, C, D, (*fig.* 5)
n'ayant pas de harpes, à l'exception de ceux du dôme A, qui, à
la faveur de leurs redens, font fufceptibles d'en recevoir, il s'enfuit que la plûpart de ces murs d'addition *m, m,* (*fig.* 1) ne
fçauroient être que de placages, c'eft-à-dire ne peuvent faire corps
véritablement avec les piliers & les murs, à moins de les reconf-
truire en grande partie.

Nous allons terminer cet examen par une obfervation de la plus
grande importance, c'eft qu'en fuppofant que les fondations de
l'Eglife de la Magdeleine fuffent exécutées auffi folidement qu'elles
devroient l'être, il feroit difficile de juftifier l'exécution de la colonne d'angle B, (*fig.* 2) de la nef, que l'on peut confidérer
comme la clef de la conftruction de cet Edifice.

Cette colonne B, qui eft ifolée de dix-fept pieds du mur des
bas-côtés, doit être chargée en partie du poids de la grande voûte
de la nef, de celle qui tourne derriere les pendentifs, & de deux
plate-bandes, fardeau évalué fuivant les détails au moins à deux
cens cinquante miliers. De plus elle doit contreventer toute feule

à

à caufe de la réfiftance du mur pignon de la nef, une file de fept plate-bandes chacune de dix-fept pieds d'axe en axe, & une autre plate-bande en retour d'équerre auffi de dix-fept pieds, lefquelles pouffent toutes au vuide fur cette colonne *B*, ainfi qu'il eft aifé de le remarquer, tant fur le modele, que fur les plans gravés qui ont été publiés. Comment fe figurer qu'une feule colonne de quatre pieds de diamètre au plus par le bas, puiffe oppofer une réfif-tance fuffifante à tant de différens efforts ? Perrault en pareil cas a placé aux extrémités de la colonnade du Louvre, de gros pavil-lons de treize toifes ; Servandoni a oppofé à la pouffée des plate-bandes du portail de Saint Sulpice, deux tours de chacune fept toifes ; M. Gabriel à la Place du Roi a auffi contenu la file de fes plate-bandes par deux grands corps de bâtimens de chacun onze toifes : il n'y a pas d'exemple moderne où l'on n'en ait ufé ainfi.

Nous ne doutons pas qu'on ne reponde que l'on placera à l'or-dinaire dans l'entablement deux chaînes de tirans, l'une entre la corniche & la frife, l'autre entre la frife & l'architrave, & que pour les fortifier on pourra encore placer, au-deffus du dernier entre-colonnement où eft la colonne d'angle *B*, des tirans diagonaux. Mais alors on repliquera ; tous ces moyens qui font ufités peu-vent à la bonne heure retenir deux ou trois plate-bandes de fuite peu étendues, mais comment prouver qu'ils fuffiront contre l'im-menfité de l'effort de huit grandes plate-bandes agiffant toutes de concert, & pouffant au vuide contre un feul point ? Qui peut affurer que ces tirans feront capables de contreventer un pareil effort ? N'eft-il pas à préfumer, au contraire, qu'ils romprot infailliblement dans l'œil ou le crochet qui eft toujours leur partie foible ? car pour couder l'œil d'un tiran, on fçait qu'il faut remet-tre cinq ou fix fois le fer à la chauffe ; d'où il réfulte qu'étant en cet endroit fouvent à demi brûlé & calciné, il s'en faut bien qu'il ait toute la folidité requife pour opérer une grande réfiftance. D'ail-leurs il faudra faire fupporter à ces tirans par des étriers, comme de coutume, le poids des claveaux de la frife & de l'architrave ;

Cc

double action qui énervera encore leur force, & agira d'autant plus puiffamment pour les rompre.

Quant aux tirans diagonaux les plus efficaces, fans contredit, pour opérer de la réfiftance en pareil cas, ils ne peuvent pas quadrer, comme on pourroit le croire, avec la conftruction indiquée dans le modèle & les deffeins. Car les entre-colonnes au-deffus des bas-côtés étant ornées de calottes au lieu de plafonds, il réfulte qu'on ne pourra pofer ces fortes de tirans à la hauteur des plate - bandes où ils feroient néceffaires, & qu'il faudra les placer vers le haut de la corniche de l'entablement, c'eft-à-dire dans un endroit où ils ne pourront opérer aucun effet. Il ne reftera donc d'autre moyen d'obvier à cet inconvénient, que de former un plafond en pierre au-deffus du dernier entre-colonnement *B*, mais alors on n'aura plus de fymètrie, on furchargera encore les colonnes, & on augmentera d'autant plus la pouffée de la plate-bande d'angle que l'on a tant d'intérêt de diminuer.

Mais fuppofons pour un moment que, contre toute attente, l'on vienne à bout d'arranger tous ces tirans pour opérer une réfiftance fuffifante, on démontrera alors que les précautions qu'on aura prife contre la pouffée, ne peuvent qu'être préjudiciables à la folidité néceffaire pour porter. Comment empêcher en effet les deux maigres fommiers de l'architrave & de la frife de la colonne d'angle *B*, d'être excavés au point de n'être plus qu'un coffre pour recevoir à la fois les yeux des trois tirans en queftion, ainfi que le mandrin d'axe de la colonne? Tous les gens d'expérience fçavent qu'il faudra dans chacun de ces fommiers un vuide au moins d'un pied de hauteur fur deux pieds de largeur (*a*) ; alors que deviendra la folidité néceffaire pour fupporter le poids de plus de deux cens cinquante milliers, qui fera tout entier dirigé fur cet endroit. Quelqu'un pourra t-il fe perfuader qu'un pareil fardeau puiffe fe

────────

(*a*) La *figure* 7 repréfente toute cette difpofition : *a*, *b*, *c*, exprime en plan les trois tirans, & *d* le vuide qu'il faudroit pratiquer dans un des fommiers pour les recevoir. Vers le haut de la même figure, on voit encore en coupe l'entablement de la colonne *B* (*fig*. 1), avec les deux vuides *h* & *g*, pour placer les tirans.

foutenir en l'air fur des pierres évidées ! De toutes parts l'imagination n'entrevoit aucune folution à toutes ces difficultés, mais
ce qu'elle voit clairement, ce font des obftacles véritables pour
l'exécution de cette colonne *B*.

De tout ce qui vient d'être expofé, il s'enfuit que l'Eglife de la
Magdelaine paroît fondée,non-feulement contradictoirement à tous
les procédés ufités, mais encore aux principes de la ftatique, c'eft-à-
dire à la maniere dont les corps agiffent fur les fols qui les reçoivent,
& qu'enfin, quand bien même fes fondemens feroient bâtis avec
une folidité convenable ou qu'on pût parvenir à les rectifier, il y a
lieu de croire que la premiere colonne de la nef ne fçauroit être
exécutée avec une apparence de fuccès.

EXPLICATION DES FIGURES
De la Planche V.

*L*A *Figure premiere* repréfente le plan des fondations un peu
plus haut que la premiere affife.

a, Maffif-libage d'un des quatre piliers du dôme, s'élevant en
retraite d'affife en affife jufqu'au niveau de l'Eglife.

b, Autre maffif-libage fervant de fondemens à la premiere colonne de la nef, élevé à-plomb, & lié par deux murs moilons *e*, *e*,
de chacun trois pieds d'épaiffeur d'une part avec le pilier *c*, & de
l'autre avec le mur des bas-côtés.

c, *d*, *d*, Piliers ifolés auffi en libages, élevés fans aucun fruit,
& fervant de fondemens aux autres colonnes de la nef.

f, Partie de mur-libage, ayant fix pieds fept pouces de longueur
fur quatre à cinq de largeur, comprife dans l'épaiffeur du mur
des bas-côtés pour fervir de fupport aux demi-colonnes.

g, Murs-moilons, au bas defquels eft une affife de libages.

h, Mur-pourtour de l'Eglife, élevé à-plomb avec chaînes de
pierre au droit des murs *l* de féparations des caveaux.

i, i, Caveaux fous les Chapelles & Sacrifties, voûtés en moilons avec chaînes de pierre aux endroits marqués fur le plan, & aux piédroits des portes.

k, Paffage répondant à celui pratiqué derriere les Chapelles, & féparé des caveaux par des murs de dix-huit pouces conftruits en moilons.

l, Mur de féparations des caveaux ayant environ cinq pieds d'épaiffeur, conftruit partie en moilon, partie en pierre.

m, m, Pointillages exprimant les murs de liaifon & les empattemens qu'il faudroit ajouter à ces fondations, pour être conftruites à l'ordinaire.

La *Figure deuxieme* exprime une partie du plan au rez-de-chauffée de l'Eglife ; les mêmes lettres de renvois en capitales que nous avons affecté, font voir la correfpondance des parties fupérieures avec les inférieures précédentes.

La *Figure troifieme* repréfente en *A* un cours d'affife de libages avec la difpofition des crampons de fer plat à crochet: *C* (*Figure* 4,) fait voir le plan & le profil à part de ces crampons.

B, Exprime comment font cramponnées, de deux affifes l'une, les pierres paramentées hors des fondations avec des crampons ordinaires *D* (*fig.* 4).

La *Figure cinquieme* repréfente une coupe fuivant la longueur *X X,* de la nef, *fig.* 1 & 2. Son échelle eft quadruple de celle des plans.

A, Maffif-libage d'un des piliers de la coupole, élevé en retraite.

B, Maffif-libage pour la fondation de la premiere colonne.

C, D, Piliers ifolés, femblables à tous ceux qui fupportent les colonnes.

E, Mur de liaifon en moilons.

F, F, Coupes de terre.

G, Socle des colonnes faifant retraite de fix pouces.

La *Figure fixieme* repréfente la coupe des fondations fuivant la ligne *Z Z des figures* 1 & 2.

A, Pilier de fondation d'une colonne.

B, Socle d'une colonne de la nef.

C, *C*, Coupes de terre.

D, Pilier-libage fous les demi-colonnes.

E, Épaiffeur des murs de fondations des bas-côtés.

F, Premiere affife.

G, Caveaux.

H, *H*, Ligne ponctuée exprimant le fol des caveaux.

I, Mur extérieur faifant retraite d'un pied au niveau du pavé.

K, Paffage répondant à celui placé derriere les Chapelles.

L, Mur de féparation des Chapelles.

La Figure feptieme exprime le plan de l'architrave de la co‑lonne *B* ; on y remarque la place des trois tirans *a*, *b*, *c*, & le vuide *d* pratiqué dans la pierre pour les loger. Au-deffus eft le profil de la même colonne & de fon entablement, où l'on voit femblablement les deux rangs de tirans *c*, *f*, à la hauteur de la frife & de l'architrave, avec le vuide *g*, *h*, qu'il y faut pratiquer pour les recevoir.

Nous n'infifterons pas fur quantité de petits détails, inutiles pour le but que nous propofons, qui eft d'expliquer feulement l'efprit de la conftruction de cet édifice.

ARTICLE QUATRIEME.

Defcription de la conftruction des fondations de l'Eglife Paroiffiale de Saint Germain-en-Laie ; PLANCHE VI.

L'EGLISE Paroiffiale de Saint Germain-en-Laie, que l'on exécute actuellement fur les deffeins de M. Potain, Architecte du Roi, a auffi une nef en colonnade. Que l'on fe repréfente une longue galerie divifée en trois parties avec des Chapelles à droite & à gauche, précédée d'un porche formé par fix colonnes, on aura à‑peu-près une idée générale de la diftribution du plan de cet édifice.

Il a environ dix-sept toises de largeur : sa nef a trente-six pieds: ses bas-côtés ont dix-huit pieds : les colonnes qui soutiennent la grande voûte ont quinze pieds d'axe en axe, & de diametre trois pieds neuf pouces : enfin les colonnes du portail ont cinq pieds de diametre, & seront d'ordre dorique, ainsi que celles de la nef.

Sous toute cette Eglise, il a été pratiqué des caveaux disposés suivant sa largeur, de sorte que ses souterrains sont divisés en autant de parties qu'il y a d'entre-colonnes dans la longueur de la nef. Les *figures* 1 & 2, font voir toute cette disposition.

Lorsque l'on fit les fouilles des fondations de cette Eglise, on trouva à huit ou neuf pieds un bon sable suffisamment compact pour les asseoir ; mais comme on y vouloit des caveaux, au-dessous desquels il est toujours nécessaire de donner au moins quatre pieds & demi de fondemens, pour empêcher les fosses d'inhumation de se trouver plus bas que la premiere assise, il fut décidé d'excaver de trois à quatre pieds le bon terrain sous la plus grande partie de la nef : il n'y eut d'excepté que le côté du portail où le sol s'étant trouvé vicieux, on fut obligé, pour atteindre le bon fond, de descendre les fondemens jusqu'à dix-huit & vingt pieds de profondeur.

On posa à sec sur le sable en question, la premiere assise composée d'un cours de bons libages suivant la distribution du plan (*figure* 1). Audessus, on laissa une retraite de trois pouces de chaque côté des murs qui furent élevés à-plomb jusqu'au-dessous de l'aire des caves. Les uns tels que C & D, qui ne font que de liaison, furent construits en moilons, & les autres tels que A & B, qui se trouvent tant au-dessous des colonnes que des murs de l'Eglise, furent exécutés en libages : le tout maçonné avec mortier de chaux & sable tiré des décombres des fondations, & passé à la claye.

Quand on fut parvenu au niveau du sol des caveaux SS (*fig.* 4), on laissa encore une retraite de trois pouces de chaque côté sur les murs précédens A, B, C, D (*fig.* 1), & l'on plaça une as-

sise de pierre Q (*fig.* 4) d'environ vingt pouces de hauteur, au-
deslus de laquelle furent élevés en pierre dure de haut-ban des
piliers de cinq pieds en quarré E (*fig.* 2) en plan, & I (*fig.* 4)
en élévation, servant de fondemens aux colonnes de la nef. De
plus, il fut aussi exécuté en pierre dure la tête des murs F de séparation des caveaux au-dessous des Chapelles : pour ce qui est
de la partie G du même mur, elle fut continuée en vergelé de
haut-ban, qui est comme l'on sçait une pierre un peu plus dure
que le Saint Leu ; & l'intervalle, entre ces deux parties de pierres différentes, fut construit en moilon essenillé.

Les piliers E (*fig.* 2) qui soutiennent les colonnes, excédent les
épaisseurs des murs I de séparations des caveaux d'environ dix-
huit pouces de chaque côté, & forment de l'un à l'autre des arcs
doubleaux aussi en pierre dure, ce qui contribue à lier parfaitement toutes les fondations des colonnes suivant la longueur de la
nef : I & W (*fig.* 4 & 5) représentent tout cet arrangement.

Le mur latéral de l'Eglise est élevé à-plomb depuis les plus
basses fondations du côté des terres, & fait retraite seulement de
six pouces au niveau du pavé de la rue : il a dans ses plus basses
fondations, trois pieds ; au-dessus de la premiere assise, deux pieds
neuf pouces ; au niveau des caveaux, deux pieds six pouces ; &
au-dessus de la rue, deux pieds. Tous les murs de séparation des
caveaux ont trois pieds d'épaisseur dans les plus basses fondations ;
deux pieds & demi jusqu'au sol des caveaux ; & enfin dans les
caveaux, deux pieds d'épaisseur : ils sont construits en moilons
essenillés, maçonnés avec mortier de chaux & sable, & les portes qui y sont pratiquées ont leurs piédroits & plate-bandes exécutés en vergelé, (*fig.* 4 & 5.)

La différence entre la hauteur du sol de la rue, & celle de l'E-
glise est de quatre pieds, c'est-à-dire, qu'il y aura environ huit
marches pour y arriver.

Il est a remarquer que cet édifice se fait par partie, parce qu'on
n'est pas maître de tout le terrain, & qu'il faudroit abattre l'Eglise

ancienne pour continuer celle-ci, ce qui eſt un grand déſavantage, comme il a été remarqué déjà à l'occaſion de l'Egliſe de la Magdeleine, relativement à la preſſion inégale du terrain, & à ce qu'il eſt à craindre que les harpes ne rompent à l'endroit de la jonction, une partie de l'édifice ayant fait ſon taſſement ſans l'autre.

On ne peut diſconvenir que ces procédés de fondations ne ſoient très-bien entendus, & bien d'accord avec les principes que nous avons expoſés : la ſeule choſe que nous pourrions peut-être deſirer, ſeroit que l'on eût fait tout le mur G entiérement en pierre dure comme ſa partie F (*fig.* 2), depuis le ſol des caveaux juſqu'au pavé de l'Egliſe, à cauſe du grand poids des murs de ſéparations dans leſquels doit réſider toute la force de la conſtruction de cet édifice : peut-être auſſi ſeroit-il à ſouhaiter qu'on eût laiſſé davantage de retraite ſur le mur extérieur niveau du pavé.

A ces légeres obſervations près, qui peuvent être regardées de notre part comme un excès de précautions, on doit citer cette maniere de fonder comme un modele pour la répartition économique des matériaux, & pour le parfait enchaînement de toutes les parties des fondations d'un édifice entr'elles.

EXPLICATION DES FIGURES
De la Planche V I.

LA *Figure premiere* repréſente le plan de la premiere aſſiſe des fondations, qui eſt placée à quatre pieds & demi au-deſſous de l'aire des caveaux.

A, Piliers de fondations des colonnes.

B, Murs de fondations des ſéparations des Chapelles.

C, C, Murs de fondations des caveaux.

D, D, Murs de liaiſon s'élevant ſeulement juſqu'au ſol des caveaux.

La

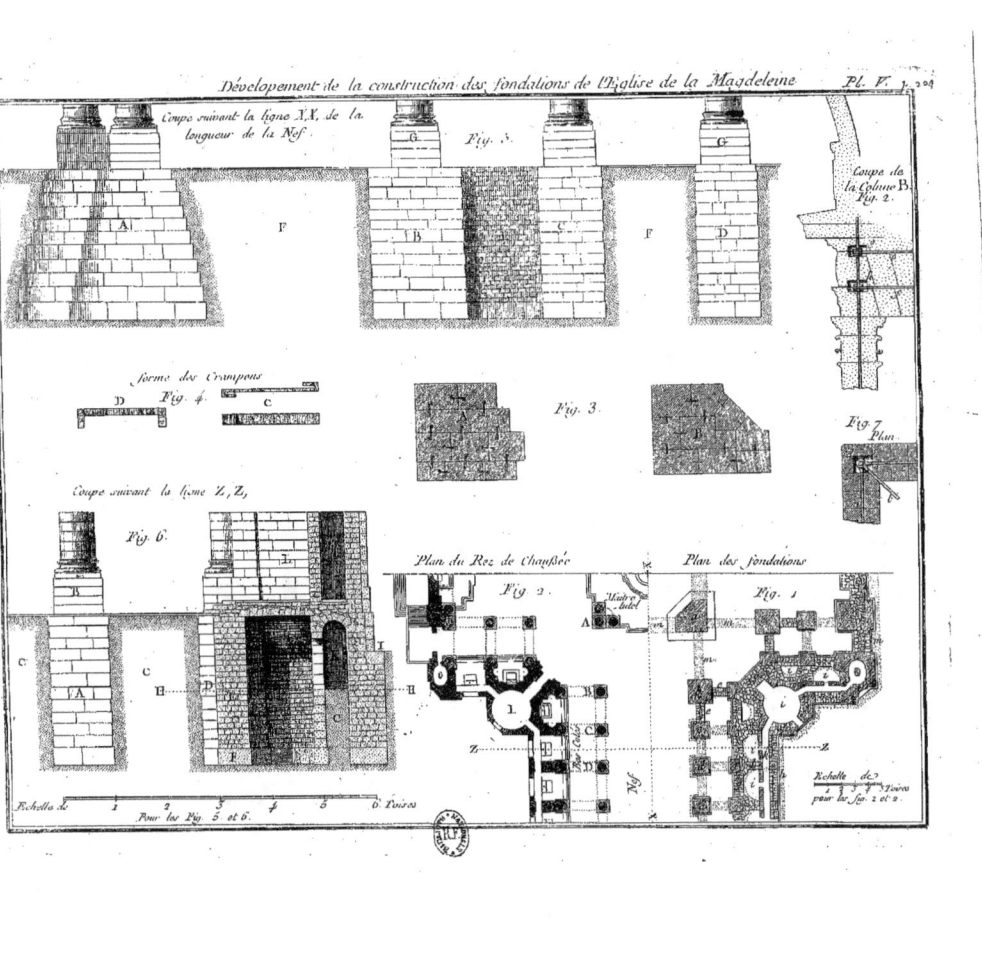

Coupe suivant la ligne X, X, de la longueur de la Nef.

Fig. 5.

Coupe de la Colone B. Fig. 2.

forme des Crampons   Fig. 4.

Fig. 3.

Fig. 7. Plan.

Coupe suivant la ligne Z, Z,

Fig. 6.

Plan du Rez de Chaussée   Fig. 2.

Plan des fondations   Fig. 1.

Echelle de   Pour les Fig. 5 et 6.   6. Toises.

Echelle de pour les fig. 1 et 2.

Coupe suivant la longueur de la Nef. YY. des Figures 1, 2 et 3.

Fig. 5.

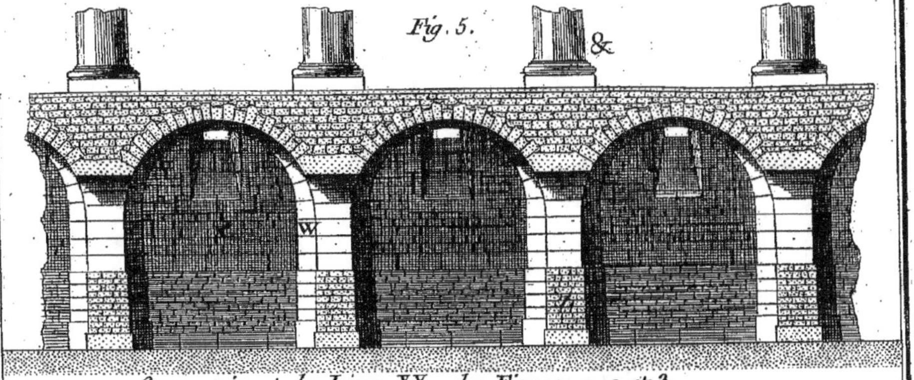

&

Coupe suivant la Ligne XX. des Figures 1, 2 et 3.

Fig. 4.

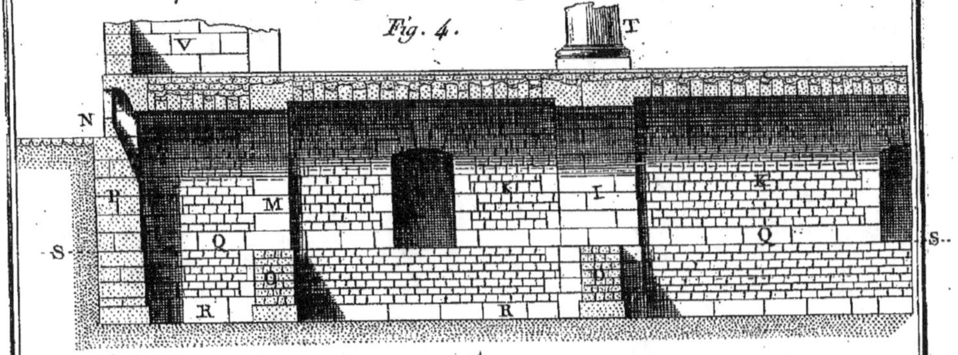

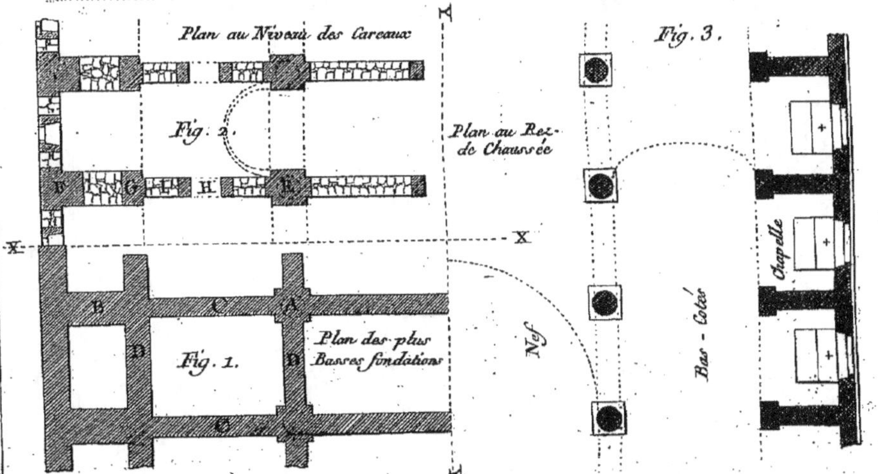

N

S

Plan au Niveau des Careaux

Fig. 3.

X

Fig. 2.

Plan au Rez de Chaussée

X

X

Plan des plus Basses fondations

Fig. 1.

Nef

Bas - Coté

Chapelle

Echelle de   5   6   7   8. Toises. pour les fig. 1. 2. et 3.

La Figure deuxieme repréfente le plan des caveaux.

E, Piliers des colonnes, élevés en pierre dure avec des arcs auffi en pierre dure, & fervant à lier les fondations fuivant la longueur de la nef.

F, Partie de mur en pierre dure.

G, Autre partie du même mur en pierre tendre.

Il eft à remarquer que tout ce qui eft ombré dans cette figure par des lignes diagonales repréfente les parties en pierre ; & que ce qui eft grignotté, exprime les parties exécutées en moilon.

H, Porte dont les piédroits & les plate-bandes font en verd-gelé. ...

*, Murs de féparation des caveaux.

La Figure troifieme exprime le plan d'une partie de la nef ; en le comparant avec les plans précédens, on apperçoit fa correfpondance.

La Figure quatrieme repréfente la coupe de la largeur de l'Eglife fuivant la ligne *X*, *X*, des plans.

I, Piliers qui fupportent les colonnes.

K, Mur de féparation des caveaux.

M L, Murs portant ceux de féparations des Chapelles ; la partie *L* eft en pierre dure, tandis que la partie *M* eft en pierre tendre.

N, Coupe des abat-jours & du mur latéral de l'Eglife.

O, Murs de liaifon.

P, Coupe de la fondation du mur extérieur de l'Eglife.

Q, Affife de pierre dure au niveau du fol des caveaux.

R, Premiere affife de fondations auffi en pierre dure.

S, *S*, Ligne ponctuée exprimant le niveau du fol des caveaux.

T, Colonne de la nef.

V, Mur de féparation des Chapelles.

La Figure cinquieme repréfente la coupe des fondations fuivant la ligne *Y*, *Y*, des plans.

W, Piliers des colonnes liés par des arcades.

D d

X, Murs de face des caveaux où font pratiqués les abat-jours.

Z, *Z*, Murs de liaifon en coupe & en élévation.

&, Colonnes de la nef.

A R T I C L E C I N Q U I E M E.

Obfervations générales fur ce qui conftitue effentiellement la folidité des fondations des Édifices.

Il réfulte des principes que nous avons rapportés, & de ce que nous venons de détailler, que, pour efpérer de bâtir avec folidité, il faut commencer toujours par bien s'affurer du fol fur lequel il s'agit d'élever un édifice, & ne pas s'en tenir à fa fimple apparence. François Blondel, dans fon cours d'Architecture (*a*), prétend que quelques attentions que l'on puiffe apporter pour affeoir un bâtiment fur un bon fond, elles font toujours fort incertaines, & compare à cette occafion un Architecte à un Médecin qui ne travaille que fur des conjectures. Comment un Architecte, dit-il, peut-il deviner que fous un fol qui lui paroit avoir de la confif-tance, il ne fe rencontre pas de mauvais terrains qui peuvent, non-feulement être affaiffés par le poids de l'édifice, mais en-core caufer fa ruine ? Nous penfons au contraire qu'il y a des moyens non équivoques pour ne fe point tromper à cet égard ; il n'y a qu'à faire quelques puits dans le terrain où l'on veut fon-der, on parviendra à connoître aifément fon intérieur, l'épaiffeur de fes couches, & par conféquent la force qu'on en doit efpérer pour porter un édifice : on peut encore de diftance à autre faire, outre ces puits, des fondes avec des tarrieres, principalement fous les endroits capitaux des fondations ; par-là on s'affurera de l'uniformité ou des variétés de l'intérieur d'un fol, & l'on jugera à n'en pouvoir douter d'avance de toutes fes circonftances locales. Si Bramante avoit pris cette précaution, le dôme de Saint Pierre

---

(*a*) Cinquieme partie, page 649.

de Rome eût été plus folidement fondé, ainfi que nous l'avons vû,
& il fe feroit apperçu que la confiftance du fol où il vouloit bâtir,
n'étoit que factice ; fi François Manfard, en fondant l'Eglife du
Val-de-Grace, ne s'étoit pas fié à la fermeté apparente du terrain,
les murs de cet édifice ne fe feroient pas affaiffés, comme il arriva
lorfqu'ils furent à peine fortis hors de terre, & il auroit fçû qu'il y
avoit, au-deffous de l'endroit où il devoit bâtir, de grands creux
ou des efpeces de carrieres, dont on avoit tiré de la pierre anciennement ; en conféquence, cet Architecte les auroit comblés,
comme on a fait à Sainte Genevieve, ou bien il auroit élevé des
piliers fuffifans pour foutenir le ciel de ces carrieres: par ce moyen
il eût fortifié fon fol, & évité les difgraces qui lui arriverent à
cette occafion.

Le terrain étant bien reconnu, c'eft à la capacité & à l'induftrie
de celui qui dirige un ouvrage, de faifir les moyens les plus propres pour remédier par art aux difficultés, s'il s'en rencontre. Il n'eft
pas poffible de pouvoir prefcrire des régles uniformes pour fonder fur toutes fortes de terrains à caufe de leurs variétés. Tout ce
qu'on peut dire en général, c'eft que quand le fol eft aquatique
ou marécageux, il faut piloter & fuivre pour cette opération
à-peu-près les procédés que nous avons expliqué dans le troifieme
Chapitre de cet Ouvrage, *page* 125.

Si le fol fur lequel il s'agit de fonder un bâtiment eft une
couche de terre-glaife, après avoir mis le bas des tranchées bien
de niveau, la meilleure méthode eft d'y affeoir un grillage de
charpente, compofé de longues pieces de bois de dix à onze
pouces de gros, affemblées l'une à l'autre tant plein que vuide,
& à queue d'aronde dans toute la fuperficie des fondations :
fur ce grillage il convient de placer, auffi de niveau, un cours de
plate-formes ou de madriers de trois à quatre pouces d'épaiffeur,
chevillés fur toutes les pieces de bois, & pofer au-deffus la
premiere affife compofée de grands quartiers de libages, en obfervant de conftruire les murs à-plomb par dedans, avec de bon-

nes retraites en dehors jufqu'à une certaine élévation : enfuite il faut continuer d'élever fur ces fondemens les murs uniformément & toujours de même hauteur dans toute leur étendue, de telle forte qu'on ne pofe jamais une pierre pour commencer une affife en aucun endroit du pourtour, que celle de deffous ne foit entiérement achevée : par ce procédé, la maffe du bâtiment prenant fon faix partout, le terrain glaifeux qui eft fous le grillage ne fera jamais plus preffé d'un côté que de l'autre. C'eft de cette maniere que François Blondel a fondé, il y a environ cent ans, avec le plus grand fuccès, le bâtiment de la Corderie de Rochefort, fur une couche de terre glaife (a).

Mais en fuppofant que le fol fur lequel on doit bâtir foit mouvant, & qu'on ne prévoye pas qu'en creufant plus bas, il foit poffible de s'en procurer un meilleur, on peut employer également le grillage dont nous venons de parler, en y ajoutant de part & d'autre un rang de palplanches de douze ou quinze pieds de longueur, bien jointives, enfoncées avec force, & affemblées par le haut dans des longuerines bien boulonnées, & folidement entretenues par des entre-toifes de diftance en diftance ; puis on bâtira, comme il a été dit ci-deffus, avec de larges empattemens & des cours d'affife réglée ; alors le fol, quoique mouvant, fera contenu de toutes parts fous les fondations, & acquerra une folidité qui ne pourra manquer d'augmenter à raifon de la preffion de la maffe de l'Edifice.

Si au contraire l'on rencontre dans un fol différens puits, il eft à propos de les remplir de libages & de moilons bien maçonnés : fi ce font des carrieres qui ayent été fouillées, il faut foutenir leur ciel par de fréquens piliers, furtout fous les endroits qui correfpondent aux principaux maffifs du bâtiment ; & fi ce font des cavités trop confidérables à remplir, pour éviter la dépenfe, il fuffit, ainfi que le confeillent Alberti, Philibert

(a) *Cours d'Architecture, cinquieme partie*, page 658.

de Lorme & Scamozzi, d'élever de gros piliers de maçonne-rie jufques fur le bon fond, diftans de quatre à cinq toifes, & de ceintrer des arcades d'une fuffifante épaiffeur de l'un à l'autre, pour porter avec folidité ce que l'on veut placer au-deffus.

Après que le terrain aura été bien affermi ou jugé fuffifam-ment folide, fi l'édifice doit être d'un grand poids, il ne faut pas tellement compter fur la bonté du fond, qu'on ne prenne encore des précautions pour prévenir l'inégalité des affaiffemens, vû que toutes les parties d'un édifice ne chargent jamais également, & qu'il eft rare auffi qu'un terrain fe trouve uniformément com-pact ; c'eft pourquoi il eft néceffaire de toujours s'attacher à enchaîner dès le bas les fondations, par de bons murs de liai-fon, afin qu'elles s'accottent mutuellement ; & même pour peu qu'un fol foit jugé vicieux, il ne faut pas héfiter à faire un pla-teau continu, afin d'avoir fur toute fon étendue des points d'appui d'égale réfiftance. La méthode de lier enfemble par le pied les principaux piliers avec des efpeces d'arcs renver-fés, tels que le propofe Alberti, & qu'on l'a pratiqué à Sain-te Genevieve, eft excellente ; c'eft un des meilleurs moyens d'affurer la durée d'un édifice. Après cette attention, l'effentiel eft de bâtir par charges égales, c'eft-à-dire de conftruire autant qu'il eft poffible quarrément les fondemens dans toute leur fuperficie, & furtout de ne point commencer un cours d'affife que l'autre ne foit entiérement fini : par là tout taffera à la fois & avec uni-formité. Pour fentir l'inconvénient des procédés contraires, il ne faut que réfléchir combien un taffement d'un pouce ou deux plus dans un endroit d'un édifice que dans l'autre, lorfqu'il eft forti de terre, feroit capable d'y caufer du défordre, principale-ment s'il étoit conftruit en colonnades.

En joignant à ces précautions, celle d'élever les fondations d'un monument avec de bonnes retraites, de larges empattemens en dehors, & de n'employer que des pierres dures des plus grands quartiers, toujours en bonne liaifon, toujours bien coulées de

bon mortier, fans fouffrir de vuides entr'elles qui ne foient exactement remplis par des garnis enfoncés avec force, il eft à croire
qu'on parviendra à donner toute la folidité requife ; & que
pourvû que les largeurs des fondations foient combinées relativement avec ce qu'elles doivent porter à la fortie des terres , &
avec la pouffée des voûtes ou des dômes qu'elles feront obligées
de foutenir, on élevera des édifices comparables pour la durée
à tous les batimens antiques les plus renommés pour la conftruction.

CHAPITRE CINQUIEME.

De la construction des Quais ; PLANCHE VII.

LORSQUE les rivieres, dans leur passage à travers les Villes, ont des quais suffisamment spacieux, il ne s'agit dans leur exécution que de donner à leurs murs de revêtement les épaisseurs & taluds nécessaires, soit pour assurer leur solidité, soit pour contenir les efforts de la poussée des terres : il n'y a point d'autres difficultés dans ces sortes de constructions.

Mais lorsque les quais sont resserrés, & qu'ils aboutissent surtout à des lieux très-fréquentés, pour faciliter le concours des voitures, on n'avoit trouvé d'autre moyen jusqu'en 1675, que d'abattre les maisons nécessaires, afin de leur donner plus de largeur. Bullet, Architecte du Roi & de la Ville, ayant été chargé alors de construire le quai Pelletier, un des plus considérables passages de Paris, & où il n'auroit pû passer deux voitures à-côté l'une de l'autre, en le construisant à l'ordinaire, proposa pour opérer son élargissement de faire porter le parapet en saillie du côté de la riviere. On sçait les contradictions qu'éprouva cette nouveauté. Plusieurs des principaux Architectes de ce tems-là, consultés par le Prévôt des Marchands, soutinrent que le projet de Bullet, quelque utile qu'il parut, étoit inexécutable, & qu'on s'en trouveroit mal dans la pratique, parce qu'il seroit impossible de retenir suffisamment la bascule des pierres supérieures de l'encorbellement projeté du côté de la riviere. Bullet soutint fermement le contraire, démontra par plusieurs mémoires la solidité de sa bâtisse, & enfin obtint d'en faire l'essai. C'est le développement de cette construction universellement estimée des gens de l'art, pour sa hardiesse, sa legéreté, son économie, & pour les avantages considérables qui en résultent, que nous nous propofons de développer (*a.*) : nous donnerons enfuite en parallele ; fuivant notre méthode, la conftruction du quai de l'Horloge auffi à Paris, qui eft toute différente, bien qu'elle procure la même utilité.

Conftruction du Quai Pelletier.

L A vouffure de ce quai a environ cinq pieds de faillie, & comprend dans la totalité de fa longueur trente-quatre travées de douze pieds trois pouces & demi d'axe en axe, femblable à celle repréfentée (*fig.* 1 & 2, *Pl.* VII). Elle a moins de faillie que de hauteur, & eft formée d'une portion de cercle de quatre pieds quatre pouces de rayon. Si l'on tire une corde des deux extrémités de cet arc, on trouvera qu'elle a fix pieds de longueur. Chaque travée eft compofée au-deffous du cordon de deux rangs de claveaux *E* & *D*, tendant à un centre commun qui eft le fommet d'un triangle équilatéral dont le côté a douze pieds trois pouces : le fuperieur *E* eft au nombre de huit, & l'inférieur *D* au nombre de fept : au-deffous eft un cours d'affife *C* horifontal qui termine la vouffure par le bas, & fait une faillie fur le mur du quai de fix pouces. Ces claveaux *E* & *D* font retenus à droite & à gauche au bout de chaque travée par deux forts fommiers *A* & *B*, placés l'un au-deffus de l'autre en forme d'efpece de coins renverfés. Le premier *A* eft de deux morceaux égaux formant la même hauteur d'affife, & le fecond B au contraire eft de deux affifes dont la fupérieure eft d'un feul morceau, & l'inférieure de deux morceaux : ce font dans ces deux fommiers ou couffinets, qui ont chacun trois pieds & demi de largeur dans le bas, que réfident toute la force & la folidité de cette conftruction.

(a) C'eft à M. Moreau, Architecte du Roi & de la Ville, que nous devons les détails intérieurs de cette conftruction, dont il a bien voulu nous faire la recherche dans les anciens Deffeins de l'Hôtel-de-Ville.

Après

Après donc que le mur du quai fut conftruit à l'ordinaire, fuivant les épaiffeurs & talus convenables pour retenir l'effort de la
pouffée des terres, & qu'il fut arrafé au-deffous de la vouffure projettée, on commença par pofer ; 1°. le premier cours d'affife orifon-
tale *C*; 2°. les fommiers *B* de chaque travée à la diftance de douze
pieds trois pouces d'axe en axe, dont chacun eft de deux affifes,
l'une defquelles eft de deux morceaux ; 3°. les claveaux *D* ; 4°. les
fommiers fupérieurs *A* qui font chacun féparés en deux perpendiculairement par le milieu.

Pour folider fuffifamment le fommier *A*, dans lequel réfide toute la force de cette conftruction, on lui a donné environ
fept pieds de longueur, c'eft-à-dire, la plus longue queue poffible du côté des terres, fur dix-fept pouces de hauteur (*fig.* 2);
enfuite on a mis une forte ceinture de fer *G* à fept ou huit
pouces de fon extrémité, laquelle embraffe l'affife fupérieure du
fommier *B* ; & dans l'intention de rendre à fon tour le fommier
B inébranlable, on l'a retenu vers fa queue par un fort tiran *H* à
deux branches, de neuf pieds de longueur, coudées par leurs extrémités *I*. La *figure* 2 exprime le profil d'un de ces tirans *H*, & la
maniere dont il eft placé dans l'épaiffeur du mur du quai pour
retenir puiffamment la baffecule du fommier *B* & par conféquent du fommier *A*, lefquels ne font qu'un par le moyen de
l'embraffure *G*.

Les fommiers *A* étant bien affurés dans toute la longueur du
quai, il ne fut plus queftion que de pofer les claveaux *E*, dont la
tête fût fuffifamment foutenue par la coupe des fommiers, &
la queue par les moilons.

Il n'eft pas inutile d'obferver qu'outre que, tous les claveaux *D*
& *E* font taillés en coupes dirigées vers un centre commun, de
même que les fommiers *A* & *B*, leurs têtes font encore une
petite croffette tendante au centre même de la vouffure, ainfi
qu'il eft aifé de l'appercevoir dans le profil (*fig.* 2).

On peut encore remarquer que la ceinture *G* & le tiran *H* à

E e

deux branches, ont été l'un & l'autre enclavés de leur épaiffeur dans le deffus des fommiers *A* & *B*, & placés à l'aide d'une tranchée quarrément dans les côtés defdits fommiers qui font obliques : dans la *figure* 1 où le tiran *G* eft vu de face avec fes deux branches exprimées par des lignes ponctuées, on apperçoit quelle a dû être la direction de ces tranchées.

Pour terminer le quai, au-deffus de cet encorbellement, on plaça le cordon *K*, & enfuite le parapet *F* ; puis on garnit de terre & de fable la hauteur qu'on vouloit donner au trotoir, & l'on finit par paver par-deffus. Toute la maçonnerie de ce quai a été coulé au mortier de chaux & ciment. L'infpection du deffein (*fig.* 1 & 2) fait voir la difpofition & proportion de toutes les parties de cette conftruction, qui depuis près de cent ans, ne s'eft point démentie : nous avons affecté les mêmes lettres de renvoi, tant dans la coupe que dans l'élévation, pour mieux indiquer la correfpondance des mêmes objets.

ARTICLE SECOND.

Conftruction du Quai de l'Horloge.

LE quai de l'Horloge fe trouvant auffi extrêmement refferré, en le reconftruifant il y a une trentaine d'années, il fut réfolu de foutenir femblablement le trotoir en encorbellement du côté de la riviere, mais l'on s'y prit tout différemment qu'au quai Pelletier, & l'on ne fuivit ni fa courbe ni fa conftruction.

La courbe qui termine ce quai eft beaucoup plus allongée, fans avoir pourtant davantage de faillie ; il eft auffi conftruit par travées de douze pieds trois pouces de milieu en milieu des fommiers ; au lieu de deux rangs de claveaux, il n'y en a qu'un feul, ou du moins les feconds font prolongés en liaifon avec les premiers jufqu'au-deffous du cordon (*fig.* 3 & 4). Sa vouffure eft portée par une efpece de talon couronné par une plinthe *P*, &

de plus fa premiere affife O eft horifontale : à l'extrêmité de chaque travée, il n'y a qu'un grand fommier MM qui comprend trois
affifes de hauteur. Ce ne font pas des tirans qui retiennent la queue
des pierres qui font l'encorbellement, on a préféré de faire fous
une partie du quai une efpece de plateau de plufieurs cours d'af-
fes de libages T bien cramponnées (*fig.* 4), lefquels forment des
efpeces de chaînes qui retiennent efficacement la baffecule des
pierres avancées en faillie fur la riviere. La vûe du deffein (*fig.*
3 & 4) rend palpable tout cet arrangement, & nous difpenfe
d'en dire davantage.

<hr />

ARTICLE TROISIEME.

Réflexions fur ces deux Conftructions.

Pour juger à laquelle des deux conftructions on doit donner
la préférence , nous remarquerons qu'il nous paroît que l'arrangement du quai Pelletier , où les deux rangs de claveaux font
abfolument diftincts , ainfi que les deux fommiers , eft inférieur à celui du quai de l'Horloge , où les claveaux au contraire,
ainfi que les fommiers ne font qu'un, & font prolongés en bonne
liaifon. De plus les chaînes de libages, cramponnées pour retenir
fucceffivement tous les claveaux , nous femblent auffi préférables
aux tirans qui ne fervent qu'à contenir fimplement les fommiers.
La conftruction de Bullet eft peut-être plus fçavante, plus hardie,
plus économique , & fa courbe plus agréable à la vue, mais celle
du quai de l'Horloge a certainement l'avantage d'être plus folide ,
mieux liée, & mieux conftruite pour la durée ; but qu'il faut toujours fe propofer dans de femblables travaux.

EXPLICATION DES FIGURES
De la Planche VII.

L A Figure première repréſente une travée du quai Pelletier, vue en face, & la *figure* 2, le profil de la même travée coupée au milieu des ſommiers.

A, Sommier ſupérieur.

B, Sommier inférieur, compoſé de deux aſſiſes.

C, Aſſiſe horiſontale.

D, Rang des claveaux inférieurs.

E, Rang des claveaux ſupérieurs.

F, Parapet.

G, Embraſſure de fer qui lie les deux ſommiers *A* & *B*.

H, Tiran.

I, I, Coudes du tiran.

L, Mur du quai.

Les Figures troiſieme & quatrieme repréſentent l'une la face d'une travée du quai de l'Horloge, l'autre ſon profil.

M, M, Sommier.

N, Claveaux.

O, Aſſiſe horiſontal.

P, Talon couronné d'une plinthe.

Q, Parapet.

S, Mur du quai.

T, Chaînes de pierre, cramponnées pour retenir la baſſecule de l'encorbellement.

V, Eſpece de crèche ou d'empattement au pied des murs du quai, qui ſont bâtis ſur pilotis.

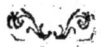

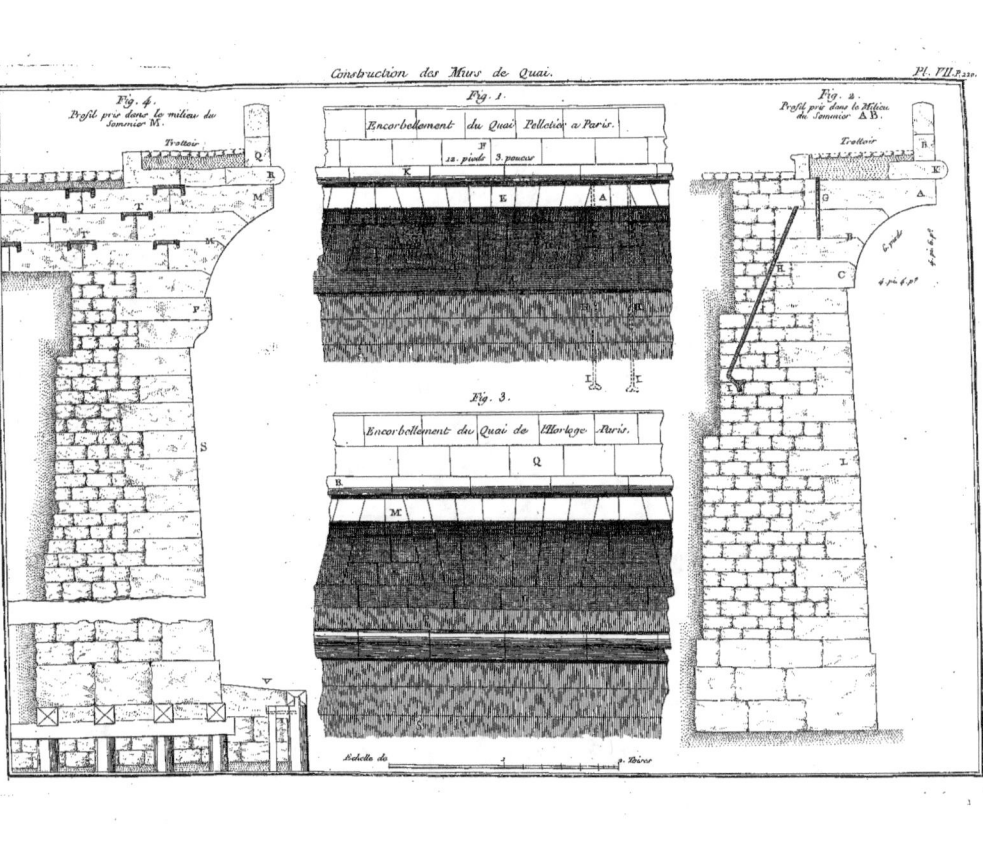

Fig. 4.
Profil pris dans le milieu du Sommier M.

Fig. 1.

Encorbellement du Quai Pelletier a Paris.

Fig. 3.

Encorbellement du Quai de l'Horloge Paris.

Fig. 2.
Profil pris dans le Milieu du Sommier A B.

Echelle de
9. Toises.

CHAPITRE SIXIEME.

De la nouvelle méthode de fonder les Ponts sans batardeaux ni épuisemens , employée avec succès au Pont de Saumur sur la Loire , laquelle produit une économie de près de moitié sur ces sortes d'ouvrages.

Des procédés usités pour fonder dans l'eau.

Les travaux hydrauliques sont de tous les ouvrages d'architecture les plus difficiles , & ceux où il se rencontre d'ordinaire les plus grands obstacles dans l'exécution. La méthode usitée pour fonder dans la mer à de grandes profondeurs , est de bâtir à pierres perdues , c'est-à-dire , de jetter au hasard de gros quartiers de pierre les uns sur les autres en grande quantité & sans mortier : c'est ainsi que sont fondés la plûpart des môles , des risbans , & des jetées que l'on avance dans les ports de mer. Mais, outre que ce n'est qu'à force de multiplier les dépenses & les amas de pierre que l'on vient à bout de pareils travaux, il est aisé de s'appercevoir du peu de solidité que peuvent avoir des ouvrages élevés sur des fondations composées de pierres entassées confusément, sans liaison, & à travers lesquelles les eaux filtrent sans cesse.

La fameuse digue de la Rochelle, de sept cens quarante toises de longueur, vantée comme le plus bel ouvrage qui ait été fait en ce genre, ne fut pas construite autrement. Après avoir enfoncé de part & d'autre dans la mer de longues poutres de douze pieds en douze pieds , liées par d'autres poutres mises en travers , on jetta dans leurs intervalles des pierres séches, sans autre mortier que celui que la vase pouvoit porter entre leurs vuides. Cet ouvrage avoit par le bas douze toises, & seulement quatre toises par le haut , c'est-à-dire que ses deux côtés étoient disposés en talut.

On laiſſa au milieu une ouverture de quatre toiſes , ſur laquelle on fit un pont de bois , pour donner un libre cours à l'eau de la mer (a).

La digue qu'Alexandre le grand fit conſtruire , lorſqu'il aſſiégea Tyr, à laquelle a été comparée la précédente , quoique exécutée différemment , n'étoit pas plus ſolide. Pour combler le bras de mer qui ſéparoit cette Ville de la terre-ferme , on y jetta des arbres entiers avec toutes leurs branches que l'on chargea de groſſes pierres , & à force d'entaſſer ſucceſſivement des arbres & des pierres, bien entrelacés les uns dans les autres juſqu'au-deſſus de la mer , on parvint à faire un corps du tout, & l'on finit par couvrir de terre graſſe & de fortes planches toute cette ſuperficie.

Le pont celébre, que Trajan fit conſtruire ſur le Danube , lequel avoit, au rapport des Hiſtoriens , vingt arches hautes de cent cinquante pieds , ſur cent ſoixante-dix de largeur chacune, fut fondé de cette maniere ; on ſe contenta de jetter dans le lit du fleuve, à l'endroit des piles, une prodigieuſe quantité de divers matériaux, à l'aide deſquels on vint à bout de former des manieres d'empattemens, qui furent élévés juſqu'à la hauteur de l'eau. On prétend qu'Adrien ſucceſſeur de Trajan , fit abattre ce pont de crainte que les Barbares ne s'en ſerviſſent contre les Romains, mais il eſt à croire qu'un pareil ouvrage ne pouvoit être d'une longue durée , vû que ſes fondemens n'ayant pas une certaine liaiſon, devoient être ſans ceſſe ébranlés par le mouvement des vagues ou bien minés par le courant de l'eau.

Quand on veut bâtir dans l'eau plus ſolidement, on ſe ſert d'ordinaire de caiſſes faites de bois de chêne , bien ferrées , remplies de pierres & de maçonnerie ; on deſcend ces encaiſſemens avec précaution, & on les place autant de niveau que l'on peut, ſoit à-côté, ſoit au-deſſus les uns des autres en liaiſon comme des cours d'aſſiſe de pierres de taille : mais cette conſtruction , quoique meilleure que

_____

(a) Toute l'armée de Louis XIII employa environ cinq mois à cette conſtruction qui opéra, comme l'on ſçait, la réduction de la Rochelle.

les précédentes , ne sçauroit non-plus avoir beaucoup de consistance, par la raison que ces caisses ne peuvent faire corps ensemble, & que le mortier qui y est renfermé, ne peut se lier avec le
bois.

Lorsque l'eau n'a pas une grande profondeur , on place quelquefois les fondemens des ouvrages sur de forts grillages de charpente , que l'on soutient à la surface de l'eau avec des cables & des
machines. Sur ces grillages , on arrange de larges quartiers de
pierre cramponnés ensemble , construits bien uniformément dans
tout le pourtour , & maçonnés avec de bon mortier de chaux &
ciment ou de pozzolane : cette masse de pierre étant suffisamment élevée pour dominer au-dessus de l'eau , on la fait descendre
à l'aide des mêmes cables & machines disposées à cet effet, doucement & bien de niveau jusqu'au fond : ce procédé a été suivi
pour les jetées du port d'Ostie du tems de l'Empereur Claude ,
& c'est aussi de cette maniere que Draguet Reys fonda à Cons-
tantinople, le siecle dernier, une mosquée au milieu de la mer (a).

Vitruve rapporte (b) que, pour bâtir dans l'eau des môles ou faire
des jetées pour des ports , les Anciens pratiquoient une enceinte
dans l'endroit où l'on vouloit les placer avec une simple file de
pilots rainés, dont ils garnissoient l'intervalle de forts madriers ;
& que sans vuider l'eau ils jettoient dans cette enceinte du mortier de pozzolane avec des pierres , de sorte que ces matériaux
occupant la place de l'eau & la chassant par leur pésanteur, em-
plissoient l'espace renfermé par les pilots rainés. Cet Auteur dit
aussi qu'ils faisoient souvent des especes de batardeaux avec deux
rangs de pilots, entre lesquels ils jettoient des sacs faits d'herbes
de marais remplis de terre grasse , & qu'ensuite après avoir vuidé
l'eau comprise entre ces batardeaux par des machines hydrauliques, suivant que le terrain étoit jugé solide , on bâtissoit dessus ;
ou bien l'on y enfonçoit des pilotis.

(a)Traité des Ponts & Chaussées de Gauthier , page 83.
(b) Livre V , traduction de Perrault.

Il eſt à préſumer que les Anciens n'ont pas pouſſé la perfection des travaux hydrauliques auſſi loin que les modernes, & qu'ils n'ont rien exécuté de comparables, pour la difficulté & la ſolidité, à pluſieurs de nos grands ouvrages en ce genre. A t-il rien exiſté de plus ſolide & d'auſſi bien entendu, entr'autres, que les travaux qui furent faits en dernier lieu à plus de ſoixante pieds ſous l'eau, pour la conſtruction des jetées du port de Cherbourg en Normandie? On ſe ſervit à cet effet de bateaux dont les bords étoient préparés de maniere à pouvoir ſe démonter aiſément, & dont le deſſous des avants & arrieres becs étoit de niveau avec le fond : après les avoir ſoutenus & bien amarés ſur l'eau par de forts cables attachés à pluſieurs vaiſſeaux, on les rempliſſoit de maçonnerie arrangée en liaiſon avec de bon mortier ; enſuite on deſcendoit chaque bateau bien quarrément au fond de la mer, à-côté l'un de l'autre, de maniere que leurs becs ſe croiſaſſent en forme de lozanges : à meſure qu'un bateau étoit placé, on enlevoit d'en-haut ſes bords pour qu'il n'en reſtât que le fond. La ſuperficie du ſol de la mer que devoit occuper la jettée, ayant été couverte d'une rangée de bateaux, on en plaça une ſeconde au-deſſus, puis une troiſieme, une quatrieme, & ainſi juſqu'au-deſſus de l'eau, en obſervant ſans ceſſe de poſer chaque rangée ſupérieure à recouvrement ſur les joints de celle inférieure, c'eſt-à-dire de façon à recouvrir les petits vuides que laiſſoit l'enlevement des bords des encaiſſements inférieurs.

Sans nous arrêter à l'examen de ces ſortes de travaux dont pluſieurs ont été décrits ailleurs, nous nous bornerons à parler ſeulement de la conſtruction des ponts, qui a fait de nos jours les plus grands progrès, & à faire voir comment l'on eſt parvenu à les fonder ſans batardeaux n'y épuiſemens.

Il eſt conſtant que, de tous les procédés pour bâtir dans l'eau, il n'y a que la conſtruction ſur pilotis qui ſoit véritablement regardée comme ſolide ; mais pour l'opérer, il faut d'ordinaire pouvoir détourner le cours de l'eau : en conſéquence il eſt d'uſage de faire un batardeau d'enceinte qui enveloppe une ou deux piles,

&

& qui coupe toute communication avec la riviere : à l'aide de pompes à chapelets on parvient à étancher l'eau de cette enceinte, & l'on entretient à grands frais, jours & nuits, ces épuisemens pendant tout le tems que dure la fondation de la pile , & jusqu'à ce qu'elle se trouve suffisamment élevée pour dominer au-dessus de l'eau. On sçait à combien d'inconvéniens sont sujets de pareils travaux ; des débordemens, des crues inopinées, des eaux qui filtrent continuellement à travers des terres, contrarient souvent ces opérations, & les rendent, même dans les cas les plus favorables , toujours très-dispendieuses.

Les pilotis d'ailleurs ne sont pas praticables en toutes occasions , & quelquefois peuvent devenir nuisibles à la solidité, principalement, lorsqu'on rencontre un terrain glaiseux. Le pont de Xaintes sur la Charente ne fut renversé, le siecle dernier, que parce qu'on s'étoit avisé de piloter sur un pareil sol. François Blondel chargé de reconstruire ce pont, reconnut que cet accident n'étoit arrivé que parce que le gonflement de la glaise avoit fait remonter les pilots : aussi pour éviter cet inconvénient, s'y prit-il tout différemment qu'on n'avoit fait : il fit creuser sous la traversée de la riviere , à l'endroit que devoit occuper le pont, environ sept pieds de profondeur dans la couche de terre glaise : ensuite après avoir contregardé tout l'ouvrage, l'avoir entouré d'un batardeau , & avoir mis les excavations de la fouille bien de niveau, il posa quarrément sous la superficie des fondations un grillage de charpente de douze à quatorze pouces de gros tant plein que vuide , dont tous les intervalles furent garnis de quartiers de pierre à bain de mortier fait de chaux vive éteinte sur le tas. Après cela il fit couvrir ce grillage de madriers de cinq ou six pouces d'épais , assemblés bien jointivement, & chevillés sur tous les bois ; & enfin il fit placer sur cette plate-forme un radier de bonne maçonnerie de cinq pieds de haut dans toute l'étendue du pont, pour que le tout ne fît qu'une masse, & qu'aucun endroit ne pût tasser sans l'autre, en observant d'élever cet ouvrage uniformément, & que les

F f

côtés, les encoignures, ainſi que les traverſes du mur fuſſent faites de grandes pierres avec de longues boutiſſes bien cramponnées l'une à l'autre (a).

M. de Regemorte a auſſi reconnu, lors de la conſtruction du Pont de Moulins ſur l'Allier, que le pilotage pouvoit être dangereux pour bâtir un pont, lorſqu'il ſe rencontre, au-deſſous du lit d'une riviere où il eſt queſtion de le fonder, de profondes couches de ſable, & que c'étoit la cauſe pour laquelle trois ponts exécutés conſécutivement en cet endroit avoient été renverſés ; attendu que, dans ce cas, les eaux pouvant filtrer à travers les fondations, les minent & y occaſionnent des affouillemens. Cet Ingénieur s'étant apperçu par les ſondes qu'il y avoit dans l'emplacement de ce pont cinquante-quatre pieds de ſable au-deſſous des baſſes eaux, ce qui offroit des difficultés inſurmontables pour les épuiſemens, fit faire de bons batardeaux en terre à l'affleurement des avants & arrieres-becs, afin d'établir un radier continu en maçonnerie ſous toute la traverſée de la riviere, à l'exemple de ce qui avoit été pratiqué au pont de Xaintes. Pour pouvoir faire les épuiſemens entre ces batardeaux, après avoir fait draguer les ſables le plus également de cette enceinte, il fit établir ſur la ſuperficie de l'eau, un chaſſis avec des conduits ayant des eſpeces de trapes dans le fond qui s'ouvroient avec des léviers : on verſa uniformément par ces trapes une couche de terre glaiſe, de neuf pouces d'épaiſſeur ſur l'endroit où l'on avoit dragué. Afin d'empêcher ces terres glaiſes d'être délayées, on les recouvrit auſſi-tôt d'un plancher de madriers bien jointifs que l'on fit deſcendre juſqu'à cette couche, en le chargeant de quelques rangs de moilons qui ſe trouverent par-là tous portés pour opérer la maçonnerie après l'épuiſement. Toutes les filtrations d'eau qui pouvoient ſe faire à travers le ſable, ayant été ainſi interceptées, on parvint alors à faire les épuiſemens à la profondeur néceſſaire entre les batardeaux en terre qui avoient été faits, & enſuite à pouvoir conſtruire le radier à

(a) Cours d'Architecture, cinquieme partie, page 660.

fec. Ce radier fut élevé de fix pieds d'épaiſſeur, exécuté tout en moilons à bain de mortier, avec feulement une aſſiſe de pierre de taille par-deſſus, & fervit de fondations aux piles qui ſe trou- verent par ce moyen conſtruites fans pilotis, & auſſi folidement que fur un fonds excellent (*a*).

Une conſtruction des plus mémorables, qui ait été opérée fans le fecours des pilotis, eſt celle du Pont de Weſtminſter fur la Tamiſe. La difficulté d'exécuter ce pont à cauſe du flux & re- flux de la mer qui ne permettoit pas de détourner les eaux, fit imaginer à M. Labelye, Ingénieur Italien, des moyens pour aſſurer ſes fondations, à-peu-près femblables à ceux dont on s'eſt fervi quelquefois pour établir des murs de quais ou de moles. Après avoir remarqué qu'il ſe trouvoit fous toute la traverſée de la riviere où il devoit fonder, un gros gravier d'une épaiſſeur confidérable, il fit creuſer bien de niveau des tranchées de fix pieds de profondeur au-deſſous de l'emplacement de ſes piles, & fit faire à-peu-près de la grandeur de chacune un caiſſon dans les environs de la riviere, avec des bords perpendiculaires fuffiſamment élevés, pour dominer au-deſſus de toutes les eaux qui ont ordi- nairement fix pieds en cet endroit, & douze à quatorze pieds lors des grandes marées. Ce caiſſon étant fini, fut conduit à l'em- placement reconnu pour la pile projettée, où on le fit échouer bien de niveau en le chargeant de maçonnerie, de forte qu'à l'abri de ſes bords, il fut poſſible de bâtir les piles juſqu'à la naiſſance des arches : enfin quand le mortier eut acquis fuffiſamment de conſiſ- tance, les bords du caiſſon qui avoient été diſpoſés à cet effet, furent détachés de ſon fond pour être remployés à la conſtruction d'une autre caiſſon pour la pile fuivante. Mais, quelque avanta- geuſe que foit cette méthode par rapport à l'économie qui peut réſulter de la fuppreſſion des épuiſemens, il eſt évident qu'elle ne ſçauroit être praticable que fur un terrain ferme & compact, fans

(*a*) Dans la ſuite de nos Mémoires, nous donnerons les détails des procédés, & des ma- chines dont on s'eſt fervi pour opérer cette conſtruction.

quoi le courant des eaux ou leur choc, peut être capable de former des affouillemens fufceptibles d'altérer la folidité : l'expérience
même a démontré que, malgré la bonté du fol de la Tamife, il y a
une des piles qui a fléchi & occafionné la rupture de deux arches
qu'il a fallu retablir à près-coup (a).

M. de Saint André alors Ingénieur de la Breffe, & qui l'eft
aujourd'hui de la Guyenne, a auffi fait exécuter en 1756, un pont à
Chazey fur l'Ain, qui eft une efpece de torrent, fans batardeaux ni
épuifemens : comme il n'y avoit guères que quatre à cinq pieds de
hauteur d'eau, il fit faire un grillage de charpente de toute l'étendue de chaque pile fur les bords voifins, & l'ayant fait conduire
à l'endroit projetté, à l'aide de montans adhérens aux angles dé-
paulemens, il parvint, en le chargeant, à le faire defcendre fur
le lit de la riviere, & enfuite à le contenir folidement en faifant
battre, dans les quarrés du grillage, des pilots qui furent récepés
de niveau. Cet Ingénieur voulut adopter pour ce récepage une
fcie de l'invention de M. Peronet, dont on voit le deffein dans
le quatrieme volume de l'*Architecture Hydraulique* de Belidor, laquelle auroit fcié tous les pieux depuis l'avant jufqu'à l'arriere becs. Bien qu'une pareille fcie, à raifon de fa grandeur, eût
demandée beaucoup de précautions pour être entretenue folidement & manœuvrer avec égalité, il en avoit été exécutée de
plus confidérable encore, puifqu'on a vu fcier quelquefois des
vaiffeaux fur leur largeur avec une même fcie : néanmoins, faute
d'ouvriers affez intelligens dans le pays pour fabriquer cette
fcie, on fut obligé d'y renoncer, & cet Ingénieur fe contenta
de faire réceper fes pilots par partie le plus de niveau qu'il pût
avec des fcies ordinaires : cela étant fait, on chargea le pourtour du grillage d'une affife de pierre de taille, & lorfque la maçonnerie fut arrivée au-deffus de l'eau, on remplit le centre de la

_____

(a) Ce pont a treize arches plein ceintre, douze cents vingt-trois pieds de longueur, & une
chauffée de quarante-quatre pieds de largeur, avec deux trotoirs, chacun de fept pieds : il fut
commencé en 1738, & fini en 1750.

pile de moilons avec mortier de chaux & fable, & l'on continua la
conftruction à l'ordinaire, en ayant l'attention feulement de laiffer
au pourtour du pied de chaque pile une efpece de crêche, pour la
défendre, du moins pendant un tems, du choc de l'eau. Ce procédé,
quoique plus folide que celui du Pont de Weftminfter par rapport aux affouillemens, a encore le défavantage que la maçonnerie n'a pas le tems de prendre corps, qu'elle eft noyée, & que
les mortiers font fujets à être délayés auffi-tôt que coulés.

La reconftruction du pont de Saumur fur la Loire ayant été
ordonnée par le Confeil en 1756, M. de Voglie, Ingénieur en chef
des Ponts & Chauffées de la Généralité de Tours, chargé de cet important travail, commença fon opération par entreprendre la fondation d'une pile & d'une culée. Il fit conftruire en conféquence un
batardeau d'enceinte fuivant les procédés ordinaires pour en affurer
le fuccès ; mais les crues qui fe fuccederent dans la faifon de
l'année où les eaux font communément les plus baffes, contrarie-
rent fi fingulierement fes opérations, que vingt-huit pompes à chapelets manœuvrées jours & nuits avec vigueur, ne pouvoient faire
baiffer les eaux de l'intérieur du batardeau jufqu'à trois pieds au-
deffous de celles de la riviere. Ce ne fut qu'à force de contre-ba-
tardeaux de divifion, que cet Ingénieur put parvenir avec la plus
grande peine à épuifer l'eau à fept pieds en contre-bas, de maniere qu'il n'éleva que la pile, & fut forcé de remettre la conftruction de la culée à l'année fuivante.

Tant de difficultés qui ne pouvoient manquer d'aller en augmentant, à mefure que l'on approcheroit du milieu de la riviere
où fe trouvoit jufqu'à dix-huit pieds d'eau de profondeur, au lieu
de huit à neuf que l'on avoit rencontré en commençant, enga-
gerent M. de Voglie à la recherche d'un nouveau procédé, capable d'affurer fes opérations & de les rendre à la fois moins dif-
pendieufes. En conféquence, il conçut l'idée d'adopter le caiffon employé au pont de Weftminfter, mais en l'établiffant fur
des pieux folidement battus au refus du mouton, au lieu de l'af-

feoir fur le terrain naturel, comme il avoit été pratiqué à ce dernier ouvrage. Ce font les développemens de toutes les opérations qui ont été pratiquées à cette occafion avec le plus grand fuccès, & qui font répétées au pont de Tours que l'on conftruit actuellement, que nous nous propofons de décrire avec le plus d'exactitude qu'il nous fera poffible.

Indépendamment de ce que nous avons vu opérer, M. Peronet, premier Ingénieur des Ponts & Chauffées de France, & M. de Ceffart Ingénieur de la Généralité d'Alençon, alors chargé de la conduite d'une partie des travaux du pont de Saumur, ont bien voulu fe prêter à nous procurer tous les éclairciffemens dont nous avons eu befoin ; ainfi nous efpérons avec ces fecours parvenir à donner une connoiffance complette de cette admirable conftruction fi digne d'intéreffer, tant par l'induftrie de fes procédés, que par l'économie confidérable qui en réfulte.

A R T I C L E　P R E M I E R.

Détail de la conftruction des fondations d'une des piles du Pont de Saumur, fans batardeaux ni épuifemens ;
P L A N C H E S　VIII, IX, X & XI.

L E pont de Saumur a environ cent cinquante toifes de longueur fur trente-huit pieds de largeur, & eft compofé de douze arches chacune de foixante pieds. Lorfqu'on eut reconnu la ligne de direction de ce pont à travers la Loire, on détermina fur la capitale 10, 10 (*fig.* 1, *Pl. VIII*) la perpendiculaire qui devoit paffer par le centre 9, 9 de la pile projettée, c'eft-à-dire, par les pointes des avant & arriere-becs. Ces lignes furent affurées par des points conftans, à l'aide de pieux enfoncés à cet effet dans les endroits convenables : enfuite on battit de part & d'autre de la perpendiculaire du centre de la pile, une file de pieux 1, 1, parallele à ladite ligne, & diftante de douze pieds fix pouces, pour former une enceinte de vingt-cinq pieds de largeur. Ces pieux avoient au moins dix pouces de grosseur réduite, & furent espacés de dix-huit pouces de milieu en milieu sur leur longueur, de maniere que depuis le pieu qui se trouvoit sous la capitale 10, 10 du projet jusqu'au centre de celui d'épaulement 2, il y avoit de part & d'autre vingt-quatre pieds six pouces de longueur. Sur ce pieu d'épaulement fut formé en amont (*a*) seulement avec la file parallele à la longueur de la pile un angle de trente-cinq degrés, suivant lequel furent battues, de part & d'autre, les files qui se réunissent sur la pointe des avant & arriere-becs : chacune de ces files étoit composée de onze pieux, sans comprendre ceux d'épaulemens & de la pointe, lesquels furent également battus à dix-huit pouces d'axe en axe.

Au-dehors de cette premiere enceinte, & à huit pieds de distance parallele, on battit une seconde file de pieux 3 des mêmes dimensions, mais espacés entr'eux de six pieds de milieu en milieu. L'une & l'autre files furent ensuite recépées à-peu-près de niveau à trois pieds & demi sur le plus bas étiage (*b*) fixé pour la pile précédemment fondée avec épuisement.

Il faut observer que tous les pieux 10 ne furent espacés de dix-huit pouces, comme il vient d'être dit, que lors de la construction des premieres piles ; car par la suite on les espaça de six pieds, c'est-à-dire qu'on se contenta d'en faire seulement de correspondans à ceux d'apontement 3.

On dragua les sables, le plus qu'il fut possible, de la place que devoient occuper les pieux de fondation; & afin de les empêcher de combler par la suite cette excavation, ou de s'amasser dans cet emplacement pendant l'exécution de la pile, on remplit de fascines liées ensemble l'intervalle entre les pieux d'enveloppe 1, & ceux d'enceinte 3; lesquelles fascines furent solidées, en plaçant des pier-

---

(*a*) *Amont* signifie ce qui est au-dessus d'une chose; ainsi l'avant-bec d'une pile est l'avant-bec d'amont; & l'arriere-bec qui est au-dessous du pont est celui d'aval.

(*b*) Sur le plus bas étiage, c'est-à-dire, au-dessus des plus basses eaux reconnues dans l'été.

res dans leur intérieur , & en les couvrant de terre graffe & de pierrailles , de maniere à ne pas permettre le moindre paffage aux
fables.

Ces deux files de pieux 1 & 3 furent enfuite reliés par des traverfes , pour former un échaffaud, au moyen duquel & des pieux
d'apontemens placés fuivant le befoin dans le centre de la pile,
on battit au refus d'un mouton de deux mille livres, & d'un chaffe-
pieux folidement armé de fer, tous les pieux de fondation 4 de ladite pile, qui avoient au moins quinze & feize pouces de groffeur
en couronne fur vingt-quatre & trente pieds de longueur : on efpaça
les pieux 4, fur fix rangs paralleles fuivant la longueur de la pile, à la
diftance d'une part de trois pieds neuf pouces d'axe en axe , & de
l'autre de trois pieds : par ce moyen les pieux des rangs extérieurs furent éloignés de dix-huit pieds fix pouces les uns des autres de milieu
en milieu ; ceux d'épaulemens 2, 2, fe trouverent auffi à quarante-
fept pieds fix pouces diftans les uns des autres ; enfin ceux des
avant & arriere becs furent difpofés conformément au plan, pour
que ceux des pointes fuffent éloignés entr'eux de foixante-fix pieds
fur la ligne 9, 9, traverfant la longueur de la pile.

Tous ces pieux 4 étant battus au refus du mouton, on enleva les
pieux d'apontemens, & les échaffauds du centre qui avoient fervi
à cette manœuvre , ainfi que les échaffauds, traverfes & chapeaux
de l'enceinte pour en recéper de nouveau tous les pieux 1, 3, bien
de niveau à trois pieds feulement fur l'étiage , non compris un tenon qui fut refervé fur partie de ceux du rang intérieur 1 de l'enceinte, pour recevoir un chapeau 7 de huit pouces d'épaiffeur, dont
on les coëffa fur le pourtour de ladite enceinte, excepté dans la
pointe d'aval dont les pieux furent fciés le plus bas poffible, afin de
laiffer une entrée libre, non-feulement pour l'introduction de la
machine à fcier, mais encore pour celle du caiffon par la fuite.

Lorfque ce chapeau 7, & le femblable dont fut coëffé le rang extérieur des pieux de l'enceinte, eurent été reconnus de niveau &
bien affujettis , ils furent reliés enfemble par des traverfes 6 affemblées

DE FONDER LES PONTS. 233

blées fur l'une & l'autre à queue d'aronde. Ces pieux 1 & 3 ainfi reliés, furent deftinés à porter un nouvel échaffaud bien de niveau qui
fubfifta pendant tout le tems de la fondation de la pile, & qui fut
très-utile pour les différentes manœuvres dont il fera queftion par
la fuite.

Nous remarquerons que, de crainte que la grande élévation des
pieux 1 & 3 hors de l'eau , ne fût un obftacle à leur folidité, on
avoit pris la précaution de les relier par des entre-toifes à la hauteur des eaux ordinaires.

Expliquons maintenant comment on eft parvenu à fcier de
niveau à trois pieds fous les plus baffes eaux les pieux d'enceinte de
la pointe d'Aval, & fucceffivement ceux de la fondation de la pile
dont nous avons parlé plus haut. Ce récepage ne fut defcendu
pour les premieres piles que jufqu'à fept pieds fous l'étiage; mais
vers le milieu de la riviere il fut pouffé jufqu'à quinze pieds, pour
pouvoir, déduction faite de l'épaiffeur du grillage, fonder à fix ou
quatorze pieds fous l'étiage. On y parvint à l'aide d'une machine
extrêmement ingénieufe, de l'invention de M. de Voglie, dont nous
allons donner d'abord une defcription circonftanciée , & enfuite
nous parlerons de la maniere dont elle peut manœuvrer fous l'eau,
pour y réceper les pieux à la profondeur que l'on defire (a).

ARTICLE SECOND.

Defcription de la Machine à réceper les pieux fous l'eau ;

PLANCHES X & XI.

LES principaux avantages de cette machine font tels, que les pieux
peuvent être récepés dans l'eau à la profondeur qu'on juge néceffaire, & d'un parfait niveau ; que la force de quatre hommes

(a) Quoique nous difions que cette fcie foit de M. de Voglie, cependant la premiere idée
d'une fcie à réceper les pieux fous l'eau, eft dûe à M. Peronet, ainfi qu'on peut le remarquer,
tant dans le quatrieme tome de *l'Architecture Hydraulique* de Belidor, que dans la falle de Marine
de l'Académie des Sciences , où l'on en voit deux différens modeles très-induftrieux, compofés
par cet Académicien.

G g

au plus, eſt ſuffiſante pour faire mouvoir la ſcie avec liberté & auſſi aiſément qu'une ſcie ordinaire ; & qu'enfin toutes les parties de cette machine ſont aſſez ſolides , pour ne point éprouver de ruptures fréquentes & préjudiciables à l'avancement des travaux.

Les objets les plus difficiles à vaincre ſont , 1° que la tête des pieux peut être cachée ſous l'eau , huit , dix ou quinze pieds plus ou moins , au moyen d'un chaſſe-pieu qui les conduit au refus du mouton dans le terrain ſolide ; 2°. que cette ſcie , pour opérer ſûrement , doit être ſi bien attachée à chaque pieu pendant ſa manœuvre , qu'elle n'en puiſſe jamais être ſéparée par le mouvement du ſciage ; 3°. qu'il faut avoir la facilité de faire engraîner uniformément les dents de la ſcie , autant & ſi peu qu'on le jugera à propos , ſelon la dureté du bois ou le diamètre des pieux , & qu'il faut même la pouvoir faire rétrograder , après le récepage du pieu , ou lorſqu'elle rencontre des obſtacles à ſon avancement ; 4°. qu'enfin , en cas d'accident , ou que la feuille de ſcie vienne à ſe caſſer , toute la machine puiſſe être relevée à l'affleurement de l'eau avec facilité , pour y remédier par une ſcie d'échange préparée à cet effet.

Cette machine eſt compoſée d'un grand chaſſis de fer horiſontal A Pl. X & XI, qui doit porter la ſcie B. Ce chaſſis a huit pieds de longueur , & cinq pieds ſix pouces de largeur ; ſon épaiſſeur eſt d'un pouce & eſt compoſée de traverſes qui ſupportent ſolidement ſes diverſes parties. Sur ces traverſes ſont quatre plaques de tôle aux endroits marqués O, O, qui facilitent ſon jeu. Ce chaſſis eſt ſoutenu de niveau à l'apontement ſupérieur par quatre montans de fer C, C, portés par des crics. Au milieu & en avant du chaſſis A, eſt une traverſe de fer qu'on peut nommer piece de garde D, ſaillante d'un pouce au-delà des dents de la ſcie en ſon repos , & deſtinée à lui ſervir de défenſe à la rencontre des pieux qu'on voudra ſcier.

Dans le milieu de cette avance du chaſſis ſervant de piece de garde , & à quatre pouces de diſtance l'un de l'autre , ſont placés deux autres montans de fer E, E, qui traverſent , dans des canons de cuivre , le plafond en entier , ainſi que l'aſſemblage ſupérieur de charpente *a*, *a*, *Pl. XI* : ces montans *E* , *E* , ont un collet avec une bafe qui porte fur le chaffis *A* , près la piece de garde, & leur extrémité inférieure eft quarrée , pour recevoir par affemblage deux efpeces de demi-cercles *F*, *F* , ou grapins de dix pouces de longueur , *Pl. X*, fixés folidement à leurs bouts par des écrous. Le haut eft ajufté également comme le bas , pour recevoir deux clefs de quatre pieds de longueur *b*, *b*, *Pl. XI*, qui, en faifant tourner les deux montans *E* , *E* , fur leur axe, facilitent d'ouvrir & fermer les grapins *F*, pour faifir le pieu *G* qu'on veut fcier avec une force proportionnée à la longueur des deux clefs du haut *b*, *b*, que l'on ferre par une vis de rappel pendant le fciage.

A douze pieds au-deffus du chaffis *A*, *Pl. X* & *XI*, eft un affemblage de charpente *a*, *a*, *Pl. XI*, fur lequel doit fe faire la manœuvre de la fcie , & auquel il eft fufpendu par quatre montans de fer *C*, qui ont jufqu'à dix-huit pieds de hauteur, portant chacun un petit cric *f* dans le haut, pour l'élever ou l'abaiffer fuivant le befoin ; lefquels montans ont des dents dans leur longueur, qui font divifées de maniere que chacune peut relever ou baiffer la fcie d'une demi-ligne.

Ce chaffis de charpente *a* de la machine , eft porté fur des cilindres *c*, *c*, *Planche XI*, qui roulent fur un autre grand chaffis *d*, traverfant toute la largeur de la pile, d'un côté à l'autre du grand échaffaud d'enceinte *g*, *g*; lequel chaffis *d*, eft foutenu lui-même fur des rouleaux *e*, *e*, pour le faire avancer à mefure qu'on veut fcier les pieux. Pour rendre la continuation de notre defcription plus claire , nous croyons devoir la lier avec celle du jeu de cette machine.

Article Troisieme,

Maniere dont opére la machine à réceper les pieux ; Pl. X & XI.

On doit distinguer dans cette machine deux mouvemens principaux : le premier, que nous appellerons latéral, est celui du sciage ; le second, qui se porte en avant à mesure que le bois se coupe, & peut néanmoins revenir sur lui-même, est celui de chasse & de rappel.

Le mouvement latéral s'exécute par deux leviers de fer H, H, un peu coudés sur leur longueur, soutenant à l'une de leurs extrémités I, un demi-cercle de fer recourbé K, auquel est adaptée, par un retour d'équerre, la scie orisontale B, qui est fixée avec des vis pour pouvoir la changer. Les points d'appuis de ces leviers sont deux pivots L, L, reliés par une double entretoise, & distans l'un de l'autre de vingt pouces, lesquels ont leurs extrémités inférieures encastrées dans une rainure M, ou coulisse qui facilite le mouvement de chasse & de rappel, ainsi que nous l'expliquerons ci-après. Ils sont soutenus au-dessus du chassis de fer par une base N, (*fig. 2 Pl. X.*) de deux pouces de hauteur, & déchargés à leur extrémité par quatre rouleaux de cuivre O, O, O, portant sur autant de plaques de tôle.

Ces leviers H, H, sont mus de dessus l'échaffaud supérieur a, a, par quatre hommes h, h, appliqués à des bras de force i, i, attachés à des leviers inclinés k, dont le bas est arrêté sur le chassis de fer A, & au milieu desquels est fixée la base d'un triangle équilatéral P, *Pl. XI*, dont le sommet est aussi fixé au milieu d'une traverse orisontale, Q.

Cette traverse Q qui embrasse les extrémités des bras de leviers de la scie, s'embreve dans une coulisse de fer R, entaillée dans le chassis A, où portant sur des rouleaux, elle va & vient, & procure ainsi à la scie le mouvement latéral ponctué S, S, S, *Pl. X.* au moyen

des ouvertures ovales T, pratiquées à l'autre extrémité defdits bras
de leviers, qui leur permettent de s'allonger & de fe raccourcir alternativement fuivant leur diftance du centre de mouvement L.
Ces ouvertures ovales T, embraffent des pivots V, fixés fur le
demi-cercle K, K de la fcie dont nous avons parlé, & portent dans
le haut, au moyen de plufieurs rondelles de cuivre intermédiaires,
les extrémités du fecond demi-cercle X, inhérent par des renvois
Y, à des tourillons roulants Z, Z, Z, placés au milieu d'une grande
couliffe l, l, qui reçoit le mouvement de chaffe & de rappel.

Le fecond mouvement confifte dans l'effet d'un grand cric horifontal m, m, placé à-peu-près au deux-tiers du plateau dont les deux branches font folidement attachées fur les couliffes M, M, dont il a été
tion plus haut. C'eft par le moyen des deux branches de ce cric, qui
s'engrainent dans deux roues dentées n, & o, que la fcie B, lors
de fon mouvement latéral S, S, conferve fon parallélifme avec la
couliffe l, l, preffe par un mouvement lent & uniforme le pieu G
à mefure qu'elle le fcie, & revient dans fa place par un mouvement
contraire lorfqu'elle l'a fcié. Tout le mouvement de ce cric m, m
s'opère de deffus l'échaffaud fupérieur par un levier horifontal p,
qui s'emboëte quarrément dans l'extrémité d'un arbre q, q, placé au
centre de la roue o de communité du cric qui eft véritablement le
régulateur de toute la machine. Pour empêcher le maître ouvrier
qui tient le régulateur de fe tromper, il y a fur l'échaffaud fupérieur,
a, a, un cercle w femblable à celui que parcourt le bout du
régulateur pendant l'opération du fciage de chaque pieu. Le rapport entre le cric & le cercle eft tel, qu'un tour entier du régulateur,
non-feulement correfpond à un tour entier du cercle, mais encore
eft capable d'opérer le fciage d'un pieu de dix-huit pouces de groffeur, qui eft la plus confidérable qu'on ait coûtume d'employer.

Nous avons oublié de dire que lors du mouvement de chaffe &
de rappel, le bout de la couliffe l, qui eft foutenu par une petite
faillie, fe meut dans une rainure pratiquée le long du corps t, t, à
l'aide d'un tourillon s.

Relativement à la description de cette machine, il eſt aiſé de concevoir comment on ſcie les pieux : la principale difficulté de ſa manœuvre conſiſte à deſcendre la ſcie à la même profondeur ſur les pieux, pour les couper bien de niveau l'un après l'autre. Le ſuccès de cette opération dépend de la préciſion du nivellement de l'échaffaud d'enceinte g, *Planche XI,* dont nous avons parlé ci-devant, attendu que la machine ne pouvant ſe raccourcir ni s'allonger par rapport aux montans C, C, armé des petits crics f, f, qui l'aſſujettiſſent au plancher a auquel elle eſt adaptée, elle ſuivra néceſſairement dans le bas, un plan parallele à celui d'en haut.

Ainſi donc pour faire uſage de cette ſcie, on prépare un échaffaud mobile a, a, deſtiné à porter la machine bien de niveau dans toute l'étendue de la pile ; cela poſé, lorſqu'on veut ſcier le premier pieu, on deſcend le chaſſis de fer A qui porte la ſcie B à la profondeur que l'on juge convenable, on fait avancer l'échaffaud mobile juſqu'à ce que la piece de garde D, ou le devant du chaſſis A rencontre le pieu en queſtion ; alors on ſaiſit ce pieu par les grapins F, F, à l'aide des deux bras b, b, au-deſſus de l'échaffaud, & on les ſerre par la vis de rappel. Enſuite le maître-ouvrier prend la conduite du régulateur q du grand cric m, m, & fait avancer la ſcie qui étoit retirée ſous la piece de garde, & enfin quatre ouvriers h, la font jouer. Pendant toute cette opération, le maître-ouvrier gouverne le cric de maniere à faire avancer la ſcie convenablement, afin que ſes dents mordent à proportion. En parcourant le cercle w dont le tour, comme il a été dit ci-devant, doit opérer le ſciage entier d'un pieu, il juge, de deſſus l'échaffaud, de l'action de la ſcie par l'endroit du cercle où il ſe trouve ; il apprécie s'il eſt à la moitié du ſciage ou à la fin, & en conſéquence il modére ou accélere le mouvement des ouvriers.

Lorſqu'un pieu eſt ſcié, on deſſerre les deux bras du grapin ; puis le maître ouvrier, par un mouvement de rappel, retire la ſcie ſous la piece de garde, & enfin l'on fait rouler la machine vers un autre pieu pour opérer également son sciage.

Comme on s'est apperçu que le balancement du sciage faisoit vaciller les grapins autour des pieux, surtout lorsqu'on vouloit les réceper à une grande profondeur, pour y remèdier on fit des vanages composés de voliges ou planches légeres, unies l'une à l'autre avec de grosses ficelles. Ces vanages furent attachés à droite & à gauche de la machine, suivant sa longueur, dans toute la hauteur des montans C, C, avec des cordes. &, &, (fig. 4) représente leur disposition. Vouloit-on relever le chassis de fer ? on délioit à mesure les cordes des extrémités de ces voliges attachées aux dents des montans, alors ces planches se reployoient successivement : vouloit-on au contraire redescendre le chassis ? on rattachoit l'une après l'autre ces voliges aux montans jusques en haut : ce moyen a parfaitement réussi pour empêcher l'effet du balancement.

On a éprouvé au pont de Saumur, que cette scie pouvoit scier vingt pieux de fondations en un jour, par rapport aux sujétions de niveau, & quarante d'enveloppe qui n'exigent aucune sujétion pour le niveau : le sciage de chaque pieu s'opéroit ordinairement en trois minutes, & la différence du niveau, du plus haut au plus bas des pieux sciés, n'a jamais été de trois lignes. Elle manœuvroit avec une telle précision, qu'on a repris après coup des pilots coupés à quatre lignes trop haut ; & la scie enlevoit facilement cette cale de quatre lignes d'épaisseur.

Huit hommes suffisent pour tout le jeu de cette machine : quatre font le service des échaffauds ; & les quatre autres font sans peine mouvoir la scie. Les pieux ayant depuis douze jusqu'à quinze pouces de diamètre, les ouvriers faisoient communément un pouce de sciage par minute : mais on a observé qu'en travaillant avec un peu plus de vitesse, ils doubloient sans peine le travail, & que la section des pieux en étoit plus égale, plus belle & moins sujette à se gauchir ; parce que par un mouvement lent, la moindre inégalité dans les bois, ou le plus petit dérange-

ment dans les manœuvres peuvent occafionner un faux engraî-
nement, qui ne fçauroit être furmonté que par une vîteffe
uniforme. Auffitôt que tous les pieux de la pile furent fciés
de niveau, on enleva la fcie ainfi que le chaffis de charpente,
qui avoit fervi à fa manœuvre, pour y introduire un caiffon
dont nous allons parler.

ARTICLE QUATRIEME.

Conftruction du Caiffon ; PLANCHE VIII.

PENDANT que tout ce que nous venons d'expliquer ci-devant
s'opéroit, on conftruifoit fur les bords voifins de la riviere dans
un endroit commode, & fur un apontement élevé, un grand
caiffon à-peu-près de la longueur & largeur de la pile projettée,
à deffein de le conduire enfuite dans cette enceinte, de le charger
par la conftruction de la pile & de le faire échouer fur les pieux de
fondation deftinés à le fupporter, en l'affujettiffant avec la plus
grande précifion aux lignes de direction principales, tant fur la
longueur que fur la largeur du pont.

Ce caiffon *A*, (*Pl. VIII, fig.* 2, 3 & 4), avoit quarante-huit
pieds environ de longueur de corps quarré, vingt pieds de largeur
de dehors en dehors, & environ feize pieds d'élévation de bords,
parce qu'on fuppofe deux pieds & demi de hauteur d'eau fur
l'étiage.

Les deux extrémités *B,B*, étoient terminées en avant-becs, ou en
triangles ifocèles dont la bafe faifoit la longueur du corps quarré;
& comme les deux côtés pris de dehors en dehors, avoient chacun treize pieds, il réfulte que le caiffon avoit en totalité foixante-
cinq pieds de longueur; il étoit compofé d'un fond plein *C*, tenant
lieu de grillage, & conftruit de la maniere fuivante.

Le pourtour du fond de ce caiffon *A*, (*fig.* 2.), étoit formé
par un cours de chapeaux *D*, conforme aux longueurs générales
qui

qui viennent d'être prescrites : il avoit quatorze pouces de largeur fur treize pouces de hauteur, assemblés suivant l'art à la
rencontre des pieces qui le composent. Ce cours de chapeaux *D*,
fut, en outre relié d'un côté à l'autre par trois barres de fer *E*,
qui traversent la largeur du caisson, & font encastrées de leur
épaisseur dans un racinal, avec un gros anneau *F*, à chacune
de leurs extrémités.

Le fond de ce caisson fut ensuite formé par des racinaux jointifs
G, d'un pied de largeur & de neuf pouces de hauteur, dont les
uns étoient assemblés vis-à-vis des montans à queue d'aronde *I*,
& tous les autres à pomme grasse *K*, quarrément en dessous fur
le chapeau *D*, afin de l'affleurer exactement, & de rendre sa
superficie inférieure la plus plane possible.

Tous ces racinaux *G*, furent unis entr'eux fur le côté par
de fortes chevilles de bois pour ne former qu'un même corps;
& comme ils n'ont que neuf pouces de hauteur & que le chapeau *D*, *d*, a treize pouces, ce dernier fut entaillé de quatre pouces de hauteur fur quatre de largeur dans tout fon intérieur, pour
recevoir une longuerine *L*, *l*, de pareille longueur & de huit pouces de hauteur fur dix de largeur, laquelle recouvrit toutes les
queues d'aornde *I*, & les pommes grasses des racinaux *K*, & fut
chevillée de distance en distance avec de forts boulons *m*, traverfant toute l'épaisseur du chapeau *D*. Pour mieux concevoir tous
ces détails, il faut avoir recours à la *figure* 5, où nous avons développé tous les principaux assemblages des *figures* 2, 3 & 4,
avec des lettres italiques correspondantes aux lettres capitales de
ces mêmes figures. Contre la piece *L*, *l* du côté de l'intérieur
fut placé un autre cours de longuerines *N*, *n*, de huit pouces de
largeur fur un pied de hauteur pour excéder de quatre pouces le
premier cours *L*, *l*, lequel étoit pareillement boulonné avec la folidité requise. Tout l'intervalle du fond du caisson entre ce fecond
cours de longuerines ayant quinze pieds dix pouces de largeur, fut
ensuite garni de madriers *O*, *o*, de quatre pouces d'épaisseur bien

H h

jointifs & pofés fuivant la longueur du fond pour couper à angles droits les joints des racinaux G, fur lefquels on les chevilla. L'épaiffeur totale du fond avoit par ce moyen treize pouces, & le fecond cours intérieur de longuerines N, n, fe trouvoit élevé de huit pouces au-deffus des madriers O, o.

On avoit prémédité, en conftruifant le fond du caiffon, ainfi que les bords dont il fera queftion ci-après, de bien calfater, gaudroner, garnir de mouffes & palaftres, tous fes joints, afin que l'eau n'y pût pénétrer ; attention qui doit faire toute la fûreté d'un femblable ouvrage ; mais lors de l'exécution, on fe contenta de fe fervir de *féries*, fuivant la conftruction ordinaire des bateaux. Ces feries fe font en pratiquant une efpèce de rainure *p* (*fig.* 5), d'environ un demi-pouce de hauteur fur tous les joints de l'intérieur du caiffon, ayant à-peu-près pareille profondeur, & terminée en triangle dans l'épaiffeur du joint. Cette rainure fe remplit enfuite de mouffe chaffée avec force par des cifeaux ou coins de bois à coups de marteaux. Sur cette mouffe s'applique une efpèce de latte que les Ouvriers nomment *gavet* : elle a neuf lignes de largeur, trois d'épaiffeur, & eft percée à diftances égales pour recevoir les clous fans s'éclater, & on a foin de la conferver humide en la laiffant tremper dans l'eau jufqu'à ce qu'on l'emploie. Ce gavet eft fixé fur tous les joints intérieurs garnis de mouffe avec des clouds à repique, qui entrent dans la rainure, l'un à droite, l'autre à gauche alternativement. C'eft ainfi que les bords & le fond du caiffon furent étanchés.

Avant cette derniere opération, on avoit élevé fur dix pieds ½ de hauteur, les bords P, p du caiffon qui doivent être pofés fur le cours extérieur des longuerines L, l dont nous avons parlé, & formés de pieces ou poutrelles de fix pouces de groffeur & des plus grandes longueurs poffibles, bien droites, dreffées à la befique, & affemblées entr'elles à mi-bois dans tous leurs abouts.

Ces pièces furent pofées horifontalement les unes fur les autres, bien reliées entr'elles deffus & deffous par des chevilles de bois en croix, & placées à l'affleurement du parement extérieur des longue-

rines *L, l,* pour qu'il reste quatre pouces de vuide entre le parement
intérieur & celui du dehors du second cours de longuerines *N, n.* Ce
vuide avoit été ménagé pour retenir le pied des madriers jointifs de
quatre pouces d'épaisseur & d'un pied de largeur, qui devoient être
placés debout & chevillés contre les poutrelles pour en croiser les
joints à angles droits ; mais la solidité des bords par les seules poutrelles ayant paru suffisante, on s'est déterminé à supprimer les madriers, & à y substituer de simples piéces *R, R* en écharpe, tant
dans les faces que dans les avant & arriere-becs : en conséquence ce
vuide réservé pour tenir le pied des madriers, fut rempli par une
piéce de bois *T, t.*

Pour empêcher le devers des bords du caisson, & pouvoir en
même-tems leur faire abandonner le fond *C,* lorsqu'on le jugeroit
à propos, il fut placé des montans *H, h* au nombre de dix-huit
pour le dehors, & de quatorze pour le dedans, lesquels furent espacés suivant qu'il est indiqué sur les plans & profils (*fig.* 2, 3 & 4).
Ces montans *H, h* furent assemblés à demi-queue d'aronde dans
le chapeau *D, d* pour l'extérieur, & dans la longuerine *N, n* pour
l'intérieur, c'est-à-dire, qu'ils avoient un de leurs côtés coupé à
plomb, & l'autre en demi-queue d'arronde, devant laquelle étoit
reservée dans la mortoise *X, x* du chapeau *D,* la place d'un coin de
bois *Y, y* qui pouvoit s'enlever facilement tout seul en frappant
sur les montans *H, h,* lesquels alors s'enfonçoient de deux pouces
dans ladite mortoise, au moyen d'un vuide qu'on avoit réservé
exprès entre le fond d'icelle & le dessous des montans.

On a relié ensuite sur les bords & dans le haut du caisson les
montans *H, h,* au moyen d'un tenon ménagé au-dessus de ces montans, lequel s'enbreve dans des entre-toises *Z* de huit pouces de
grosseur, qui, en traversant toute la largeur du caisson, servent à
entretenir ensemble solidement tous les bords.

Les faces des parties triangulaires du caisson furent aussi fixement
arrêtées vers les côtés par trois rangs de courbes &, posées l'une sur
l'autre dans les angles d'épaulement ; & les poutrelles des faces & des

côtés furent encaſtrées les unes dans les autres à mi-bois dans leur rencontre, afin que lorſqu'il faudra démonter les bords, les faces & côtés d'une moitié du caiſſon, ne forment en s'abattant qu'une ſeule piéce en s'ouvrant par les angles des pointes, pour ſe relever ſur l'eau, & pouvoir être ainſi conduites à flot dans le chantier.

ARTICLE CINQUIEME.

Deſcription de l'apontement ſur lequel fut conſtruit le caiſſon, & de la maniere dont il fut lancé à l'eau ; PLANCHE IX.

COMME la peſanteur & la grande ſuperficie du caiſſon pouvoit faire naître beaucoup de difficultés pour le mettre à flot, il fut conſtruit dans un lieu commode ſur le bord de la riviere, & établi ſur diverſes files de poteaux & de chapeaux où il fut chevillé deſſus & diſpoſé de maniere à pouvoir être lancé à l'eau par le travers : voici quel étoit l'arrangement de cet apontement ou échaffaudage.

Le caiſſon *A* (*Pl. IX. fig. 1.*) qui pouvoit peſer à-peu-près deux cens milliers, fut établi ſur trois files de pieux *B, C, D* paralleles, dont deux étoient placées ſur les bords ſuivant ſa longueur, & l'autre au milieu. Chaque file étoit coëffée d'un chapeau *E, F, G*, bien chevillé, dont le deſſus étoit à trois pieds ſur l'étiage. Celui *F* de la file du milieu étoit arrondi en eſpèce de genouil, & le caiſſon placé de maniere que la ligne du centre de gravité ſe trouvoit d'environ ſix pouces plus du côté des terres que de celui de l'eau ; ce qui donnoit à toute cette partie une charge excédente d'environ douze milliers.

Sur ces chapeaux étoient de grandes piéces *H* d'un pied de groſſeur, devant ſervir de chantiers ou couliſſes, & que pour cet effet on avoit eu ſoin d'enduire de ſuif ou de ſavon. Le caiſſon ayant été d'abord établi de niveau, ainſi qu'il eſt exprimé, ponctué *a, a*, ſur les chantiers *h, h* ; lorſqu'il a été queſtion de le lancer à l'eau, on a commencé par des retraites *I* ſur le chapeau *E* de la file des pieux *B* du côté des terres : tous les abouts des grands chantiers *H* ont ensuite été récepés à la hauteur de l'eau, ainsi que tous les pieux de la file intérieure *D* qu'on a recoëffés du même chapeau *G*. Ce travail fait, on a déchargé par de petits potaux ou chandelles fur ce chapeau tous les abouts des grandes coulisses *H* qui ont été entaillées en-deffous, de maniere à pouvoir en les abattant former une pente de trois pouces par pied, & à les faire butter fur ce chapeau *G*, afin de les empêcher de couler avec le caisson. On avoit en outre, pour plus grande fûreté, pris la précaution de les retenir par des chantignolles *K* contre la file de pieux du milieu, & on avoit relié chaque file de pieux entr'eux par une entre-toife *L*.

Sur le chapeau *G*, placé à l'affleurement de l'eau, furent chevillés dix autres grands chantiers *M*, d'un pied d'épaisseur, placés dans l'eau, fuivant une même pente, pour donner la direction au caisson, lorfqu'il abandonneroit les grands chantiers *H*, fur lesquels il avoit été construit.

Pour lancer le caisson à l'eau, on fit partir de deffous le chapeau *G* tous les étais qu'on y avoit placés ; on enleva ensuite avec plufieurs grands abattages *O, O*, le caisson, en chargeant à proportion fur les retraites *I*. Pendant cette opération, à quinze toifes dans la riviere & parallelement au caisson, il y avoit un grand bateau amaré par des ancres fur lequel on avoit placé un tour qui fervoit à attirer le caisson par un cable *N* pris fur l'anneau du milieu : à l'aide de tous ces fecours, le caisson s'abattit très-lentement fur le chapeau *G*, fans aucune fecouffe, & dans l'inftant il fe détacha & fe mit à flot fans fouffrir la moindre rupture, en prenant deux pieds & demi d'eau environ.

ARTICLE SIXIEME.

Opération pour placer le Caiſſon ſur les Pilotis, & enlever ſes bords
après la conſtruction de la Pile.

L ORSQUE le caiſſon fut mis à flot, on le conduiſit en aval du
pont à l'entrée de l'enceinte dont nous avons parlé, après avoir
ſcié les pieux d'enveloppe à trois pieds ſous l'étiage dans cet endroit à l'effet de l'introduire : on ſe ſervit pour cela de treuils ou
palans que l'on plaça ſur l'échaffaud de la pointe de l'enceinte en
amont, dont les cordages furent attachés aux anneaux des angles
d'épaulemens *F* qui avoient précédemment ſervi à le lancer à l'eau.

Le caiſſon ayant été introduit dans l'enceinte, on s'occupa des
opérations néceſſaires pour le placer dans la direction des capitales 9, 9 & 10, 10 (*fig* 1, *Pl. VIII.*) de la longueur & largeur
du pont. On y parvint, tant par des cordages attachés aux différens anneaux du grillage, que par des moiſes ou couliſſes *G* (*fig.* 2,
Pl. IX), fixés ſur les angles d'épaulemens des bords du caiſſon,
pour recevoir le bout d'une autre piece ſaillante *B*, placée hori-
ſontalement ſur l'échafaud d'enceinte *C*.

Ces pieces *B* aſſujetties aux repaires convenables, tant pour
leur ſaillie que pour leur direction avec les capitales, retenant ainſi tout le caiſſon dans la poſition où l'on vouloit le fixer,
lui permirent de deſcendre ſans s'écarter, à meſure que l'on conſ-
truiſoit par charge égale la maçonnerie *D* de la pile dont le plan
W (*fig.* 1 & 2, *Pl. VIII*) avoit été préalablement tracé ſur le fond
dudit caiſſon. Il eſt à obſerver que ces attentions exigeoient la plus
grande préciſion, parce que le caiſſon ne devant aller à fond qu'à
proportion de ſa charge, doit reſter néceſſairement dans la poſition
où on le fait échouer.

Comme il n'étoit pas poſſible d'eſpérer de bâtir par charge bien
égale dans le caiſſon, & qu'il pouvoit arriver que les endroits où l'on

placeroit d'abord les pierres, le fiffent enfoncer dans l'eau plus d'un côté que de l'autre ; pour pourvoir le reconnoître facilement & en même-tems le redreffer , après avoir vérifié qu'il étoit bien de niveau, on attacha avec des cloux fix ficelles aux traverfes *Z* du caiffon ; favoir , une vers chacun des angles des avant & arriere-becs , & les quatre autres à chaque angle d'épaulement : on fixa bien d'à-plomb ces fix ficelles fur les bords du plan *W* tracé fur le fond du caiffon : alors en bâtiffant, on recommandoit aux ouvriers de placer toujours la hauteur de leurs pierres parallelement à ces ficelles, de forte qu'à l'aide de cette précaution, quelque fituation que pût prendre le fond du caiffon , lorfqu'il étoit chargé plus d'un côté que de l'autre, on parvenoit à rétablir l'égalité, & à le faire defcendre peu-à-peu à-plomb.

Il n'eft pas inutile de remarquer que dans l'exécution de quelques-unes des piles de ce pont, on employa un moyen fort induftrieux pour parvenir à faire affeoir bien quarrément, & fans pancher plus d'un côté que de l'autre, le fond du caiffon fur les pieux lors du contaçt ; ce procédé eft de M. de Ceffart qui a beaucoup contribué par fon intelligence à la perfeçtion des manœuvres de l'opération que nous décrivons. Lorfqu'il n'y avoit plus que cinq ou fix pouces d'eau pour que le fond du caiffon, reconnu bien de niveau, échouât fur les pieux, cet Ingénieur ayant fait huiler les joints des premieres affifes, fit percer à la fois un trou de tarriere de deux pouces de diametre à quatre ou cinq pieds du fond du caiffon vers chacun des angles d'épaulemens : après qu'il eut laiffé entrer fuffifamment d'eau par ces ouvertures pour faire échouer le caiffon fur les pieux , il fit auffi-tôt boucher ces troux par de groffes chevilles, puis il fe hâta d'ajoûter affez de maçonnerie dans le caiffon pour l'affujettir , & enfin il fit pomper l'eau qu'il avoit introduit. Ce procédé doit paroître d'autant plus avantageux, qu'en fuppofant que le caiffon ne fût pas placé quarrément ou dans la direçtion néceffaire fur les pieux , il eft aifé , avant de pofer de nouvelle maçonnerie, & en pompant une partie de cette eau, de le relever pour le retablir convenablement, ce qui n'eſt guères poſſible autrement. Le ſeul inconvénient qui peut réſulter de cette pratique, eſt que les joints des premieres aſſiſes ſont de toute néceſſité un peu mouillés malgré qu'on les huile, mais cela ne ſçauroit être de conſéquence, vû qu'on peut les refaire aiſément enſuite.

A meſure que le caïſſon enfonce, pour ſoutenir la preſſion de l'eau qui forceroit néceſſairement ſes bords du côté de l'intérieur, on met ſucceſſivement des étreſillons entre les bords du caïſſon & chaque cours d'aſſiſe de pierres. Le caïſſon, regle générale, prend quinze pouces d'eau à chaque pied de hauteur de maçonnerie qu'on y place; ainſi plus les eaux ſont profondes, plus il faut de hauteur de maçonnerie pour le faire échouer ſur les pilots. A l'aide de toutes les précautions que nous venons de décrire, le fond du caïſſon échoua parfaitement de niveau ſur les pieux : ce que l'on reconnut par les montans gradués B en dehors, & placés à deſſein aux quatre angles d'épaulemens. On a ſeulement remarqué qu'il s'étoit fait un taſſement uniforme de cinq à ſix lignes, provenant, ſuivant les apparences, de la compreſſion des bois du fond du caïſſon ſur les têtes des pieux qui y entrerent de quelques lignes; car c'eſt ordinairement l'effet des bois de fil, quand ils ſont placés ſur les bois de bout.

Plus on apporte de promptitude à l'exécution des différens travaux précédens, ſans nuire à la préciſion qu'ils exigent, plus on doit eſpérer un heureux ſuccès. Le caïſſon étant bien étanché, on travaille dedans ſans inquiétude, & en cas qu'il s'y faſſe quelques filtrations, l'épuiſement s'en fait ſans peine en y plaçant des chapelets. La maçonnerie s'éleve à ſec juſqu'à la hauteur des retombées des voûtes, où l'on laiſſe l'encorbellement ordinaire, pour aſſeoir les ceintres de charpente qui doivent être placés entre les piles pour la conſtruction de chaque arche. La *figure deuxieme de la Planche IX* repréſente la coupe de la moitié d'une pile élevée ſur le fond du caïſſon qui poſe ſur les pieux *M*, récepés bien de niveau.

Dans

Dans les commencemens de la construction de ce pont, on se servit de deux grues placées sur l'échaffaud d'enceinte, qui transportoient les pierres toutes taillées depuis les bateaux où elles étoient voiturées, jusqu'à leur place ; mais comme on s'apperçut que les ouvriers paroissoient inquiets & effrayés de voir sans cesse ces énormes fardeaux suspendus au-dessus de leur tête, on réforma ces machines. Pour y suppléer, on plaça les pierres, en sortant des bateaux, sur des traîneaux que l'on conduisoit où l'on vouloit, par des plans inclinés, à l'aide d'un treuil posé sur le haut des traverses du caisson. Lorsque la maçonnerie fût parvenue à une hauteur suffisante, & que les mortiers furent jugés secs, on se prépara à détacher les bords du caisson, après avoir toutefois terminé le travail de l'enceinte.

Ce travail consiste à enlever les échaffauds, & à arracher, ou, quand cela ne se peut facilement, à scier le reste des pieux d'enceinte à la même profondeur que ceux de la pointe d'aval, c'est-à-dire, à trois pieds sous les plus basses eaux, au moyen de la machine à réceper. Après que tous ces pieux sont sciés ou arrachés, on procéde à l'enlevement des bords du caisson, parce qu'alors ils ont la liberté & l'espace nécessaire pour se mettre à flot.

Cette opération se fait en enlevant les entre-toises Z, (*Pl. VIII*, *fig.* 2, 3 & 4) liées aux montans H, h, par un tenon dont on ôte la cheville ; alors en frappant à côté du tenon, on fait entrer le bas u des montans, de deux ou trois pouces dans les mortoises x pratiquées dans le chapeau d, lesquels font remonter & sortir de leurs places les coins de bois y, qui retiennent les bords du caisson. Les développemens de la *figure cinquieme* rendent cet arrangement palpable.

Les avant & arriere-becs n'offrirent pas plus de difficultés ; en frappant sur leurs montans, les bords du caisson se détacherent aussi, & se séparerent en deux parties égales au milieu des pointes des avant & arriere-becs. De crainte que ces bords ne s'abattissent tout d'un coup, on avoit eu la précaution de les retenir par le moyen de

quelques grands bateaux , de forte qu'ils tomberent lentement
fur leur plus grande fuperficie , & furent facilement enfuite
conduits à flot dans le chantier, à l'aide de cordages paffés dans des
anneaux de fer S, S que l'on remarque dans leur intérieur, afin
d'être remployés à un nouveau caiffon pour la conftruction de la
pile fuivante.

Lorfque la pile fut ainfi ifolée fur fes fondations , & que les
pieux d'enceinte E (*figure 2* , *Planche IX*) furent arrachés ou du
moins récepés le plus bas poffible, & qu'enfin les fafcines F eurent
été enlevées, on fe fervit de deux grands bateaux que l'on difpofa
parallelement à la longueur de la pile fur la ligne des pieux d'enceinte, à l'aide defquels on garnit de gros quartiers de pierre & de
moilon K , le pied de la pile D jufqu'à la hauteur du milieu de la
deuxieme retraite, c'eft-à-dire, jufqu'environ à quatre pieds & demi
au-deffus des pieux de fondation, en formant de toutes parts un
talud, & l'on finit par égalifer le fable qui s'étoit amaffé au pourtour
de la pile. La *fig.* 3, *Pl. IX* , fait voir la moitié de la pile dégagée des
bords du caiffon , & garnie dans le bas de quartiers de pierre. On
peut remarquer qu'on n'a pas rempli de maçonnerie l'intervalle I
des pieux, parce qu'il avoit trop peu de hauteur, & qu'il s'eft com-
blé de fable auffi-tôt que les fafcines eurent été enlevées : cependant
fi la place le permettoit, nous croyons qu'il feroit bon de garnir de
moilons l'intervalle defdits pieux récepés, avant d'y placer le caiffon.

Toutes les piles du pont de Saumur , à l'exception de la premiere, ont été fondées de cette maniere l'une après l'autre jufqu'à
la naiffance des arches : alors, pour terminer cet ouvrage, il ne fut
plus queftion que de placer les ceintres de charpente fur les corbeaux de pierre ménagés fur les flancs des piles, afin d'en conftruire les voûtes des arches à l'ordinaire.

La conftruction de la derniere culée de ce pont (car la premiere
avoit été exécutée comme de coutume) n'offrit pas plus de difficultés que les piles ; il n'y a eu de différence que la forme du caiffon qui fut relative à celle de la culée : après qu'on l'eut conduit

à l'emplacement qui lui étoit deſtiné, il n'y eut d'autre attention à avoir, avant de le charger de maçonnerie, que d'empêcher le devers que pouvoit occaſionner ſon irrégularité de forme; ce qui fut obvié en plaçant trois chaînes de fer qui traverſoient le caiſſon, une à chaque angle d'épaulemens, & la troiſieme dans le milieu.

ARTICLE SEPTIEME.

Réſumé des avantages de cette conſtruction.

E N récapitulant ce que nous venons d'expoſer, pour conſtruire un pont ſans batardeaux ni épuiſemens, il réſulte qu'après avoir reconnu l'endroit de la riviere où l'on veut le placer, il faut, 1°. aſſurer les lignes capitales qui doivent paſſer par le milieu de la longueur & largeur de chaque pile ; 2°. enfoncer les pilotis néceſſaires au refus du mouton dans les eſpaces indiqués par le plan ; 3°. introduire la machine à ſcier, au moyen de laquelle on parvient à récéper les pieux bien de niveau au-deſſous de l'eau à la profondeur que l'on deſire; 4°. faire approcher un caiſſon ou grand bateau conſtruit pendant les opérations précédentes dans un lieu commode ſur les bords voiſins de la riviere ; 5°. le placer dans la direction de la pile & à-plomb des pilots récépés, ſur la tête deſquels on le fait échouer en le chargeant ; 6°. conſtruire à ſec, à l'abri des haut-bords du caiſſon, la maçonnerie de la pile juſqu'à la naiſſance de la voûte du pont ; 7°. enfin faire partir les bords du caiſſon, quand on juge que les mortiers ont fait corps, & les conduire dans le chantier pour être remployés à la conſtruction d'un autre.

Les avantages de ce nouveau procédé qui a mérité l'approbation unanime, ſont palpables, ſoit par rapport à l'économie, ſoit par rapport à la ſuppreſſion d'une infinité d'opérations, de ſoins & de peines qu'occaſionne la conſtruction ordinaire des ponts par batardeaux & épuiſemens. Au lieu de quatre cents hommes que les épuifemens ordinaires peuvent exiger, neuf ou dix hommes font toute la manœuvre : il eft même d'expérience que l'on peut fonder plus bas fous les eaux par cette méthode, que par épuifement ; car en 1757 les pilots furent coupés à fept pieds fous l'eau avec la machine à fcier ; en 1758, dans la pile fuivante à dix pieds ; & en 1759, vers le milieu du pont jufqu'à quinze pieds : or dans une riviere où le terrain eft auffi criblé de fources que la Loire, jamais les épuifemens n'euffent certainement permis de defcendre à beaucoup près auffi bas (a). Il y a nombre de cas où l'on a été obligé de renoncer à faire des ponts, comme à Rouen, par exemple, dont cette méthode faciliteroit l'exécution. Il faut encore obferver que la maçonnerie fe conftruifant à fec dans le caiffon, les mortiers ont le tems de faire corps & d'acquérir de la confiftance ; au lieu que par les moyens ordinaires les affifes font prefque toujours déjointoyées, attendu qu'on fe hâte de fupprimer les pompes, pour diminuer les frais confidérables qu'elles occafionnent. De plus, on n'eft pas obligé de travailler la nuit, & l'on peut prévoir au jufte par ce moyen la dépenfe de ces fortes d'ouvrages, ce qui eft impoffible d'ailleurs, à caufe des inconvéniens & des viciffitudes des épuifemens : enfin le peu d'embarras de cette conftruction met à même de fonder, fi l'on veut en une campagne, un pont, quelque confidérable qu'il foit.

Quant à la dépenfe, il réfulte d'un état de comparaifon, que nous avons vu, entre ce qui a été débourfé pour fonder une pile du même pont avec épuifement, & ce qu'il en a coûté pour fonder une femblable pile fans épuifement, qu'il y a plus de $\frac{1}{7}$ à bénéficier fur les dépenfes des fondations d'un pont en fe fervant de la nouvelle méthode : objet d'économie de très-grande importance dans des travaux qui coûtent fouvent plufieurs millions.

(a) *Mercure de France, Octobre 1761.*

EXPLICATION DES PLANCHES.
PLANCHE VIII.

LA Figure premiere repréfente la moitié de la fondation d'une pile prife fuivant la ligne 9 , 9 des avant & arriere-becs.

1, 1, Pieux d'enceinte de dix pouces de diametre, diftants de dix-huit pouces d'axe en axe.

2, 2 , Pieux d'épaulement ou d'angle de la file des pieux.

3, 3 , Pieux d'apontement.

4, 4 , Pieux de fondations de la pile.

5, Pieu d'épaulement du caiffon.

6 , Traverfes qui relient enfemble les pieux 1 & 3 pour établir l'échaffaud d'enceinte.

7 , Chapeau qui coëffe les pieux d'enceinte.

8 , Fafcines.

10, 10, Ligne capitale paffant par le centre de la pile.

Les Figures deuxieme, troifieme & quatrieme expriment le plan , les élévations , & les coupes du caiffon fuivant fa longueur & fa largeur.

Nota que nous avons liés enfemble l'explication de ces trois figures, en donnant des lettres de renvoi femblables aux mêmes objets , afin qu'on apperçoive mieux leurs correfpondances dans leurs diverfes fituations.

A , Caiffon.

B , *B* , Avant & arriere-becs.

C , Fond plein du caiffon compofé de racinaux jointifs.

D , Chapeau du caiffon.

E , Barres de fer qui traverfent le caiffon.

F , Anneaux fixés à la barre de fer.

G , Racinaux jointifs compofant le fond du caiffon.

H , Montans fervant à contenir le bord du caiffon.

I, Queüe d'aronde des racinaux, pratiquée vers les montans, *fig.* 2.

K, *Figures* 3 & 4, Pomme graffe des racinaux.

L, Longuerine.

N, autre Longuerine.

O, Madriers de quatre pouces d'épaiffeur.

P, Bords du caiffon.

Q, Poutrelle, *fig.* 3 & 4.

R, Piece en écharpe, *fig.* 3.

S, Anneaux fervant à conduire les bords du caiffon à l'attelier après leur enlevement, *fig.* 3 & 4.

T, Piece de bois qui a rempli l'intervalle entre les bords du caiffon & la longuerine *N*,

W, Plan de la maçonnerie de la pile dans le fond du caiffon, *figures* 1 & 2.

X, Mortoife, *figure* 2, dont on voit la forme en *x fig.* 5.

Y, Coin fervant à contenir les montans du caiffon.

Z, Entre-toifes fervant à lier les bords du caiffon par le haut.

&, Courbes des angles d'épaulement du caiffon.

La Figure cinquieme développe tous les différens affemblages de charpente des *figures* 2, 3 & 4, avec des lettres italiques qui font les mêmes que les capitales de ces figures.

d', Affemblages des pieces de bois qui forment les chapeaux.

d'', Petit coin placé à l'endroit *d'''* dans l'affemblage des chapeaux, pour empêcher de fe retirer les pieces de bois qui les compofent.

d, Chapeau où eft pratiquée une mortoife *x* au droit de chaque montant *h* : dans laquelle mortoife eft placée la queue d'aronde *u* du bas du montant, ainfi que le coin *y*, fervant à le contenir.

*, repréfente la faillie du haut du montant, entre laquelle on laiffe le même efpace que dans le fond de la mortoife *x*.

g, Racinaux.

h, Montans terminés par le bas *u* en demi-queue d'aronde.

k, Pomme graffe des racinaux.

l, Longuerine.

m, Boulon de fer.

n, autre Longuerine.

n′, *l′*, Affemblages des deux cours de longuerines.

o, Madriers.

p, Poutrelles.

q, Féries.

t, Piece de bois rempliffant l'intervalle entre les bords du caif-fon & la longuerine *n*.

x,x, Mortoifes.

y, Coins de bois.

&, Courbe.

PLANCHE IX.

La Figure premiere repréfente le caiffon fur fon apontement dans le moment qu'il va être lancé à l'eau.

a, *a*, exprime par des lignes ponctuées le caiffon élevé fur fon apontement horifontalement, & fupporté par les chantiers *h*, *h*.

g, fait voir la fituation du chapeau *G*, avant qu'on eût récepé le pieu *D*, pour faire pancher le caiffon, & le faire couler dans l'eau.

A, Caiffon dans l'action d'être lancé à l'eau par fon travers.

B, *C*, *D*, trois files de pieux d'apontement, élevés fur le bord de la riviere.

E, *F*, *G*, Chapeaux dont celui *F* eft arrondi en forme de ge-nouil.

H, Chantier ou couliffe incliné fur le pieu *D* récepé à cet effet, avec une entaille par-deffous pour empêcher le chantier de gliffer avec le caiffon.

I, Retraite.

K, Chantignoles.

L, Entre-toifes pour lier enfemble les trois files de pieux.

M, autres chantiers.

N, Cable attaché à l'anneau du milieu du caisson d'une part, & de l'autre à un tour placé sur un bateau.

O, O, Abatages.

P, Coupe des bords de la riviere.

La Figure deuxieme fait voir une moitié de la pile élevée dans le caisson qui repose sur les pieux de fondations.

A, Caisson.

B, Piece saillante, dont le bout se peut mouvoir dans une rainure *G* fixée sur l'angle d'épaulement du caisson, pour le diriger bien de niveau lorsqu'il échoue.

C, Échaffaud.

D, Maçonnerie de la pile.

E, Pieu d'enceinte.

F, Fascines.

G, Montant du caisson.

H, Bords du caisson.

La Figure troisieme représente une moitié de la pile, lorsque les bords du caisson sont enlevés.

L, Corbeaux de pierre réservés pour placer les ceintres de charpente pour construire l'arc de la pile.

I, Sable qui remplit le petit vuide resté entre les pieux.

K, Gros moilons dont on environne la pile pour l'accotter de toutes parts.

M, M, Pieux récepés.

N, N, Hauteur de l'étiage.

O, Hauteur de l'eau.

LES PLANCHES X ET XI

représentent la machine à scier les pieux en plan, profil & élévation, avec des lettres capitales correspondantes pour les mêmes objets.

A, Chassis de fer qui supporte le mouvement de la machine.

B, Feuille de scie.

C, C, Montans des petits crics destinés à élever ou baisser le chassis de fer qui porte la scie. *D,*

D, Avance du chaffis fervant de piece de garde à la fcie.

E, *E*, Montans de fer fervant à ferrer les grapins.

F, *F*, Grapins.

G, Pieu à demi fcié.

H, *H*, Léviers horifontaux fervant à procurer le mouvement latéral à la fcie.

I, *I*, Extrêmités des léviers *H*.

K, *K*, Demi-cercle portant la fcie.

L, *L*, Pivots reliés par une double entre-toife, & ayant leurs extrêmités inférieures encaftrées dans une couliffe *M*.

N, Petite élévation fervant de points d'appui au centre des léviers *H* (*fig.* 2, *Pl. X*).

O, *O*, Quatre rouleaux de cuivre roulant fur autant de plaques de tôle.

P, Bafe d'un triangle équilatéral (*Pl. XI*), dont le fommet eft fixé au milieu d'une traverfe horifontale Q.

R, Couliffe.

S, *S*, Mouvement latéral de la fcie, exprimé par des lignes ponctuées.

T, *T*, Ouvertures ovales pratiquées à l'extrêmité des bras de léviers.

V, Pivots fixés fur le demi-cercle de la fcie.

X, Second demi-cercle.

Y, Renvois.

Z, *Z*, Pivots.

&, Vanages, *Pl. XI.*

a, *a*, Chaffis de charpente qui fupporte la machine.

b, *b*, Clefs des grapins.

c, *c*, Cylindres, ou rouleaux du chaffis de charpente de la machine.

d, Autre grand chaffis traverfant la largeur de la pile, d'un côté à l'autre du grand échaffaud d'enceinte *g*, *g*, & foutenu fur des rouleaux *e*, *e*.

K k

f, f, Roues des crics supérieurs servant à élever, ou à abaisser le châssis de fer sur lequel est fixée la machine.

h, h, Ouvriers qui font mouvoir la machine.

i, i, Traverses des bras de lévier.

k, k, Bras de lévier.

l, l, Coulisses pratiquées pour opérer le mouvement latéral *Pl. X.*

m, m, Cric horisontal ou crémailler.

n, Roue de communité du cric.

o, Autre roue portant le régulateur.

p, Clef du régulateur.

q, Montant du régulateur.

r, Maître-Ouvrier gouvernant la scie.

s, s, Roulettes portant sur des plaques de tôle, pour servir au mouvement de chasse & de rappel, *Pl. X.*

t, t, Rainure portant les bouts de la coulisse *l.*

w, Cercle que suit le Maître-Ouvrier en faisant tourner le régulateur.

u, u, Pieux déjà récepés.

x, x, Pieux à réceper.

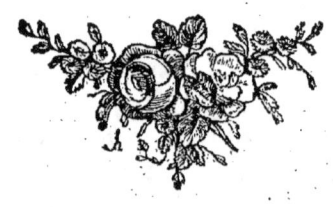

Developement de la Construction d'une des Piles du Pont de Saumur.

Pl. VIII. Pag. 288.

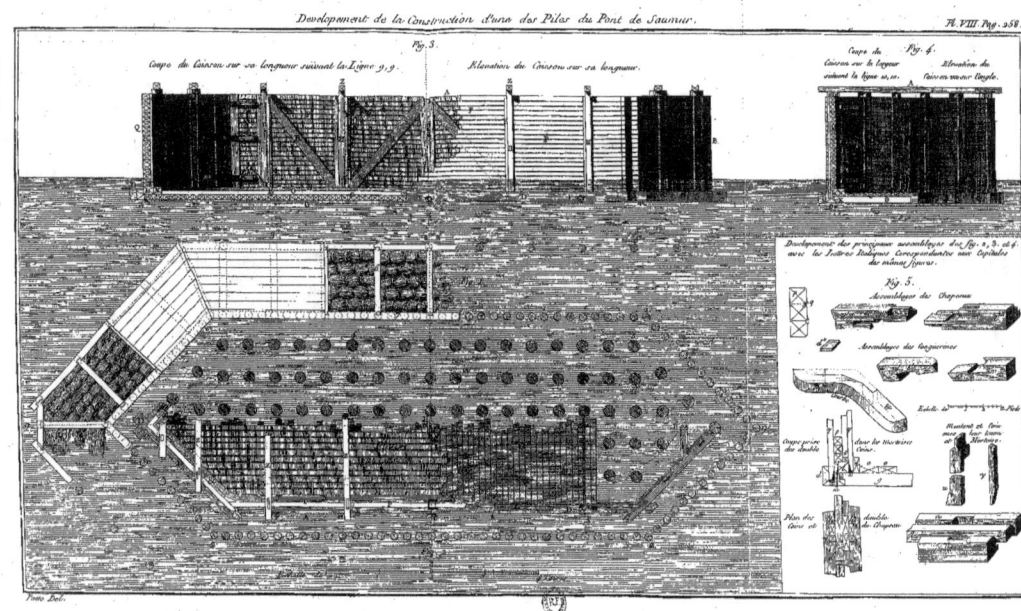

Fig. 3.

Coupe du Caisson sur sa longueur suivant la Ligne 9, 9.

Elevation du Caisson sur sa longueur.

Coupe du Caisson sur sa largeur suivant la ligne 10, 10.

Fig. 4.

Elevation du Caisson sur son Angle.

Developement des principaux assemblages des fig. 2, 3. et 4. avec les Lettres Italiques Correspondantes aux Capitales des mêmes figures.

Fig. 5.

Assemblages des Chapeaux.

Assemblages des Longuerines.

Echelle de

Coupe prise du double.

Plan des Lices et

Double des Chapeaux.

Pl. IX. Pag. 258.

Coupe de la Pile suivant la ligne 10,10 du Plan du Caiſſon.

Fig. 3.

Fig. 2.

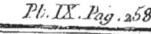

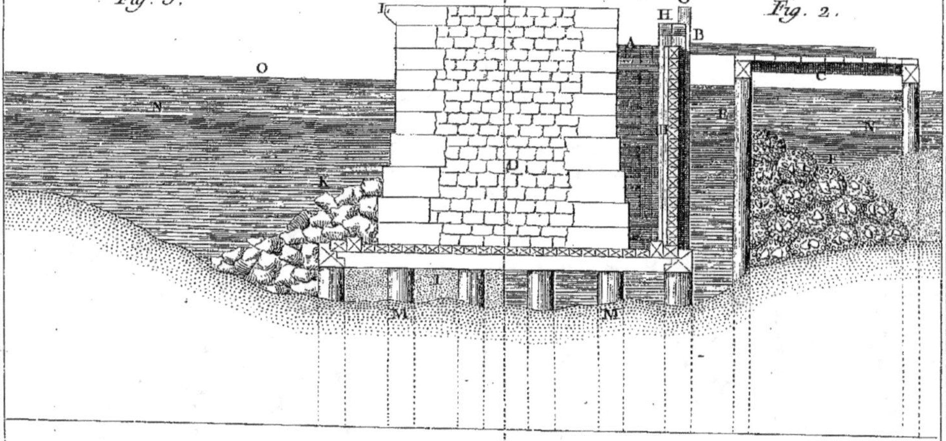

Vue du Caisson sur son apontement.

Fig. 1.

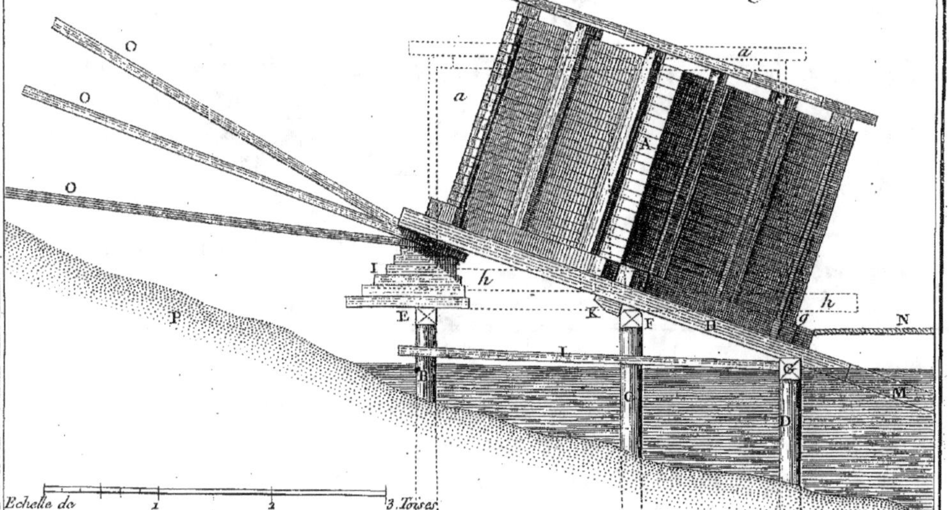

Echelle de   1   2   3. Toises.

Pl. X. Pag. 288.

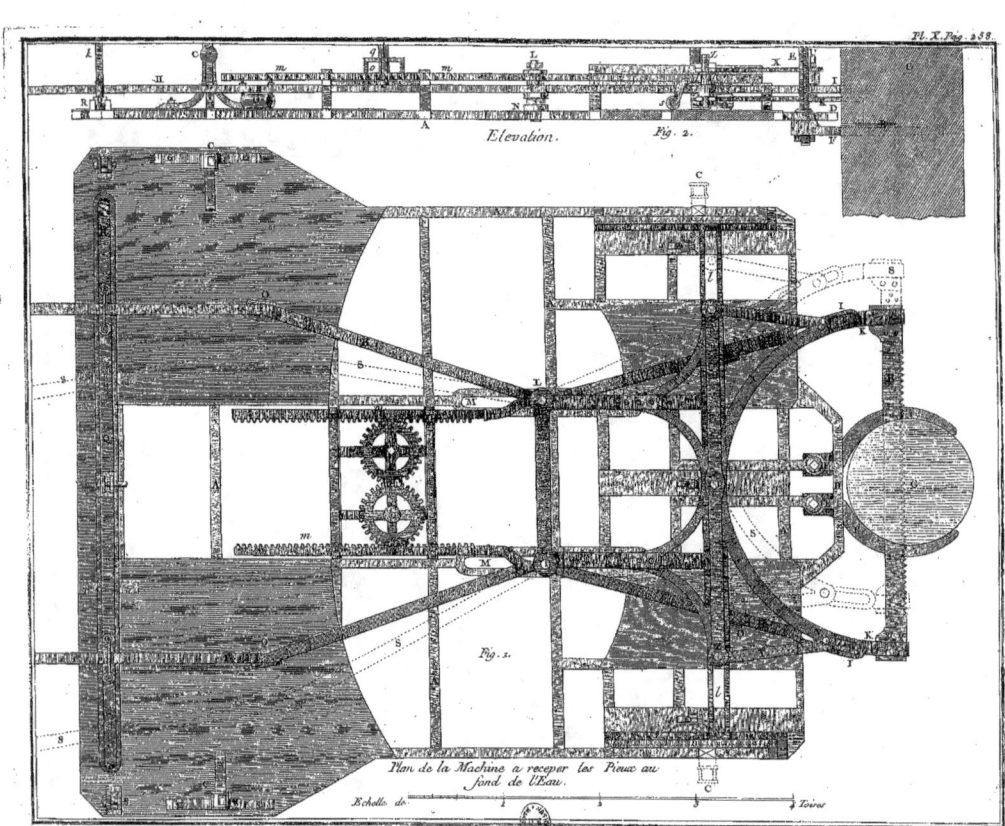

Elevation.   Fig. 2.

Fig. 1.

Plan de la Machine a receper les Pieux au
fond de l'Eau.

Echelle de _____ 1 _____ 2 _____ 3 _____ 4 Toises

Pl. XI. 288

Opération de la Machine à receper les Pieux au fond de l'Eau.

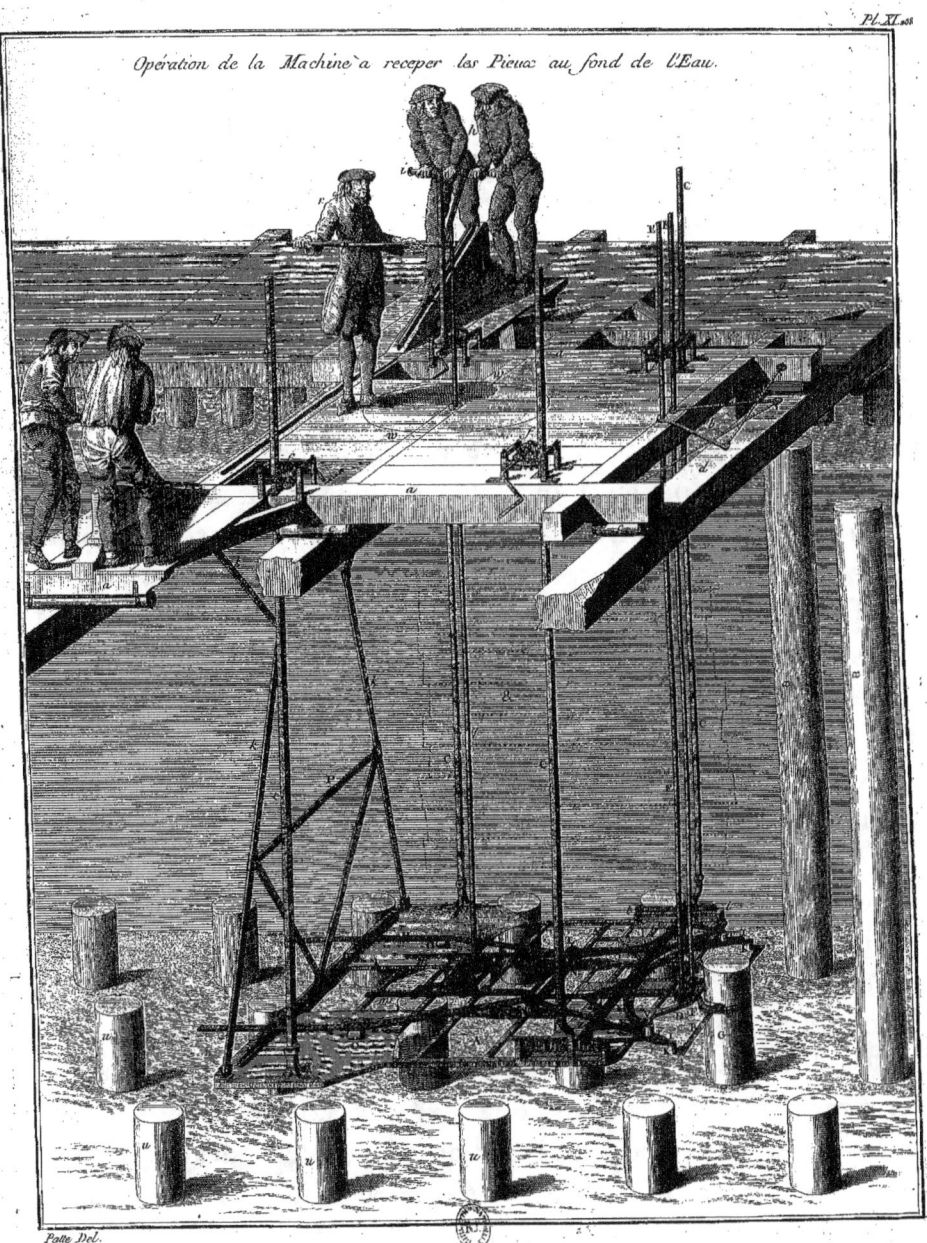

Patte Del.

CHAPITRE SEPTIEME.

Parallele des meilleurs moyens uſités juſqu'ici, pour conſtruire les Plate-bandes, & les Plafonds des Colonnades.

ARTICLE PREMIER.

Procédés des Anciens pour opérer ces conſtructions. PLANCHE XII.

DANS la haute antiquité, il paroit qu'on ne connoiſſoit point l'art des voûtes & de la coupe des pierres. Tout ce que les Egyptiens, qui paſſent pour avoir été les inventeurs de cet Art, comme de beaucoup d'autres, imaginerent à cet égard, ſe borna à faire porter de longues pierres par leurs extrémités ſur les murs des ſalles de leurs édifices, pour former des planchers. Quand ils jugeoient que les pierres pouvoient rompre à cauſe de leur trop grande portée, ils les ſoutenoient par des piliers ou colonnes ordinairement fort matériels.

Avant le ſiécle d'Alexandre, on n'employoit dans la Grece aucune voûte dans la conſtruction des bâtimens. Tous les linteaux des portes & des croiſées étoient de bois. Les plafonds ainſi que les architraves des colonnades, étoient auſſi faits avec des poutres & des ſolives que l'on revêtiſſoit par magnificence, d'yvoire, de plaques de cuivre ou d'argent, & quelquefois même d'or: il eſt dit dans l'Ecriture, que le plancher du Temple de Jéruſalem étoit de bois de cédre couvert de lames d'or. Ce fut ſeulement vers le tems dont nous parlons, que les Grecs commencerent à ſubſtituer des eſpeces de poutres de marbre d'un ſeul morceau, portant d'un axe de colonne à l'autre, aux pieces de bois qui formoient les architraves: en conſéquence, au lieu de faire les entrecolonnes fort larges, comme ils l'avoient pratiqué juſqu'alors, ils affecterent au contraire de les tenir très-ferrés, afin de foulager la portée de ces blocs de marbre, & de faciliter à la fois leur élévation fur les colonnes, dont l'écartement excédoit rarement deux diamètres.

Ces fortes de plate-bandes, étant d'une feule piece, n'avoient évidemment point de poufſée; mais feulement de la portée d'un milieu de colonne à l'autre; auffi les Grecs avoient- ils contracté à cette occafion, l'ufage de ne point accoupler les colonnes, mais de les placer toujours une à une, même dans les angles tant intérieurs qu'extérieurs de leurs bâtimens; procédé qui fut adopté enfuite par les Romains.

Pour affurer la folidité des plate-bandes, les Anciens fe contentoient de contenir le haut & le bas de leurs colonnes, qui fouvent étoient toutes d'une piece: pour cet effet ils plaçoient deux mandrins de fer, l'un dans l'extrémité inférieure du fût, c'eft-à-dire vers la bafe, & l'autre dans l'extrémité fupérieure pénétrant le chapiteau, l'architrave, la frife, & fouvent la corniche. Ce mandrin fupérieur étoit faifi au-deffus du chapiteau, par un tiran qui, en paffant par-deffous l'architrave où il étoit entaillé de fon épaiffeur, lioit enfemble le mandrin des colonnes voifines. Perfonne n'a remarqué, s'ils mettoient encore un autre tiran entre l'architrave & la frife, mais cela eft très – vraifemblable: quoi qu'il en foit, pour mafquer la vue de ces tirans paffant par-deffous les plate-bandes, ils revêtiffoient l'encaftrement de ftuc ou de maftic, ou bien lorfqu'ils vouloient décorer avec beaucoup de magnificence un édifice, ils plaçoient fous les architraves des rofettes de bronze attachées à vis dans ces tirans: ce qui les déroboit abfolument à la vue, & fervoit même à contenir folidement ces ornemens.

Pour mieux faire concevoir ces conftructions, nous avons repréfenté (Pl. XII. fig. 1 & 2) l'entrecolonnement des trois colonnes de *Campo-vaccino*, qui faifoient autrefois partie du Temple de *Jupiter Stator* à Rome, & qui font un des plus beaux exem-

ples de l'antiquité. Le diamètre des colonnes est de quatre pieds
six pouces par le bas, & il y a d'axe en axe feulement onze pieds
trois pouces. Chaque fût est composé de quatre assises de marbre blanc posées à sec sans mortier, & leurs lits sont polis au
grès. L'architrave *A*, est d'un seul morceau de marbre, portant
d'une colonne à l'autre : la frise est composée de trois parties *B*,
C, C, c'est-à-dire de deux especes de sommiers ou coussinets *C, C,*
à-plomb de chaque colonne, taillés de maniere qu'ils soutiennent
un grand claveau de marbre *B* d'un seul bloc, lequel est un peu
bombé dans sa partie inférieure, afin de l'empêcher de péser sur
l'architrave, & de rejetter tout son poids sur les colonnes ; arrangement qui est très-ingénieux.

Les Anciens cependant n'exécutoient pas toujours leurs plate-
bandes de cette maniere : quelquefois ils faisoient la frise & l'architrave d'un seul morceau posé d'un axe de colonne à l'autre ;
quelquefois aussi ils plaçoient au-dessus de l'architrave un autre
bloc pareil pour former la frise. C'est suivant ce dernier procédé
que sont construites les plate-bandes du porche du Pantheon &
de la Basilique d'Antonin.

Relativement aux détails que MM. Vood & Dawkins nous ont
donné des ruines du Temple de Balbec en Cœlo-syrie, l'architrave des portiques de ce monument étoit aussi fait d'un seul bloc,
posé d'axe en axe de colonnes, & la frise d'un autre bloc semblable. Les plafonds des entre-colonnemens étoient également
construits de larges pierres *D*, (*fig.* 3.) placées l'une à-côté de
l'autre, & posées d'une part sur l'architrave régnant sur toutes
les colonnes du portique, & de l'autre sur les murs du Temple.
Ces larges pierres étoient évidées par-dessous pour diminuer leurs
poids, & avoient neuf pieds de portée : elles étoient sculptées
de rosettes & de toutes sortes de compartimens chargés d'ornemens. Il étoit rare cependant que les Grecs & les Romains
construisissent de cette maniere le haut des portiques : le plus
souvent au contraire, ils les voûtoient en briques, ainsi qu'il

eſt exprimé dans la *fig.* 4, qui repréſente un profil du portique de la Baſilique d'Antonin, ou bien ils ſe contentoient de les ter‑miner en charpente, comme on le remarque au-deſſus du por‑che du Pantheon.

Perrault nous a conſervé dans ſa traduction de Vitruve une conſtruction de plate-bandes faites de pluſieurs clavaux, laquelle n'a point d'exemple dans l'antiquité, & eſt tirée d'un ancien édi‑fice qui fut démoli à Bourdeaux il y a environ un ſiécle. Les colonnes de ce bâtiment avoient quatre pieds & demi de diamè‑tre, & n'étoient diſtantes l'une de l'autre que de ſept pieds : elles étoient conſtruites d'aſſiſes de pierre dure de deux pieds de hau‑teur, poſées ſans mortier ni plomb, dont les joints étoient preſque imperceptibles : au-deſſus de ces colonnes étoit un ſimple architrave ſans friſe ni corniche, lequel étoit compoſé d'un ſommier *F*, (*fig* 5) poſé ſur chaque colonne & d'un claveau *G* au milieu, appuié ſur les ſommiers. Pour élégir cet architrave, il avoit été fait un reſ‑ſaut d'environ ſix pouces à-plomb de chaque colonne, au-deſſus du‑quel on voyoit des cariatides en bas-relief de dix pieds de hau‑teur. Il eſt à préſumer qu'on n'en uſa ainſi pour la conſtruction de cet architrave, que, parce qu'étant en pierre & non en mar‑bre, il n'y auroit pas eu de ſûreté à employer en pareil cas, une pierre toute d'une piece, d'un axe de colonne à l'autre. Cet Auteur ne dit pas s'il y avoit des gougeons de fer pour lier en‑ſemble les tambours des colonnes ; rarement les conſtructions antiques ont été examinées attentivement : on ſe contente d'or‑dinaire de remarquer leurs profils & leurs proportions ; voilà pourquoi nous avons ſi peu de renſeignemens à cet égard.

Il a été dit plus haut que les tambours des colonnes de *Campo‑vaccino*, ainſi que ceux de l'exemple précédent, avoient été poſés ſans mortier, c'étoit en effet une pratique des Anciens. Ils ſe contentoient quelquefois de frotter les lits de leurs pierres les uns contre les autres juſqu'à ce que toutes leurs parties ſe touchaſſent exactement, de ſorte que ne ſe trouvant point d'air

entre les affifes , cela équivaloit au meilleur mortier. Perrault ,
lors de l'exécution du magnifique arc de triomphe du Trône
à Paris, renouvella cette merveilleufe conftruction ; il affeda de
ne fe fervir que de grandes pierres dont les moindres avoient fix
pieds de longueur, & à l'aide de machines qui foutenoient chaque
pierre au-deffus de l'affife où elle devoit être placée, & qui faci-
litoient leur frottement , on parvenoit à les unir, en y introduifant
du grès, au point de ne former qu'un même corps. Il faut que cette
maniere de lier les pierres foit bien fupérieure à celle du mortier,
car il eft dit que lorfque l'on entreprit , il y a environ quarante
ans, de détruire cet arc de triomphe qui n'avoit , comme l'on
fçait, été exécuté en pierre que jufqu'au piedeftal, il fut impoffible de défunir les affifes fans les brifer & les mettre en piece.

Lorfque les Anciens décoroient leurs édifices de colonnes de
marbre, à moins qu'elles ne fuffent d'une groffeur confidérable,
ils fabriquoient communément leur fût tout d'une piece. On en
remarque de cette maniere de cinq & fix pieds de diametre. La
diminution de leurs colonnes fe faifoit , ou à l'imitation des arbres,
c'eft-à-dire , depuis le pied jufqu'au haut du fût uniformément,
ou bien , ce qui étoit plus rare, elle commençoit depuis le tiers
inférieur du fût jufqu'en haut de la colonne. Quoique Vitruve
dife qu'on les tenoit de fon tems quelquefois plus groffe vers le
tiers inférieur que par le bas , jufqu'à préfent on n'a point encore
découvert d'exemple de ce renflement dans aucune colonne antique. Il eft à croire que l'on tranfportoit, des carrieres dans les
Villes, les fûts des colonnes tout taillés, & même qu'on en pré-
paroit d'avance dans ces endroits un nombre de toutes fortes de
diametre , de maniere qu'au premier ordre il n'y avoit plus qu'à
les transférer : ce qui accéléroit l'exécution des bâtimens. De-là
viennent les inégalités des groffeurs de colonnes fous un même
entablement, que quelques-uns ont voulu attribuer à des raifons d'optique, & qui n'ont véritablement d'autres caufes que la
négligence des ouvriers , & le peu d'attention qu'ils apportoient

souvent à les tailler. Au portique de la Rotonde, on remarque des colonnes qui ont jufqu'à trois ou quatre pouces de diamètre de moins que les autres. Il y a encore des édifices où quelque-uns des fûts s'étant trouvés trop courts, tels qu'aux Thermes de Dioclétien & au Temple de la paix, l'on a été obligé de mettre une efpece de couffinet entre le chapiteau & l'entablement, afin de les faire atteindre à la même hauteur que les autres.

Quoiqu'il ne foit pas fait mention dans les exemples précédens d'axe de fer pour lier entr'eux les divers tambours qui formoient quelquefois le fût des colonnes, il étoit pourtant ordinaire de les contenir à l'aide de gougeons qui entroient de quelques pouces, tant dans le lit fupérieur que dans le lit inférieur.

Les Anglois ont obfervé dans les ruines du Temple de Balbec, dont il a été queftion ci-devant, que les fûts des colonnes qui avoient à-peu-près fix pieds & demi de diamètre, étoient compofés de trois tambours très-étroitement unis fans le fecours du ciment, & affermis par des gougeons de fer, pour lefquels on avoit creufé des trous dans chaque pierre. La plûpart des tambours avoient, difent-ils, deux de ces trous, l'un circulaire, & l'autre quarré, qui répondoient à deux trous de la même forme, & des mêmes dimenfions, pratiqués dans l'affife fur laquelle chacun avoit été élevé. Par la mefure de quelques-uns des plus grands trous circulaires, les Anglois trouverent que le gougeon de fer qu'ils recevoient, devoit avoir un pied de long, & près d'un pied de pourtour (a). Comme ils apperçurent, dans tous les débris de ces colonnes, de pareils trous, cela prouve que chaque affife ou tronçon de colonnes avoit été affuré de cette maniere,

Indépendamment du fer dont les Grecs & les Romains fe fer-

(a) Il eft dit dans les *Ruines de Balbec* que chaque gougeon avoit un pied de diametre, c'eft évidemment de pourtour que l'on a voulu dire; car un gougeon de pareille groffeur feroit très-difficile à forger: d'ailleurs quand bien même les trous pour les recevoir euffent eû un pied de diametre, il ne s'enfuivroit pas que les gougeons duffent avoir la même dimenfion, attendu que l'ufage eft de faire ces trous beaucoup plus larges qu'il ne faut, tant à caufe du renflement du fer par la rouille, que pour y introduire du mortier.

voient

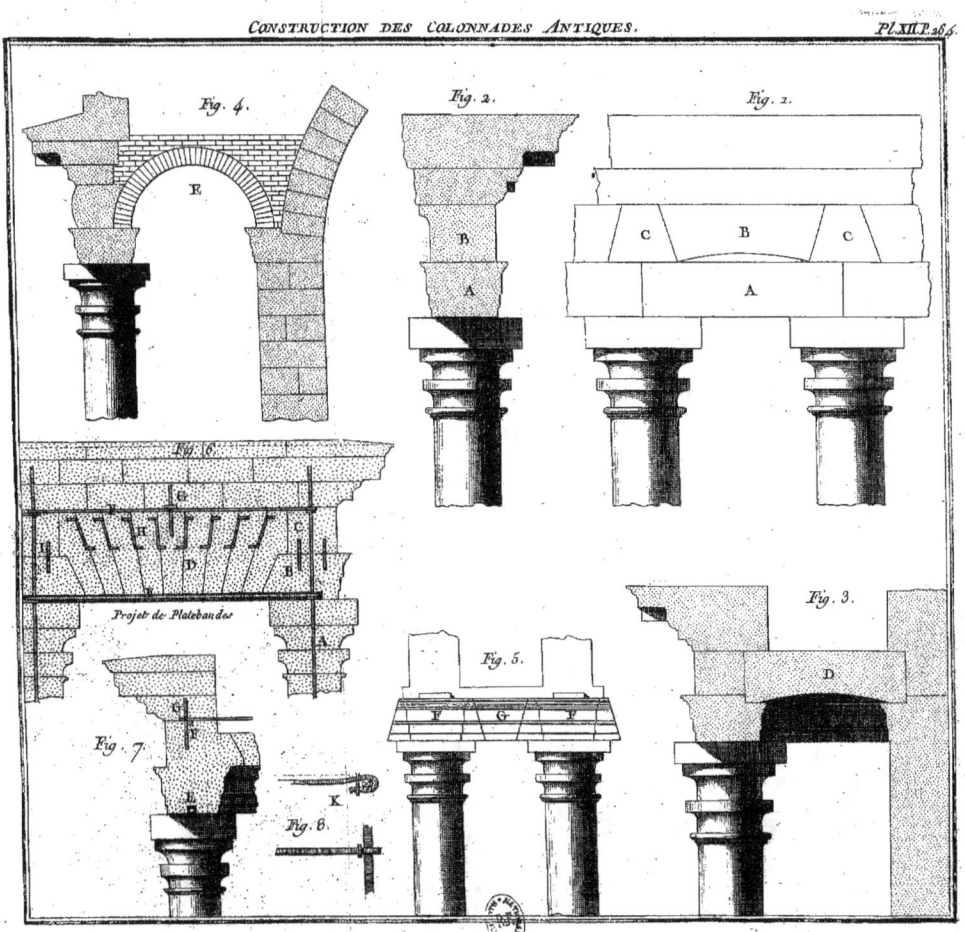

Fig. 4.

Fig. 2.

Fig. 1.

Fig. 6.

Projet de Platebandes

Fig. 7.

Fig. 5.

Fig. 3.

Fig. 8.

voient pour lier leurs pierres, ils employoient aussi à cet usage beaucoup de cuivre, par la raison qu'il n'est pas aussi sujet à la rouille qui passe pour le détruire. Ils avoient, à ce qu'on prétend, le secret de donner à ce métal une trempe particuliere qui le durcissoit à l'égal du fer; & ils en fabriquoient, soit des gou_geons, pour lier les tambours des colonnes, dans lesquels on les faisoit entrer avec force, soit des crampons pour unir ensemble les cours d'assises de marbre ou de pierre, dans lesquels on les scelloit avec du plomb. Lors d'un tremblement de terre qui arriva à Rome au commencement de ce siécle, il tomba quelques pans de muraille du Colisée, où l'on trouva des crampons de cuivre plombés par les bouts.

Mais ce qui paroîtra surprenant, c'est que l'on se servoit aussi de crampons de bois pour lier les pierres dans ces tems reculés ; on en a trouvé dans plusieurs bâtimens antiques : Saint Jérôme, dans ses commentaires sur Habacuc, *Chap.* 2. ℣. 11, parle des crampons de bois qu'on inséroit de son tems dans les murailles, au milieu de leur structure, pour les rendre plus solides. M. Le Roi, dans son livre des *Ruines de la Grece*, dit, qu'ayant fait sauter une assise d'une colonne très-ancienne au pied de la montagne du *Laurium*, il trouva qu'elle étoit liée avec des clefs à queue d'aronde, d'un bois rouge assez dur, qui s'étoit bien conservé : les trous pratiqués dans cette assise étoient de trois pouces de largeur & de quatre de profondeur.

Quant à la maniere dont les Grecs & les Romains transportoient, ou élévoient des fardeaux aussi considérables que les architraves tout d'un seul bloc au haut de leurs édifices, on sçait qu'ils avoient des forces mouvantes & des machines merveilleuses pour cet effet. Combien d'obelisques, de colosses, d'aiguilles, de colonnes d'une seule piece, & enfin de pierres d'un volume prodigieux ne transportoient-ils pas souvent des pays fort éloignés, pour les élever ensuite à des hauteurs surprenantes ? Dans le soubassement du grand Temple de Balbec, les Anglois, qui ont levé cet édifice, rapportent qu'on y voit des pierres de plus de soixante pieds de long sur douze de large, & treize de haut. On prétend que la maniere la plus usitée d'élever les architraves sur les colonnes, étoit, à l'aide de terrasses disposées en plans inclinés, & formées par des sacs remplis de sable. Lorsque ces pierres étoient parvenues au-dessus des colonnes, & placées dans la direction qu'on vouloit leur donner, on perçoit quelques-uns des sacs supérieurs, de sorte que le sable, en s'écoulant, facilitoit à l'architrave de descendre & de se placer comme de lui-même : Pline dit que Ctesiphon se servit de ce moyen pour poser les pierres des grands architraves du Temple de Diane à Ephèse. Lors de la découverte de l'Amérique, on trouva aussi que les Péruviens se servoient à-peu-près d'un semblable procédé pour élever des poids extraordinaires, à la hauteur qu'ils vouloient.

ARTICLE SECOND.

Procédés des Modernes pour construire les Plate-bandes & les plafonds des Colonnades.

ON sçait que les Architectes Goths n'exécutoient point de plate-bandes dans leurs édifices, mais qu'ils affectoient au contraire de les éviter, & de construire à leur place des arcs ogives d'une colonne à l'autre. Quand les Modernes, lors de la renaissance des Arts en Europe, travaillerent à ressusciter les proportions de l'Architecture antique, soit par la difficulté de se procurer du marbre dans de certains pays, soit par économie, soit enfin à cause de la facilité du travail, ils crurent devoir préférer la pierre, & changerent en conséquence les procédés des Grecs & des Romains, pour exécuter les plate-bandes des colonnades. Comme la pierre n'est pas une matiere aussi dure que le marbre, qu'elle est divi-

fée par lits qui ont communément peu de hauteur, & que d'ailleurs elle eft fujette à prendre l'humidité qui la fait quelquefois fe fendre dans les gelées, ils penférent avec raifon qu'il n'y
avoit pas de folidité à l'employer d'une certaine longueur en
architraves qui ont communément un poids à fupporter, tel
qu'une frife, une corniche, une baluftrade & fouvent même une
voûte.

Ces confidérations fondées fur la différence des matériaux obli-
gerent donc à conftruire néceffairement les plate-bandes par claveaux : mais comme ces claveaux forment des efpeces de coins,
qui, vû leur pofition horifontale, ont beaucoup de pouffée, ce
changement de conftruction parut d'abord, contre l'ufage antique, néceffiter d'accoupler les colonnes, principalement dans
les angles & dans les retours extérieurs des édifices, afin de donner plus de force à ces endroits, & de les rendre capables de mieux
réfifter à l'action des claveaux. Auffi pendant long-tems avons-
nous vû en France qu'on n'ofoit conftruire de plate-bandes à moins
de placer des colonnes accouplées dans les angles. Souvent même
on engageoit les colonnes pour leur donner plus de force; ou
bien l'on faifoit reffauter les entablemens à-plomb de leur fût,
dans la crainte de ne pouvoir affez efficacement contenir l'effort
de la pouffée des plate-bandes. De Broffe, au Palais du Luxem-
bourg, & au portail Saint Gervais, en a ufé ainfi : Le Mercier,
au portail de la Sorbonne du coté de la cour, a groupé quatre
colonnes à chaque extrémité, & les a accouplé à celui de la place
au retour de l'avant-corps : Perrault a fait de-même au Périftile du Louvre : Le Vau, au portail des quatre-Nations, a pouffé la défiance jufqu'à ne pas croire une colonne affez folide à
l'extrémité de l'avant-corps, & il y a placé un pilaftre quarré
qu'il a de plus, par précaution, engagé dans le mur.

En effet les colonnes accouplées dans les retours extérieurs des
édifices donnent la facilité de placer au-deffus de leur à-plomb de
forts fommiers compofés de larges quartiers de pierre, capables

d'arrêter plus folidement la pouffée d'une plate-bande à claveaux qu'une colonne folitaire. Il eft vrai que depuis, on eft devenu moins circonfpect, & qu'on a placé des colonnes feules fur les angles des bâtimens, ainfi qu'on le verra par la fuite. Les premiers pas en tout genre font toujours un peu timides ; ce n'eft que par réflexion & fucceffion de tems, que l'on parvient à connoître ce que l'on peut hafarder au-delà de ce qui a été fait précédemment.

Tout ce que je viens de remarquer ne regarde que les plate-bandes qui vont d'une colonne à l'autre & qui font voifines des murs, car dès qu'il y avoit une certaine diftance jufqu'aux colonnes, c'eft-à-dire, lorfqu'elles formoient portiques, alors à l'exemple des Anciens on voûtoit le haut de cet intervalle, foit en pierre, foit en brique. C'étoit ainfi qu'on l'avoit pratiqué aux colonnades qui entourent le parvis de Saint Pierre de Rome, au portail de la Sorbonne du côté de la cour & ailleurs. Jamais on ne s'étoit hafardé à faire porter en l'air des plafonds horifontaux tout en pierre d'une certaine étendue au-deffus des portiques, avant la conftruction du périftile du Louvre. Auffi cette nouveauté, lorfqu'elle fut propofée, parut-elle alors à tous les Architectes une témérité ; les plus expérimentés, ainfi qu'on le verra dans la defcription de cet édifice, foutinrent qu'un pareil projet étoit inexécutable, à caufe de la grande profondeur du périftile ; & ce ne fut, en effet, qu'après que Perrault eut produit un modèle de cette conftruction, pouce pour pied, avec de petites pierres de taille de même figure, & au même nombre que l'ouvrage en grand, que l'on demeura convaincu de fa folidité.

Je me propofe de détailler dans ce Chapitre ; 1°. cette conftruction d'après l'examen le plus férieux que j'en ai fait ; 2°. celle des plafonds & plate-bandes des colonnades de la place de Louis XV. à Paris ; 3°. celle du Porche de Saint Sulpice ; 4°. comment ont été exécutées les plate-bandes du portail des Théatins, & des nouveaux bâtimens du Palais Royal ; 5°. enfin la maniere dont on bâtit les colonnades en Ruffie ; lefquels pa-ralleles je terminerai par des réflexions, fur les moyens d'opé-rer avec folidité ces fortes de conftructions, qui font les plus diffi-cultueufes de toutes celles que peuvent offrir les travaux d'Archi-tecture.

ARTICLE TROISIEME.

Conftruction des Plate-bandes & des Plafonds du périftile du Louvre ;
PLANCHE XIII.

LA colonnade du Louvre eft décorée d'un ordre corinthien, élevé fur un foubaffement dont les colonnes font accouplées & ont trois pieds fept pouces de diamètre par le bas : leur écartement d'axe en axe au droit de l'entre-colonnement eft de quinze pieds cinq pouces & demi : la diftance entre chaque couple de colonnes eft de cinq pieds quatre pouces fix lignes ; l'éloignement du mur du périftile au nud des colonnes de la façade eft de douze pieds : enfin l'entablement qui couronne cet Ordre, eft le quart de fa hauteur.

La difficulté de l'exécution du périftile du Louvre ne confif-toit pas dans les plate-bandes qui régnent fuivant la longueur de cet édifice, on avoit des procédés reconnus pour cela, & d'ail-leurs toute la pouffée de ces plate-bandes pouvoit être facilement contreventée, tant par les gros pavillons des extrémités, que par l'avant-corps du milieu. Ce qui méritoit la principale atten-tion étoit, non-feulement l'action des plate-bandes des arrieres-corps formant un portique de douze pieds de profondeur, lef-quelles allant du mur aboutir fur les colonnes, devoient nécef-fairement pouffer au vuide par leur pofition, mais encore le poids des larges plafonds en pierre, qui devoient remplir l'inter-valle des entre-colonnemens ; lefquels plafonds, par la coupe de leurs claveaux, ne pouvoient manquer d'agir à leur tour dans tous les fens, contre les architraves placés au-deffus des colonnes le long de la façade du bâtiment, en les prenant foit par le flanc, foit par les angles.

Perrault comprit avec raifon que tout le fuccès de fa conf-truction dépendoit de folider le plus poffible fes points d'appui, & de les rendre en quelque forte immuables. A cet effet il accou-pla fes colonnes pour acquérir plus de force, & les fit conftruire à bas appareil d'affifes de pierre dure, dite de Saint-Cloud. Il n'excepta que les chapiteaux qui furent faits de deux affifes de pierre de Saint-Leu, c'eft-à-dire de pierre tendre, dans la vue fans doute de faciliter la fculpture de leurs ornemens, & de la rendre moins difpendieufe. Dans le milieu de chaque colonne il plaça un axe de fer d'environ trois pouces de gros, divifé en trois parties entées l'une dans l'autre, dans toute la hauteur (a). On prétend (car on ne le fçait que par tradition) qu'entre cha-que affife du fût des colonnes, il y a une croix de fer plat qui embraffe le mandrin d'axe, dont deux branches cramponnent par leurs extrémités l'affife fupérieure, & les deux autres l'affife infé-rieure.

Quoi qu'il en foit, les affifes des colonnes ainfi que celles des murs de cet édifice, furent pofées fur cales, & coulées avec mor-tier de chaux & fable. A-plomb de chacune, il fut placé un fort fommier M, (fig. 6.) de toute la hauteur de l'architrave, à tra-vers lequel paffe la continuation du mandrin de la colonne A: on pofa enfuite tous les claveaux des architraves taillés à croffettes par le bas, tant fuivant la longueur du périftile que fuivant fa pro-fondeur ; entre les joints defquels il fut placés de grands Z de fer K, d'environ quinze pouces de long, cramponnés par le haut dans l'un des claveaux, & par le bas dans l'autre : ce qui leur don-

____

(a) Quoiqu'on ne puiffe appercevoir la groffeur des fers enfermés, tant dans l'intérieur de l'entablement que dans les colonnes, il eft pourtant aifé de les eftimer : en voyant que les ti-rans apparens dans le vuide de l'entablement ont deux pouces un quart, on peut conclure fans crainte d'erreur que les autres font d'égales groffeurs, & qu'auffi le mandrin d'axe des colonnes qui les contient, doit avoir encore plus de force.

ne une inhérence parfaite , & les empêche de pouvoir defcendre en contre-bas.

Sur la tête des claveaux de l'architrave , il fut fait dans le milieu une tranchée pour recevoir deux tirans horifontaux *H*, *I*, (*fig.* 2.) ou *B* & *C*, (*fig.* 6.) d'environ deux pouces un quart de gros, dont l'un fert à lier enfemble les deux axes des colonnes de l'entre-colonnement , & l'autre à contenir les deux axes des colonnes accouplées (*a*).

Perpendiculairement à ces tirans *H*, & *I*, (*fig.* 2), il en fut placé à la même hauteur, vis-à-vis chaque couple de colonnes , trois autres, *K*, *K*, *L*, dont les deux premiers *K*, *K*, font fixés chacun par une de leurs extrémités dans le mandrin d'axe *G*, (*fig.* 2) de chaque colonne, & par l'autre dans un ancre *M*, placé derriere le mur du périftile. Le troifieme tiran *L*, intermédiaire, eft accroché d'une part au milieu du tiran *I*, & eft auffi retenu de l'autre par un ancre *M*, placé entre les deux précédens. La *fig.* 8 fait voir en *S*, *T*, *S*, la coupe de ces tirans & leur fituation.

Après cette opération on continua d'élever la frife *R*, (*fig.* 7), ou *N*, *L*, (*fig.* 6.) fuivant la longueur du bâtiment : quand on eut pofé les fommiers *Q* ou *N*, à-plomb des colonnes, en les faifant toujours pénétrer par le mandrin *A*, on plaça les claveaux, en mettant encore entre leurs joints de grands *Z*, *L*, (*fig.* 6), femblables à ceux qui avoient été employés précédemment pour l'architrave ; enfuite on conftruifit les plafonds dont les vouffoirs furent difpofés de la même maniere, & des dimenfions repréfentées dans les *figures* 1, 2 & 3 : enfin l'on finit par pofer le bouchon *U*, fervant de fermeture au plafond , lequel eft d'une feule pierre de fix pieds de diamètre par le haut, & de cinq pieds & demi par le bas : entre fes joints il fut placé, dans l'épaiffeur du plafond, des *T* renverfés *C*, (*fig.* 1) & *X*, (*fig.* 3),

---

(*a*) Pour ôter toute équivoque, j'ai affecté dans tout ce Chapitre de toujours nommer *tirans horifontaux*, ceux qui font le long de la face d'un bâtiment, & *tirans perpendiculaires* ceux qui font fuivant fa profondeur.

dont on voit la repréſentation particuliere à part, (*fig.* 4) : l'objet de ces *T* renverſés qui ont par le haut de groſſes têtes, eſt de ſoutenir le bouchon *U*, plus également ſur les vouſſoirs qui l'environnent, & de l'empêcher d'appuïer de tout ſon poids contre leurs arrêtes inférieures.

Sur le ſommet des claveaux de la friſe, on fit auſſi des tranchées, comme on avoit fait ſur ceux de l'architrave, pour recevoir deux autres tirans oriſontaux *P*, *Q*, (*fig.* 3) & *F*, *G*, (*fig.* 6) : celui *P* ſert à lier enſemble à cette hauteur les axes des colonnes de l'entre-colonnement, & celui *Q* ſert à contenir les axes des colonnes accouplées. Au milieu du tiran *Q* eſt accroché par un bout un tiran *S*, perpendiculaire dont l'autre eſt fixé par un ancre *V* (*fig.* 3) commun au tiran *L*, (*fig.* 2), qui eſt au-deſſous.

Toute la différence qu'il y a entre l'arrangement des tirans de la friſe, & de ceux qui ſont à la hauteur de l'architrave, c'eſt qu'au lieu d'en avoir deux perpendiculaires correſpondans à ceux *K*, *K*, Perrault les a placés comme ils ſont repréſentés en *R*, *R*, (*fig.* 3), c'eſt-à-dire, diagonalement, & de maniere que chacun de ces tirans traverſant en croix l'entre-colonnement, va ſe fixer dans le haut des ancres qui ont déja ſervi à contenir les tirans inférieurs *K*, *K*, (*fig.* 2) ; par ce moyen les colonnes ſont contreventées dans toutes leurs directions.

Ces tirans *R*, *R*, ainſi que ceux *S* & *L*, (*fig.* 3), ſont diviſés en deux parties unies à l'aide d'un moufle (*fig.* 5), ſervant à les bander plus ou moins ſuivant le beſoin : pour faciliter le ſervice du moufle du tiran *L*, (*fig.* 2), & ne le point charger d'un poids inutile, on a pratiqué un vuide en cet endroit en forme d'auge, dont on voit le profil en *V*, (*fig.* 8).

Après que l'architrave, les plafonds & la friſe eurent été terminés, on conſtruiſit la corniche de l'entablement qui eſt compoſée (*fig.* 6 & 9), de trois cours d'aſſiſes poſées en liaiſon à l'ordinaire : ces aſſiſes ſont placées en encorbellement intérieurement, non-ſeulement à deſſein de procurer plus de queue aux

pierres,

pierres, & de les rendre plus capables de foutenir efficacement la bafcule, mais auffi pour donner moins de longueur, & con-féquemment plus de folidité aux dalles de la terraffe qui couvre cet édifice, dont les joints paroiffent avoir été faits avec de la li-maille d'acier & de l'urine (*a*). Il eft évident que cet arrange-ment laiffe un vuide Z, (*fig.* 8) & *n* (*fig.* 9) dans l'épaiffeur de la frife & de la corniche au-deffus du plafond, par où l'on peut aller travailler avec facilité, foit à bander davantage les tirans en refferrant les clavettes des moufles, foit à faire dans l'entable-les réparations néceffaires.

Il eft à remarquer que toutes les pierres employées pour la conf-truction de l'entablement & des plafonds de cet édifice, font de pierres dites de Saint Leu, & qu'il n'y a eu que l'affife fupérieure de la corniche, comprenant la cymaife, qui ait été exécutée en pierres dures.

Cette defcription doit convaincre combien la conftruction du périftile du Louvre eft folide & bien entendue; tout y a été prévu & obvié, tellement que, fi par évenement un entre-colonnement venoit à être renverfé, foit par l'effet de la foudre, foit par d'autres caufes, il ne feroit pas à craindre que celui qui eft voifin pût être entraîné par fa chûte. Ce qui me paroît principalement donner une force inébranlable à fa bâtiffe, c'eft que le fer ne porte rien & ne fait exactement que la fonction de tirer pour retenir la pouf-fée des architraves & folider l'axe des colonnes; procédé qui doit néceffairement produire la plus grande réfiftance que l'on puiffe efpérer de la part du fer.

L'explication particuliere des figures achevera de donner une intelligence complette de cette conftruction.

(*a*) Les eaux ayant filtré à travers les joints de cette terraffe par le défaut d'un entretien exact, & ayant endommagé plufieurs endroits des plafonds, on a pris le parti, depuis quel-ques années, de la couvrir par un toît bas de charpente.

M m

EXPLICATION DES FIGURES

de la PLANCHE XIII.

Repréſentant la conſtruction d'une Entre-colonne du Périſtile
du Louvre.

L*A Figure premiere* repréſente le plan du plafond d'une entre-
colonne du périſtile, vu par-deſſous.

A, Colonne dont l'axe eſt traverſé par un mandrin d'environ
trois pouces de gros, lequel eſt embraſſé entre chaque aſſiſe ,
à ce que l'on prétend, par une croix formant un crampon de fer
plat, dont deux des branches ſont encaſtrées dans l'aſſiſe ſupérieure, & les deux autres dans l'aſſiſe inférieure.

B, Exprime le deſſous du bouchon de pierre du plafond, qui
eſt d'un ſeul morceau.

C, Poſition des T renverſés qui ſoutiennent le bouchon.

D, Deſſous des plate-bandes.

E, Plan de l'entablement où l'on diſtingue les joints des aſſiſes
horiſontales de la corniche, poſées en liaiſon, tellement qu'il n'y a
ni modillons ni roſettes coupés par le milieu, à deſſein de donner
plus de ſolidité à leurs ſculptures.

F, *F*, Œil de différens tirans.

Si l'on veut connoître particulierement les dimenſions de toutes
les parties de cet entablement, il n'y a qu'à conſulter le chapitre
ſuivant où ſont tous ſes développemens.

La Figure deuxieme exprime un plan au niveau du haut de
l'architrave, où l'on a ſuppoſé que le plafond n'eſt pas encore
conſtruit.

G, Colonne avec ſon mandrin.

H, Grand tiran horiſontal liant les axes des colonnes de l'entre-colonnement.

I, Petit tiran horifontal liant les deux axes des colonnes accouplées.

K, *K*, Tirans perpendiculaires fixés par une extrêmité dans le mandrin *G*, & de l'autre par un ancre adoffé au mur du périftile.

L, Autre tiran perpendiculaire accroché d'une part au milieu du tiran horifontal *I*, & de l'autre par un ancre.

M, *M*, Ancres.

N, Vuide où doit être pofé le plafond.

La figure troifieme fait voir le plan des plafonds, pris entre la frife & la corniche.

O, Mandrin d'axe des colonnes.

P, Tiran horifontal contenant à ladite hauteur l'axe des colonnes de l'entre-colonnement.

Q, Autre tiran horifontal pareil au tiran *I* (*fig.* 2), liant enfemble les colonnes accouplées.

S, Tiran perpendiculaire au précédent, embraffant par un bout le milieu du tiran *Q*, & fixé par l'autre dans un ancre *V* qui contient déjà le tiran *L* (*fig.* 2).

R, *R*, Tirans placés diagonalement, fixés chacun d'une part au mandrin *O*, & de l'autre par le même ancre qui a déja fervi a contenir le tiran *K* (*fig.* 2) de la colonne placée de l'autre côté de l'entre-colonnement : il eft à obferver que ces tirans *R* ont chacun dans leur milieu un moufle à clavettes pour les bander plus ou moins.

T, Repréfente en lignes ponctuées la fituation d'un tiran déjà défigné par *K* dans la *figure 2.*

V, Bouchon du plafond vu par-deffus, lequel à fix pieds de diametre.

X, Têtes des T renverfés.

Y, Claveaux du plafond.

Z, Vuide pratiquée au-deffus des plafonds des colonnes accouplées pour élégir ces endroits.

La figure quatrieme repréfente à part la forme d'un des T

renverfés qui foutiennent le bouchon du plafond.

La figure cinquieme exprime en grand, la forme du moufle d'un des tirans *L*, *R*, *S* (*fig.* 2 & 3).

La figure fixieme fait voir la coupe de la moitié d'un entre-colonnement, par le milieu de l'axe des colonnes.

A, *A*, Mandrins d'axe des colonnes, lequel eft embraffé entre chaque affife par une croix de fer, dont deux des branches cranponnent l'affife de deffus, & les deux autres celle de deffous.

B, Tiran horifontal liant les axes de l'entre-colonnement à la hauteur de l'architrave.

C, Autre tiran horifontal liant les axes des colonnes accouplées.

D, Extrêmité d'un tiran perpendiculaire au précédent.

E, Extrêmité d'un autre tiran auffi perpendiculaire, dont l'œil eft paffé dans le mandrin d'axe.

F, Tiran horifontal placé au-deffus de la frife, pour lier à cette hauteur les axes des colonnes de l'entre-colonnement.

G, Autre tiran horifontal, liant chaque couple de colonnes.

H, Œil d'un tiran perpendiculaire au précédent.

I, Œil d'un tiran diagonal.

K, *L*, Grands Z placés entre les joints des claveaux, tant de la frife que de l'architrave.

M, Sommier de l'architrave.

N, Sommier de la frife.

O, Trois affifes de pierres horifontales pofées en liaifon, & compofant la hauteur de la corniche.

La Figure feptieme repréfente l'élévation extérieure de l'entablement avec l'arrangement de fes vouffoirs.

P, Sommier de l'architrave.

Q, Sommier de la frife.

R, Claveaux dont ceux de l'architrave font terminés en croffettes par le bas.

La Figure huitieme fait voir la coupe d'un entre-colonnement

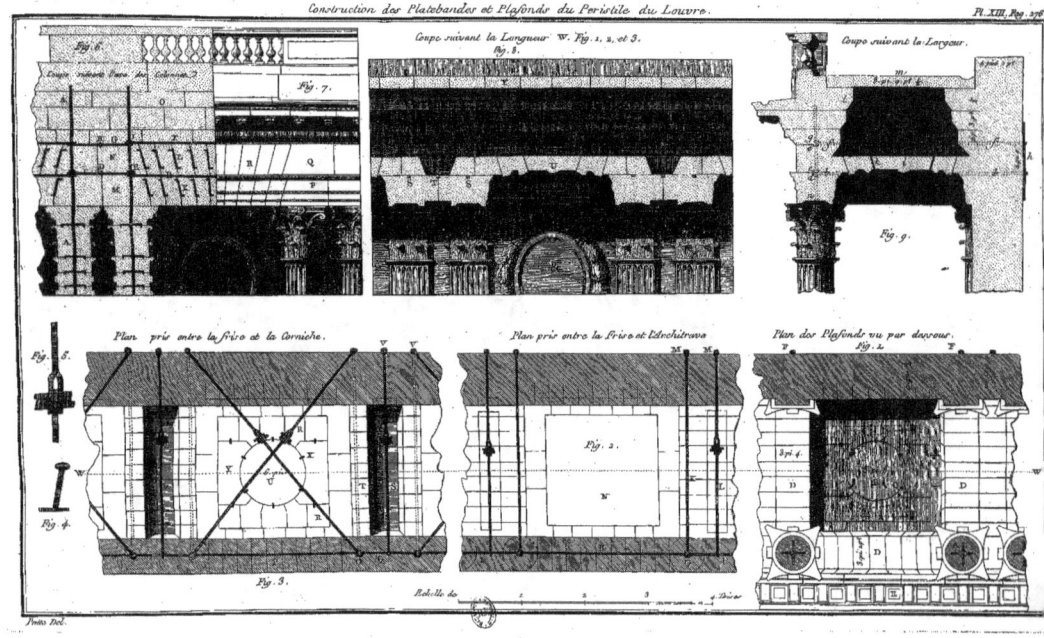

Coupe suivant la Longueur. W. Fig. 1, 2, et 3.

Fig. 6.

Fig. 7.

Fig. 8.

Coupe suivant la Largeur.

Fig. 9.

Fig. 6.

Plan pris entre la Frise et la Corniche.

Plan pris entre la Frise et l'Architrave.

Plan des Plafonds vu par dessous.

Fig. 8.

Fig. 4.

Fig. 3.

Fig. 2.

Fig. 1.

Echelle de

Pitau Del.

par le milieu, suivant la ligne *W*, *W*, (*fig.* 1, 2, 3) de la longueur du péristile.

S, *S*, Tirans perpendiculaires placés à la hauteur de l'architrave.

T, Autre tiran perpendiculaire.

U, Coupe du bouchon.

V, Tirans perpendiculaires à la hauteur de la frife.

X, Tirans diagonaux.

Z, Vuide pratiqué derriere l'entablement.

Y, Dalles de pierre formant le plancher de la terraffe qui couvre le péristile.

&, Mur du fond du péristile.

La Figure neuvieme eft un profil fur la largeur du péristile.

a, Coupe de l'architrave où l'on voit exprimé en lignes ponctuées le mandrin d'axe.

b, *b*, Tiran perpendiculaire placé à la hauteur de l'architrave.

c, Tiran horifontal de l'entre-colonnement.

d, Bout du petit tiran horifontal entre les colonnes accouplées.

e, Tiran horifontal placé à la hauteur de la frife.

f, *f*, Tiran perpendiculaire aux précédents.

g, Extrêmité du petit tiran horifontal liant les axes des colonnes.

h, Ancres communs à deux tirans.

i, Coupe du bouchon.

k, T renverfé.

l, Affifes placées en encorbellement pour donner plus de queue aux pierres qui forment la faillie de la corniche.

m, Grande dalle de pierre de la terraffe.

n, Vuide entre le plafond & la terraffe.

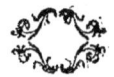

ARTICLE QUATRIEME.

Conſtruction des plafonds & plate-bandes des Colonnades de la Place de LOUIS XV, à Paris ; PLANCHES XIV & XV.

LE premier étage des deux grands bâtimens de la place du Roi eſt décoré de colonnes corinthiennes diſpoſées une à une, même dans les angles, à la maniere des Anciens, & formant un périſtile. Cette ordonnance eſt élevée ſur un ſoubaſſement qui a environ les deux tiers de l'ordre. Les colonnes ont trois pieds de diametre, trente pieds d'élévation, & ſont diſtantes de treize pieds quatre lignes d'axe en axe. L'entablement eſt le quart de la hauteur de la colonne, & la largeur des architraves qui vont, ſoit d'une colonne à l'autre, ſoit d'une colonne aboutir ſur un pilaſtre, n'ont également que deux pieds ſix pouces ; c'eſt-à-dire, qu'ils ont par-deſſous les plafonds par-tout uniformément la même largeur que le diametre du haut de la colonne. Enfin les plafonds compris entre les architraves ſont exactement quarrés dans toute l'étendue du périſtile.

La conſtruction de l'entablement & des plafonds de cet édifice qui eſt l'objet de cet article, a été exécutée ſous les ordres de M. Gabriel, premier Architecte du Roi, par un nommé Beſnard, Appareilleur de réputation, qui avoit dirigé précédemment la bâtiſſe du grand portail de Saint Sulpice, & de la tribune de cette Egliſe, ainſi que celle de l'Ecole - Militaire. Comme j'ai été témoin de toutes les attentions que l'on a apporté pour opérer la perfection de cette conſtruction, j'eſpere qu'on me ſçaura gré d'entrer dans tous les détails de ſes procédés ſucceſſifs, afin de guider ceux qui peuvent être chargés par la ſuite de ſemblables travaux.

Il y avoit dans l'exécution des plate-bandes & plafonds de la place du Roi, plus de difficultés que dans celle du périſtile du Louvre, vû que les colonnes étant ſeules & non accouplées, il ne pou-

voit y avoir autant de réfiftance à efpérer de la part des points
d'appui. Les colonnes font conftruites par affifes de bas appareil
de neuf pouces de hauteur de pierre dite de *Mont-Souris*, prefque équivalente pour la dureté au liais-ferau. On doit fentir combien il étoit effentiel d'employer à ces colonnes folitaires des
pierres de la meilleure qualité, vû la pouffée & le fardeau confidérable qu'elles devoient avoir à foutenir. On laiffa à chaque
tambour des mains de pierre pour pouvoir les remuer plus facilement lors de leur pofe, fans rifquer d'écorner leurs arêtes en
fe fervant de la pince. Ces tambours furent pofés fur cales bien
de niveau, à bain de mortier de chaux & fable, & entretenus enfemble par des gougeons de fer quarré d'environ vingt lignes de
groffeur fur huit pouces de longueur ; c'eft-à-dire, qu'il y a
autant de gougeons que d'affifes. Ce n'eft cependant que dans la
colonnade qui eft du côté des Champs-Élifées que l'on a inféré
de petits gougeons au milieu des colonnes, car dans la feconde
on a mis des efpeces de mandrins de quatre ou cinq pieds de longueur, qui embraffent plufieurs tambours ; ce qui vaut beaucoup
mieux.

Les chapiteaux font de deux affifes de pierre dite de Conflans,
dont les carrieres font fituées dans le voifinage de Saint Germain-
en-Laie, laquelle eft un peu plus folide que le *Saint Leu*, & d'un
plus beau grain ; c'eft par économie, ainfi qu'il a déjà été obfervé
à l'occafion du périftile du Louvre qu'on en a ufé de cette maniere,
& afin de faciliter leur fcuplture : l'axe de ces chapiteaux eft pénétré par un mandrin de onze pieds de long, & de deux pouces neuf
lignes de gros, lequel traverfe l'architrave, la frife, & une partie
de la corniche.

La derniere affife fupérieure du fût de chaque colonne, de même
que la premiere affife inférieure au-deffus de la bafe ont été pofées
avec leurs cannelures toute taillées : on affecta de les placer bien
d'à-plomb les unes fur les autres, & de leur donner la correfpondance la plus exacte, afin de guider leur continuation à faire par la

fuite, après le ragrément, le long du fût. Je remarquerai à cette occasion que, pour éviter la fujétion de placer bien perpendiculairement les unes fous les autres les cannelures des extrêmités, beaucoup de Conftructeurs préférent avec raifon de laiffer ces bouts de cannelures à tailler en même-tems que celles du refte du fût (a).

Lorfque les colonnes furent élevées, ainfi que les murs du fond du périftile, on fe difpofa à faire l'entablement, les plafonds & la baluftrade, lefquels font conftruits de la même pierre que les chapiteaux, c'eft-à-dire, de pierre de Conflans, à l'exception de la cimaife.

Après avoir élevé un échaffaud fuffifamment folide & bien de niveau fous toutes les plate-bandes de chaque entre-colonnement, on commença à conftruire les architraves, dont chacun eft compofé de onze claveaux formant toute fa hauteur, lefquels font taillés à crofettes par le bas pour ôter l'aiguité des angles, & leur donner plus de folidité. Ces claveaux par leur coupe tendent au fommet d'un triangle équilatéral dont la bafe eft la longueur de l'architrave.

On plaça d'abord les deux fommiers Y (*fig.* 5 *Pl. XIV*) à-plomb des colonnes, à travers defquels on avoit préparé un trou fuffifant, pour être enfilé par le mandrin A, en même-tems que le chapiteau & une partie de l'entablement: enfuite on mit les contre-fommiers, puis les deux claveaux adjacens, enfin on finit par pofer la clef. En plaçant chaque claveau, il fut obfervé de mettre par-deffous, fur l'échaffaud préparé bien de niveau, une calle ou taffeau d plus ou moins haut, & nivellé fuivant un petit bombement d'à-peu-près fix lignes que l'on vouloit donner au milieu de chaque plate-bande. L'objet de ce bombement eft de faciliter le ragrément dans le cas de taffement de la part de quel-

(a) Auffi a t-il réfulté l'inconvénient que les Pofeurs s'étant trompés, & n'ayant pas fait répondre exactement le milieu des cannelures du haut & du bas, on a été obligé de démolir le fût d'une des colonnes, & de le refaire après-coup.

qu'un

qu'un des claveaux du milieu qui font les feuls capables d'en occafionner, ainfi que j'en donnerai la raifon plus bas.

L'Appareilleur apportoit la plus grande attention pour que les
claveaux de ces plates-bandes, dont les moulures étoient reftées
exprès en maffes, fuffent bien taillés, & fe joigniffent exactement,
tant par les côtés de l'architrave, que par-deffous. On plaça, comme
il eft d'ufage, de la filaffe entre les bords de ces joints apparens
pour empêcher le mortier de s'échapper en le fichant par les joints
fupérieurs, entre lefquels on avoit laiffé après la plumée, environ
un pouce ou deux d'intervalle, ainfi qu'il fe pratique.

Avant de pofer la clef & les deux contre-clefs, il fut paffé de
chaque côté, à travers le milieu des claveaux & dans des trous qui y
avoient été préparés en les taillant, un linteau K (*fig.* 5 & 7), de
dix-huit lignes en quarré. Chaque linteau aboutit d'une part dans
le fommier Y, & de l'autre dans la contre-clef D (*fig.* 5). Il eft
foutenu de deux en deux claveaux, par des étriers C, qui furent
fixés par des clavettes, ainfi qu'on le verra plus bas, fur le tiran B
deftiné à unir les deux axes des colonnes ; & comme il n'étoit pas
poffible de foutenir la clef à l'aide du même linteau K, on y fup-
pléa, en mettant de chaque côté, deux Z de fer D, qui la lient
fermement avec les claveaux voifins.

J'ai obfervé qu'en pofant le fommier de l'architrave fur chaque
colonne, quelque attention qu'on y apportât, fon fût faifoit toujours des vibrations, & fortoit de fon à-plomb quelquefois jufqu'à quatre ou cinq pouces ; mouvement qu'on doit attribuer à
l'action du lévier qui agit à raifon de fa longueur. Il eft même à
croire que, fi la colonne étoit d'une feule piece, elle produiroit
lors de cette pofe, encore plus d'effet, attendu que les tambours
des colonnes, quoique bien liés enfemble, tant par les mandrins
qui les pénetrent que par le mortier, ne laiffent pas de faire perdre,
d'affife en affife, une partie de cette action.

Quand tous les architraves, tant ceux qui font fuivant la face
du bâtiment que ceux qui font fuivant fa profondeur, furent po-

fés, on pratiqua au milieu du fommet des claveaux une tranchée
fur le tas avec des fcies à mains & des cifeaux, pour recevoir à l'aife
les tirans *B* & *M*, deftinés à lier enfemble les axes des colonnes
entre eux & avec le mur-doffier du périftile; je dis à l'aife, parce
qu'on évite de faire porter les claveaux fupérieurs fur les tirans,
& qu'en conféquence on pratique des tranchées fuffifamment
profondes : on voit dans la *figure* 2 qui repréfente un plan au
niveau du haut de l'architrave la difpofition des tirans *B* & *M* en-
caftrés dans la têtes des claveaux.

A près qu'on eut placé l'œil de chaque tiran dans le mandrin des
colonnes, on arrêta avec des clavettes les étriers *C* (*fig.* 2 & 5)
qui foutiennent le linteau *K* dont il a été queftion ci-devant, de
maniere que les tirans *B* & *M*, outre leur fonction d'entretenir
fermement les axes des colonnes, aident encore à foutenir en grande partie le poids des claveaux de l'architrave.

On remarquera que les tirans, les mandrins, les étriers, &
généralement tous les fers qui ont fervi à cette conftruction,
avoient été peints, deux ou trois mois avant de les employer, de
plufieurs fortes couches de noir à l'huile, à deffein finon d'empêcher, du moins de retarder les effets de la rouille que contracte le
fer renfermé dans la pierre qui recele toujours une certaine humidité.

Les tirans & les étriers ayant été fuffifamment bandés à l'aide des
clavettes & des petits coins de fer, avant de couler les joints des plate-
bandes, on travailla à refferrer les têtes des claveaux, afin de les
empêcher d'agir abfolument en contre-bas. Pour comprendre cette
opération, il faut fe rappeller qu'il a été dit ci-deffus, qu'on avoit
tenu les joints du côté apparent le plus jufte poffible, mais qu'on
avoit laiffé, au-deffus des claveaux au-delà de la plumée ou partie
liffe jointive, un ou deux pouces de vuide. Ce fut dans ce vuide
que l'on enfonça de petits coins de bois, pour bander les claveaux.
D'abord on commença par mettre entre chaque joint fupérieur
un premier coin que l'on obferva d'inférer par la tête, en frap-

pant fur fon bout pointu, enfuite il fut placé un autre coin à côté, que l'on fit entrer, au contraire, par le bout pointu en frappant fur fa tête. Par ce moyen fimple, les claveaux fe trouverent beaucoup mieux bandés, que fi l'on avoit enfoncé les coins à l'ordinaire.

Il fut placé deux ou trois rangs de ces coins fuivant la longueur de chaque claveau. Le mieux, fans doute, eût été de les faire frapper tous enfemble à chaque plate-bande, afin de refferrer tout l'ouvrage plus uniformément ; mais comme il eût fallu pour cette opération autant d'ouvriers que de claveaux, on fe contenta de deux ouvriers pour chaque plate-bande, lefquels obfervoient de frapper tous à la fois les coins des claveaux correfpondans, c'eft-à-dire, d'abord les coins des deux contre-fommiers, enfuite ceux des deux claveaux voifins, & fucceffivement ceux placés dans les joints à droite & à gauche de la clef.

La tête des claveaux ayant été fuffifamment refferrés, les intervalles qui fe trouverent dans les joints entre les coins, furent remplis à bain de mortier de chaux & fable, mêlé de plâtre, & garnis de morceaux de tuileaux enfoncés avec force, à l'effet de fuppléer aux coins de bois, lorfqu'ils viendroient à pourrir par la fuite.

Ce que je viens d'expliquer ne regarde que les architraves qui vont d'une colonne à l'autre fuivant la face du bâtiment, dont la pouffée peut être confidérée comme retenue fuffifamment par les pavillons qui flanquent fes extrémités ; car pour les plate-bandes qui, du mur du périftile, viennent aboutir fur les colonnes, en pouffant au vuide, il fallut ufer de précaution, de crainte de forcer l'axe de la colonne en dehors, en frappant les coins. Pour obvier à cet inconvénient, il fut placé debout deux forts madriers de huit pieds de long fur quinze pouces de large, l'un en face du fommier de chaque architrave, l'autre à l'oppofite derriere le mur de la colonnade : on fit paffer à travers des trous préparés dans ces madriers, un fort tiran dans les yeux duquel on mit des

mandrins de fer qui, en les affujettiffant comprimerent fermement le haut des claveaux : cela étant fait, on enfonça les coins
de bois entre les joints de ces architraves, comme on avoit fait
précédemment, fans aucun rifque.

L'architrave étant bien folidé, on éleva la frife de la même
maniere : on pofa auffi à-plomb de la colonne, un fort fommier,
embraffant par fa largeur le fommier Y & les deux contre-fommiers inférieurs, lequel avoit été percé d'un trou pour recevoir
le mandrin A : & enfuite on fe difpofa à pofer les neuf claveaux
qui la compofent en liaifon avec ceux de l'architrave.

Il eft effentiel de remarquer que le lit inférieur du fommier
de la frife, ainfi que le fupérieur de celui de l'architrave, avoient été
préparés convenablement d'avance dans le chantier, pour recevoir
les trois yeux des tirans B, B, & M (fig. 2), lefquels ont chacun dix-huit pouces de longueur, fept pouces & demi de largeur, & deux pouces environ d'épaiffeur ; dimenfions qui peuvent faire juger combien ces deux fommiers Y, Z, (fig. 5), ont
dû être altérés par une femblable excavation.

En pofant les claveaux de la frife, il fut mis entre les deux
contre - clefs, deux étriers C^2, pour foulager le tiran B, lefquels
vont s'appuïer fur le linteau N, placé au-deffus defdits claveaux.
Il faut faire attention que l'on s'eft difpenfé de faire un tiran de ce
linteau, pour lier enfemble les axes des colonnes, parce qu'indépendamment qu'il eût fallu encore affamer confidérablement le
lit fupérieur du fommier Z de la frife pour le loger, la pouffée
des claveaux a été jugée fuffifamment contenue fuivant la longueur
du bâtiment par les pavillons des extrémités.

Mais pour les plate-bandes qui vont du mur aboutir fur les colonnes, en pouffant au vuide, on s'eft cru indifpenfablement obligé au contraire de placer un tiran M^2, (fig. 3), pareil au tiran
inférieur M, dont l'œil eft fixé d'une part dans le mandrin A de
la colonne, & de l'autre dans l'ancre ou le mandrin A^2, adoffé
au mur.

On répéta, pour placer les claveaux de la frife, ce qu'on avoit fait pour ceux de l'architrave, c'eſt-à-dire, que dans les endroits où l'on apperçoit ſur les deſſeins des tirans & des étriers, on fit des tranchées pour les encaſtrer à l'aiſe; on reſſerra ces tirans par des coins de fer & des clavettes le plus que l'on pût, de même que la tête des claveaux par des coins de bois, & l'on remplit enfin tous les vuides quelconques de mortier de chaux & ſable mêlé de plâtre. La raiſon pour laquelle on a mêlangé du plâtre avec le mortier eſt qu'il renfle en ſéchant, & qu'en conſéquence il peut contribuer à bander les claveaux.

Après ces opérations, il fut procédé à la conſtruction des plafonds, dont l'intervalle étoit demeuré vuide juſqu'alors; on avoit ſeulement eu égard, en plaçant les claveaux de la frife, de laiſſer à cette hauteur des coupes ſuffiſantes aux pierres à deſſein de les recevoir. Pour leur exécution, on commença par poſer dans tout le pourtour les vouſſoirs qui avoiſinent les plate-bandes, & ainſi ſucceſſivement juſqu'à la fermeture, c'eſt-à-dire, que l'on finit par le bouchon S (fig. 1.) qui a trois pieds & demi de diamètre. Ce plafond n'a que huit pouces d'épaiſſeur, & pour le fortifier, il fut formé au-deſſus deux arcs doubleaux qui ſe croiſent, leſquels ont ſept pouces d'épaiſſeur en ſus de celle du plafond ſur dix pouces de largeur : le deſſein (fig. 1 & 3), fait voir cet arrangement mieux qu'on ne ſçauroit l'exprimer.

Les pierres de ces plafonds n'ont été cramponnées ni par-deſſus ni par-deſſous, ce qui eût été inutile ; mais les crampons ont été placés dans le milieu de leur épaiſſeur I, (fig. 1) pour les unir deux à deux, tellement que les vouſſoirs ne forment en quelque forte qu'un tout.

A l'effet de ſoutenir efficacement le poids de ces plafonds, il fut placé d'une part dans l'épaiſſeur de la clef de la frife, & ſuivant la longueur de la face du bâtiment, un petit mandrin E, arrêté intérieurement par le bas contre le tiran B, & par le haut contre le linteau N ; & de l'autre part, il en fut mis un ſemblable, en correfpondance dans le gros mur. Ces mandrins *E*, *E*, fervent d'axe à un petit tiran *H*, réuni par un moufle au tiran *P* qui, en paffant fur un des arcs doubleaux, où il eft entaillé de fon épaiffeur, fert à fupporter le bouchon du plafond par des étriers *O*. Sur le milieu de la longueur du périftile, il a encore été difpofé un autre tiran *P*, qui croife le précédent, & eft également uni par un moufle avec un petit tiran *Q*, lequel traverfe la clef du rang des claveaux placés au-deffus de l'architrave. Les *figures 6 & 8* rendent cet arrangement palpable, & font voir qu'il eft auffi ingénieux que folide.

La frife, l'architrave & les plafonds étant terminés, on travailla à pofer fuivant l'art & en bonne liaifon, les trois cours d'affifes hori-fontales qui compofent la corniche, en affectant de les cram-ponner toutes enfemble & de leur donner le plus de queue pof-fible, pour mieux retenir la baffecule de l'entablement qui a trois pieds de faillie. On eut furtout l'attention dans la difpofition de ces affifes, de ne couper aucun modillon ni aucune rofette par le milieu, de crainte d'altérer la folidité de leur fculpture : on obferva encore les retombées néceffaires, pour recevoir la naiffance d'une voû-te ogive en briques, pratiquée au-deffus des plafonds dans toute la longueur du bâtiment, avec des arcs doubleaux en pierre tom-bant à-plomb de chaque colonne & du pilaftre qui lui correfpond. Il fut fait auffi d'une colonne à l'autre, de même que d'un pilaftre à l'autre, des lunettes en pierre pour rejetter fur les arcs doubleaux tout le poids de la voûte qui eft toute conftruite en briques pofées de champ, ayant cinq ou fix pouces d'épaiffeur & maçonnées en plâ-tre ; enfin fur l'extrados de cette voûte, on a placé pour couver-ture des tuiles fcellées dans une aire de plâtre, procédé qui fut dé-faprouvé avec raifon, dans le tems. Car outre que l'humidité du plâtre fera bientôt pourrir la partie des tuiles qui y eft fcellée, lorfqu'il s'agira d'en rétablir quelques-unes, il faudra néceffaire-ment arracher trois ou quatre pieds en quarré de couverture : Il eût mieux vallu fans doute fceller des chevrons ou des lambour-des fur ces voûtes, & faire un lattis pour placer les tuiles à l'ordinaire,

ou encore mieux y fceller de grands fantons de fer pour accro‑
cher la tuile.

Pendant que l'on conftruifoit cette voûte, on élevoit en même
tems la baluftrade: on plaça au milieu des acroteres un mandrin *F*,
(*fig.* 5 & 4), pour mieux contenir leurs différentes affifes. Cette
baluftrade eft exécutée en pierre de Conflans, à l'exception des
baluftres & de la tablette qui font l'un & l'autre en pierre
de Mont‑fouris. Les baluftres furent faits au tour; chacun d'eux
eft retenu par le haut dans la tablette à l'aide d'un petit gougeon
de fer rond, d'environ deux pouces de long, & eft embrevé par
le bas, dans le focle. On a fait faire un bourlet, du côté du
toît, à l'affife qui porte les baluftres, afin de pouvoir loger
fous ce rebord la bavete de plomb qui forme le chenau de l'é‑
goût.

Il eft à obferver que ce comble a été interrompu en deux en‑
droits pour pratiquer un paffage d'environ deux pieds, deftiné à
conduire les eaux dans l'égoût qui regne le long du mur doffier,
d'où il eft amené fur le pavé par des tuyaux à l'ordinaire. Ce paf‑
fage eft formé par deux murs parpins, d'à‑peu‑près cinq pouces
d'épaiffeur, ainfi qu'on le voit fur les deffeins, & eft porté par un
petit ance de panier au‑deffus duquel eft une petite croifée *h*,
(*fig.* 8), par où l'on peut defcendre dans le vuide formé par la
voûte.

L'entablement étant fini, la derniere opération confifta à ôter
les cales qui étoient reftées jufqu'alors fous les claveaux de l'archi‑
trave. On commença par ôter la cale qui étoit fous la clef; & en‑
fuite celle de chaque contre‑clefs; par ce moyen le taffement, s'il
devoit y en avoir, ne pouvoit évidemment avoir lieu que fur ces
trois claveaux du milieu, attendu que les autres étant refferrés par
le taffement de ceux‑ci, ne doivent plus taffer pour l'ordinaire,
en retirant leurs cales. C'eft auffi ce qui arriva; il n'y eut par‑
deffous les plate‑bandes, de ragremens à faire qu'à quelques‑uns
des claveaux de la clef, car les autres ne bougerent pas : voilà

pourquoi j'ai dit précédemment qu'on avoit donné, par prévoyance, cinq ou six lignes de bombement à chaque plate-bande dans le milieu en les conftruifant.

Enfin pour terminer cet ouvrage, on tailla les moûlures de l'architrave qui avoient été laiffées en maffes ; on fit enfuite le ragrément de tout l'édifice, puis on fculpta les ornemens de l'entablement, des plafonds, & des chapiteaux ; & enfin l'on finit par couper toutes les mains des tambours des colonnes fur le fût defquelles furent refouillées les cannelures.

EXPLICATION DES FIGURES.

Des Planches XIV & XV.

La Figure premiere repréfente le plan d'un entre-colonnement des plafonds de la colonnade de la place de Louis XV, vu par-deffous.

A, Colonne, vers le haut de laquelle eft un mandrin d'axe de deux pouces neuf lignes de gros.

A^2, Ancre ou mandrin correfpondant enclavé derriere le mur du périftile.

I, Crampons placés dans l'épaiffeur du plafond, pour lier les pierres deux à deux.

S, Bouchon de trois pieds & demi de diametre, autour duquel on voit l'arrangement & le nombre des vouffoirs qui compofent le plafond.

V, Deffous des architraves qui ont chacun de largeur deux pieds & demi, comme le diametre du haut de la colonne.

W, Plan de la corniche où eft exprimé par de groffes lignes les joints des cours d'affifes & leur liaifon, pour faire remarquer qu'aucun joint ne coupe ni rofette ni modillon.

Il faut obferver que pour l'intelligence de toutes ces figures, on a affecté dans chacune les mêmes lettres correfpondantes

pour

pour les mêmes objets, foit dans les plans, foit dans les élévations, foit dans les coupes, de maniere qu'en les étudiant on peut les reconnoître dans leurs différentes fituations: ainfi quoiqu'il ne foit queftion dans chaque explication que d'une figure en particulier, ce que nous difons peut être réverfible aux autres figures où fe trouvent les mêmes lettres.

La Figure deuxieme fait voir le plan d'un entre-colonnement, pris dans l'épaiffeur de l'entablement, entre la frife & l'architrave, avant que le plafond fût conftruit.

A, Mandrin de la colonne, paffant à cette hauteur à travers les yeux de trois tirans.

B, B, Tirans horifontaux fervant à lier enfemble les colonnes.

M, M, Tirans perpendiculaires aux précédens, fixés d'une part au mandrin d'axe *A,* & de l'autre à l'ancre *A²* adoffé au mur du périftile.

C, C, Étriers foutenant le linteau *K, fig.* 7 *&* 5.

D, D, Têtes des *Z* qui foutiennent la clef.

E, Bout d'un petit mandrin vû en élévation, *figures* 5 *&* 8.

T, Grand tiran avec des moufles, placé dans l'épaiffeur du mur.

R, Vuide entre les architraves.

Nota que toutes les lignes perpendiculaires & horifontales marquées au-deffus de ces architraves, expriment les joints du haut des vouffoirs.

La Figure troifieme repréfente le plan d'une entre-colonne, pris au-deffus des plafonds entre la frife & la corniche.

A, Mandrin d'axe.

A², Mandrin correfpondant.

C², Étriers foutenant les tirans *B* & *M, fig.* 2.

E, Mandrin vû en élévation, *fig.* 5 *&* 8.

H, Petit tiran lié par le moyen d'un moufle au tiran *P,* fervant à foutenir le bouchon du plafond par le moyen des quatre étriers *O, O.*

M², Tiran de deux pouces de gros.

N, Linteau de vingt lignes de gros.

Q, Autre petit tiran servant à lier par un moufle le tiran P, dirigé suivant la longueur du milieu du bâtiment.

La Figure quatrieme exprime l'arrangement extérieur des joints des claveaux d'une entre-colonne.

X, est le chapiteau en masse, au-dessous duquel on remarque la premiere assise du fût, laquelle fut posée avec ses cannelures toutes taillées.

Y, Sommier de l'architrave.

Z, Sommier de la frise.

$\&$, Corniche.

a, Tambour avec des mains de pierre.

b, Milieu de la plate-bande, que l'on a tenu bombé en exécution d'environ cinq ou six lignes.

c, Balustrade.

La Figure cinquieme fait voir la coupe de l'entablement d'une entre-colonne, prise par le milieu de l'axe des colonnes.

A, Mandrin pénétrant le chapiteau, & une partie de l'entablement.

B, Tiran horisontal liant les axes des colonnes D, à la hauteur de l'architrave.

C, C, Étriers à deux branches dans la premiere colonnade, & à une dans la seconde, soutenus par le tiran B, & supportant le linteau K.

C^2, Autre tiran à deux branches, soulageant le tiran B.

D, D, deux Z soutenant la clef.

E, Mandrin servant d'axe aux tirans H & P, *fig.* 8.

F, Mandrin pénétrant le milieu des assises de chaque acrotere, ou piedestal de la balustrade.

H, Œil d'un petit tiran perpendiculaire.

I, Crampons.

L, Gougeons contenant le haut de chaque baluftre.

M, Tiran perpendiculaire.

N, Linteau soulageant par deux étriers C^2 la portée du tiran B.

d, exprime les cales ou tasseaux placés sous chaque claveau ; chacun de ces tasseaux est nivelé pour procurer un bombement par-dessous le milieu de chaque plate-bande de cinq ou six lignes, ainsi qu'il a été dit.

La Figure sixieme représente la coupe d'une entre-colonne suivant la longueur du péristile, non pas tout-à-fait dans le milieu, mais à côté de l'arc doubleau du plafond.

M, Coupe d'un tiran perpendiculaire.

M², Autre coupe d'un tiran semblable.

O, Étriers servant à soutenir le poids du bouchon qui ferme le plafond.

Q, Tiran traversant l'épaisseur du mur de séparation du haut de chaque entre-colonnement.

e, Arc doubleau en pierre.

f, Lunette en pierre, allant d'un arc doubleau à l'autre.

g, Voûte en briques.

La Figure septieme, *Pl. XV*, représente la coupe d'une entre-colonne, prise sur la largeur du péristile, au milieu d'une colonne & d'un pilastre.

A, Mandrin d'axe.

A², Autre Mandrin ou ancre adossé au mur.

B, Coupe d'un tiran horisontal.

C, C, Étriers.

C² Autres étriers.

D, Z soutenant la clef.

F, Mandrin placé dans le milieu du piedestal de la balustrade.

G, Gougeons de huit pouces de long, & de vingt lignes de gros, placés d'assise en assise entre chaque tambour, auxquels on a substitué dans la seconde colonnade, des mandrins de quatre ou cinq pieds de long, embrassant plusieurs assises.

K, Linteau.

M, Tiran perpendiculaire.

M², Autre tiran perpendiculaire.

P, Coupe d'un tiran.

T, Autre coupe d'un tiran.

c, Coupe de l'arc doubleau en pierre.

La Figure huitieme exprime une coupe prife fur la largeur d'une entre-colonne, & dans fon milieu.

B, Coupe d'un tiran horifontal.

E, Axe fervant à contenir les tirans *H* & *P*.

H, Petit tiran.

L, Petit gougeon dans le haut de chaque baluftre.

N, Coupe du linteau.

P, Coupe d'un tiran qui croife l'autre tiran *P*, fupportant le bouchon par le moyen des étriers *O*.

T, Coupe d'un tiran.

c, Profil de l'arc doubleau.

f, Lunette.

g, Coupe de la voûte en brique.

h, Ouverture pour parvenir dans le vuide de la voûte.

La Figure neuvieme fait voir les détails particuliers des différens fers employés dans cette conftruction, tels que les étriers, mandrins, tirans, crampons, &c; ils font chacun défigné par des lettres correfpondantes à celles qu'ils ont dans les figures précédentes.

A, Mandrin d'axe placé dans le haut de chaque colonne & pénétrant l'architrave, la frife, & une partie de la corniche; il a environ onze pieds de long fur deux pouces neuf lignes en quarré.

B, Tiran horifontal de deux pouces de gros, fervant à contenir les axes des colonnes fuivant la longueur de la colonnade.

C, Étrier à doubles branche, vû de face & de profil, & exécuté dans la premiere colonnade.

C*, Étrier à branche fimple, exécuté à la feconde colonnade.

D, Efpece de crampon fait en *Z*, fervant à foutenir la clef de chaque plate-bande.

E, Petit axe dont l'ufage eft de foutenir les chaînes qui portent le plafond.

Pl. XIV. Pag. 342

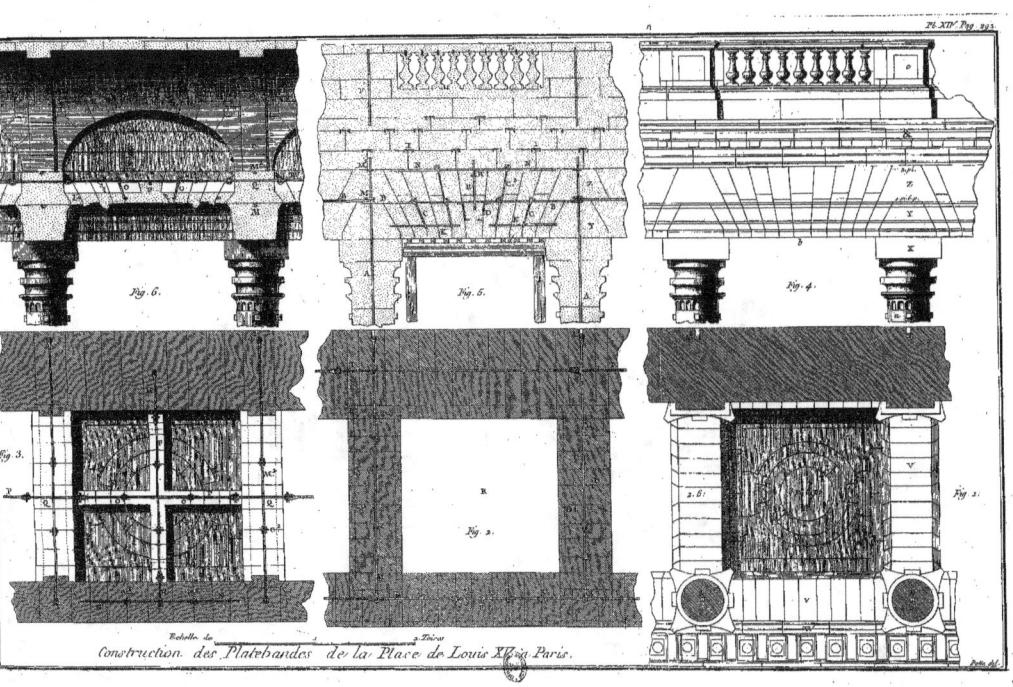

Pl. XVI. P. 292

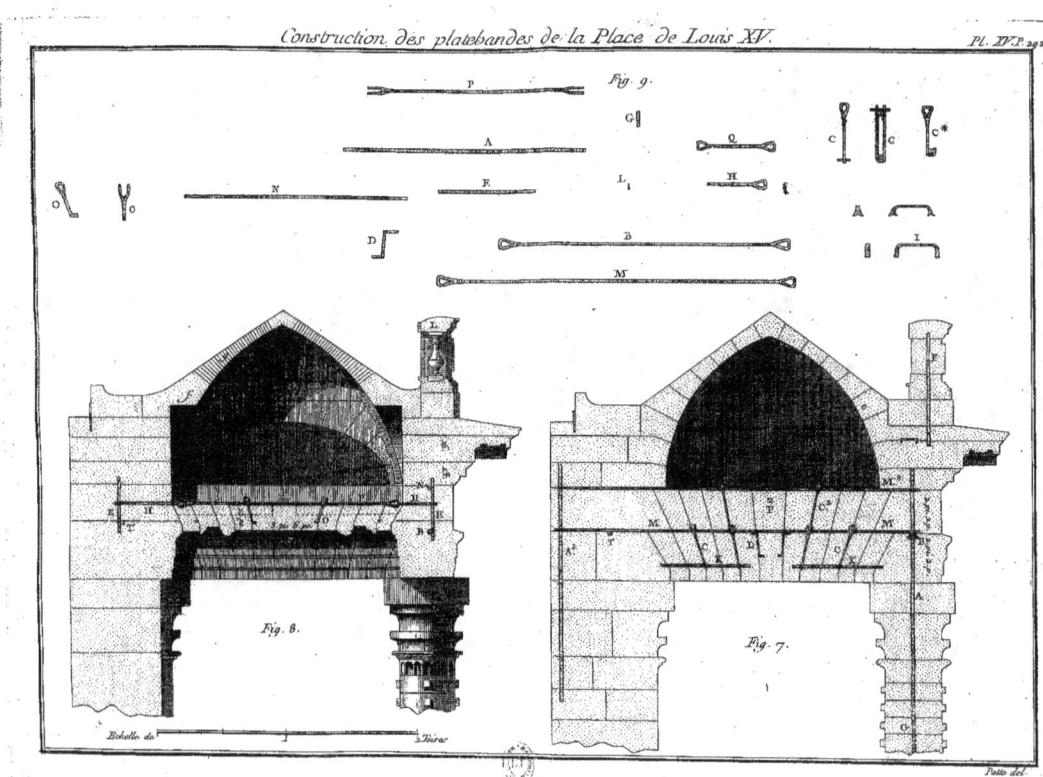

Fig. 9.

Fig. 8.

Fig. 7.

Echelle de

Patte del.

G, Gougeons de huit pouces de long, & de vingt lignes de gros, placés entre chaque tambour des colonnes du premier bâtiment.

H, Petit tiran paſſé dans l'axe *E*, pour ſoutenir le plafond.

I, Forme des crampons placés entre les vouſſoirs du plafond.

L, Petit gougeon deſtiné à contenir les baluſtres par le haut.

M, Tiran perpendiculaire placé entre la friſe & l'architrave : il y a encore un tiran ſemblable , placé entre la friſe & la corniche.

N, Linteau.

O, Étrier vû de face & de profil, ſervant à ſoutenir le bouchon du plafond.

P, Un des tirans placés en croix pour aider à ſupporter le plafond.

Q, Autre tiran lié au précédent pour le même uſage.

Outre tous ces fers, il y en a un marqué *F* (*fig.* 7) dans chaque acrotere de la baluſtrade, qui n'a pas été exprimé à part, ainſi qu'un grand tiran *T*, placé dans l'épaiſſeur du mur adoſſé au périſtile dans toute ſa longueur.

ARTICLE CINQUIEME.

Conſtruction des Plate-bandes du Portail de Saint Sulpice ;
PLANCHE XVI, (*Figures* 1, 2 & 3).

SUIVANT les premiers deſſeins qui ſont gravés du grand portail de Saint Sulpice , il étoit queſtion de conſtruire deux portiques, l'un au rez-de-chauſſée, l'autre au premier étage , ce qui devoit beaucoup augmenter la difficulté de l'exécution de cet édifice; auſſi dans la vue de lui donner toute la force néceſſaire , indépendamment des tours placées à l'extrémité des colonnades, pour retenir les pouſſées latérales, Servandoni jugea-t-il convenable d'accoupler ſes colonnes ſuivant la profondeur du porche ; ce qui lui

procura fur le devant du portail des butées capables de contreventer l'effort , foit des plate-bandes , foit des plafonds , aboutiffant du mur pignon de la nef fur les colonnes.

Je n'ai pu voir conftruire l'entablement du premier ordre ;
mais j'ai été témoin de l'exécution de celui du fecond , dont le
procédé fut vraifemblablement le même.

Comme ces plate-bandes font bâties différemment des précédentes , & que d'ailleurs cet édifice eft coloffal , il eft important
de développer ce qui a été pratiqué pour affurer leur folidité. Deux
coupes, l'une prife par le milieu de l'axe de l'entre-colonnement ,
& l'autre fur la largeur du porche, fuffiront pour faire connoître
ce qui intéreffe dans cette conftruction.

Les colonnes doriques qui décorent le portail de cette Eglife ,
ont environ cinq pieds de diamètre , font efpacées au droit de
l'entre-colonnement de dix-neuf pieds trois pouces d'axe en axe, &
les plafonds du porche font exactement quarrés entre les architraves : elles furent conftruites en pierre dure de haut appareil ,
& celles du premier étage qui font ioniques à deffein d'élégir
leur fardeau , ont été au contraire bâties en Saint-Leu , c'eft-à-dire
en pierre tendre.

On commença l'exécution des plate-bandes de cet édifice, par
placer d'abord un fort fommier B , à-plomb de chaque colonne,
lequel fut traverfé , comme de coutume, par un mandrin d'axe
A ; puis on pofa les deux contre-fommiers, & fucceffivement les
autres claveaux voifins jufqu'à la clef. Chaque claveau fut taillé à
croffettes par le bas,& percé d'un trou pour recevoir les linteaux C,C,
qui y furent paffés, avant de pofer la clef E. Un des bouts de chaque
linteau C, eft encaftré dans le fommier ; & l'autre , qui eft recourbé,
aboutit entre le joint de la clef & de la contre-clef. On plaça de
deux en deux claveaux , des étriers D à double-branches qui embraffent les linteaux C chargés de leur poids ; & pour foutenir la
clef qui eft toujours le difficile de ces fortes de conftructions, il
fut employé un moyen qui mérite d'être remarqué.

Cette clef ayant été traverfée par un gougeon *E*, terminé par chaque extrémité en forme de *T*, dont la figure eft repréfentée à part en *E*, (*fig.* 3), on plaça les deux étriers le long du joint montan des contre-clefs, en retenant leur partie inférieure dans le crochet du linteau *C*; on fit paffer enfuite entre les deux branches de chaque étrier, lorfqu'il fallut mettre en place la clef, les têtes des *T* du gougeon *E*, & en ramenant les étriers parallelement par le haut, fuivant la direction ponctuée dans la *figure* 1, pour lors il ne fut plus queftion que de laiffer glifler doucement la clef entre les contre-clefs, ce qui fit ranger de lui-même chaque étrier le long du joint. Par cette opération les têtes du *T* du gougeon fe trouverent appuyées fur le bout recourbé des linteaux, & foutenues à la fois par les étriers très-folidement.

Entre la frife & l'architrave on plaça enfuite un tiran horifontal *G*, pour lier enfemble les axes des colonnes à cette hauteur : il en fut placé encore un autre *G*² perpendiculaire, tant pour unir les colonnes accouplées fur la profondeur du porche, qu'avec le mur qui lui eft adoffé. On affura fermement fur ces tirans *G*¹, *G*², à l'aide de clavettes, les étriers à doubles branches *D*; enfin après avoir bandé les têtes de ces claveaux avec des coins de bois, on coula leurs joints avec mortier de chaux & fable.

Il eft à obferver que tous ces tirans ont des yeux quarrés & fermés, que tous les étriers font à doubles branches, & que généralement tous les fers employés dans cette conftruction furent peints d'avance de plufieurs couches de noir à l'huile, & de plus furent entortillés de filaffe gaudronnée, par rapport à la rouille.

Après avoir pofé les claveaux de la frife, comme on avoit fait ceux de l'architrave, il fut mis auffi des tirans horifontaux *I*, & perpendiculairement à ces derniers d'autres tirans *I*², pour contenir encore l'axe des colonnes, fuivant la profondeur du porche. A dix-huit ou vingt pouces de chaque extrémité, c'eft-à-dire, vers le bout de chaque tiran, il fut fait un redent *L*, deftiné à recevoir le pied d'un autre tiran ceintré *K*, placé en décharge au-deffus à la diftance de huit à neuf pouces. Cet intervalle fut garni d'un petit mur *M*, de briques de la meilleure qualité, pour lier les ti-rans *K* & *I*, & ne faire enfemble qu'un tout parfaitement inhé-rent. On fit fupporter par cette décharge les quatre grands étriers *H*, qui foulagent, de deux en deux vouffoirs, le tiran inférieur *G*, & qui avoient été placés précédemment en même tems que lefdits vouffoirs. L'objet de l'arrangement des tirans *K* & *I*, eft non-feulement de leur donner plus de folidité pour porter effica-cement le poids des claveaux de la frife, & même de l'architrave, mais encore de procurer à cet endroit la plus grande réfiftance, pour contenir l'effort des vouffoirs des plafonds. Par l'examen de la *fig.* 2, il eft aifé de s'appercevoir qu'au-deffus de l'architrave il a été pratiqué intérieurement une vouffure *O*, qui éleve le plafond, de maniere que fa pouffée fe trouve au niveau de la décharge *I*, *K*, *M*, qui, au moyen de cette liaifon, a une très-grande force dans fon milieu : ce qui me paroît à la fois folide & bien entendu.

Il feroit inutile de s'appefantir davantage fur cette defcription, d'autant que le deffein la rend très-fenfible, & que j'aurai d'ail-leurs occafion, dans le dernier Chapitre de ce Volume, de par-ler encore de cette conftruction, en traitant de l'achevement de cet édifice.

EXPLICATION DES FIGURES 1, 2 & 3

de la Planche XVI.

La *Figure premiere* repréfente la coupe d'un entablement du grand portail de Saint Sulpice, prife au milieu des axes d'un entre-colonnement.

A, exprime la coupe de la colonne avec fon mandrin qui a trois pouces de groffeur.

B, Sommier de l'architrave.

C,

C, Linteau de deux pouces de gros, traversant les claveaux de l'architrave.

D, Étriers à doubles branches.

E, Gougeon traversant la clef avec un *T* à chaque extrêmité; les lignes ponctuées perpendiculaires font voir la direction qu'il convient de donner aux deux étriers adjacens, pour pouvoir y introduire les têtes des *T* du gougeon.

F, Sommier de la frise.

G, Tiran horifontal d'environ deux pouces & un quart de gros, liant les axes des colonnes.

G², Tiran perpendiculaire au précédent, aussi de deux pouces & un quart de gros, liant ensemble les axes des colonnes accouplées & le mur dossier du porche.

H, Grands étriers aussi à doubles branches.

I, Tiran liant à la hauteur de la frise les axes des colonnes, avec un redent *L* vers chaque extrêmité.

I², Autre tiran liant aussi les axes des colonnes accouplées & le mur dossier.

K, Tiran ceintré, retenu par le pied dans le redent *L* pratiqué au bout du tiran *I*.

M, Rang de briques garnissant l'intervalle entre les tirans *I* & *K*.

N, Assises horifontales de la corniche.

La Figure deuxieme offre la coupe d'une entre-colonne suivant la profondeur du porche. On y remarque les mêmes objets que dans la figure précédente, avec des lettres correspondantes.

O, exprime la coupe du plafond du porche faisant voussure au-dessus de l'architrave; on apperçoit que l'épaisseur de ce plafond est au droit de la décharge *I K M*.

La Figure troisieme représente les détails de quelques-uns des principaux fers employés dans cette construction. Leur correspondance avec les figures précédentes est manifestée par les mêmes lettres de renvois.

P p

ARTICLE SIXIEME.

Conſtruction des Plate-bandes du Portail des Théatins à Paris.

QUOIQUE les plate-bandes ſimples, placées le long de la face d'un
bâtiment, ne ſoient aucunement à comparer pour la difficulté de
l'exécution, à celles qui ſont ſur le devant d'un périſtile, & d'o-
bligation de ſoutenir de larges plafonds en pierre qui pouſſent
au vuide ; cependant comme elles ſont d'un fréquent uſage, je
crois, ſans ſortir de mon ſujet, pouvoir en propoſer en paral-
lèle deux exemples récens d'une conſtruction totalement différente.

Les plate-bandes du portail de l'Egliſe des Théatins, exécutées
il y a une vingtaine d'années, méritent d'être citées pour leur ſolidité : elles ſont ſoutenues par quatre colonnes iſolées & accouplées, tant au rez-de-chauſſée qu'au premier étage, leſquelles ont
treize pieds ſix pouces d'axe en axe au droit de l'entre-colonnement, & quatre pieds deux pouces entre chaque couple de colonne
auſſi d'axe en axe. Ces plate-bandes ne pouvant être accottées par
aucun corps vers leurs extrémités, & la plus élevée devant ſoutenir un fronton, M. Deſmaiſons, Architecte du Roi, ſous la
direction duquel a été conſtruit cet édifice, crut devoir prendre
les plus grandes précautions pour rendre ſes colonnes en quelque
façon immuables : en conſéquence il les fit exécuter en pierre
dure, & plaça vers le haut un fort mandrin de trois pouces de
gros, pénétrant depuis les deux premiers tambours au-deſſous du
chapiteau, à travers l'entablement juſqu'à la cymaiſe. Dans ce
mandrin *A* (*fig.* 4, 5 &·6, *Pl. XVI*) fut fixé, préciſément au-
deſſus du chapiteau, quatre tirans d'environ deux pouces de gros.
Le premier tiran horiſontal *C* unit enſemble les axes des colonnes
au droit de l'entre-colonnement ; le ſecond *D* auſſi horiſontal
lie les axes de chaque couple de colonne ; le troiſieme *E* per-

pendiculaire aux précédens, qui eſt fixé d'une part dans le mandrin, & de l'autre par un ancre placé derriere le mur B, ſert à
contenir les colonnes ſuivant cette direction ; enfin le quatrième
tiran placé diagonalement & retenu par un talon derriere le mur
B, a pour objet d'empêcher le devers de l'axe des colonnes. Outre ces tirans, il en fut encore placé un autre G à cette même hauteur, dans l'épaiſſeur du mur adoſſé B, lequel eſt fixé vers ſes extrémités par deux ancres M, à deſſein de rendre inhérentes entr'elles toutes les parties de ce mur qui, à cauſe de ſon peu d'é-
paiſſeur, fut conſtruit au droit de l'entablement par des claveaux
ſemblables à ceux des plate-bandes, & prolongés en liaiſon dans
toute ſon étendue.

Tous ces tirans ayant été diſpoſés comme on le voit dans
la *figure 4*, on plaça les claveaux de la plate-bande qui embraſſent dans leur hauteur la friſe & l'architrave, en obſervant de
pratiquer une tranchée de quatre ou cinq pouces de profondeur
ſous ces plate-bandes, au droit de tous les tirans, pour les y
loger.

Au-deſſus de la tête des claveaux, c'eſt-à-dire, au-deſſus de la
friſe, il fut encore placé des tirans horiſontaux K & L, & deux tirans
perpendiculaires I, correſpondans aux précédens E, & fixés dans le
même ancre H : il fut également inféré dans l'épaiſſeur du mur
un autre tiran N, contenu par l'ancre commun M ; enfin il n'y
eut d'excepté à cette hauteur que les tirans diagonaux.

L'entablement du ſecond ordre de ce portail fut conſtruit comme
celui du premier, avec des tirans ſemblablement diſtribués : il n'y
eut d'autre différence, ſi ce n'eſt qu'au-deſſus de la friſe il fut placé des tirans diagonaux comme au-deſſous de l'architrave, à deſſein de contenir par-là plus puiſſamment la pouſſée du fronton
plein qui couronne cet édifice, & dont tout l'effort eſt dirigé
vers cet endroit, ſans eſpérance de pouvoir être autrement con-
treventé.

Les plate-bandes de cet édifice furent conſtruites en pierre de

S. Leu, avec des joints perpendiculaires fur la face & dérobés dans l'épaiffeur de leurs coupes, qui tendent à un centre commun à l'ordinaire : elles furent maçonnées avec mortier mélangé de plâtre ; & les tranchées pratiquées pour loger les tirans, furent remplies d'une efpèce de maftic de compofition impénétrable à la rouille ; en un mot, tous les fers & tirans furent peints de plufieurs couches de noir à l'huile, avant d'être employés.

En général on peut dire que cette conftruction, dont les fers font la principale force, offre beaucoup de réfiftance. La façon furtout, dont les tirans font placés par-deffous l'architrave eft remarquable ; & c'eft, je crois, de toutes les manieres d'affurer une plate-bande, la plus folide : les deux Manfard ne les plaçoient jamais autrement ; en effet, comme les claveaux d'une plate-bande dirigent toujours leurs efforts en contre-bas, plus on peut faifir le mandrin d'axe de la colonne près du chapiteau, mieux on doit réuffir, de toute néceffité, à retenir efficacement leur pouffée.

EXPLICATION DES FIGURES 4, 5 & 6
de la PLANCHE XVI.

A, Mandrin d'axe.

B, Mur qui, vers fes extrémités, fert de mur de face aux maifons voifines.

C, Tiran horifontal.

D, Autre tiran horifontal.

E, Tiran perpendiculaire.

F, Tiran placé diagonalement.

G, Grand tiran fixé par un ancre *M*.

H, Ancre commun.

I, Tiran perpendiculaire au-deffus de la frife.

K & *L*, Tirans horifontaux placés à la hauteur de la frife.

ARTICLE SEPTIEME.

Conſtruction des Plate-bandes du Palais-Royal.

IL vient d'être élevé au Palais-Royal, du côté du jardin, un avant-corps compoſé de huit colonnes ïoniques accouplées & iſolées, dont la répartition des tirans eſt totalement oppoſée à la précédente. Les deux ſommiers qui ſe trouvent à-plomb de chaque couple de colonne, font chacun compoſés d'un cours d'aſſiſes placées ſuivant leurs lits, dont on voit la forme *Pl. XVI, fig.* 7 ; outre que ces ſommiers ſont traverſés par le mandrin d'axe *A* de chaque colonne à l'ordinaire, ils ſont retenus au-deſſus de la friſe & à la hauteur de l'architrave, par deux tirans horiſontaux *B, D*, qui lient enſemble les colonnes accouplées, & de plus, par deux autres tirans perpendiculaires *C, E*, qui traverſent le mur de l'avant-corps où ils ſont retenus par des ancres.

La plate-bande au-deſſus de ces colonnes eſt compoſée de neuf claveaux, qui embraſſent toute la hauteur de la friſe & de l'archi-trave, entre leſquels ſont poſés ſix *Z, G*, quatre deſquels ſont retenus dans le haut par des étriers *F*, de dix-huit lignes de gros. On s'eſt diſpenſé de donner un étrier au *Z* placé dans le contre-ſommier, attendu qu'il eſt ſuffiſamment ſoutenu par ſa coupe ſur le ſom-mier de l'architrave, & qu'il n'eſt pas à craindre qu'il puiſſe gliſſer. Quant à la clef, entre les joints de laquelle on ne pou-voit pas placer d'étriers, elle fut ſoutenue de cette manière : après avoir taillé de part & d'autre un trou de ſix ou ſept pouces de profondeur, pour loger entierement un gougeon *H* de même longueur, & avoir pratiqué un trou correſpon-dant vis-à-vis ceux-ci dans chacune des contre-clefs ſeulement de trois pouces de profondeur, on commença par loger en entier, de chaque côté de la clef, un des gougeons en queſtion

attaché dans le milieu par une ficelle, dont le bout fut placé le
long d'une petite rainure menagée depuis ce trou jufqu'au haut
du joint montant du claveau. Cette clef ayant été ainfi préparée
& mife enfuite en place, en tirant par-deffus la petite ficelle, on
fit entrer la moitié du gougeon *H*, dans le trou correfpondant
de chaque contre-clef; puis par la rainure, on coula du plâtre dans les joints de la clef, ainfi que dans les trous des gougeons.

Cela étant fait, il fut placé d'un axe de colonne à l'autre du grand
entre-colonnement, un tiran *I* de vingt lignes de gros pour
les unir. On accrocha fur ce tiran le haut des étriers *E*, que l'on
banda le plus poffible par le moyen de petits coins de fer, pour
obliger les *Z* à foutenir de toute leur force les claveaux, &
empêcher leur action en contre-bas. Tous les tirans furent également retenus avec les mandrins *A*, à deffein de ne permettre aucun mouvement aux axes des colonnes; enfin après avoir refferré
les têtes des claveaux avec des coins de bois, on coula tous
les joints en plâtre.

Il y a trois obfervations importantes à faire fur cette conftruction;
la premiere eft que l'extrémité de chaque tiran, au lieu d'œil quarré, a été recourbée feulement en crochet, & que tous les étriers
font fimplement à une branche avec un crochet dans le haut, &
un œil dans le bas pour recevoir la tête de chaque *Z*.

La feconde eft qu'aucun de ces fers ne fut peint avant d'être
employé, ainfi que nous l'avons vû ci-devant.

La troifieme eft que tous les joints de cette plate-bande ont été
coulés en plâtre, fans mélange de mortier de chaux & fable, comme il fe pratique ordinairement.

En attendant que je difcute, à la fin de ce Chapitre, ce que
l'on peut penfer fur ces différens objets, je me contenterai de
remarquer, pour le préfent, que cette conftruction, quoique économique, n'a pas cependant toute la folidité poffible, attendu que
le tiran *I*, qui devroit s'oppofer à la pouffée des claveaux, étant

placé trop au-deffus de leurs coupes , eft de toute néceffité de peu d'effet, par fa pofition , pour opérer de la réfiftance.

EXPLICATION DES FIGURES 7, 8 & 9

de la PLANCHE XVI.

LA *Figure feptieme* repréfente une coupe de l'entablement, prife fuivant l'axe des colonnes.

A , Mandrin d'axe de deux pouces de gros.

B , Tiran horifontal liant enfemble les axes des colonnes accouplées.

C , Tiran perpendiculaire au précédent.

D , Tiran horifontal à la hauteur de la frife, liant auffi les axes des colonnes accouplées.

E , Autre tiran perpendiculaire au précédent.

F , Étriers à crochets par le haut avec un œil par le bas , pour recevoir la tête du *Z, G.*

H , Gougeon de 18 lignes de gros & d'environ 6 pouces de longueur, foutenant la clef.

I , Tiran horifontal placé au-deffus de la frife, fervant plutôt pour foutenir les claveaux , que pour retenir les axes des colonnes du grand entre-colonnement.

K , Affifes horifontales formant la corniche.

L , Contre-fommier foutenu par la coupe du fommier de l'architrave.

La Figure huitieme exprime la coupe de l'entablement fuivant fa largeur.

Les mêmes lettres font voir fa correfpondance avec la figure précédente.

M , Mur doffier de la colonne.

La Figure neuvieme fait voir à part le détail des tirans & des étriers , ainfi que leur forme.

ARTICLE HUITIEME.

Conſtruction des Plate-bandes en briques qui s'exécutent à Péterſ-
bourg ; (Figures 10, 11 & 12, PLANCHE XVI.)

COMME la pierre eſt fort rare en Ruſſie, on fait des colonnades toutes en briques, à l'aide de beaucoup de fer, qui eſt commun en ce pays. Voici le procédé que l'on ſuit pour leur exécution, que M. de Lamotte, Architecte François, attaché au ſervice de la Czarine, a bien voulu me donner.

On fait les baſes des colonnes en pierre, puis on éleve leur fût en briques poſées à plat, maçonnées avec mortier de chaux & ſable, & taillées extérieurement ſuivant leur contour. On place au milieu de ces colonnes *A* un axe de fer *C*, qui monte juſques dans l'entablement. Le tailloir *B*, qui couronne chaque colonne, eſt auſſi toujours fait en pierre d'une ſeule piece ; car pour le chapiteau, de quelque ordre qu'il ſoit, il eſt d'uſage de faire après-coup ſes ornemens en plâtre. Lorſque les colonnes ſont élevées, ainſi que leur mur doſſier qui en eſt d'ordinaire peu diſtant, vû qu'on n'a pas coutume de faire de portique ou de périſtile en Ruſſie, on lie enſemble les axes *C, C* des colonnes d'un entre-colonnement par un tiran *D* d'à-peu-près un pouce de gros, poſé au-deſſus du tailloir *B*. Sur ce tailloir, on place pluſieurs lintaux *F*, diſtans de cinq à ſix pouces l'un de l'autre, c'eſt-à-dire, qu'il y en a d'autant plus que la colonne a un diametre conſidérable. Après cela du nud d'une colonne à l'autre, on fait un arc en décharge *M*, conſtruit de briques poſées de champ, comprenant la hauteur de l'architrave & de la friſe. Au-deſſus de cet arc *M*, on met encore un tiran *K* deſtiné à tenir en reſpect le mandrin *C* des colonnes à cette hauteur. Au-deſſus de la clef de la voûte, & même par-deſſus ce tiran *K*, on poſe une traverſe *L* portant deux étriers *H*, *H*, qui ſoutiennent un linteau *G, G*, paſſant par-deſſous la plate-
bande,

bande, pour foulager par le milieu le tiran *D*, & les linteaux *F, F*.

Quand cela eft arrangé ainſi, on poſe ſur le grillage *D, F, F* deux rangs de briques à plat & en liaiſon pour former le deſſous de la plate-bande, leſquels on maçonne avec mortier de chaux & ſable, en obſervant d'y encaſtrer de leur épaiſſeur le tiran *D*, & les linteaux *F, F*, de ſorte qu'il n'y a d'apparent que la traverſe *G*.

La derniere opération conſiſte à poſer (*fig.* 11) au niveau du nud des colonnes, le long de la face de l'architrave & de la friſe, un rang de briques à plat, qui monte juſqu'au-deſſous de l'arc *M*: on en fait autant du côté oppoſé, & par ce moyen, il reſte un vuide ou coffre qui comprend la hauteur de la friſe & de l'architrave.

Lorſque les colonnes ſont à quelque diſtance des murs, pour lors on fait, depuis la plate-bande juſqu'au mur, un arc *O* auſſi de briques poſées de champs, lequel rejette de part & d'autre le poids qui eſt au-deſſus.

Enfin on conſtruit les corniches *N* également en briques, & lorſque le tout eſt terminé, on ravale l'ouvrage avec un enduit ou eſpece de ſtuc compoſé de chaux, de ſable & de plâtre, qui cache tous les linteaux & les tirans : dans cet enduit on mêle de la couleur de badijon, qui donne à cet ouvrage un ton de pierre, lequel produit, à ce qu'on prétend, un aſſez bon effet.

Il eſt evident que cette conſtruction de plate-bande, malgré la multiplicité des fers, ne ſçauroit avoir autant de ſolidité que les précédentes, & doit être très-ſujette à réparations, attendu que ſes moulures, ornemens & enduits ayant pour baſe du plâtre, doivent être facilement altérés par les injures de l'air : auſſi, c'eſt plutôt comme une ſingularité que comme un modele, que j'ai rapporté cette bâtiſſe, & pour faire voir comment ſans le ſecours de la pierre, on peut quelquefois parvenir à opérer des colonnades.

EXPLICATION DES FIGURES 10, 11 & 12.

de la PLANCHE XVI.

*L*A *Figure dixieme* repréfente le plan de la plate-bande vue par-deſſous.

A, Colonne en briques.

B, Tailloir en pierre.

C, Mandrin d'axe.

D, Tiran horifontal, liant enſemble les axes des colonnes.

E, Autre tiran perpendiculaire au précédent.

F, *F*, Linteaux pour ſoutenir les rangs de briques formant le deſſous de la plate-bande.

G, *G*, Autre linteau ſoutenant par deſſous les linteaux *F*.

H, *H*, Étriers.

I, *I*, Linteaux perpendiculaires aux précédens.

O, Arc depuis la plate-bande juſqu'au mur.

La Figure onzième exprime la coupe de l'entablement, priſe ſur l'axe de l'entre-colonnement.

A, Coupe de la colonne.

B, Tailloir en pierre.

C, Mandrin d'axe.

D, Tiran horifontal liant les axes des colonnes.

E, Tiran perpendiculaire.

G, Traverſe qui ſoutient les linteaux par-deſſous la plate-bande.

K, Tiran horifontal, liant auſſi les axes des colonnes.

L, Traverſe ſoutenant les étriers *H*.

M, Arc portant du nud d'une colonne à l'autre.

N, Coupe des moulures exécutées en plâtre.

La Figure douzième fait voir la coupe de l'entre-colonne ſuivant ſa largeur.

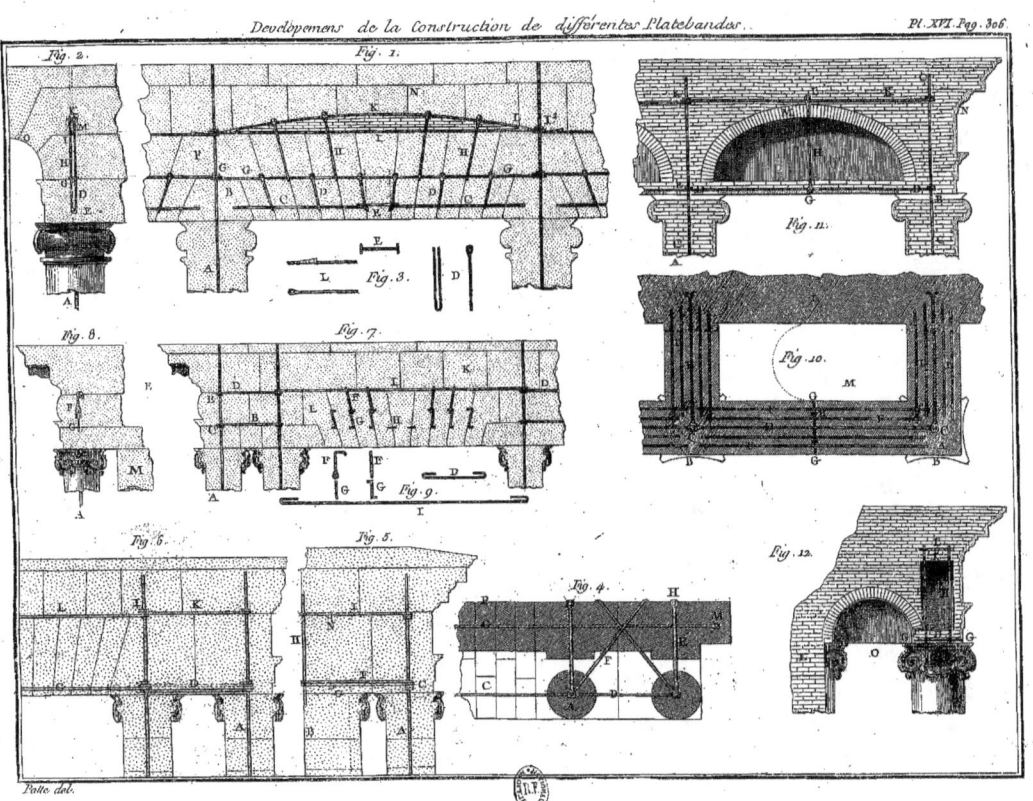

Fig. 2.   Fig. 1.

Fig. 3.

Fig. 8.   Fig. 7.   Fig. 11.

Fig. 9.   Fig. 10.

Fig. 6.   Fig. 5.   Fig. 12.

Fig. 4.

La correspondance des lettres de renvois fait diftinguer leur relation.

O, eft un arc qui va de la plate-bande au mur, pour décharger le poids qui eft au-deffus vers ces endroits.

ARTICLE NEUVIEME.

Obfervations fur la conftruction des Plate-bandes & des Plafonds des Colonnades.

AVANT de faire voir d'où dépend la folidité de ces fortes d'ouvrages, il eft à propos d'examiner quelle eft la pouffée des plate-bandes, & quelle eft la réfiftance que peuvent oppofer les tirans.

§. I. *De la pouffée des Plate-bandes.*

TOUTES les voûtes ont néceffairement des pouffées relatives à leurs courbes & à leur pefanteur ; plus elles font furmontées, moins elles agiffent contre leurs fupports ; plus elles font furbaiffées, plus au contraire il eft befoin de leur oppofer de la réfiftance. Il y a des regles, au moins de pratique, pour déterminer les épaiffeurs de mur, qui conviennent depuis l'ogive jufqu'à l'ance de panier le moins élevé.

Il eft à obferver que dans la conftruction des voûtes en pierre, dont la coupe doit faire la bafe de la fermeté, on a en général peu d'égard à la liaifon que le mortier eft capable d'opérer entre les vouffoirs, parce que fon action eft d'ordinaire trop éloignée pour entrer en confidération en pareil cas. En effet, quand les affifes font horifontales, les pierres repofant alors fur leurs lits, le mortier avec le tems peut à la bonne-heure parvenir à les unir; mais en fait de voûtes, il ne fçauroit affurer de femblables ouvrages qu'autant qu'ils font compofés de petits matériaux, tels que des briques ou du moilonage. Les Goths faifoient pour cette raifon leurs voûtes avec de petites pierres équarries qui n'étoient guères plus groſſes que de double briques. Auſſi le ſeul moyen de procurer de la ſolidité aux voûtes en pierre, eſt-il de les ſoutenir par leurs coupes en prolongeant leurs vouſſoirs à proportion de la force dont on a beſoin, & d'oppoſer des contre-forts ou des épaiſ-ſeurs de mur en raiſon de leurs pouſſées.

Si ces conſidérations influent dans la conſtruction des voûtes ordinaires, à plus forte raiſon ne doit-on pas ſe fier ſur la liaiſon du mortier pour aſſurer les claveaux d'une plate-bande, qui ſont comme autant de coins placés verticalement à côté les uns des autres dans la poſition la plus défavorable. Pour y ſuppléer, il faut donc prolonger la tête des claveaux, à deſſein de les ſoutenir par leurs cou-pes qui tendent d'ordinaire au ſommet d'un triangle équilatéral ren-verſé, dont la baſe eſt la largeur de l'entre-colonne, & enſuite contenir leur pouſſée, ſoit par des corps de maçonnerie, ſoit par des tirans.

L'action de la pouſſée d'une plate-bande peut être conſidérée toujours comme ſe confondant avec celle de ſa peſanteur; & ſans erreur ſenſible, on peut apprécier l'une à l'égale de l'autre. En ſuppoſant qu'une plate-bande peſe trente milliers, il faut au moins lui oppoſer une réſiſtance de trente milliers, plutôt au-delà qu'en deçà. Pourvu qu'on parvienne à contenir l'effort des plate-bandes, leur poids ſur leurs ſupports ne ſçauroit être com-munément un obſtacle à leur exécution; car on voit des piliers ſoutenir des poids preſque incroyables. M. Perronet a calculé que dans le Réfectoire de Saint Martin-des-Champs, il y a de petites colonnes gothiques qui portent juſqu'à deux cents trente fois la ſuperficie de leur diametre (a).

(a) Le même Académicien a fait des expé-riences ſur les fardeaux que peuvent ſoutenir les différentes qualités de pierre, & a trouvé qu'un pied quarré de ſuperficie peut au moins ſoutenir, ſans s'écraſer ſous le faix, cent ſoixante fois ſa ſolidité, c'eſt-à-dire, qu'un pied cube peut porter cent ſoixante fois ſon volume, & que ce rapport pouvoit être conſidéré à-peu-près comme conſtant de quelque nature que fuſſent les pierres, attendu qu'il eſt probable que leur denſité eſt en raiſon de leur peſanteur.

Suivant ces obſervations, il s'enſuit que pour connoître le poids que peut porter une colonne, il faut chercher la ſuperficie de ſon diametre au-deſſus de la baſe, & eſtimer combien cette ſuperficie, ſuppoſée d'un pied d'épaiſſeur, con-tient de ſolidité; puis multiplier ce produit par cent ſoixante, & l'on aura le fardeau qu'elle peut ſupporter ſans s'écraſer. Suivant ce calcul on trouve que le bas de chaque colonne dori-que du milieu du portail de Saint Gervais, qui comprend trois ordres élevés l'un au-deſſus de

Comme l'on oppose d'ordinaire des tirans de fer à la pouffée des plate-bandes, & vu qu'il n'y a pas d'autre moyen de les retenir lorsqu'elles sont isolées, il est important de connoître jusqu'à quel point on peut compter sur leur résistance.

§. II. *Expériences sur la résistance des fers.*

On trouve dans l'*Art du Serrurier*, pages 8 & 9, des expériences que M. de Buffon a faites pour connoître la force du fer.

Cet Académicien ayant chargé de différens poids perpendiculairement suivant sa longueur un fer de dix-huit lignes & demi de gros, dont la boucle ou l'œil avoit environ dix pouces de largeur sur treize de hauteur, ne put parvenir à le faire rompre qu'après un fardeau de vingt-huit milliers, & remarqua que cette rupture se fit au milieu des deux branches verticales de l'œil.

Suivant cette expérience que M. de Buffon répéta avec un fer de même force, qui rompit une seconde fois avec un semblable poids & aussi dans l'œil, il s'ensuivroit que chaque barreau d'une ligne quarrée ne pourroit supporter que quarante livres, (car chaque montant de cette boucle ou œil avoit trois cens quarante-huit lignes quarrées, ce qui fait pour les deux six cens quatre-vingt seize lignes quarrées); cependant cet Académicien ayant mis ensuite à l'épreuve un fil de fer d'une ligne de diamètre un peu fort, ce fil qui n'avoit pas une ligne de solidité, n'a rompu qu'étant chargé de quatre cens quatre-vingt-quinze livres, après avoir supporté quatre cens quatre-vingt deux livres

l'autre, ne porte que cent vingt fois sa superficie.

Au surplus, cette considération des fardeaux à l'égard des colonnes, malgré ce qui vient d'être dit, ne sçauroit être uniforme, mais doit toujours être relative à la combinaison de leur longueur par leur grosseur. Entre deux colonnes de même diamètre, celle qui sera une fois plus haute, doit porter certainement un poids bien moins considérable; de même entre deux colonnes d'égale hauteur, mais dont l'une aura un diamètre double de l'autre, la première doit porter évidemment un fardeau quatruple de la dernière. Tous ces rapports respectifs des fardeaux avec leurs supports ne peuvent qu'être extrêmement intéressants pour la pratique, & l'on doit désirer que M. Perronet fasse part au plûtôt au Public des résultats de ses expériences à ce sujet.

fans fe rompre : la force étoit donc douze fois plus grande qu'une verge d'une ligne quarrée prife dans le barreau.

Il fit encore l'effai d'un autre fer de neuf lignes d'épaiffeur fur dix-huit de largeur, lequel avoit été reforgé & étiré, dont l'œil rompit étant chargé de dix-fept mille trois cens livres, pendant que fuivant la premiere expérience il auroit dû rompre fous le poids de quatorze milliers. Un autre fer dont la boucle avoit feize lignes trois-quarts de groffeur, ce qui fait cinq cens foixante lignes quarrées, ne s'eft rompu femblablement dans l'œil qu'après vingt-quatre mille fix cens livres, au lieu que fur le pied de la premiere épreuve il ne devoit porter par proportion que vingt-deux mille quatre cens foixante livres.

On peut conclure de ces expériences, que l'œil d'un tiran eft toujours fa partie foible, que les fers n'ont point entr'eux une réfiftance relative à leur groffeur, & que plus ils ont de volume, moins ils ont de force proportionnellement pour tirer, par la raifon qu'il eft généralement reconnu que le fer acquiert de la force chaque fois qu'il eft forgé dans un même fens en l'allongeant, parce que le marteau refferre & condenfe tous fes pores : or plus les fers augmentent en groffeur, moins il eft poffible de refferrer & de condenfer fuffifamment leur intérieur.

Ainfi, en partant de ces expériences, on peut parvenir à des approximations pour juger de la réfiftance d'un tiran, relativement à fa groffeur : ce n'eft pas qu'il n'y ait encore bien à defirer à cet égard. Il eût été fans doute à fouhaiter que M. de Buffon eût indiqué quelle étoit la qualité des fers fur lequel il a fait fes effais, quelle variété leur diverfe nature doit apporter dans leur force ; qu'il eût déterminé quelle eft la plus grande réfiftance que l'on peut donner à un œil par la maniere de le forger ; & qu'en un mot, il fe fût appliqué à connoître quelle eft la différence entre la force d'un fer employé feulement à tirer, & d'un même fer employé à tirer & à fupporter à la fois : car il eft certain que fi le premier agit de la maniere la plus favorable pour réfifter, la force du fecond doit être combinée par cette double action dans un tout autre rapport que les réfultats qu'a trouvé cet Académicien.

Au défaut d'expériences fuffifantes, je vais effayer d'y fuppléer en partie par des réflexions.

§. III. *Remarques relatives à la folidité d'un tiran.*

Comme toutes les expériences démontrent que la folidité d'un tiran réfide principalement dans fon œil, & que c'eft d'ordinaire fon endroit foible, il s'enfuit que fa forme ne fçauroit être indifférente : entre les deux manieres ufitées, foit de le courber en crochet, foit de le couder quarrément en le fermant comme un anneau, je penfe que la premiere eft préférable à la feconde, & cela par deux raifons : l'une eft que, quand l'œil d'un tiran eft quarré, il occupe plus de place dans la pierre, ce qui oblige d'affamer d'autant le fommier où il doit être enfermé : l'autre eft qu'un crochet doit être plus folide, attendu que, pour former un œil quarré, il faut remettre cinq ou fix fois le fer à la forge, d'où il réfulte que le tiran eft en cet endroit prefque toujours calciné & à demi-brûlé, ce qui lui ôte de fa confiftance ; au lieu que, pour le courber en crochet, il fuffit de le chauffer deux ou trois fois : tous les forgerons conviennent qu'il n'y a pas de comparaifon pour la folidité entre ces deux façons de terminer le bout d'un tiran.

Quant à ce que le crochet n'eft pas fermé, cela ne peut être préjudiciable, vû que par fa pofition dans la pierre où il doit être encaftré, il ne fçauroit être à craindre qu'il puiffe s'ouvrir pour laiffer échapper le mandrin d'axe, & que, dans cette fuppofition, le même effort capable de contraindre un crochet à fe lâcher, feroit rompre, à plus forte raifon, un œil quarré qui eft moins folide. On peut avoir une idée de la force d'un crochet bien forgé, en réfléchiffant fur le fardeau extraordinaire que fupporte fouvent l'*S* qui foutient le fléau d'une balance : on en voit, dont les crochets n'ont guères que huit lignes de diametre, porter des poids de plus de six milliers, fans s'ouvrir.

La rouille paffe pour détruire un tiran à la longue, & l'on prétend, qu'en fe formant, elle fait renfler le fer, au point de faire éclater la pierre où il fe trouve enfermé ; (a)

Il y a des Conftructeurs qui veulent que l'on peigne les fers, avantde les employer, de deux ou trois fortes couches de couleur à l'huile, à deffein de retarder pour un tems l'effet de la rouille. On peut même fe rappeller qu'à l'occafion des plate-bandes du portail de Saint Sulpice, indépendamment de cette précaution, on entortilla tous les fers de filaffe gaudronnée, afin que dans le cas que la rouille, en fe contractant, vînt à donner plus de volume au fer, ce nouveau volume prît la place de la filaffe. Il s'en trouve d'autres qui penfent au contraire que la précaution de peindre le fer eft inutile, par la raifon que le fer privé d'air ne fe rouille point ; ou que du moins la rouille qu'il contracte alors n'a pas la même action pour le détruire, qu'étant expofé aux injures du tems ; qu'elle n'attaque que fa fuperfieie & nullement fon intérieur ; & que par conféquent il n'eft pas néceffaire de tant affamer la pierre, fous le prétexte de loger les fers à l'aife. Je n'ai pas remarqué en effet que les Goths ufaffent d'aucune de nos précautions à cet égard ; & j'ai vû des fers provenant des démolitions de leurs bâtimens, conftruits depuis cinq ou fix cens ans, qui étoient, à la vérité, couverts d'une mouffe ferrugineufe dans laquelle le plâtre ou le mortier s'étoit incorporé, mais dont le cœur étoit encore fain & entier.

Pour ce qui eft des diverfes qualités du fer, il eft connu qu'elles influent fur leur réfiftance : un fer doux réfifte à une puiffance bien plus grande qu'un fer aigre. Il n'eft pas moins connu que le moyen d'obtenir la plus grande force du fer, eft de l'employer

_____

(a) François Blondel, dans la quatrieme Partie de fon *Cours d'Architecture*, dit, à l'occafion de la conftruction des plate-bandes, que l'on y met des barres de fer pour les fortifier ; mais que cette précaution n'eft pas pour les rendre de longue durée : car le fer, ajoute-t-il, ronge la pierre & la fait rompre avec le tems.

à

à tirer plutôt qu'à porter. On voit tous les jours des fers de deux ou trois pouces de gros, fe brifer fous des fardeaux beaucoup moins confidérables que ceux qu'ils auroient foutenus en agif-fant fuivant leur longueur : tel effieu de charette a rompu fous une charge de pierre de cinq ou fix milliers, qui auroit réfifté en tiran, à un effort de vingt ou trente milliers.

Il réfulte de ces réflexions, que la forme de l'œil d'un tiran ne fçauroit être arbitraire pour fa folidité ; que pour obtenir davantage de réfiftance de la part du fer, il vaut mieux l'employer à tirer qu'à porter ; & que, dans l'incertitude des effets de la rouil-le, il ne pourroit qu'être intéreffant de parvenir à empêcher ce métal d'en contracter.

§. I V. *Quel peut être le meilleur procédé pour affurer la durée d'une Plate-bande ?*

PUISQUE c'eft de la maniere d'employer les fers & de la coupe des claveaux, d'où peut dépendre la durée des plate-ban-des, le grand art de leur conftruction confifte donc à fe fervir de ces deux moyens de la façon la plus avantageufe. Il eft conftant que les pierres devant toujours être regardées comme la bafe d'un édifice, jamais les fers n'y doivent, autant que faire fe peut, être employés à leur préjudice, foit en les affamant, foit en inter-rompant leur liaifon : car il faut pofer pour principe que quelque réfiftance que procurent les tirans, elle ne fçauroit être regardée que comme précaire & pour tems, s'il eft vrai, fuivant le fenti-ment de la plûpart des Auteurs, que la rouille les altere & les détruife à la longue. Nous n'avons pas encore d'exemples affez anciens de conftructions de colonnades faites par claveaux, pour pouvoir apprécier la meilleure méthode par fa durée, feul & véritable juge en pareille matiere : mais s'il eft un procédé qui doive avoir la préférence, ce ne peut être que celui qui aura pour but de diriger l'exécution des plate-bandes, de façon que quel que foit l'événement du fer, elles puiffent être capables de se soutenir par la suite, sans son secours & par elles-mêmes.

Comme je suis persuadé que l'on peut raisonner la construction des plate-bandes également comme celle de toutes les autres voûtes, je crois devoir développer ma pensée à ce sujet.

Les plate-bandes modernes étant un composé de claveaux, il est certain, ainsi qu'il a été dit ci-devant, que plus on prolongera leurs coupes, plus on augmentera leur fermeté ; c'est pourquoi au lieu de placer, l'un sur l'autre, deux rangs de claveaux, que leur peu de coupe oblige de faire supporter par des étriers sur les tirans, comme il se pratique souvent, le mieux est donc de n'en mettre qu'un seul, comprenant la hauteur de la frise & de l'architrave, ou qui monte du moins jusqu'au milieu de la frise, si l'ouvrage est colossal.

Après cette considération, puisque dans ces sortes de voûtes l'action de la poussée se confond avec celle de la pesanteur, l'essentiel est encore d'opposer la résistance où s'opere l'effort : or puisqu'il se fait au-dessous de la coupe des claveaux, il s'ensuit que la puissance ne doit pas être placée au-dessus, & que le tiran doit nécessairement saisir le mandrin d'axe, près du chapiteau, ainsi que les Anciens l'observoient, & qu'on le remarque dans plusieurs édifices modernes.

Cette façon d'employer les tirans par-dessous les plate-bandes me paroît si importante, qu'elle simplifie beaucoup leur construction, qui n'est devenu compliquée, que parce qu'on évite de se servir de ce moyen, tout naturel qu'il est, à cause du préjugé que l'on ne peut empêcher l'humidité de la rouille de transpirer à travers le mortier qui recouvre l'encastrement : préjugé qui est faux ; car pour un édifice que l'on peut citer, tel que la Chapelle de Versailles, où la rouille du tiran se fait effectivement remarquer à travers le recouvrement, il y a nombre de plate-bandes, comme au portail du Val-de-Grace, des Invalides, des Théatins & autres, où l'on a parfaitement réussi à les cacher, sans que l'on apperçoive aucune indice ferrugineuſe ſous l'encaſtrement (a).

Pour fortifier le tiran, qui doit paſſer par-deſſous les plate-bandes, il y a bien des conſidérations à avoir. Je voudrois 1°, qu'au lieu de faire un œil quarré, on le fît à crochet courbé en S avec précaution, ſans bruſquer le fil du fer, & en ne lui donnant préciſément que le degré de chauffe néceſſaire pour cet objet; 2°. que dans le deſſein d'affermir le bout du crochet & de l'empêcher de s'ouvrir contre tout événement, on le liât fermement avec ſa tige par une embraſſure de fer; 3°. qu'au lieu de peindre le tiran, ce qui ne fait que ſuſpendre l'effet de la rouille, on l'étamât à chaud avec du plomb, après l'avoir limé rudement; procédé qui, en bouchant les pores du fer & en l'empêchant d'être pénétré par l'humidité, prolongeroit vraiſemblablement ſa durée, & exempteroit conſéquemment de tant affamer les pierres pour le loger.

Le tiran étant ainſi diſpoſé, ſeroit placé au-deſſus du chapiteau, & encaſtré dans la plate-bande à un pouce près par deſſous; on éviteroit de le faire ſervir à ſupporter les claveaux, ainſi que le pratiquent preſque tous ceux qui placent les tirans de cette maniere; mais on laiſſeroit au contraire un demi-pouce d'intervalle entre le haut de l'encaſtrement & le deſſus du tiran, afin que ce dernier, embraſſant par ſes extrémités le mandrin d'axe, ne fît exactement que la fonction de tirer, pour produire la plus grande réſiſtance.

Quoique les claveaux puiſſent être réputés ſuffiſamment contenus par la longueur de leur coupe, à deſſein de les mieux aſſurer & de les empêcher de faire aucun mouvement en contre-bas, on pourroit mettre des Z entre leurs joints, qui les lieroient enſemble de façon à ne former qu'un tout.

(a) Lors de la conſtruction des plate-bandes de la Place de Louis XV, il me ſouvient qu'on voulut auſſi placer les tirans par-deſſous les plate-bandes, & qu'on agita beaucoup par quel moyen on pouvoit parvenir à recouvrir l'encaſtrement, de maniere à ne point appercevoir par la ſuite la rouille du fer: il ne fut rien propoſé de mieux pour cet objet, que de mettre une petite bande de pierre à queue d'aronde, & de la faire gliſſer de claveaux en claveaux avant de poſer la clef : &vu que cette bande ne pouvoit à ſon tour être contenue dans la clef à queue d'aronde, il fut projetté de la tailler toute droite, & de la faire tenir à l'aide de maſtic ou de mortier. Comme ce recouvrement eût été peu ſolide, on préféra de placer le tiran au-deſſus de l'architrave, comme on a fait.

Pour ce qui eſt des ſommiers, je penſe que pour leur donner plus de force, ſur-tout quand les colonnes ſont ſolitaires, il ſeroit bon de les faire de deux aſſiſes de pierre dure, placées ſuivant leurs lits, entretenues par deux gougeons, & de les tailler de maniere à pouvoir ſoutenir par leurs coupes les contre-ſommiers.

Lorſqu'il y auroit à l'extrémité des plate-bandes de bons corps de maçonnerie pour les contenir, il ſuffiroit de mettre un ſeul tiran horiſontal par-deſſous les claveaux; mais pour celles qui aboutiroient du mur ſur les colonnes dans le cas d'un periſtile, il faudroit, outre le tiran perpendiculaire ſous l'architrave, en placer encore un autre ſemblable ſur le ſommet des claveaux, & ajouter ſeulement une eſpece d'axe de fer au droit de chaque clef, pour contenir des chaînes deſtinées à ſupporter par des étriers les vouſſoirs des plafonds, ſuivant ce qui a été obſervé à la Place de Louis XV.

On termineroit le travail de cette plate-bande en maçonnant de mortier le deſſous de l'encaſtrement, pour maſquer le tiran qui auroit peu à craindre la rouille, à l'occaſion de ce qu'il auroit été étamé, ou bien en faiſant uſage de maſtic de compoſition à l'exemple de ce qui a été pratiqué en pluſieurs endroits. Enfin l'on finiroit par couler les joints avec du mortier de chaux & ſable, fait avec tout le ſoin poſſible, & non avec du plâtre, par la raiſon que ce dernier n'a qu'une action factice; il paroît à la bonne-heure pour le moment contribuer à reſſerrer la tête des claveaux; mais bientôt l'humidité que recele l'intérieur de la pierre le décompoſe & rend nul ſon effet : tandis que le bon mortier ſe durcit dans l'humidité, & s'incorporant dans les pierres, les lie véritablement au bout d'un tems; de ſorte qu'en ſuppoſant que par la ſuite les tirans vinſſent à être détruits par la rouille, la liaiſon qu'il peut opérer ſeroit capable d'y ſuppléer, & de faire des claveaux d'une plate-bande, un tout porté ſur ſes points d'appui ſans pouſſée.

Quant à la groſſeur des tirans, on les proportionneroit, de même que les mandrins d'axe, à la grandeur de la plate-bande, & à l'effort qu'ils feroient d'obligation de contreventer. En calculant le poids de l'entablement & celui du plafond, on connoîtroit par approximation, avec les expériences de M. de Buffon, la réſiſtance que l'on peut ſe promettre (a).

Il eſt vraiſemblable que par cette conſtruction raiſonnée, on déroberoit au haſard tout ce qu'il eſt poſſible de lui dérober en pareilles circonſtances, & que tout y feroit dirigé pour la plus grande durée de ces ſortes d'ouvrages. Au ſurplus, je laiſſe apprécier ces obſervations ſur ce qui peut conſtituer la parfaite exécution des plate-bandes, par comparaiſon avec les exemples du Louvre, de la Place de Louis XV, & du Portail de Saint Sulpice. (b).

(a) Il ne faut pas croire que l'on puiſſe contenir au-delà d'un certain point la pouſſée d'une plate-bande, en multipliant les tirans; car le mandrin d'axe demeurant toujours le même, ſa groſſeur étant limitée, & d'ailleurs étant ſaiſi par les tirans dans une ſituation forcée, il eſt palpable qu'il ne ſçauroit avoir qu'une réſiſtance relative & non indéfinie: voilà pourquoi dans la conſtruction des portiques avec des architraves à claveaux, on place rarement une colonne en retour ſur l'angle ſans être accouplée, encore faut-il qu'il n'y ait au plus que trois entre-colonnes de ſuite; car lorſqu'il y en a davantage, le mandrin d'axe devient inſuffiſant pour réſiſter à un pareil effort, & il faut de toute néceſſité oppoſer de gros pavillons ou des corps de maçonnerie capables de le contreventer.

(b) Outre les remarques générales que l'on peut faire ſur ces conſtructions, il en eſt de particulieres qu'il ne faut pas omettre. Les tirans diagonaux du périſtile du Louvre, paroiſſent abſolument inutiles; & cela eſt ſi vrai, qu'outre les expériences qui peuvent prouver qu'il y a dans cette conſtruction beaucoup plus de fer qu'il ne faut pour contenir les pouſſées, on s'apperçoit que les clavettes jouent dans les moufles, & que ces tirans ne ſervent par conſéquent en rien pour ſolider l'axe des colonnes. Perrault fut d'autant plus excuſable de ce ſurcroît de force, que n'ayant point encore été fait de ſemblables ouvrages, dans l'incertitude de ce qui étoit néceſſaire, il crut devoir multiplier la réſiſtance. Ce que l'on doit principale-

ment eſtimer, ainſi que je l'ai dit, dans la répartition de ſes fers, c'eſt qu'ils ne font tous que la fonction de tirer dans ſes plate-bandes, ſans rien ſupporter; & qu'en ſuppoſant les yeux de ſes tirans bien ſolides & que la rouille ne les puiſſe détruire, ſa conſtruction doit avoir la plus grande force.

Dans les bâtimens de la Place du Roi, tous les fers ſont au contraire employés à la fois à tirer & à porter; il y a un tiran T dans le milieu du mur, qui me paroît de trop: peut-être auſſi auroit-on pu ſe paſſer du linteau K, en diſpoſant le bas des étriers en forme de Z, pour ſoutenir ſes claveaux de l'architrave: à cela près, il faut convenir que les fers ſont répartis avec beaucoup d'intelligence: il n'y a qu'un tiran horiſontal ſuivant la face du bâtiment, tandis qu'il y en a deux perpendiculaires ſuivant ſa profondeur: ce qui eſt très-bien raiſonné, attendu que les premieres plate-bandes doivent être réputées ſuffiſamment contenues par les pavillons des extrémités, tandis que les autres pouſſant au vuide ſur la face du bâtiment, ont par conſéquent beſoin de plus de réſiſtance. La façon dont eſt ſoutenu le plafond, mérite de ſervir de modele en pareil cas, & je la trouve bien ſupérieure à celle du Louvre: car il s'en faut bien que les T à groſſes têtes ſupportent auſſi efficacement le bouchon, que les étriets.

L'entablement du porche de Saint Sulpice eſt conſtruit dans le même eſprit que l'édifice précédent. Tous les fers y ſont également em-

Afin de ne rien laiffer à defirer, j'ai deffiné au bas de la *Plan-che XII*, *fig.* 6, 7 & 8, une élévation & un profil, de ma penfée, pour la conftruction d'une plate-bande.

A, Colonne avec un mandrin d'axe. *B* & *C*, Sommier de pierre dure, divifé en deux parties. *D*, Claveaux comprenant la hauteur de la frife & de l'architrave. *E*, Tiran horifontal étamé & encaf-tré fous la plate-bande, de maniere à ne faire que tirer. *F*, autre tiran encaftré fur le fommet des claveaux. *G*, petit axe de fer placé dans la clef & dans la premiere affife de la corniche, fervant à contenir des chaînes qui doivent porter avec des étriers le plafond du périftile. *H*, *Z* placés entre chacun des claveaux pour les foutenir réciproquement. *I*, Gougeons. *K*, Détail de l'extrémité d'un tiran recourbé en crochet.

ployés à porter & à tirer : ce qu'on peut y remarquer de particulier eft la décharge pra-tiquée vers le haut de la frife, à deffein d'a-voir en cet endroit une force artificielle, ca-pable de contreventer la pouffée des larges pla-fonds du porche. En général il n'y a que la co-loffalité de ces plate-bandes qui puiffe faire excufer la multiplicité du fer qu'on y a employé : car on l'a au contraire beaucoup épargné dans le plafond qui n'eft foutenu que par une vouf-fure & par des crampons placés dans l'épaif-feur des claveaux.

CHAPITRE HUITIEME.

Description historique de la construction de la Colonnade du Louvre.

A PEINE M. Colbert fut-il nommé Contrôleur-Général des Finances, place à laquelle étoit jointe alors celle de Surintendant des Bâtimens du Roi, qu'il résolut de signaler son administration par l'achevement du Louvre ; ouvrage commencé par François I, & laissé toujours imparfait par ses successeurs.

Pendant le ministere du Cardinal de Mazarin, le Vau, alors premier Architecte du Roi, avoit élevé la façade du Vieux-Louvre du côté de la riviere, laquelle subsiste encore, & est masquée par celle que l'on voit aujourd'hui. Il ne restoit plus que la décoration de la principale entrée, dont même les fondemens étoient déjà jetés, ainsi qu'à terminer le deuxieme & le troisieme étage de la plus grande partie de la cour.

Comme M. Colbert n'étoit pas content de ce que le Vau avoit fait exécuter, non plus que de son projet de continuation, il invita les Gens de goût & les principaux Artistes à dire leurs avis à ce sujet, & même à proposer des projets en concours, promettant de faire exécuter l'idée la plus heureuse, & celle qui annonceroit avec le plus de majesté & de magnificence le frontispice du Palais de nos Rois.

La décoration de la façade de le Vau, qui étoit toute en pilastres, fut beaucoup censurée ; elle fut jugée sans noblesse, sans dignité, ayant trop peu de relief ; sa porte fut unanimement trouvée petite, & de trop peu d'importance pour servir d'entrée à un pareil monument.

Parmi les projets qui furent exposés en concours avec celui de le Vau, il y en avoit un de Claude Perrault, savant Médecin, & Membre de l'Académie des Sciences, qui ne s'étoit point fait connoître; lequel projet étoit décoré d'un portique en colonnades, semblable à celui qui a été exécuté depuis. Tous les Connoisseurs furent surpris d'admiration en voyant cette magnifique pensée : comme on ne savoit à qui l'attribuer, chacun s'épuisa en conjectures pour deviner quel en pouvoit être l'Auteur, attendu qu'il n'y avoit personne de connu pour composer avec tant de noblesse, & pour dessiner l'architecture avec autant de goût & de correction.

ARTICLE PREMIER.

Voyage du Cavalier Bernin en France, pour lui confier l'achevement du Louvre (a).

PENDANT qu'on examinoit à Paris les desseins de le Vau, M. Colbert en avoit envoyé des copies en Italie, & avoit semblablement invité les Architectes de ce pays, non-seulement à en dire leur avis, mais aussi à composer des desseins pour l'entrée du Louvre. La plûpart des projets que les Italiens présenterent, furent jugés très-médiocres, à l'exception de ceux du Cavalier Bernin, Artiste d'un talent presque égal à Michel-Ange, & célebre par une quantité de chef-d'œuvres de sculpture & d'architecture, dont il avoit embelli la ville de Rome. C'étoit lui qui avoit fait la magnifique colonnade qui entoure le Parvis de S. Pierre, ainsi que la Chaire de cette Eglise, qui est une pensée sublime. Il étoit aussi l'Auteur de l'admirable Fontaine de la Place Navonne, de l'Eglise de Sainte Agnès, & de plusieurs tombeaux & morceaux de sculpture, qui lui avoient fait beaucoup d'honneur. Sur sa grande réputation, & les témoignages

(a) J'ai donné, il y a une douzaine d'années, une brochure qui fut imprimée à Avignon, intitulée : *Mémoires de M. Charles Perrault*, de l'Académie Françoise, & premier Commis des Bâtimens du Roi, avec des notes. C'est un extrait fait d'après un manuscrit de la Bibliothèque du Roi, qui est une espece de testament que Charles Perrault adresse à ses enfans, pour les instruire de la part que ses freres & lui avoient eu à l'administration de M. Colbert. Comme il y est beaucoup question du voyage du Cavalier Bernin & de toutes les discussions relatives à l'achevement du Louvre, outre que j'ai fait beaucoup d'usage de ce qui est dit dans cet ouvrage sur ces objets, j'ai revendiqué la plûpart des notes que j'y avois inférées.

avantageux

Pl. XVII.

Plan et Elevation de la principale Entrée du Louvre du côté de St Germain l'Auxérois.

la longueur totale est 86 toises

| | Toises |
| 5 | 10 | 20 | 30 | 40 |

Plan
de la Cour du Vieu Louvre.

Plan du Péristile du Louvre.

avantageux que l'on rendit de toutes parts de la capacité de cet Artifte, M. Colbert en parla à Louis XIV comme du feul homme capable de remplir fes vues ; en conféquence Sa Majefté réfolut de l'appeller en France, pour lui confier l'achevement du Louvre, & lui fit l'honneur de lui écrire la lettre fuivante.

Seigneur Cavalier Bernin, je fais une eftime fi particuliere de votre mérite, que j'ai un grand defir de voir & de connoître une perfonne auffi illuftre, pourvû que ce que je fouhaite fe puiffe accorder avec le fervice que vous devez à notre Saint-Pere le Pape, & avec votre commodité particuliere. Je vous envoye en conféquence ce Courier exprès, par lequel je vous prie de me donner cette fatisfaction, & de vouloir entreprendre le voyage de France, prenant l'occafion favorable qui fe préfente du retour de mon coufin le Duc de Créqui, Ambaffadeur Extraordinaire, qui vous fera fçavoir plus particuliement le fujet qui me fait défirer de vous voir & de vous entretenir des beaux deffeins que vous m'avez envoyés pour le Bâtiment du Louvre, & du refte me rapportant à ce que mondit Coufin vous fera entendre de mes bonnes intentions. Je prie Dieu qu'il vous tienne en fa fainte garde, Seigneur Cavalier Bernin. Signé LOUIS, DE LYONNE. A Paris ce 11 Avril 1665.

Il fut envoyé une lettre fur le même objet au Pape, ainfi qu'au Cardinal Chigi. Lorfque M. de Créqui, notre Ambaffadeur à Rome, prit congé de Sa Sainteté, accompagné du cortége ufité en femblable cérémonie, il fe tranfporta avec la même fuite chez le Cavalier Bernin, pour l'inviter de la part du Roi à venir à Paris.

Jamais Architecte ne reçut d'auffi grandes marques de diftinction. On le traita véritablement en homme qui venoit honorer la France. Par toutes les Villes où il paffa, les Magiftrats Municipaux eurent ordre de lui porter des préfens, & de le complimenter. La Ville de Lyon qui ne rend cet hommage qu'aux feuls Princes du Sang, s'en acquitta comme les autres. Le long de fa route on avoit envoyé exprès de la Cour des Officiers pour lui apprêter à manger. Enfin le jour de fon arrivée, M. de Chanteloû, Maître-

S f

d'Hôtel du Roi, fut député au devant de lui jufqu'à Juvifi, c'eft-à-dire, jufqu'à quatre lieues de Paris, pour le recevoir & lui faire compagnie par-tout (a).

Le Cavalier Bernin fut logé à Paris, dans un Hôtel que l'Intendant des meubles de la Couronne, avoit eu ordre de lui meubler convenablement ; & on lui fit une maifon pour le fervir. Il fut préfenté à Louis XIV le 4 Juin 1665, & en fut reçu avec beaucoup de diftinction : fes deffeins dont on voit les plans & les élévations dans l'Architecture Françoife, ayant été approuvés du Roi, on fe mit en devoir de faire les fondations de la façade de la principale entrée du Louvre.

Le Cavalier Bernin eut, dès les commencemens, quelques altercations qui lui alliénerent l'efprit des principaux ouvriers. Il propofa de jetter dans les fondations les moilons pêle-mêle, tels qu'ils fe trouvent, à bain de mortier, & fans fe donner la peine, ni de les arranger, ni de les pofer de niveau, ni de les dreffer avec le marteau : procédé qui réuffit en Italie, où l'on employe de la poffolane (b) au lieu de mortier. Il propofa encore de mouiller les moilons en les employant ; fur les repréfentations qui lui furent faites du peu de folidité d'une pareille bâtiffe, il traita les Entrepreneurs d'ignorans qui n'entendoient rien à bâtir ; de forte que pour les accorder, il fut décidé de faire un effai de ces deux conftructions dans une place vuide où eft aujourd'hui le Collége des Quatre-Nations. Le Cavalier Bernin ayant fait conftruire par des Maçons Italiens, une voûte foutenue fur deux murs de fix pieds d'élévation fondés à la maniere de leur pays, c'eft-à-dire, avec des moilons pofés à l'aventure ; & les ouvriers François ayant élevé en parallele une voûte femblable, mais dont les murs étoient fondés fuivant

(a) *Mémoires* de M. Charles Perrault, page 75.

(b) La poffolane eft une efpece de poudre rougeâtre, ou plutôt de la terre brute, mêlée avec le tuf, & brûlée par les feux fouterrains qui fortent du Vefuve, aux environs duquel on la tire. Cette poudre étant mêlangée avec de la chaux, rend la maçonnerie tellement ferme, que non-feulement dans les édifices ordinaires, mais même au fond de l'eau, elle fait corps & s'endurcit.

le procédé ufité en France, au premier dégel, la voûte des Italiens écroula, tandis que l'autre n'éprouva aucune altération.

Cet Architecte vouloit encore que l'on fît les tranchées des fontions à pic, ce qui ne fut pas exécuté ; & de plus il avoit ordonné que l'on pratiquât à la fortie des terres une retraite de deux pieds, laquelle n'auroit rien valu, attendu que les premieres pierres du rez-de-chauffée euffent néceffairement portées à faux fur la queue des libages, de forte qu'on fut obligé de la réduire à un pied.

Toutes ces difcuffions qui éclaterent dans le Public, & qui ne tournoient pas à l'avantage du Cavalier Bernin, commencerent à diminuer l'idée qu'on avoit conçu de fa capacité. Mais ce qui lui nuifit davantage auprès de M. Colbert, c'eft que cet Artifte d'un génie vif, accoutumé à faire des colonnades, des fontaines, des temples, des décorations théâtrales, ouvrages qui n'exigent communément aucune entrave, ne vouloit entendre à aucune fujétion pour accorder fon projet avec les autres parties du Louvre, qui avoient été exécutées fous les Rois prédéceffeurs : il ne pouvoit auffi fe prêter à entrer dans tous les détails de ces diftributions, de ces commodités, & de ces dégagemens qui rendent le fervice d'un Palais commode. Envain le Surintendant lui faifoit-il faire des remarques à ce fujet, & lui faifoit-il donner des memoires circonftanciés de toutes les aifances à obferver dans un Palais Royal, pour faciliter le fervice des différens Officiers ; jamais on ne put le gagner là-deffus : on prétend qu'il traitoit ces détails de minuties & de puérilités, indignes d'un Architecte comme lui.

ARTICLE SECOND.

Cérémonies de la pofe de la premiere pierre.

LORSQUE les fondations de la façade du Louvre fe trouverent fuffifamment avancées, le jour fut pris pour la cérémonie de la pofe de la premiere pierre que Louis XIV voulut pofer en perfonne.   S f ij

La pierre étoit d'un pied & demi en quarré : dans fon lit inférieur avoit été pratiquée une place pour mettre la médaille, ainfi
qu'une plaque de cuivre fur laquelle étoient gravées des infcriptions.
Cette médaille étoit d'or , du prix de cent louis , & de la main de
Varin : elle avoit été fondue , & non faite avec des carreaux , pour
plus de célérité. On voyoit d'un côté le portrait du Roi,& de l'autre
la façade du Louvre fuivant le projet du Cavalier Bernin , avec ces
paroles , *Majeftati & Æternitati Imperii Gallici Sacrum.*

On avoit préparé pour cette cérémonie, une auge de bois d'ébe-
ne, une truelle d'argent & un marteau de fer poli. Louis XIV fuivi
d'une partie de fa Cour s'étant rendu fur les fondations, M. Colbert lui préfenta la médaille & les infcriptions, le Roi après les avoir
regardées, les mit dans le creux de la pierre fait exprès. Le Cavalier Bernin lui préfenta la truelle, & Sa Majefté ayant pris du mortier dans l'auge, le mit fur l'endroit où fe devoit pofer la premiere
pierre. Les Entrepreneurs ayant placé cette pierre fur le mortier, le
marteau fut préfenté à Louis XIV,qui en frappa deux ou trois coups.

Pendant tout le tems que dura cette cérémonie, des trompettes
que l'on avoit fait venir fur le bord des fondations, jouerent des
fanfares. Le Surintendant & les Officiers des bâtimens accompa-
gnerent enfuite le Roi jufqu'à la fortie de l'attelier , à la réferve du
Contrôleur , & du premier Commis des bâtimens , qui refterent
fur le lieu jufqu'à ce que cette premiere pierre eut été fuffifamment recouverte par plufieurs autres capables d'empêcher qu'on
ne vint la nuit enlever la médaille.

Sur la plaque de cuivre étoient deux Infcriptions, la premiere
étoit Françoife, & conçue ainfi :

Louis XIV, Roi de France & de Navarre, » après avoir dompté fes ennemis,
» donné la paix à l'Europe & foulagé fes peuples, ayant réfolu de faire ache-
» ver le royal bâtiment du Louvre, commencé par François I, & continué
» par les Rois fuivans, fit travailler quelque temps fur le même plan ; mais
» depuis ayant conçu un nouveau deffein, plus grand & plus magnifique, dans
» lequel ce qui avoit été bâti, ne peut entrer que pour une petite partie, il fit

» jetter ici les fondemens de ce superbe édifice, l'an de grace M. D C. LX V, le
» dix septieme jour du mois d'Octobre. Meſſire Jean-Baptiſte Colbert, Miniſ-
» tre d'État & Tréſorier des ordres de Sa Majeſté, étant alors Surintendant de
» ſes bâtimens.

La ſeconde n'étoit en quelque ſorte que la traduction de la précédente.

*Ludovicus X I V, Francorum & Navara Rex Chriſtianiſſimus, florente ætate,
conſommatâ virtute, devictis hoſtibus, ſociis defenſis, finibus productis, pace
ſancitâ, aſſertâ religione, navigatione inſtauratâ.*

REGIAS ÆDES,

*ſuperiorum principum ævo inchoatas & ab ipſo juxta prioris exemplaris formam
magna ex parte conſtructas, tandem pro majori tam ſua quam imperii dignitate
longe ampliores atque editiores excitari juſſit ; earumque fundamenta poſuit
anno R. S. M. D C. L X V, Octob. operi promovendo ſolerter ac ſedulò invi-
gilante Joan. Baptiſta Colbert, Regi. Ædif. Præfecto.*

ARTICLE TROISIEME.

Départ du Cavalier Bernin.

Malgré ce que nous avons rapporté précédemment des altercations qu'avoit eu le Cavalier Bernin, dès ſon arrivée, & quoique M. Colbert s'apperçut qu'on s'étoit mal adreſſé, il affectoit
cependant en public la même diſtinction pour lui, & il en parloit
toujours avec beaucoup d'éloges. Néanmoins quelque tems après
la poſe de la premiere pierre, au grand étonnement de tout le
monde, cet Artiſte demanda à s'en retourner, ne pouvant, diſoit-
il, ſe réſoudre à paſſer l'hyver dans un climat auſſi froid que le
nôtre. La véritable cauſe, ſans doute, fut la crainte qu'il eut de
voir diminuer ſa conſidération, d'autant qu'il ne pouvoit ignorer
les critiques que l'on faiſoit de ſon projet, & les mécontentemens
ſecrets du Miniſtre.

Quoi qu'il en ſoit, on lui offrit trois mille louis d'or par an,
s'il vouloit reſter, ſix mille livres pour ſon fils, & une pareille

fomme pour fon principal Elève, ainfi que de payer les gages de
fes domeftiques ; mais rien ne put le faire changer de réfolution.
La veille de fon départ, Charles Perrault, premier Commis des
bâtimens, lui porta foixante-douze mille livres de la part du Roi,
le brevet d'une penfion de douze mille livres pour lui , & une
autre de douze cens livres pour fon fils. Il laiffa feulement fon
principal Elève, pour conduire l'exécution de fes deffeins (a).

ARTICLE QUATRIEME.

Raifons qui firent abandonner l'exécution du projet du Cavalier
Bernin ; & comment celui de Claude Perrault fut préféré.

LORSQUE le Cavalier Bernin fut parti , les critiques fe déchaî-
nerent ouvertement contre lui. On adreffa des mémoires à M. Colbert où l'on faifoit voir que fon projet ne pouvoit être exécuté qu'au
détriment du Louvre : on y démontroit qu'il falloit abattre pour cet
effet la plus grande partie de ce que les Rois prédéceffeurs avoient fait
conftruire ; que cet Artifte ne s'étoit affujéti à aucune des conditions
qu'on lui avoit effentiellement impofées ; que l'appartement du Roi
feroit d'ailleurs, en fuivant fon plan, diftribué fans aucune des commodités d'ufage ; & qu'enfin, malgré l'immenfité de cette maifon-
royale, il n'y auroit pas de logemens pour la moitié des Officiers.

Ces raifons ayant frappé le Miniftre, le déterminerent à abandonner le projet du Cavalier Bernin, pour jetter les yeux fur quelqu'autre qui n'eut point fes inconvéniens. Le choix feul l'embarraf-
foit ; quoiqu'il n'ignorât pas l'applaudiffement général qu'on avoit
donné au deffein de Claude Perrault, lors du concours , il héfitoit
à l'adopter : il lui paroiffoit fingulier de préférer le projet d'un
homme qui n'étoit connu dans le monde que pour un fçavant Médecin & une perfonne de goût, à toutes les penfées des Maîtres
de l'Art. Dès les commencemens même que le bruit fe répandit

(*a*) *Mémoires* de M. Charles Perrault, pages 120 & fuivantes.

de la préférence de ce Miniftre, les gens à bons mots ne manque-
rent pas d'en plaifanter, en difant qu'il falloit que l'Architecture
fût bien malade, puifqu'on étoit obligé d'avoir recours à un Médecin.

Néanmoins pour n'avoir rien à fe reprocher en pareille circonftance, M. Colbert fit faire un modele en bois du projet de Perrault, ainfi que de celui de Levau, & les préfenta tous deux à
Louis XIV, qui étoit alors à Saint Germain-en-Laie avec toute
fa Cour. Le Roi avant que de s'expliquer fur le choix, demanda
au Surintendant fon fentiment fur ces deux modeles ; celui-ci ayant
répondu que s'il en étoit le maître, il donneroit la préférence au
projet décoré en pilaftres qui étoit celui de Levau ; & *moi*, répliqua
Louis XIV, *je choifis celui à colonnade, la penfée en eft bien plus no-*
ble, plus majeftueufe, & plus digne enfin d'annoncer l'entrée de mon
Palais. Il eft à croire que ce Miniftre avoit agi dans cette occafion
en Courtifan, pour laiffer tout l'honneur du choix à fon maître ;
car perfonne n'ignoroit fon inclination pour le projet de Perrault.

Afin de ne rien donner au hafard pour la parfaite exécution
d'un femblable édifice dont la conftruction paroiffoit extrêmement
difficultueufe, M. Colbert affocia à Perrault, Levau, qui avoit la plus
grande expérience, & Lebrun, premier Peintre du Roi, qui en-
tendoit très-bien l'Architecture, & qui étoit un des plus beaux
génies que la France ait produit. Ces Artiftes eurent ordre de
s'affembler deux fois la femaine pour conférer fur les difficultés
qui pourroient furvenir dans la bâtiffe de ce monument ; & pour
les engager à travailler de bonne foi, le Miniftre décida qu'aucun
des trois ne pourroit fe dire, en particulier, l'auteur du projet.
Malgré toutes ces précautions, il y eut entre ces Artiftes beaucoup de difcuffions qui tranfpirerent dans le public. Levau &
Lebrun difoient fans ceffe que le deffein de Claude Perrault ne
pouvoit être beau qu'en peinture ; mais que l'exécution en étoit
impoffible, attendu que le périftile avoit trop de profondeur, &
que les architraves qui alloient du mur correfpondre fur les co-

lonnes, ayant douze pieds de longueur, pousseroient nécessairement au vuide, sans espoir de pouvoir les retenir.

Pour lever toutes les difficultés & les inquiétudes que M. Colbert paroissoit avoir au sujet de la construction de cet édifice, Perrault fit un modèle de la grandeur de pouce pour pied, composé de petites pierres de taille de même figure, & au même nombre que l'ouvrage en grand en devoit avoir : lorsqu'il fut achevé & qu'on eut fait attention comment étoit retenue la poussée des architraves, par de petites barres de fer d'une grosseur proportionnelle à celle qu'elles devoient avoir dans l'exécution; quand on eut remarqué surtout l'arrangement des tirans disposés en diagonale, dans l'épaisseur de l'entablement, où étoit menagé un vuide d'où il seroit aisé de remédier en tous tems aux inconvéniens qui pourroient survenir par la suite, tout le monde fut convaincu de la fermeté de cette construction, & que rien ne pouvoit être plus solide.

Cet édifice qui avoit été interrompu depuis le départ du Cavalier Bernin, fut recommencé sur le nouveau plan en 1667, en faisant toutefois usage d'une partie des fondations du projet de l'Architecte Italien. On travailla sans interruption jusqu'en 1670, tant à la façade du côté de l'entrée qu'à celle du côté de la riviere, & à l'autre opposée du côté de la rue Saint Honoré.

Il seroit superflu de se répandre en éloges sur la composition & l'Ordonnance d'Architecture de la colonnade du Louvre ; il y a peu de monumens qui jouissent d'une réputation aussi distinguée & dont les Etrangers fassent généralement plus de cas. C'est un de ces édifices qui fera dans tous les tems le plus grand honneur au régne sous lequel il a été élevé. Parcourez toute l'Europe, vous ne trouverez nulle-part aucun Palais, ni aucune Maison-royale qui offre un aspect plus noble, plus recommandable, & peut-être même, malgré toutes les descriptions pompeuses qu'on nous a laissé du Palais des Césars & des demeures des anciens Rois de Perse, n'a-t-il point existé de frontispice d'édifice aussi

magnifique

magnifique & auffi – bien entendu dans fon enfemble.

Ce n'eft pas que cet édifice foit abfolument fans défaut, nous ne pouvons diffimuler que bien des connoiffeurs paroiffent regretter que la galerie ne régne pas dans l'avant-corps du milieu, & qu'auffi cet avant-corps foit coupé par une grande arcade qui femble être affommée par le plein énorme qui fe trouve au-deffus : d'autres ont encore défiré que les pavillons des extrémités euffent été décorés de colonnes, comme le refte, au lieu de pilaftres ; & qu'enfin pour donner un air moins froid, moins bas-relief, à la façade vis-à-vis la riviere, Perrault eût du moins décoré fes avants-corps de colonnes. Au furplus, s'il fe trouve quelque chofe à redire dans quelques-unes des parties de ce monument, fon enfemble, la beauté de fes proportions, de fes profils, & de fa conftruction, méritent les plus grands applaudiffemens : on en jugera par les développemens que nous donnerons après l'article fuivant, lefquels nous avons levés & deffinés avec la plus fcrupuleufe exactitude.

ARTICLE CINQUIEME.

Preuves que nul autre que Claude Perrault n'eft l'Auteur de la compofition de la Colonnade du Louvre.

QUOIQUE nous ayons dit précédemment que Lebrun, Levau & Perrault avoient été chargés conjointement de veiller à la conftruction du Louvre, l'on ne fçauroit douter que l'honneur de l'invention ne foit dû entierement à ce dernier. Ce ne fut qu'après la mort de Perrault, c'eft-à-dire, vingt ans après la conftruction de cet édifice, que Defpreaux, dans fes remarques fur Longin, s'avifa de dire que Dorbay, Elève de Levau, étoit en état de démontrer, papier fur table, que la façade du Louvre étoit de fon maître. Une feule remarque fuffit pour détruire cette allégation. Indépendamment de ce que toute la Cour avoit été témoin des deux projets pré-

T t

fentés à Louis XIV, & de ce que tout Paris les avoit vû expofer
en concours avec les deffeins des autres Architectes, pourquoi auroit-on affocié à Levau, Claude Perrault ? Ce n'étoit certainement pas pour lui donner des leçons de conftruction ; car
Levau paffoit pour l'Architecte le plus expérimenté de fon
tems ; ce n'étoit pas non-plus pour lui digérer fes deffeins, car
il étoit accoutumé à tous ces détails, vû les grands travaux qu'il
avoit fait exécuter de toutes parts. Il eft tout naturel de penfer
qu'au contraire on l'avoit affocié à Perrault, tant parce que
celui-ci n'étoit pas cenfé, quoiqu'il eut beaucoup étudié l'Architecture ancienne, avoir l'acquis néceffaire pour diriger, fans
quelque confeil éclairé, la conftruction d'un édifice de cette importance, que parce qu'il étoit dans l'ordre que le premier Architecte du Roi eut une forte d'infpection fur tout ce qui fe
conftruit dans les maifons-royales.

Si cette réflexion ne fuffit pas, il eft aifé de citer des témoins irréprochables qui dépofent contre tout ce qu'on pourroit
objecter dorénavant à cet égard. Ceux qui, d'après les ennemis
de la réputation de Perrault, ont répété que le périftile du Louvre, l'Obfervatoire, l'arc-de triomphe du Trône, (car dès qu'on
vouloit lui ôter la gloire de l'un, il falloit néceffairement lui
ôter celle des deux autres) font du deffein de Levau, ont fait
voir beaucoup de malignité, ou qu'ils fe connoiffoient bien peu
aü génie & aux talents des Artiftes, puifqu'ils ne s'appercevoient
pas de l'énorme différence qu'il y a entre le goût de ces deux Architectes par la comparaifon de leurs ouvrages. Si quelqu'un venoit dire qu'un tableau de Raphaël eft de Rubens, qu'une figure
du Puget eft de Girardon, qu'une fimphonie de Rameau eft de
Lulli, il ne trouveroit affurément aucune créance, parce que chaque Auteur a une maniere caractériftique, qui eft telle que les
ouvrages de l'un ne fçauroient être attribués à l'autre, fans bleffer le jugement de ceux qui ont du goût & des connoiffances
dans les Arts. De même auffi dans l'Architecture, la maniere de

Desbroffes n'eft point celle de Manfard, de Lemercier, ou de Bullet. Si le périftile du Louvre, l'Obfervatoire & l'Arc-de-triomphe du Trône font de Levau, il faut néceffairement lui attribuer la compofition des deffeins de la traduction de Vitruve que l'on n'a point contefté à Perrault ; il faut également que tous les ouvrages connus pour être véritablement de ce premier Architecte du Roi, tels que les Châteaux de Vaux-le-vicomte, les deux grands corps de bâtimens de Vincennes du côté du parc, les Hôtels de Lionne, & du Préfident Lambert à Paris, enfin le Collège des quatre Nations, foient compofés dans le même efprit & dans le même caractère d'Architecture que les trois autres ; mais c'eft précifément tout le contraire : il feroit même difficile de trouver deux manieres de traiter l'Architecture, plus oppofées. Autant Levau eft lourd dans fes proportions générales, & mefquin dans fes profils ; autant Perrault eft élégant, noble, & pur dans les détails comme dans l'ordonnance de fes édifices : ce dernier s'étoit frayé une route dans l'Architecture, qu'il ne tenoit que de fon génie, & que Levau ne connut jamais. En voilà certainement plus qu'il ne faut pour démontrer qu'on ne fçauroit contefter, fans injuftice, à Perrault la gloire d'avoir donné le deffein de la colonnade du Louvre ; & fi nous avons infifté, c'eft afin qu'il ne puiffe y avoir déformais le plus léger doute fur ce qu'on doit penfer à cet égard.

ARTICLE SIXIEME.

Defcription des proportions & profils de la Colonnade du Louvre, cottés & numérotés ; PL. XVII, XVIII, XIX, XX, XXI, XXII, XXIII, XXIV & XXV.

LA *Planche XVII* repréfente le plan général du vieux Louvre, pour donner une idée de l'enfemble de cet édifice. Au-deffus eft une petite élevation de la principale entrée de ce Palais qui a environ quatre-vingt-huit toifes de longueur, fur quatorze toifes fix pieds

deux pouces de hauteur. Son ordonnance d'Architecture eft corinthienne , & confifte en trois avants-corps féparés l'un de l'autre
par deux colonnades ou périftiles dont les colonnes font accouplées : elle eft élevée fur un foubaffement tout lice & fans ornement , qui la fait valoir ; enfin elle eft terminée par une terraffe
bordée d'une baluftrade , dont les piédeftaux devoient porter des
trophées & des vafes.

La *Planche XVIII* offre dans le bas le plan d'une entre-colonne des arriere-corps du périftile du Louvre, & vers le haut
le plan des plafonds de la même entre-colonne.

Il y a quatre manieres différentes d'arranger les plate-bandes
d'un périftile, lorfqu'elles vont d'une colonne aboutir fur un pilaftre , dont on voit des exemples dans les bâtimens antiques. Cette
différence provient de ce que le pilaftre n'ayant pas d'ordinaire de
diminution comme la colonne, il eft difficile que la largeur de
l'architrave puiffe répondre à plomb de l'un & de l'autre.

La premiere confifte à faire l'architrave d'une largeur égale à
la diminution de la colonne, comme on l'a pratiqué au Pantheon ; c'eft-à-dire , de faire porter l'architrave fur le nud de la
colonne, & de le faire retirer de toute fa diminution fur le pilaftre.

La feconde , à faire porter l'architrave à plomb fur le nud du
pilaftre , & à faux fur la colonne , ainfi qu'on le remarque au
Temple de la Concorde à Rome.

La troifieme , à diminuer le pilaftre également comme la colonne : ce qui eft obfervé au Temple d'Antonin & de Fauftine.

La quatrieme enfin eft de faire paffer l'architrave, en forte qu'il
porte à faux fur la colonne feulement de la moitié de fa diminution & qu'il fe retire fur le pilaftre d'autant, comme au Marché
de Nerva à Rome. C'eft ainfi qu'en a ufé Perrault : après avoir
donné aux plate-bandes qui vont d'une colonne à l'autre fur le
devant du Périftile , la même largeur que la diminution de la colonne par en haut, c'eft-à-dire, trois pieds un pouce, il a don-

né aux plate-bandes qui correfpondent des colonnes aux pilaftres qui n'ont pas de diminution, une largeur moyenne proportionnelle arithmétique entre le diamètre du bas de la colonne &
celui du haut, c'eft-à-dire, trois pieds quatre pouces.

Les plafonds des entre-colonnemens ont été tenus quarrés, &
font décorés de différens ornemens difpofés avec beaucoup de
goût. On remarque au milieu un foleil qui étoit l'emblême ordinaire fous lequel on fe plaifoit à repréfenter Louis XIV.

Le plan du bas de cette entre-colonne auquel nous avons mis
toutes les cottes & mefures, comparé avec celui du haut, fait
voir toute leur correfpondance, que les développemens fuivans
rendront encore plus intelligibles.

Avant d'aller plus loin, il eft important d'obferver, pour l'intelligence des cottes des planches, 1°. qu'à caufe du peu d'efpace
qui n'a pas permis d'exprimer les noms des toifes, pieds, pouces
& lignes, au-deffus des mefures, nous avons defigné les toifes
par *toi.* au-deffus du nombre ; les pieds, par un petit trait auffi
au-deffus ; les pouces par deux petits traits, & les lignes fans
aucune marque : ainfi 2.$^{toi.}$ 3'. 4''. 5. veulent dire deux toifes,
trois pieds, quatre pouces, cinq lignes ; 2°. que par pieds on
doit entendre le pied de Roi ou le pied parifien ; 3°. que je fuppofe le module divifé en trente parties, & chaque partie en quarante-trois autres, à caufe du diamètre de la colonne qui eft de
quarante-trois pouces, & que, par abréviation, nous avons exprimé le mot module par *m* après le nombre, & le mot partie, par deux
points placés l'un au-deffous de l'autre ; par conféquent 4 m 2 : $\frac{4}{43}$
fignifiera quatre modules, deux parties & quatre quarante-troi-
fiemes de partie ; 4°. qu'afin d'éviter la confufion qu'auroient
apporté fur chaque planche, les mefures cottées en toifes, pieds,
& en modules en même tems, nous avons placé à la fin de ce
Chapitre une Table à l'aide de laquelle on pourra trouver à toute
rigueur les rapports des toifes, pieds, &c. avec le module & fes
parties ; 5°. que toutes les faillies des profils doivent être tou-

jours comptées, foit du nud de la colonne, foit du nud du mur auquel ils font adoffées.

La Planche XIX repréfente l'élevation & le profil d'une entre-colonne.

Toutes les proportions des parties principales de cet édifice y font cottées en toifes, pieds, pouces, ainfi qu'en modules. On remarquera que le foubaffement eft les deux tiers moins un 14me de l'ordre corinthien qu'il fupporte, y compris le focle, & qu'il eft un des moins élevés de ceux qui font exécutés dans la plûpart des meilleurs édifices; car le foubaffement de la Place des Victoires, celui du Château de SaintCloud, & celui de la Place de LouisXV à Paris, font les deux tiers jufte de l'ordre qu'ils fupportent: le foubaffement de la façade du Château de Verfailles du côté des jardins, a les deux tiers plus un cinquieme de l'ordre; enfin celui de la Place de Vendôme les deux tiers moins un quarante-neuvieme.

Une autre attention à faire, c'eft que les colonnes fortent de la proportion ordinaire affignée par les plus célebres Auteurs; car elles ont vingt-un modules quatre parties de hauteur. Perrault en a ufé ainfi, foit par la raifon que les colonnes cannelées, & furtout accouplées, ont toujours coutume de paroître à la vue plus groffes que lorfqu'elles font liffes & une à une, foit parce que le grand exhauffement de cet ordre, à trente-trois pieds de terre, lui a fait juger qu'il devoit être autrement proportionné pour produire fon effet, que s'il étoit placé au rez-de-chauffée; quoi qu'il en foit, cette proportion générale réuffit parfaitement.

De plus, les colonnes renflent au tiers inférieur de leur fût de deux pouces fur la totalité du diametre, ce qui eft contre tout exemple antique; car les Grecs & les Egyptiens diminuoient leurs colonnes depuis le bas jufqu'en haut, au lieu que les Romains ne commençoient cette diminution qu'au tiers inférieur de leur fût. On ne trouve que ces deux maniere des diminuer les colonnes dans l'antique; & comme elles font toujours conftantes, il eſt à croire qu'elles proviennent de la différente pratique que les ouvriers employoient pour les tailler dans les carrieres de marbre, ſoit de Grece, ſoit d'Egypte, ſoit d'Italie, d'où on les tranſportoit dans chaque Ville toute taillées, ainſi qu'il a été dit au commencement du Chapitre précédent.

Vitruve à la vérité, parle du renflement qu'on peut donner aux colonnes vers le tiers à la fin du ſecond Chapitre de ſon troiſieme Livre ; ſur quoi il eſt à remarquer que Perrault, en commentant cette opinion particuliere à cet ancien Architecte, dit dans ſes notes, *page* 82, qu'indépendamment qu'il n'y a point d'exemple de ce renflement, il eſt déſapprouvé par la plûpart des Auteurs. Ils oppoſent, continue t-il, à la comparaiſon que l'on veut faire des colonnes avec le corps de l'homme qui eſt plus gros au milieu que vers la tête & les pieds , celle du tronc des arbres qui ont été le premier & le plus naturel modéle de la tige des colonnes. De plus, ils diſent qu'il eſt néceſſaire que les colonnes qui ſont faites pour ſoutenir, ayent une figure qui les rendent plus fermes ; telle qu'eſt celle qui, d'un empattement plus large, va toujours en ſe rétréciſſant. Il eſt ſans doute ſingulier, qu'après ces remarques , Perrault ne nous ait pas fait part des raiſons qui l'ont porté à faire renfler les colonnes de l'édifice que nous décrivons.

Quant à l'accouplement des colonnes qui régnent le long de la façade du Louvre, quoique les Anciens ne fuſſent pas communément dans cet uſage , ce ſont certainement des raiſons de ſolidité qui ont engagé cet Architecte à cet arrangement. Comme il n'avoit point été exécuté juſqu'alors , dans ce pays-ci, de périſtile, & que l'on paroiſſoit effrayé de la hardieſſe de l'exécution de ces larges plafonds en pierres, ſoutenus ſur des colonnes éloignées de douze pieds du mur, il crut devoir multiplier les points d'appui : une preuve que ce fut cette raiſon qui engagea Perrault à l'accouplement, c'eſt qu'à la *page* 79 de la deuxieme Edition de Vitruve , en entreprenant de réfuter François Blondel , qui avoit avancé dans les dixieme, onzieme & douzieme Chapitres du premier Livre de fon *Cours d'Architecture*, que l'ufage d'accoupler les colonnes étoit une licence, cet Architecte n'oppofe d'autre raifon, fi ce n'eft que le bout d'un architrave qui pofe fur une colonne entiere, lors de l'accouplement, eft mieux affermi que quand il ne pofe que fur la moitié de la colonne, & qu'il plie plus facilement, quand il eft fupporté par fon extrémité, que lorfque cette extrémité paffe au-delà de la colonne qui le foutient ; car, dit-il, ce bout qui paffe par-delà la colonne au droit du petit entre-colonnement a une pefanteur qui réfifte au pliement de la partie oppofite, qui eft au droit du grand entre-colonnement. Depuis l'exécution du périftile du Louvre on eft devenu plus hardi, & l'expérience a fait voir par les exemples de la Chapelle de Verfailles, & des bâtimens en colonnade de la Place de Louis XV, que l'on pouvoit également fans rien craindre, folider ces fortes de conftructions avec des colonnes folitaires.

Quoi qu'il en foit, l'accouplement produit, à l'édifice que nous décrivons, un bon effet à l'œil ; outre que cet arrangement affure la folidité des angles d'un bâtiment, il permet auffi d'efpacer davantage les colonnes pour donner de plus grandes ouvertures aux portes, aux croifées, & de pouvoir les orner de chambranles, de confolles, de fronton ; au lieu qu'en plaçant les colonnes une à une fuivant l'ufage antique, il faut de toute néceffité tenir les entre-colonnes ferrées, fi l'on veut qu'elles ayent de la grace ; ce qui n'eft pas le plus fouvent auffi commode ni auffi avantageux,

L'intérieur du portique, ainfi que l'exprime le profil, forme un plafond horifontal fupporté par un fimple architrave : le but de cet arrangement eft, non-feulement de diminuer la grande charge des plate-bandes qui vont des colonnes aboutir au mur du périftile, mais encore d'empêcher les plafonds de paroître trop enfoncés, comme il feroit arrivé fi l'on y avoit

mis

mis au-deſſus une friſe & une corniche. D'ailleurs, l'uſage des corniches étant de défendre le haut des murs & des colonnes de la pluie, il eſt certain qu'elles ſont inutiles dans les lieux couverts, & qu'elles ne ſervent qu'à derober le jour des fenêtres qui ſont au-deſſus.

Nous nous diſpenſons d'inſiſter ſur les développemens des proportions de cet édifice, attendu que l'examen de nos deſſeins inſtruira plus à cet égard, que toutes les deſcriptions les plus étendues.

La Planche XX fait voir les détails de l'ordre Corinthien. La hauteur de l'entablement eſt un peu moindre que le quart de la colonne : celle de la baſe a plus d'un module : celle du chapiteau a deux modules dix-huit parties de haut $\frac{6}{43}$, proportion qui a très-bonne grace, & qui réuſſit ſurtout parfaitement pour les pilaſtres, leſquels n'ayant pas de diminution par le haut comme les colonnes, ont coutume de paroître bas & écraſés. Perrault a dû avoir d'autant plus d'égard à cette raiſon, que la façade en retour du côté de la riviere, eſt entierement décorée en pilaſtres.

On remarquera que, dans le chapiteau, les volutes angulaires pénétrent de quelques lignes dans le tailloir, que celles du milieu ſe touchent ſans laiſſer aucun intervalle, & qu'enfin la colonne n'eſt diminuée par le haut que d'un ſeptieme.

Cet Architecte n'a point fait de denticules dans la corniche de ſon entablement, à l'exemple de ce qui eſt pratiqué au Pantheon. La vraie raiſon, à ce qu'il paroît, eſt parce que les modillons étant enrichis de feuillages & d'ornemens, auſſi-bien que le quart de rond & les autres moulures, au milieu deſquelles ſe trouve le membre quarré du denticule, il a craint que, s'il l'eût taillé parmi tant de moulures ornées de ſuite, cela n'eût opéré de la confuſion.

Quoique dans le plan de l'entablement l'eſpace ſous le plafond du larmier entre les modillons ne ſoit pas quarré, cet Ar-

V v

chitecte a fait enforte de le faire paroître tel, en laiffant un champ inégal autour du quarré qui renferme les rofettes, ce qui du bas de l'édifice ne s'apperçoit pas.

Ceux qui font inftruits que Perrault a fait un Traité des cinq ordonnances de colonnes, doivent être portés à croire qu'il n'aura pas manqué de propofer pour modèle, fon corinthien du périftile du Louvre, qui réuffiffoit fi bien; mais tout au contraire, les proportions qu'il propofe ne s'accordent nullement avec celles de cet édifice ; il ne donne à fa colonne que dix-huit modules, c'eft-à-dire, qu'il fait fon fût beaucoup plus court qu'à l'ordinaire, après l'avoir tenu au périftile plus long qu'on ne le remarque dans aucun ouvrage antique. Il n'eft que trop commun de voir ainfi les Architectes en contradiction avec eux-mêmes : les Anciens, à ce qu'il paroit, n'étoient pas plus d'accord que nous ; à peine trouve-t-on deux exemples où ils ayent fuivi les mêmes proportions : nous l'avons prouvé dans le deuxieme Chapitre de cet ouvrage.

La Planche XXI repréfente les proportions de la niche qui décore le bas de l'entre-colonne du périftile.

La feule remarque qu'il y ait à faire regarde la faillie finguliere du quart de rond qui couronne la confole, au-delà du larmier. Les developpemens des différentes parties de cette niche ne laiffent rien à defirer pour en donner une connoiffance complette.

La Planche XXII exprime le détail du médaillon avec les profils de la plinthe ou de l'impofte qui régne le long de la façade de cet édifice, & du chambranle de la niche. On y trouve auffi le profil de l'archivolte de la grande arcade du milieu, & enfin celui de la baluftrade qui termine ce bâtiment.

La Planche XXIII fait voir les développemens de différentes parties du foubaffement.

La Planche XXIV repréfente le détail d'un entre-pilaftre de la façade du Louvre, du côté de la riviere.

Pl. XVIII. P. 338.

Plan des Plafonds d'un Entre-colonne des Arriere-corps du Péristile.

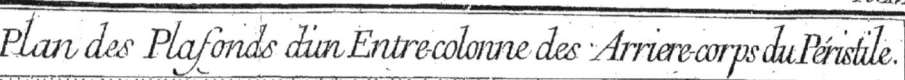

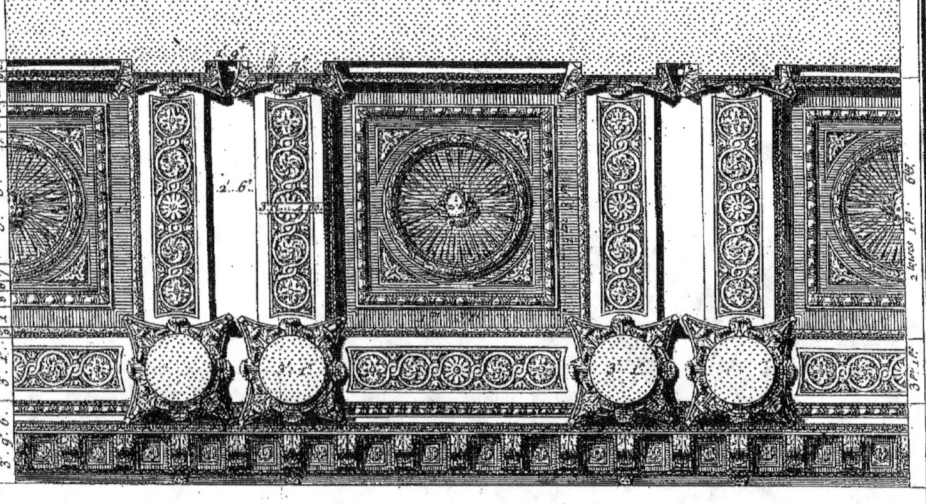

Plan d'un Entre-colonne des Arriere-corps du Péristile du Louvre.

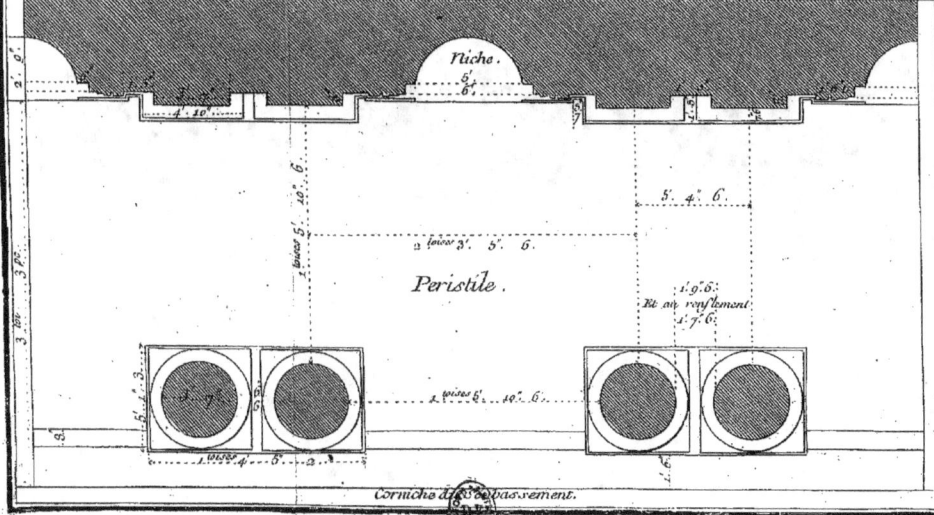

Niche.

Peristile.

Corniche du Soubassement.

Pl XIX p.338

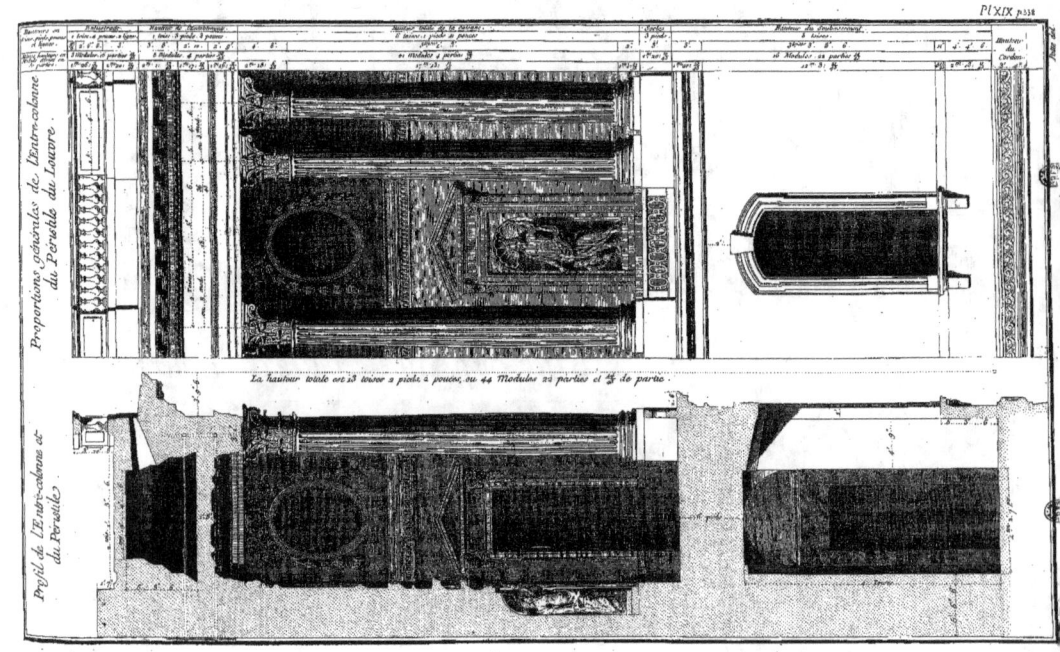

La hauteur totale est 18 toises 2 pieds 4 pouces, ou 44 Modules 22 parties et 2/3 de partie.

Proportions générales de l'Entre-colonne du Péristile du Louvre.

Profil de l'Entre-colonne et du Péristile.

Pl. XX. P. 338.

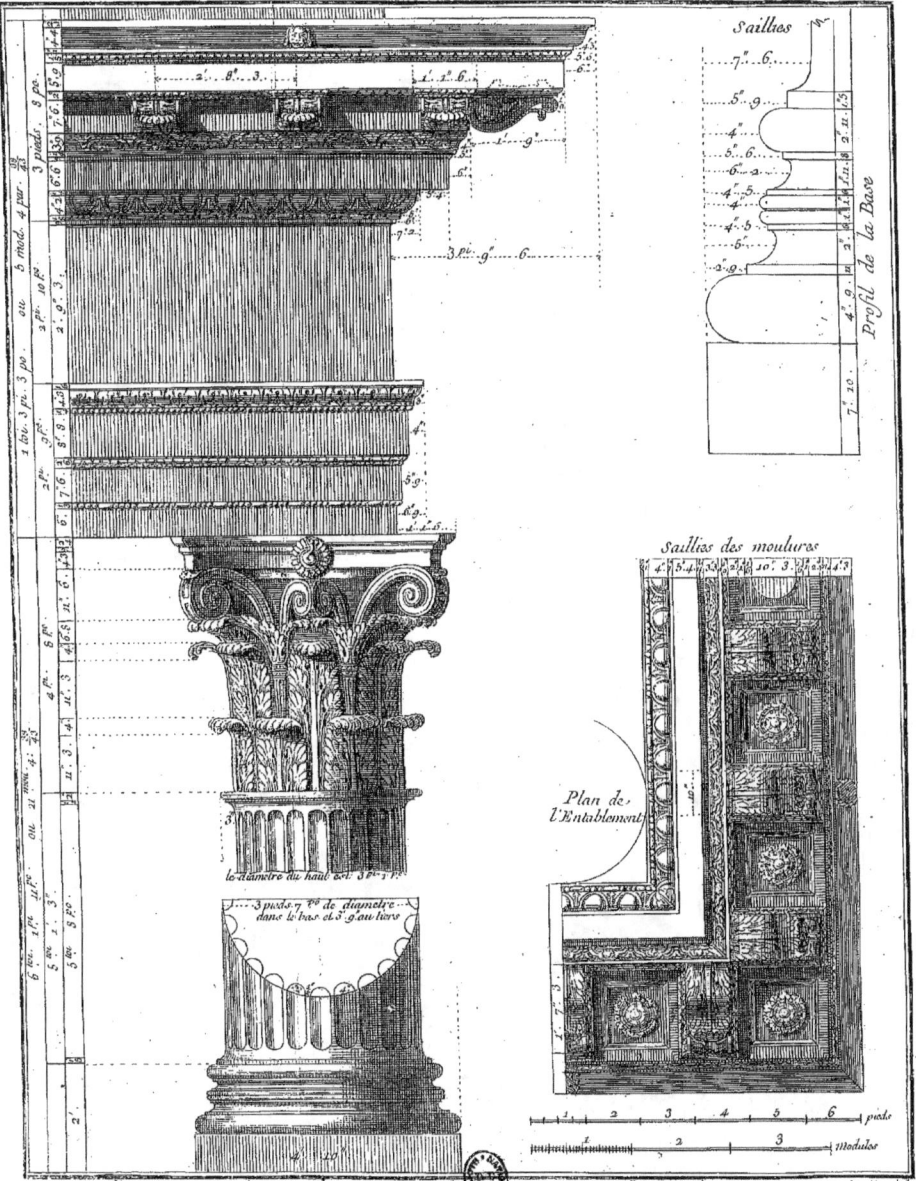

Saillies

Profil de la Base

Saillies des moulures

Plan de
l'Entablement

le diamètre du haut est de 3 p. 1

3 puds 7 p.º de diametre
dans le bas et 3. g. au tiers

1   2   3   4   5   6   piéds

1   2   3   Modules

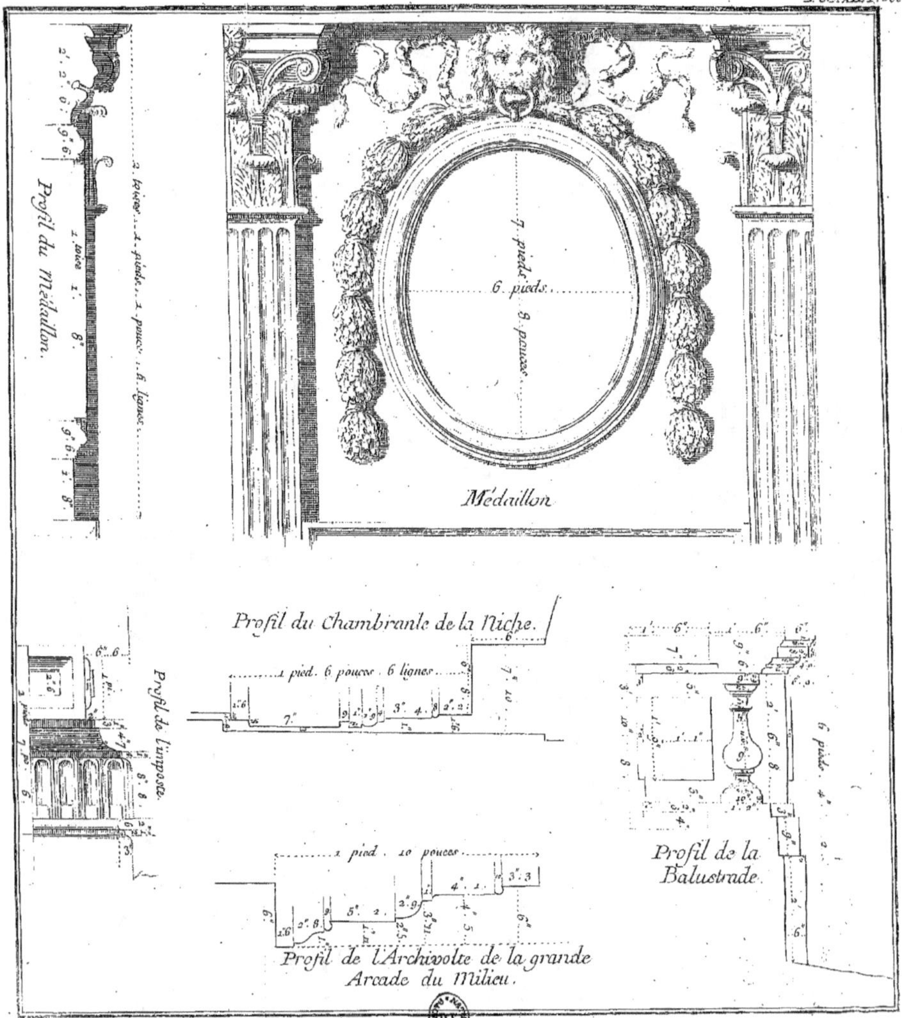

Pl. XXII.P. 338

Profil du Médaillon.

7. pieds.

6. pieds.

9. pouces.

Médaillon.

Profil du Chambranle de la Niche.

1. pied. 6. pouces. 6. lignes.

Profil de l'imposte.

Profil de la Balustrade.

6. pieds.

1. pied. 10. pouces.

Profil de l'Archivolte de la grande
Arcade du Milieu.

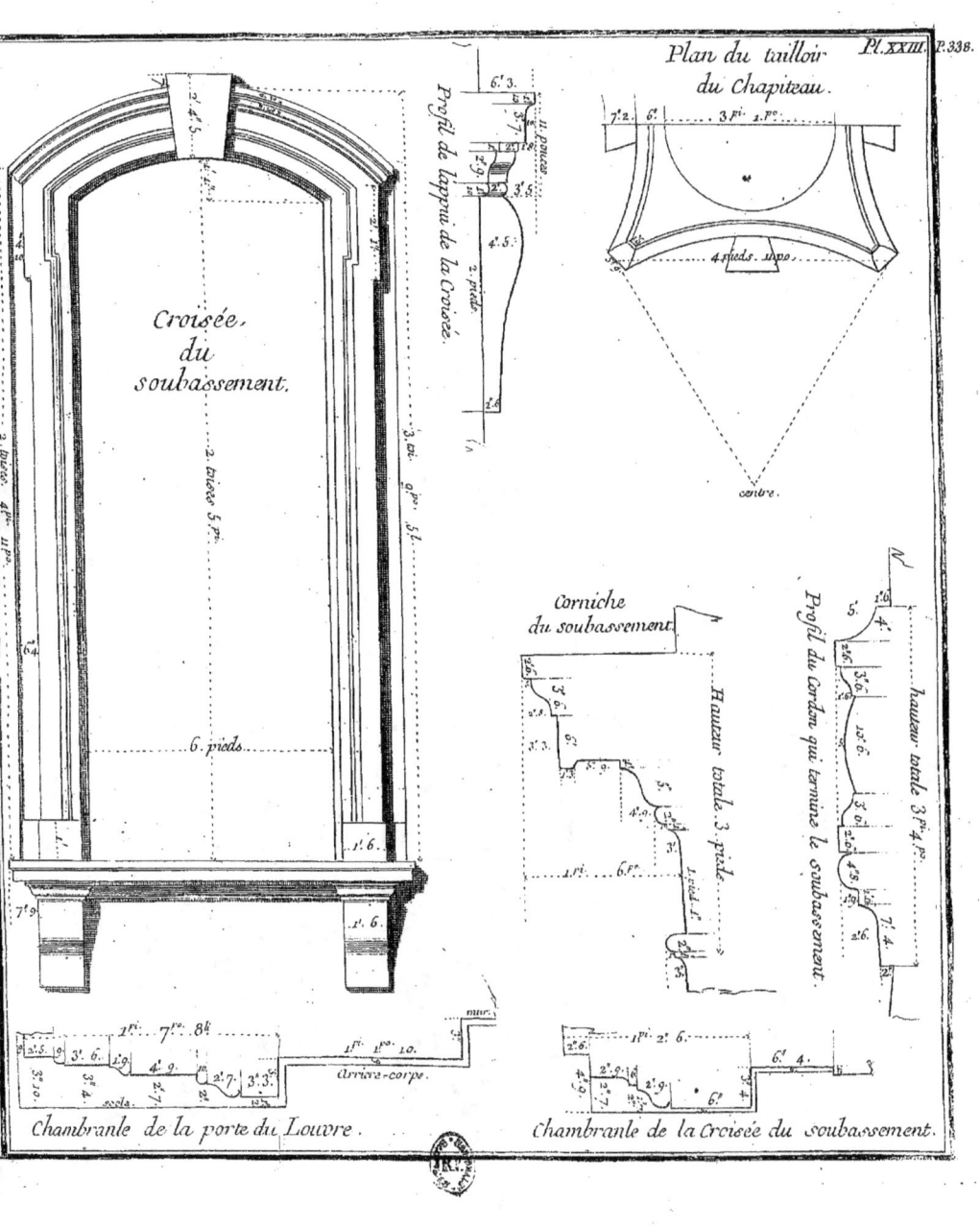

Pl. XXIII. P.338.

Plan du tailloir
du Chapiteau.

Profil de lappui de la Croisée.

Croisée.
du
soubassement.

Corniche
du soubassement.

Profil du cordon qui termine le soubassement.

Chambranle de la porte du Louvre.

Chambranle de la Croisée du soubassement.

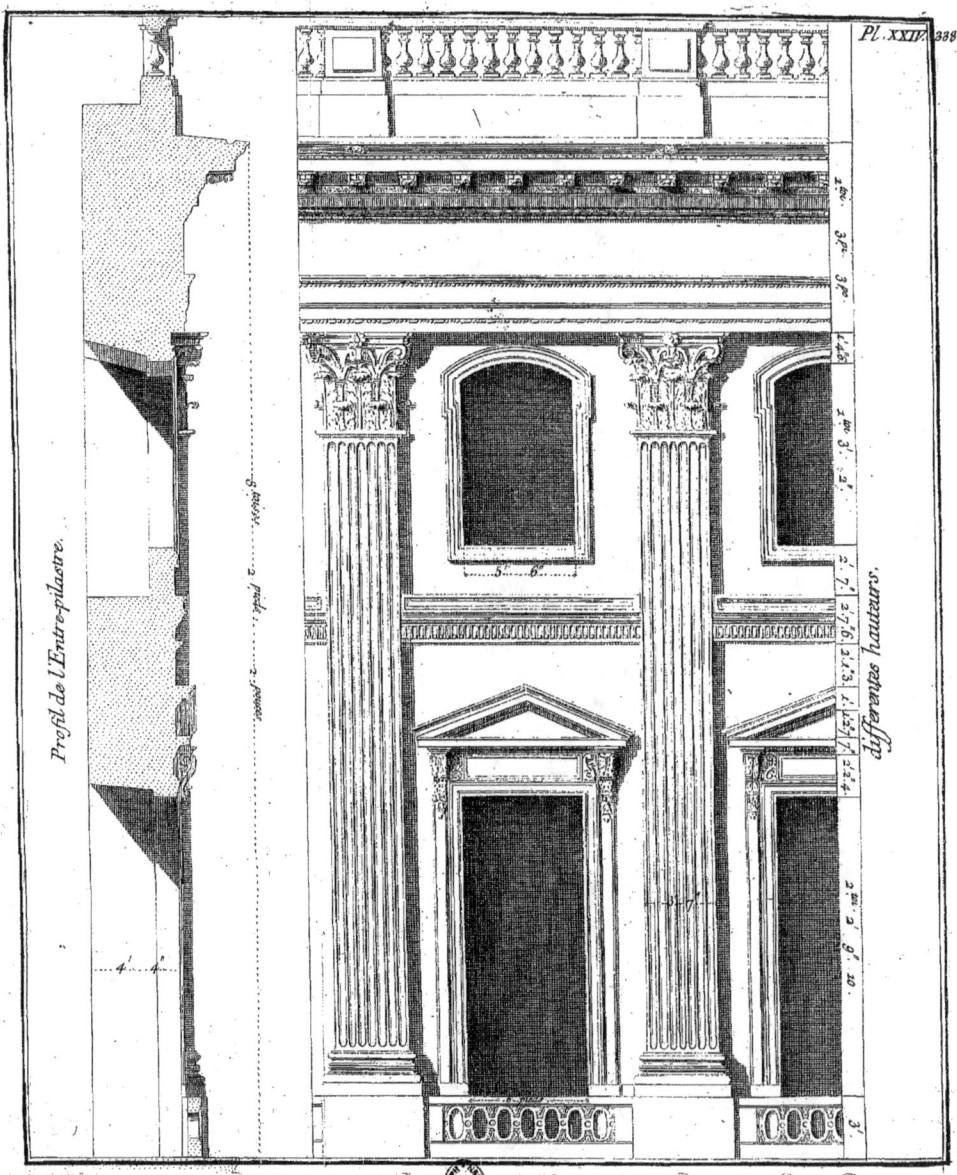

Profil de l'Entre-pilastre.

Pl. XXIV. 338.

Croisée du 1.er Etage de la Cour du Vieux Louvre.

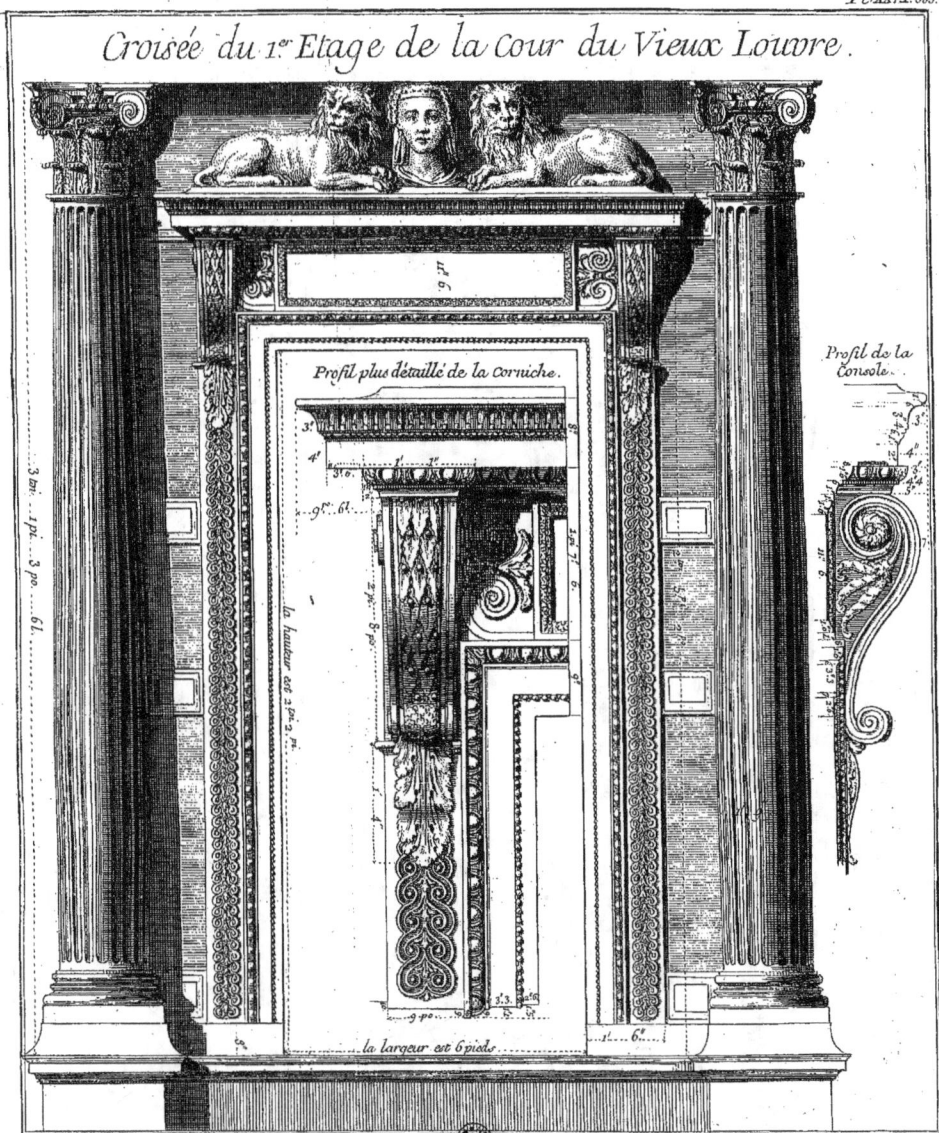

Profil plus détaillé de la corniche.

Profil de la Console.

la hauteur est 2 toi. 2 pi.

la largeur est 6 pieds

Patte del.

toises.

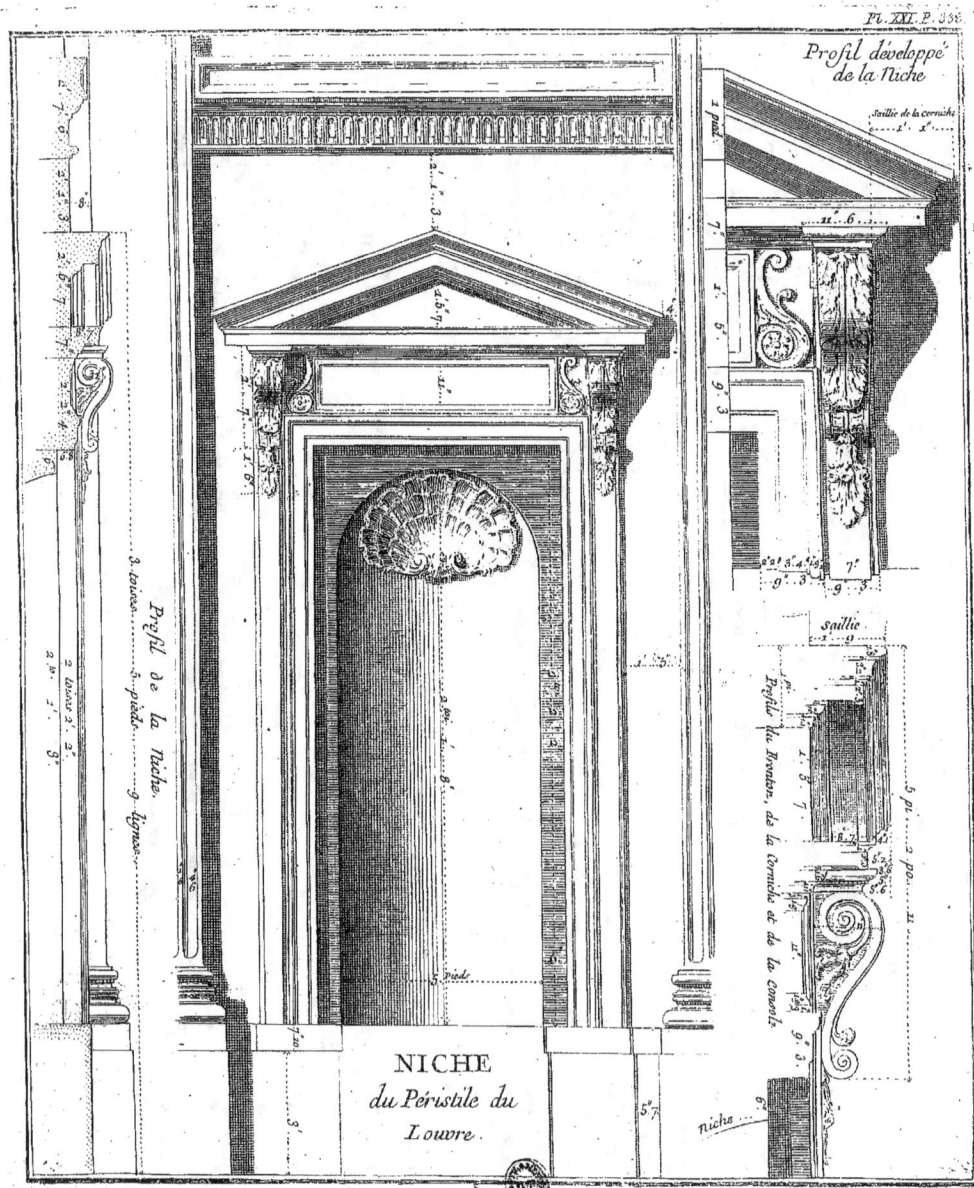

Pl. XXI. P. 338.

Profil developpé
de la Niche

Saillie de la corniche
1'. 1"

Profil du Fronton, de la corniche et de la Console

saillie
1'. 9

NICHE
du Péristile du
Louvre.

Profil de la Niche.

niche

La Planche XXV exprime les proportions d'une entre-colonne du premier étage de la cour du Louvre, dont l'ordonnance qui est d'ordre composite, a été exécutée sous Henri II. Nous l'avons rapporté ici, parce qu'indépendamment de ce que cette croisée est de la plus grande beauté, ce dessein sert à faire voir que la proportion de l'ordre composite qui environne cet intérieur, a quelque rapport avec celle de l'ordre corinthien du péristile. Sa colonne a vingt-un modules & quelques parties d'élévation, & elle renfle au tiers : de plus le profil de la corniche qui couronne la croisée ressemble beaucoup, tant par la saillie de la console au-delà du larmier, que par les autres membres dont elle est composée, à celui des niches du péristile. vraisemblablement Perrault en a usé ainsi, afin de donner une sorte d'unité entre l'intérieur & l'extérieur de cet édifice.

Nous avons donné dans le Chapitre précédent les détails de la construction des plate-bandes & plafonds de ce bâtiment, & nous espérons donner encore par la suite particuliérement les développemens de la construction de son fronton, par ce moyen il ne manquera rien pour avoir une connoissance complette de ce monument.

TABLE DE COMPARAISON de la toise, du pied, du pouce, & de la ligne, avec le module de l'ordre Corinthien du Péristile du Louvre, divisé en 30 parties.

COMME les Planches qui expriment les détails de cet édifice ne sont cottées pour la plûpart que par toises, pieds & pouces, pour avoir ces mesures à toute rigueur, relativement au demi diamètre de la colonne, c'est-à-dire en module & parties de module, ainsi qu'il est d'usage en Architecture, nous avons fait une Table de comparaison entre les toises, pieds, pouces, & lignes, avec le module & ses subdivisions.

Afin de former cette Table, qui peut servir de modèle dans tous les cas, pour trouver toujours en modules les rapports d'une ordonnance quelconque d'Architecture, dont on ne connoit les mesures

qu'en pieds, pouces & lignes, nous avons fait une régle de proportion, en difant 21 pouces 6 lignes, demi diamètre de la colonne, eft à 30, nombre de parties que nous fuppofons le module
divifé, comme 1 pouce eft à X; puis réduifant en lignes les deux
antécédens 21 pouces 6 lignes, & 1 pouce, puis faifant l'opération,
nous avons trouvé que 258 lignes eft à 30 parties, comme 12
lignes eft à $X = 1\frac{17}{43}$; c'eft-à-dire qu'un pouce égale $1\frac{17}{43}$ de partie de modules. En ajoutant $1\frac{17}{43}$ valeur d'un pouce à lui-même,
nous avons eu la valeur de 2 pouces : à la valeur de deux pouces
ajoutant un $\frac{17}{43}$, nous avons eu celle de 3 pouces; & ainfi de fuite
nous avons pouffé cette Table jufqu'à la hauteur de l'édifice.

Lignes.

Ligne		
1	$\frac{5}{43}$	de partie de module.
2	$\frac{10}{43}$	
3	$\frac{15}{43}$	
4	$\frac{20}{43}$	
5	$\frac{25}{43}$	
6	$\frac{30}{43}$	
7	$\frac{35}{43}$	
8	$\frac{40}{43}$	
	Partie	
9	$1 :$	$\frac{2}{43}$
10	$1 :$	$\frac{7}{43}$
11	$1 :$	$\frac{12}{43}$

Pouces.

Pouce	Partie.	
1″	$1 :$	$\frac{17}{43}$
2″	$2 :$	$\frac{34}{43}$
3″	$4 :$	$\frac{8}{43}$
4″	$5 :$	$\frac{25}{43}$
5″	$6 :$	$\frac{42}{43}$
6″	$8 :$	$\frac{16}{43}$
7″	$9 :$	$\frac{33}{43}$
8″	$11 :$	$\frac{7}{43}$
9″	$12 :$	$\frac{24}{43}$
10″	$13 :$	$\frac{41}{43}$
11″	$15 :$	$\frac{15}{43}$

Pieds.

Pied		Parties	
1′		16 :	$\frac{32}{43}$ de partie Module
2′	1	3 :	$\frac{21}{43}$
3′	1	20 :	$\frac{10}{43}$
4′	2	6 :	$\frac{42}{43}$
5′	2	23 :	$\frac{31}{43}$

Toises.

Toise	Modules.		
1	3	10 :	$\frac{20}{43}$
2	6	20 :	$\frac{40}{43}$
3	10	1 :	$\frac{17}{43}$
4	13	11 :	$\frac{37}{43}$
5	16	22 :	$\frac{14}{43}$
6	20	2 :	$\frac{34}{43}$
7	23	13 :	$\frac{11}{43}$
8	26	23 :	$\frac{31}{43}$
9	30	4 :	$\frac{8}{43}$
10	33	14 :	$\frac{28}{43}$
11	36	25 :	$\frac{5}{43}$
12	40	5 :	$\frac{25}{43}$
13	43	16 :	$\frac{x}{43}$
14	46	26 :	$\frac{22}{43}$
15	50	6 :	$\frac{42}{43}$

Pour trouver, par exemple, suivant cette Table, combien la hauteur de la base de la colonne, qui est de deux pieds, a de modules, en cherchant dans la colonne des pieds, on trouvera que 2 pieds valent 1 module 3 parties $\frac{21}{43}$. Pareillement pour trouver combien contient de modules la hauteur du chapiteau qui est de 4 pieds 8 pouces, on cherchera d'abord la valeur de 4 pieds dans la colonne des pieds, laquelle est 2^m 6 : $\frac{42}{43}$. puis celle de 8 pouces qui est 11 parties $\frac{7}{43}$; & en ajoûtant ensemble ces deux valeurs, on trouvera que 4 pieds 8 pouces valent 2 modules 18 parties $\frac{5}{43}$, & ainsi des autres.

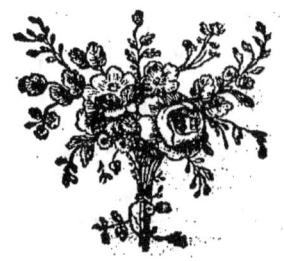

MÉMOIRE DE L'AUTEUR,

Sur l'achevement du grand Portail de l'Eglise de Saint Sulpice, publié en Juillet 1767.

ON ne peut difconvenir que la compofition du grand portail de Saint Sulpice, confidérée indépendamment de fa relation avec l'Eglife & de fon couronnement, ne foit une des mieux ordonnées de toutes celles que l'on connoiffe. Ce morceau eft à la fois majeftueux, par fon élévation prodigieufe ; fuperbe, par la riche fimplicité de fon Architecture coloffale ; noble, par la mâle fierté de fes ornemens : il égale enfin, par fa maffe, ce que les Anciens & les Modernes ont exécuté de plus grand & de plus remarquable en ce genre. Aujourd'hui qu'il eft queftion de terminer ce monument, & que l'on confulte à ce fujet les Maîtres de l'Art, rien ne fçauroit donc intéreffer davantage, que d'examiner comment il feroit poffible de le couronner de la maniere la plus convenable & la plus capable de mettre le fceau à fa perfection.

Le fuccès de l'achevement du grand Portail de Saint Sulpice dépend effentiellement de trois chofes ; l'une de conftruire un grand fronton orné d'un bas-relief fur le fecond ordre ; l'autre de la fuppreffion de l'ordre corinthien élevé fur le mur qui fépare le porche d'avec l'Eglife ; la troifieme enfin, de terminer les tours & de leur donner un amortiffement en rapport avec le caractère de l'édifice. Tels font les différens objets qu'il s'agit de démontrer dans ce Mémoire.

ARTICLE PREMIER.

Néceffité de couronner par un fronton l'ordre Ionique du Portail.

IL ne faut pas beaucoup difcuter pour convaincre de la néceffité d'un fronton pour couronner un pareil édifice. Suivant fon origine, on fçait qu'un fronton repréfente le haut d'un mur pignon ; or comme un portail eft ordinairement adoffé au mur pignon d'un Temple, il s'enfuit que cet amortiffement eft alors de convenance, & même peut être regardé comme un ornement néceffaire, relativement aux bas-reliefs en rapport à fa dédicace, qu'il eft fufceptible de recevoir. Auffi tous les frontifpices des plus fameux Temples, tant anciens que modernes, font-ils ainfi terminés.

Mais quand bien même ce ne feroit pas un ufage confacré, il y a une raifon particuliere qui néceffite de couronner ainfi le grand portail de Saint Sulpice, attendu qu'il n'y a pas d'autre moyen de lier enfemble les deux tours. Otez-lui cet amortiffement, ce n'eft plus qu'une idée tronquée, où l'on paroîtra toujours defirer quelque chofe : on dira que fur le point d'atteindre à la perfection, on s'eft arrêté en-deçà. Sans cet accompagnement, les tours fembleront à jamais deux grands corps hors d'œuvre, fans unité & rapport avec le tout enfemble. Ce n'eft qu'un fronton feul fur l'ordre ïonique, qui peut leur donner véritablement une inhérence avec la maffe totale de l'édifice.

Pour en bien fentir la différence, il n'y a qu'à comparer un deffein de ce portail avec un fronton *b* fur le fecond ordre, orné d'un bas–relief, & les tours ifolées (*fig.* 2, *Pl. XXVI*,) il n'y a qu'à le comparer, dis-je, avec un autre fans fronton, & les tours fans ifolement, telles qu'elles font exécutées (*fig.* 1, *Pl. XXVI*,) on s'appercevra même, fans aucune connoiffance particuliere dans l'Architecture, qu'autant l'un eft fait pour en impofer à tous les regards, & annonce par fon infpection le caractere de fa deftination, autant l'autre ne fignifie rien, & eft deftitué de toute grace, de toute fenfation ; c'eft une façade quelconque, où quoi que ce foit ne rappelle fon objet.

C'étoit la penfée du célebre Servandoni, Auteur de ce monument. Dans le modèle qu'il propofa en 1736, & que l'on voit dans une gallerie au-deffus du porche, il y a un fronton fur les quatre colonnes ïoniques du milieu ; on en remarque auſſi un, mais ſur huit colonnes, à-peu-près de la proportion marquée ſur notre deſſein *b* (*Pl.* XXVI, *fig.* 2) dans une gravure qu'il publia depuis de ce portail. Sur le point de paſſer à l'exécution de ce fronton ſi eſſentiel pour la majeſté de ce frontiſpice, on prétend que cet Architecte en fut détourné par la conſidération du fardeau conſidérable qu'opéreroit ce grand morceau ſur le ſecond ordre, qu'il avoit fait inconſidérément exécuter en pierre de Saint-Leu, c'eſt-à-dire, en pierre tendre.

Au défaut de la ſolidité des colonnes ioniques, cet Artiſte auroit dû, ſans doute, tenter de ſe procurer des forces de quelques-unes des parties adjacentes ; mais les reſſources de ſon génie l'abandonnerent. Des idées compoſées ſe préſenterent à ſon imagination ; & ainſi qu'il arrive le plus ſouvent, le ſimple lui échappa. Il ne trouva rien de mieux que de former dans le tympan un arc en décharge, capable, en effet, de ſoulager les trois entre-colonnes du milieu, mais qui auroit rejetté le fardeau ſur les deux autres, au riſque de les accabler (*a*) ; ce qui fit, avec raiſon, abandonner ce projet, comme impraticable, au jugement de tous les gens de l'Art, & conſéquemment renoncer au fronton.

ARTICLE SECOND.

Preuves de l'impoſſibilité de la conſtruction du fronton propoſée par Servandoni.

POUR ne laiſſer aucun doute ſur ce que nous avançons, & mettre en état d'apprécier cette conſtruction, dont l'épure eſt repréſentée, *Planche XXVII* (*fig.* 5), il y a un raiſonnement bien ſimple. Une voute quelconque a néceſſairement deux actions, l'une latérale qui eſt relative à ſa courbe, l'autre perpendiculaire qui eſt

(*a*) On voit encore l'épure du grand fronton, telle que Servandoni l'avoit imaginée, tracée ſur le mur du Séminaire, en face du Portail.

relative

relative à sa pesanteur. Tout l'art du Constructeur consiste à faire
enforte de rendre leurs effets indivisibles, & de les confondre ensemble, en les conduisant de façon à pouvoir les réunir vers les
mêmes points, pour leur oppofer une réfistance commune. Il n'y
a pas de voûte qui ne soit construite fuivant ces principes. Or
dans l'épure de Servandoni, ces deux actions reftent féparées. Celle
qui eft latérale, peut à la bonne-heure être contenue par les tours;
mais celle de la pefanteur ceffant à fon arrivée fur la corniche d'être
dirigée, comme elle le devroit, par la coupe des vouffoirs, à travers
l'entablement jufques contre les tours, (direction que nous avons
exprimé par une ligne ponctuée), agira néceffairement comme tous
les corps pefans, c'eft-à-dire, perpendiculairement fur la plate-
bande au hafard de l'écrafer, ainfi qu'il a été dit plus haut. Cette
forte de conftruction eft fi vicieufe, que les loix des bâtimens là
profcrivent, & ordonnent qu'*un mur ou qu'une voûte portant à
faux fur une autre voûte, doit être démoli, & l'Entrepreneur à l'a-
mende.* Or c'eft précifement le cas de l'épure de Servandoni, car
le point *A* porte bien manifeftement à faux fur le milieu de la
plate-bande.

Mais allons plus avant, & examinons fi la plate-bande qui
doit recevoir l'arc, à l'aide des chaînes de fer ou tirans renfermés dans l'entablement, dont on voit les détails *Planche XVI*
du feptieme chapitre de cet ouvrage, n'auroit pas par hafard la
force fuffifante pour le fupporter. La force principale de cette
plate-bande confifte en deux tirans de deux pouces ½ de gros, placés,
l'un entre la frife & l'architrave, l'autre entre la frife & la corniche.
Suivant les expériences de M. de Buffon fur la réfistance des fers,
il eft conftaté qu'un fer de dix-huit lignes & demi de gros, ne peut
fupporter en tirant, un effort au-delà de vingt-huit milliers,
fans fe rompre; donc par approximation, chacun des deux tirans ayant deux pouces ½ en quarré, & étant employé feulement
pour tirer, ne peut guères foutenir un effort au-delà de trente-
fix milliers, c'eft-à-dire, enfemble au-delà de foixante-douze

X x

milliers. Mais comme ces deux fers, outre leur fonction de tirer, font encore employés à porter par des étriers les claveaux de la frife & de l'architrave de l'entre-colonnement, il s'enfuit que cette double action doit énerver beaucoup leur force, & qu'il s'en faut bien qu'ils puiffent en effet opérer une réfiftance de foixante-douze milliers.

Quoi qu'il en foit, fuppofons le dégré de force le plus favorable à l'exécution de l'épure dont il s'agit, & voyons quel eft le poid du grand arc, & de la partie d'entablement que ces tirans feront d'obligation de porter. En calculant la moitié du poids de l'arc jufqu'à fon arrivée fur l'entablement, y compris la partie correfpondante de la corniche rampante, on trouve quinze cent pieds cubes, ou cent foixante & douze milliers pefant, à raifon de cent quinze livres le pied cube de Saint-Leu : en calculant auffi la partie de la plate-bande portée par des étriers fur les tirans au droit de l'entre-colonne, on trouve encore que c'eft un objet de plus de quarante milliers : ces deux fardeaux font donc enfemble deux cent douze milliers. Or comme nous l'avons fait voir dans le cas le plus favorable, les deux tirans ne fauroient fupporter plus de foixante-douze milliers, d'où il réfulte qu'il y aura un poids de cent quarante-quatre milliers, au delà de la réfiftance qu'ils peuvent oppofer.

Mais, peut-être, dira-t-on que l'entablement par lui-même, indépendamment des tirans, peut avoir la force néceffaire pour fupporter cette charge du grand arc. Il eft encore aifé de prouver le contraire : cet arc qui n'aura que trois pieds & demi d'épaiffeur, ne fçauroit, vû qu'il agit en forme de coin, & que tout l'effort de fa pefanteur fe dirige vers le point *A*, opérer fon effet fur l'entablement, que fur une bafe au plus de cinq pieds de fuperficie : en appliquant dans toute leur fimplicité les expériences de M. Perronet, dont il a été déjà queftion page 308, fçavoir qu'un pied cube peut feulement porter, fans s'écrafer fous le fardeau, jufqu'à cent foixante pieds cubes, on verra qu'en divifant le nombre des pieds cubes de l'arc, c'eft-à-dire, quinze cent par cinq, on aura trois cens au lieu de cent foixante. Donc on aura cent quarante pieds cubes de plus qu'il ne faut par chaque pied de fuperficie de la bafe où s'opérera l'effort de la pefanteur. Donc l'arc à fa retombée *A* fur l'entablement ne peut manquer de l'écrafer, & d'occafionner une rupture dans la plate-bande, feulement à caufe de fon poids, & quand bien même, ce qui n'eft par vrai, comme on l'a vu ci-devant, les chaînes de fer ou tirans feroient capables d'opérer une réfiftance fuffifante.

Par ces preuves de fait, on peut juger combien l'on a eu raifon, il y a vingt ans, de condamner cette conftruction, & quel danger il y auroit eu de l'adopter pour l'exécution du fronton en queftion.

ARTICLE TROISIEME.

Moyen de conftruire le Fronton d'une maniere folide.

CEPENDANT l'exécution d'un fronton fur les colonnes du fecond ordre, eft d'une fi grande conféquence pour la perfection de ce Monument, que j'ai cru important de rechercher s'il étoit vrai qu'il ne fût pas poffible, à l'aide des reffources de l'Art, de donner à fa conftruction une légereté qui, fans faire de tort à la folidité, fût capable d'ôter toute inquiétude par rapport à la furcharge, tant fur les colonnes, que fur l'entablement ionique. Je puis traiter d'autant plus pertinemment cette matiere, que, quoique jeune lors de l'exécution du fecond ordre, j'en ai fuivi tous les détails de la conftruction, que j'ai confervés.

Comme je me propofe de ne rien avancer que je ne le prouve, je prie les Lecteurs de ne rien nier, qu'ils ne le réfutent par des raifons de fait, & motivées; car ce ne font pas les gens éclairés & de bonne foi qui font à craindre, mais ceux qui, fans avoir rien à objecter, affectent, par malignité, de ne fe point rendre à l'évidence, de peur d'applaudir aux productions d'autrui.

J'ai donné dans l'article V du septieme Chapitre de cet ouvrage les développemens de la construction des plate-bandes du second ordre de ce portail, lesquels ont dû convaincre de leur solidité, & que de la maniere dont le fer y est employé & même prodigué, leur entablement étoit en état de soutenir une surcharge, pourvu qu'elle ne fût pas excessive ou du moins qu'elle fût répartie avec précaution.

Cela étant, pour parvenir à l'exécution d'un fronton, & se procurer une saillie suffisante pour amener naturellement son profil, il n'est question que de refouiller de cinq ou six pouces seulement la partie a (*fig.* 2, *Pl. XXVI,*) de la frise, de l'architrave & de la corniche du dernier entre-colonnement au droit des tours : ce qui est faisable, vû qu'il n'y a point de rosettes taillées sous l'architrave de ces plate-bandes, comme sous les autres ; & qu'il ne pourroit y avoir aucun changement dans les modillons, à cause du peu de saillie du profil, qui dispenseroit d'en placer un dans chaque retour.

La cimaise qui termine l'entablement au droit du fronton, n'offriroit pas plus d'obstacles ; sans la supprimer, il suffiroit, au-dessus du filet qui couronne le larmier, de la tailler en champfrein vers le tympan, en maniere de revers d'eau.

La hauteur du fronton projetté *b*, jusqu'à son sommet, sera de vingt-cinq pieds, & sa longueur d'environ vingt toises. Son plan est représenté au bas de la *fig.* 2, (*Pl. XXVI,*) ainsi que son élévation & profil dans les *fig.* 2, 3 & 4. (*Pl.* XXVII). Suivant ma pensée, son exécution feroit de la plus grande simplicité ; il s'agiroit d'élever, à-plomb du mur adossé aux colonnes ioniques, un mur en pierre de Saint-Leu de deux pieds dix pouces d'épaisseur par le bas *f*, (*fig.* 2, *Pl.* XXVI,) & *a*, (*fig* 2, 3 & 4, *Pl. XXVII.*) & de la même forme que le fronton. Vers le haut il seroit à propos de lui donner un peu de fruit, & même de faire former un petit encorbellement *b*, (*fig.* 2, 3 & 4, *Pl.* XXVII,) de trois ou quatre pouces à chacune des dernieres assises supérieures ; de sorte que le mur *a* auroit quinze pouces de plus par le haut que par le bas. Il conviendroit eſſentiellement de placer les cours d'aſſiſes *b* d'encorbellement ſuivant le rampant du fronton, & de faire les coupes des claveaux à angles droits, de maniere à buter à droite & à gauche contre les tours : procédé qui, en rejettant le fardeau, ainſi que la principale pouſſée vers ces endroits, ſoulage-roit d'autant les cours d'aſſiſes horiſontales *a* du mur doſſier. Enfin, pour fortifier chaque extrémité des aſſiſes rampantes, on pratique-roit un contrefort *i*, (*fig.* 2, *Pl. XXVI*, & *fig.* 3 & 4, *Pl. XXVII*,) preſque à-plomb des colonnes accouplées de toute l'épaiſſeur du fronton, ce qui aſſureroit beaucoup leur ſolidité, & en approchant les points d'appui du fronton, diminueroit de trois toiſes de longueur de chaque côté la pouſſée effective de ce mor-ceau, lequel ſe trouveroit par là, quoiqu'ayant vingt toiſes, n'avoir pas plus d'action que s'il n'en avoit véritablement que quatorze. Le bas de la *fig.* 2, (*Pl. XXVI*,) fait voir cette diſpoſition.

Environ à cinq pieds de diſtance, on éleveroit enſuite ſur le de-vant du fronton un mur tympan de dix-ſept pouces d'épaiſſeur, ſans le boſſage néceſſaire pour le bas-relief, en retraite ſur les co-lonnes, & diſpoſé de façon à aider, avec le mur doſſier, à ſup-porter le poids de la corniche rampante : ſon plan eſt repréſenté en *g*, (*fig.* 2, *Pl. XXVI*,) & ſon profil en *c*, (*fig.* 2 & 4, *Pl. XXVII*.) Dans l'intention d'élégir le fardeau de ce mur ſur les colonnes, il ſeroit néceſſaire, à cinq pieds d'élévation, de placer dans ſon épaiſſeur un fort linteau de fer *d*, (*fig.* 3 & 4, *Pl. XXVII*) & *k k*, (*fig.* 2, *Pl. XXVI*) de la longueur du tympan en cet en-droit, lequel ſeroit ſupporté par neuf potences de fer, *l, l*, (*fig.* 2, *Pl. XXVI*,) & *e e*, (*fig.* 3 & 4, *Pl. XXVII*, appuyées d'une part ſur un tiran *h* cramponné dans le bas des deux murs *a* & *b*, & de l'autre retenues par un ancre *f*, (*fig.* 4.) Il ſeroit encore placé à cinq pieds plus haut un ſemblable linteau *d*, auſſi ſoutenu avec des potences diſpoſées comme les précédentes, & qui feroient la même fonction.

Quant à la corniche du fronton, elle ſeroit ſupportée par-deſfous par des efpeces de linteaux *g*, (*fig.* 4, *Pl. XXVII*,) qui lieroient auffi enfemble le haut des murs *b* & *c*, conjointement avec un petit mur *h*, (*Pl. XXVI, fig.* 2,) & *p*, (*Pl. XXVII, fig.* 3 & 4,) percé par une arcade ogive, & placé à-plomb des deux colonnes du milieu. Je fupprime une multitude de petits détails de conftruction, qui font le vulgaire de l'Art, pour ne préfenter ici que des réfultats, parce que, quand l'enfemble d'un projet eft bon, tout le refte eft aifé à imaginer, & vient fe ranger comme de foi-même à la place qui lui appartient.

Ce feroit une objection futile d'alléguer que les tours peuvent n'être pas en état de foutenir l'effort du fronton ; car par l'infpection du bas de la *fig.* 2, (*Pl. XXVI*,) on voit que leurs murs ont vis-à-vis de cet amortiffement près de fept pieds d'épaiffeur, & que fuivant la direction du fronton, ils oppofent une longueur d'environ fept toifes, y compris le contrefort *i*. Ainfi ce font les tours cantonnées aux extrémités du portail qui produiroient toute la réuffite de la conftruction du fronton, en lui fervant de points d'appui capitaux. Elles feroient exactement la même fonction que des culées à l'égard d'un pont.

Si l'on ajoute à cette confidération, qu'à l'aide des linteaux *d*, placés dans l'épaiffeur du mur *c*, (*fig.* 4 *Pl. XXVII*,) & *k k*, (*fig.* 2, *Pl. XXVI*) les colonnes ne feroient gueres plus chargées que par une baluftrade, dont il faudra néceffairement couronner le portail, on ne peut difconvenir que tout concourt à faire voir la poffibilité de mon fronton ; & que la folidité de fon exécution ne fçauroit être regardée comme problématique. Il eft à croire que fi la conftruction du fronton qu'avoit propofé Servandoni, eût été imaginée fous un point de vue auffi fimple & auffi capable de répartir fon fardeau uniformément, on n'eût pas héfité à paffer à l'exécution de fon projet.

Pour l'agrément de cet édifice, & couronner en même-tems fes extrémités d'une maniere relative au fujet, à-plomb des colonnes qui flanquent les tours, on pourroit pofer, vis-à-vis les pans coupés, des grouppes de figures *c*, (*fig.* 2, *Pl. XXVI*,) repréſentant les Peres de l'Egliſe Grecque & Latine ; leſquels trouveroient aiſément place , en ſupprimant le petit empatement *b* , (*fig.* 1) qu'on remarque en cet endroit, & en ſubſtituant, comme il eſt exprimé (*fig.* 2,) une table *d*, qui produiroit un meilleur effet que les guirlandes *b*, (*fig.* 1.)

ARTICLE QUATRIÈME.

Combien il eſt indiſpenſable de ſupprimer le troiſieme ordre.

QUANT à l'ordre corinthien élevé en arriere-corps ſur le mur pignon de la nef *a*, (*fig.* 1, *Pl. XXVI & XXVII*), autant il y a de raiſons qui néceſſitent un fronton ſur le ſecond ordre, autant il y en a pour exiger la ſuppreſſion de ce mur, qui défigure abſolument cet édifice. Il ſeroit aſſurément bien difficile de deviner quel eſt le but que l'on s'eſt propoſé dans ſon exécution, tant ſon inutilité eſt parfaite. Ce n'eſt pas pour ſoutenir le toît de l'Egliſe *r*, (*fig.* 1 & 2, *Pl. XXVII*); car il l'excéde en hauteur de quarante pieds. Ce n'eſt pas non plus pour faire valoir les tours; car on auroit opéré tout le contraire de ce qu'on deſiroit. Quelque choſe que l'on puiſſe alléguer en faveur de ce mur, il ne ſçauroit y avoir qu'une voix pour ſa démolition , attendu qu'il produit le plus mauvais effet, en rendant ce portail giganteſque, & en empêchant l'iſolement des tours , qui doit faire tout le ſuccès de ces fortes d'ouvrages. C'eſt peut-être pour la premiere fois qu'on a vu enclaver des tours juſqu'en haut. La grace de ces morceaux d'Architecture dépend toujours d'être dégagée & de pouvoir jouir abſolument de leur contour, de leur forme générale, & qu'enfin l'œil puiſſe ſe promener autour ſans contrainte. A jamais on deſirera cette ſuppreſſion, ſans laquelle il eſt impoſſible d'eſpérer aucune ſatisfaction de l'enſemble de ce Monument.

Que d'avantages ne trouveroit-on pas à employer les matériaux

de ce mur inutile dans le cas de l'exécution du fronton! En le démoliffant avec les précautions convenables, & en établiffant, après
avoir enlevé le toît *b*, (*Pl. XXVII, fig.* 1,) qui couvre ce portail,
un double plancher de charpente, garni de forts madriers, pour y
former un chantier, il arriveroit que la plus grande partie des
pierres, à l'exception de celles de la corniche du fronton, fe trouveroit toutes portées, & même à demi taillées.

Pour l'ordre de ces opérations, il faudroit commencer par démolir les deux parties des extrémités du mur *a*, (*fig.* 1, *Pl. XXVI*,)
moins élevées que le refte; & à leur place pofer deux grues moyen-
nes fur le mur pignon de la nef *g*, (*fig.* 2, *Pl. XXVII*,) qui a
onze pieds d'épaiffeur. Ces grues ferviroient à defcendre les pierres
à mefure qu'elles feroient déjointoyées (*a*), fur le chantier pour les
retailler, & de-là à les tranfporter jufqu'aux différens endroits où
il s'agiroit de les placer lors de l'érection du fronton. Tout le fervice, foit pour monter les nouvelles pierres néceffaires & le mortier, foit pour defcendre jufqu'en bas celles qui feroient de trop
de la démolition du mur en queftion, s'opéreroit avec facilité par le vuide des tours. Il y a plus, c'eft que, fuivant mon
projet, il ne feroit pas néceffaire d'élever un échafaud depuis le bas
de ce portail pour la bâtiffe du fronton. Après avoir élevé des
pieces de bois de bout fous les plate-bandes du fecond ordre,
pour les fortifier pendant l'opération, il fuffiroit de conftruire un
léger échaffaud fur le revers d'eau de la corniche ionique, dont
les pieces de bois *p*, (*fig.* 4, *Pl. XXVII*,) traverferoient, d'une
part, l'épaiffeur du fronton, & de l'autre, feroient foutenues par
de petites pieces en décharge, placées fur le bout des folives horifontales, formant plancher fous ces plate-bandes : ce qui auroit
route la folidité requife pour porter les pofeurs avec leurs outils,
& enfuite les Sculpteurs pour opérer le bas-relief.

(*a*) Ce déjointoyement n'offriroit aucune difficulté, parce que le Saint-Leu étant une pierre
fpongieufe, qui boit l'eau du mortier avant qu'il ait fait fa prife, il s'enfuit que les cours d'affifes font toujours mal liés enfemble, & faciles par conféquent à défunir.

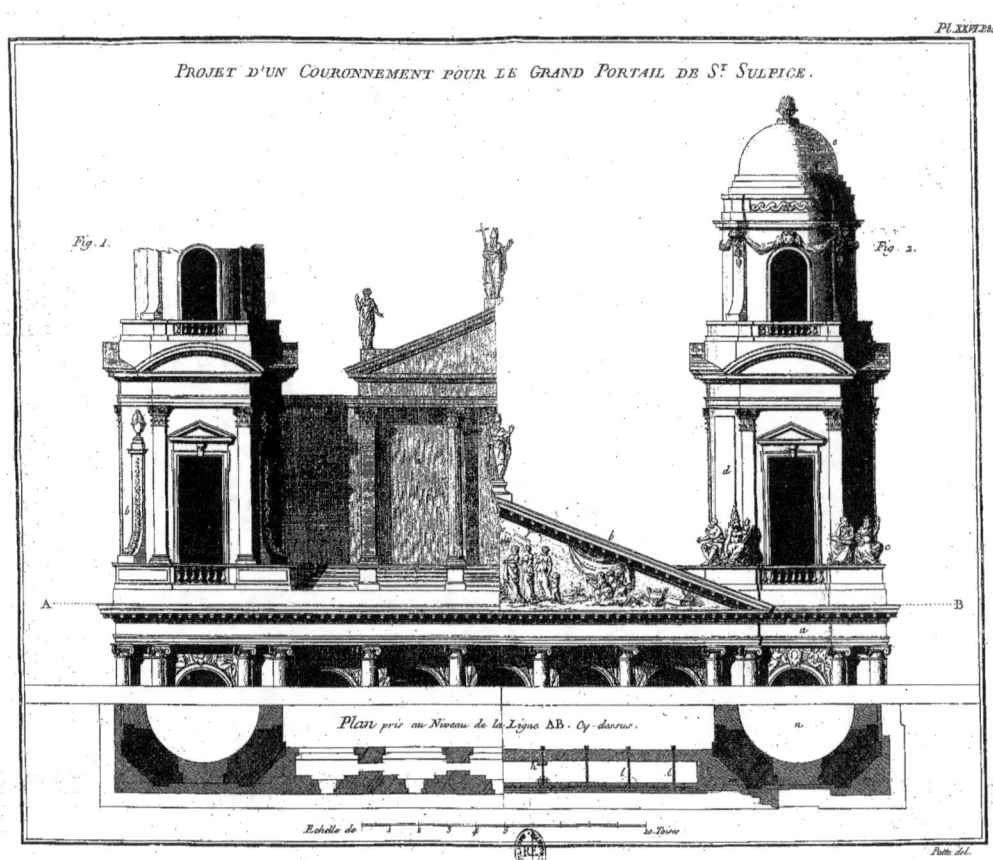

Pl. XXVI bis.

PROJET D'UN COURONNEMENT POUR LE GRAND PORTAIL DE S.ᵗ SULPICE.

Fig. 1.

Fig. 2.

A

B

Plan pris au Niveau de la Ligne AB. Cy-dessus.

Echelle de

20. Toises

Potte del.

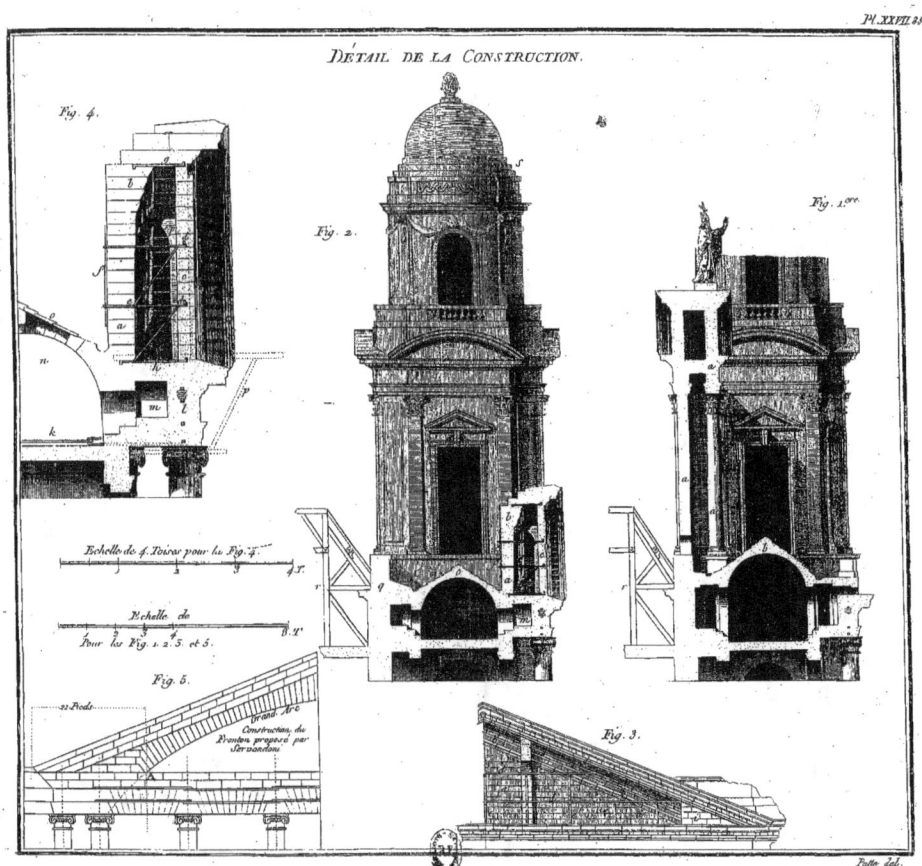

Pl. XXVII. 28.

DÉTAIL DE LA CONSTRUCTION.

Fig. 4.

Fig. 2.

Fig. 1.re

Echelle de 4 Toises pour la Fig. 4.

Echelle de
Pour les Fig. 1. 2. 3. et 5.

Fig. 5.

22 Pieds.

Grand Arc
Construction, du
Fronton proposé par
Servandoni

Fig. 3.

Patte del.

Par la comparaison des deux profils, (*fig.* 1 & 2, *Pl. XXVII*,) on s'appercevra que la suppreſſion du troiſieme ordre décharge-roit le mur de la nef d'un poids d'environ cinquante toiſes cubes de pierre ; & que de plus, comme mon nouveau toît pourroit être baiſſé, ſi l'on vouloit, de près de ſix pieds, il y auroit encore en-viron dix toiſes cubes à ôter, tant de deſſus le mur pignon, que de deſſus celui adoſſé aux colonnes ioniques. On remarquera en-core que le volume du grand fronton peut équivaloir à trente toiſes cubes, leſquelles étant ôtées de ſoixante-toiſes cubes pré-cédentes, il s'enſuit que par mon arrangement le haut du por-tail de Saint Sulpice ſeroit élégi d'un fardeau au moins de trente toiſes cubes de maçonnerie, c'eſt-à-dire, en ſuppoſant le pied cube de Saint-Leu, peſant cent quinze livres, d'un poids de plus de ſept cent quarante-cinq milliers.

Toutes ces conſidérations ſont ſi palpables, ſoit par rapport à l'économie qui en réſulteroit pour la bâtiſſe du fronton, puiſqu'il n'y auroit en partie que de la main-d'œuvre à débourſer, ſoit pour la prompte exécution de ce couronnement, que tout doit déter-miner à la démolition du troiſieme ordre en queſtion, & à l'é-rection du fronton.

ARTICLE CINQUIEME.

De l'amortiſſement des Tours

L E couronnement des tours n'étant point encore fini, deman-de que l'on s'aſſujettiſſe à ce qui eſt déja exécuté, ſans ſortir du ca-ractère propre à cet édifice. Par toutes les tentatives que j'ai faites, je crois avoir remarqué qu'aucun amortiſſement n'y peut mieux convenir qu'une calotte un peu ſurmontée *e*, (*fig.* 2, *Pl. XXVI*) ; toute autre forme paroîtra meſquine, & ne ſçauroit avoir d'unité avec l'enſemble de ce monument. Au ſurplus, la vue du deſſein ci-joint, fera mieux fentir ma penfée, que tout ce que je pourrois dire à ce fujet.

CONCLUSION.

Il réfulte de ce Mémoire, 1°. que la poffibilité de l'exécution d'un fronton fur le fecond ordre du portail de Saint Sulpice, n'eft pas moins démontrée que fa néceffité pour la grace de cet édifice; 2°. Que la fuppreffion du troifieme ordre eft abfolument indifpenfable, & même très-avantageufe pour opérer avec économie la bâtiffe du fronton; 3°. Qu'enfin il eft à crore qu'il n'y a qu'une calotte furmontée qui puiffe couronner convenablement les tours. Donc relativement à la gloire actuelle de nos Arts, & à l'intention où l'on eft d'achever ce grand ouvrage, il importe qu'il foit terminé de la maniere la plus avantageufe & la plus capable de faire honneur au goût de notre fiécle. Alors tout concourant à la perfection de ce monument, il méritera de tenir un rang diftingué parmi les autres merveilles qui ferviront à perpétuer le fouvenir d'un régne où la poftérité trouvera tant de chofes à admirer.

EXPLICATION DES FIGURES
PLANCHE XXVI.

La Figure premiere repréfente le plan & l'élévation du haut du Portail de Saint Sulpice, tel qu'il eft actuellement.

A B eft une ligne qui exprime que le plan du bas de cette planche, eft pris au niveau de la cimaife de la corniche.

a eft le troifieme ordre corinthien, qu'il eft queftion de démolir entre les deux tours.

b, Boffage pour des guirlandes à fupprimer.

c, Toît en pierre qui couvre le portail.

La Figure deuxieme fait voir le haut du Portail, tel que je propofe de le terminer. On y remarque un renfoncement a de fix pouces dans l'entablement ionique, au droit des tours ; un grand fronton *b*, conftruit avec les matériaux du troifieme ordre placé en retraite fur le mur pignon de la nef ; des grouppes de figures *c*, cantonnés aux angles des tours ; une table faillante *d*, fubftituée aux guirlandes ; enfin un amortiffement *e* pour les tours, en rap-port avec le caractere de l'édifice.

Le *bas* de cette figure exprime la moitié du plan du fronton.

f, eft le mur doffier.

g, Mur tympan.

k, Petit mur percé d'une arcade dans l'épaiffeur du fronton.

i, Contrefort fait à deffein d'augmenter la force de la conftruction du fronton, en diminuant fon étendue.

l, *l*, Potencès de fer.

m, *m*, Places des grouppes.

n, Plan des tours.

PLANCHE XXVII.

La *Figure premiere* exprime le profil du haut du Portail, tel qu'il fubfifte.

a, Profil du troifieme ordre à démolir.

b, Toît en pierre.

r, Charpente au-deffus de la nef.

La *Figure deuxieme* repréfente en parallele le profil du portail, fuivant mon projet.

a, *b*, *c*, *f*, expriment le profil du fronton.

m, Vuide pratiqué derriere l'entablement.

n, Autre vuide.

o, Toît baiffé de fix pieds, ou que l'on peut laiffer fubfifter à volonté, de la hauteur qu'il eft marqué en *b fig.* 1.

q, Haut du mur pignon.

r, Charpente de la nef.

s, Couronnement des tours.

La *figure troifieme* exprime une vue intérieure de la moitié du fronton fuivant fa longueur, dont le mur tympan eft fuppofé enlevé.

a, eft le mur doffier, dont les cours d'affifes font horifontaux.

b, Quatre affifes en encorbellemens, dont au contraire les cours d'affifes fuivent le rampan du fronton, avec leurs joints à angles droits.

d, *d*, Linteaux dans l'épaiffeur du mur tympan.

e, *e*, Potences de fer.

g, *g*, Linteaux pour foutenir par-deffous les affifes rampantes de la corniche.

i, Contrefort fervant à fortifier les extrêmités des encorbelle-mens, & à rapprocher les points d'appui du fronton.

p, Coupe du petit mur qui lie en cet endroit les deux murs.

La Figure quatrieme fait voir plus développé, le profil par le milieu du grand fronton, pour montrer les détails de fa conftruc-tion.

a, Mur doffier.

b, Affifes en encorbellemens.

c, Mur tympan.

d, *d*, Linteaux placés dans l'épaiffeur du mur tympan, & fup-portés par les potences *e*, *e*, dont le pied eft appuyé folidement fur des barres de fer *h*.

f, Ancre commun pour les potences.

g, *g*, Linteaux foutenant le deffous de la corniche, & liant en-femble le haut des deux murs.

i, Contrefort.

l, Profil de l'entablement.

k, Tiran.

m, Vuide dans l'épaiffeur de l'entablement.

n, Autre vuide entre le toît du portail *o*, & le plafond du por-tique au-deffous.

p, Maniere d'échaffauder les Pofeurs.

La figure cinquieme repréfente l'épure du fronton propofée par

Servandoni, telle qu'on la voit encore tracée sur le mur du Séminaire en face de ce portail. Il eſt à remarquer qu'il y a une diſtance de vingt-un pieds depuis la retombée *A* de l'arc ſur l'entablement juſqu'au bord du profil de la cimaiſe, & qu'ainſi cet arc porte néceſſairement à faux ſur le milieu de la plate-bande.

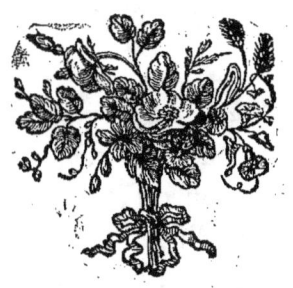

ECLAIRCISSEMENS
SUR LE MÉMOIRE PRÉCÉDENT.

M. le Curé de Saint Sulpice ayant demandé à l'Académie Royale d'Architecture, de vouloir bien examiner le Mémoire précédent, sur les moyens d'achevement du portail de son Eglise, cette Compagnie a nommé six de ses membres pour procéder à cet examen, c'est ce qui a donné lieu à ces nouveaux détails.

Suivant le mémoire précédent, l'achevement du grand portail de Saint Sulpice, se réduit à quatre objets.

1°. A décider si un grand fronton, sur le second ordre, est nécessaire pour la grace de cet édifice.

2°. A juger si les moyens que je propose, pour l'exécution de ce fronton, sont suffisans.

3°. A examiner s'il est nécessaire de supprimer le troisieme ordre entre les deux tours.

4°. Enfin, à discerner quel est le meilleur couronnement pour les tours.

Le premier objet a été suffisamment discuté dans mon Mémoire. Tous ceux que le goût éclaire, paroissent généralement d'accord qu'un fronton est essentiel sur l'ordre ionique, pour terminer avantageusement ce portail, & lier ensemble ses deux tours.

Le deuxieme, concernant l'exécution d'un fronton sur le second ordre, demande que j'entre dans quelques détails. Pour justifier l'emploi de mes tirans & liens de fer en potence dans l'intérieur de mon fronton, j'ai envoyé à l'Académie les développemens de celui de la colonnade du Louvre, par lesquels j'ai fait voir que Perrault s'en est servi avantageusement, & dans le même esprit,

pour folider fa conftruction. (*a*) En faifant mûrement attention
au parti que je tire de mes fers, on s'appercevra que, non-feulement ils produifent le bon effet de lier enfemble les deux murs
de mon fronton, & qu'ils leur donnent une inhérence parfaite,
en rendant leur force indivifible ; mais encore qu'ils fervent à
me difpenfer de placer fur les colonnes ioniques, qui font la partie la plus foible, un poids auffi confidérable que fur le mur qui
leur eft adoffé, & en même tems à rejetter une partie de fon fardeau vers cet endroit.

Il n'eft pas douteux que fans tout l'avantage que me procurent
mes linteaux & mes tirans, au lieu de dix-huit pouces que je donne à mon tympan, je ferois obligé de lui donner au moins deux
pieds d'épaiffeur ; mais il s'en faudroit bien qu'alors, j'euffe autant
de liaifon qu'auparavant ; mon fardeau ne feroit plus réparti proportionnellement à la maniere d'être des fupports : tout fe trouveroit placé au hafard, fans jugement, fans diftinction. Dire qu'il
ne faut pas de fer en femblables circonftances, c'eft avancer une
chofe démentie par l'exemple de toutes les grandes conftructions,
tant anciennes que gothiques & modernes. Ce n'eft pourtant pas
que je prétende inférer de-là qu'on doive prodiguer les fers, comme on l'a fait fouvent par le paffé ; mais je crois que fi l'on doit
les ménager, lorfque l'on conftruit en pierres dures, on ne fçauroit fe difpenfer d'en ufer en bâtiffant en Saint-Leu, comme dans
le cas dont il eft ici queftion, attendu que par leur nature fpongieufe, ces pierres buvant l'eau du mortier ; avant qu'il ait
fait fa prife, rendent nulle fon action, de forte que leurs cours
d'affifes ne peuvent fe foutenir en partie que par leur coupe, leur
liaifon, leur à-plomb, & les fers dont on les arme. Cette confidération doit certainement demander la plus grande attention. En

<hr>

(*a*) C'eft par erreur qu'il s'étoit gliffé dans mon Mémoire, que Perrault avoit employé fes
fers feulement à tirer dans le tympan du fronton du Louvre ; car, fuivant les deffeins que j'en
ai produits à l'Académie, ils font employés également à tirer & à fupporter, ainfi que le prouvent les potences de fer dont il a fait ufage, & que j'ai adopté dans mon projet. Dans mon
fecond volume je donnerai les détails de la conftruction de ce fronton.

un mot, tant qu'on n'alléguera que des opinions contre l'évidence de mes raisons, & qu'il subsistera, pour preuve décisive en ma faveur, une autorité telle que celle du fronton du Louvre, où en pareille circonstance on a regardé comme une prudence de ne pas épargner les fers, il est à croire que l'on ne sçauroit conclure à la suppression des miens.

J'ai encore prévenu la question qu'on pouvoit me faire par rapport à l'inégalité de répartition du fardeau de mon fronton, en faisant voir que les hauteurs des points d'appui étant les mêmes, leur force devoit être relative à leur masse; & qu'ainsi chaque colonne ionique étant un solide de trois cens cinquante-cinq pieds cubes, tandis que la partie correspondante du mur adossé à chacune; étoit un solide de neuf cens quatre-vingt pieds, il s'ensuivoit qu'on ne pouvoit que m'approuver d'avoir reparti le poids des deux murs de mon fronton, proportionnellement à la force de ces différens supports.

Non content de ces solutions, j'ai voulu lever tout doute quelconque, au sujet du poids de mon fronton, & décider sans replique que les colonnes ïoniques sont en état de le supporter. J'ai fait voir que l'ordre corinthien couronné d'un fronton élevé sur le mur pignon du portail, sembloit avoir été construit exprès pour servir à la démonstration dont il s'agit : même qualité de pierre, même construction, même espacement de colonnes, soit du mur, soit entr'elles ; d'où il résulte que les différentes hauteurs & grosseurs des colonnes doivent respectivement décider de leur fardeau, & que l'on peut naturellement conclure, par ce que les unes supportent, ce que les autres pourront supporter. Or, en comparant d'une part la solidité d'une colonne corinthienne, avec la partie de fronton & d'entablement dont elle est chargée, & de l'autre part la solidité des colonnes ioniques, avec la partie de fronton correspondante que je propose de leur faire porter, j'ai prouvé par tous les détails que j'ai remis à l'Académie avec les cottes & les mesures, qu'en ne considérant que la différence de leur diamètre, c'est-à-dire,

que

que la maſſe de ces différentes colonnes , mon fardeau étoit à-
peu-près dans le même rapport ; & que ſi on ajoute à cette conſidération tous les avantages que l'ordre ionique pouvoit tirer de
ſa poſition entre les deux tours, & de ſa proportion plus renfor-
cée que la corinthienne, il étoit inconteſtable que j'avois plus de
force que moins pour ſupporter mon fronton.

Enfin, ſi l'on joint à mes raiſons les démonſtrations conſtatées
par des expériences que M. Peronet a rapporté à l'Académie, du
fardeau que peut porter un pilier de pierre quelconque, relativement à ſa groſſeur, combinée avec ſa hauteur, leſquelles dépoſent
également en ma faveur, il s'enſuit que le rapport académique
ſemble ne pouvoir ſe diſpenſer de confirmer que mes moyens
ont toute la certitude requiſe en ſemblable matiere.

Pour ce qui eſt de quelques objections particulieres que l'on
pourroit faire, par exemple, contre l'utilité de mes aſſiſes en encorbellement, il eſt évident que par cet arrangement je décharge
en partie le mur-doſſier du poids de la corniche rampante, &
qu'à la fois ces encorbellemens diminuent d'autant la largeur du
plafond entre les deux murs. Comme leur ſaillie n'eſt guères que
de quinze pouces, & même pourroit être moindre ſi l'on vouloit,
il réſulte qu'elle peut être contenue efficacement par le mur qui
eſt deux fois & au-delà , plus conſidérable en épaiſſeur , ſans
compter les ſecours que procureront les crampons, pour affermir enſemble toutes ces pierres.

Il en eſt de même des aſſiſes de la corniche rampante, que quelques-uns pourroient paroître deſirer que j'euſſe arraſé derriere
mon fronton. S'il y avoit à appréhender que la ſaillie de la corniche rampante fût capable de faire baſculer cette partie , cette
précaution pourroit être néceſſaire ; mais cela ne pouvant être,
vû que la maſſe de la ſaillie de la corniche rampante eſt à celle de
ſa queue , comme un eſt à trois, il eſt évident que c'eſt propoſer
de ſurcharger gratuitement le haut de ce mur. Tout ce qu'on peut
demander avec raiſon , eſt que je diſpoſe l'extrêmité de ces aſſiſes
en revers d'eau.   Z z

Pour juger encore mieux de la valeur de mon projet, il n'y a qu'à confidérer quelle conftruction on pourroit lui fubftituer. Fera-t-on porter le rampan de la corniche du fronton par une grande arcade de toute fa longueur, conftruite, foit en portion de cercle, foit en ance de panier, foit en tiers-point ? Dans tous ces cas, fi l'on veut que l'arc réponde fur les colonnes accouplées à fon arrivée fur l'entablement, il fera impoffible de donner aux claveaux une longueur folide fous la moitié de chaque rampan ; ou bien pour fe procurer des longueurs de claveaux convenables, il faudra de toute néceffité faire tomber l'arc fur le milieu de la plate-bande du dernier entre-colonnement (a). Dans tous ces cas auffi, il fera à propos de faire les derniers claveaux de même que les premieres affifes de la corniche qui recevra un arc auffi immenfe en pierre dure avec de profonds arrachemens dans les tours. En un mot, une pareille voûte opéreroit évidemment une pouf-fée confidérable contre les tours. Comme j'avois précédemment fait des tentatives fur ces divers moyens de conftruction, je les ai foumis également à l'examen de l'Académie, afin qu'elle puiffe juger, par comparaifon, qu'autant le projet que j'ai publié, pa-roit fans inconvéniens, relativement à toutes les circonftances locales, & à la maniere d'être de cet édifice ; autant l'autre, de même que tous ceux que l'on pourroit compofer, fuivant cet efprit, feroient difficultueux, compliqués & hafardés.

Le troifieme objet, concernant les raifons de fuppreffion de l'or-dre corinthien entre les deux tours, ayant été démontré dans mon Mémoire, & la conviction de fon mauvais effet paroiffant générale, je me fuis feulement attaché à faire voir à l'Académie, la facilité de cette opération qu'on pourroit s'imaginer au premier coup d'œil, devoir rencontrer les plus grandes difficultés ; comme

(a) C'étoit le projet de Servandoni, dont j'ai fait voir la nullité de la conftruction. Auffi MM. Gabriël, de Laffurance, & plufieurs autres Membres de l'Académie Royale d'Architecture ayant été appellés alors, pour juger de cette conftruction, déciderent avec raifon, non en l'abfence de Servandoni, mais en fa préfence, & après beaucoup de difcuffions, l'infuffifance de fes moyens ; ce qui força cet Architecte à renoncer à l'exécution de fon fronton.

je n'ai fait qu'indiquer fommairement dans mon Mémoire ce procédé de démolition, il eſt bon de le développer.

Tout fon fuccès dépend effentiellement du concours de deux moyens. Le premier confiſte à prendre les plus grandes précautions pour la confervation de cet édifice, afin qu'aucune de fes parties ne puiſſe être endommagée par les eaux, & foit à l'abri de tout accident pendant le tems que doit durer cet ouvrage, ainſi que l'exécution du fronton. Le fecond, à établir dans ces travaux un tel ordre, & à fe conduire avec une telle prévoyance, que, tout agiffant de concert, l'un ne puiſſe nuire à l'autre ou le contrarier.

On parviendra fans peine à remplir le premier moyen, en établiffant fur la premiere marche de chaque côté du vuide pratiqué derriere l'entablement du fecond ordre, un plancher à folives de bois bien fec, latté par-deffus, couvert d'un aire de plâtre, & enfuite de ciment, fur lequel on placera des carreaux, dont les joints feront maſtiqués. En difpofant ce plancher un peu en pente vers un chenau fitué fur le mur-pignon de l'Eglife, pour porter les eaux en dehors, & en élevant au-deſſus un toît léger couvert d'ardoife ou autrement, dont l'égoût fera également dirigé vers le même cheneau, il s'enfuivra que ces deux arrangemens venant au fecours l'un de l'autre, les eaux ne pourront évidemment endommager le haut de cet édifice, c'eſt-à-dire, les voûtes & plafonds de la gallerie du fecond ordre.

Il fera de plus placé un fecond plancher à folives jointives fur la derniere marche fupérieur dudit vuide avec de forts madriers pardeffus, lequel fervira d'échaffaud ou de chantier pour recevoir les pierres à mefure qu'elles feront enlevées, & contribuera à la fois à garantir, avec le premier plancher, de tout événement.

Pour réuſſir dans le fecond objet, il conviendra de bien étayer & étrefilloner chaque endroit avant d'entreprendre d'y toucher, de toujours dépofer quarément les parties correfpondantes; d'agir continuellement fans précipitation & dans un ordre contraire, fur-tou

pour les voûtes, à celui qu'on a fuivi pour leur conftruction. D'a-
bord, il fera queftion d'enlever les clefs, puis les contre-clefs,
les claveaux adjacens & ainfi de fuite. On démontera avec la même
circonfpection & uniformément les cours d'affifes dans toute leur
longeur, en affectant fans ceffe de prendre deux précautions pour
une, afin d'empêcher qu'une pierre puiffe jamais échapper en l'enlevant. Il fera auffi important de ne laiffer les matériaux que le
moins de tems fur l'échaffaud, pour ne le point trop charger, mais
de les defcendre à mefure par le vuide des tours, qui feroit de la
plus grande commodité pour favorifer ces opérations.

Le déjointoyement des pierres ne fauroit non plus produire d'obftacle. Toute la bâtiffe en queftion étant en pierres de Saint-Leu,
avec lefquelles le mortier ne fait ordinairement que peu de prife,
comme il a été dit plus haut; il s'enfuit qu'en paffant une fcie à
main dans les différens joints verticaux, & en introduifant enfuite
le bout d'une pince entre les joints horifontaux du côté de l'é-
paiffeur du mur, à l'aide d'un abatage, & puis en déportant, pour
m'exprimer fuivant les termes des ouvriers, toutes ces pierres ne
pourroient manquer d'être défunies l'une après l'autre avec facilité; alors il ne s'agira plus que de caler à mefure chaque pierre
par un de fes bouts, à l'effet d'y paffer un cable qui la faififfe fûre-
ment pour la defcendre fur l'échaffaud, avec le gruau.

Après ces confidérations générales pour l'ordre de ces travaux,
il faudra commencer par enlever d'abord le toît en pierre qui
couvre le haut de ce portail, lequel n'eft qu'un compofé de dalles
de deux à trois pouces d'épaiffeur, foutenues par des efpeces de
nervures en pierre, efpacées de quatre à cinq pieds les unes des
autres. Cette opération eft fans contredit la plus aifée de toutes,
& en apportant le foin néceffaire à dépofer ces dalles, elles pourroient refervir à la réconftruction du nouveau toît.

Enfuite il conviendra de démonter le haut des voûtes en décharge, adoffées à l'entablement ionique, afin de les furbaiffer pour
l'exécution de mon fronton. Car pour celles qui leur correfpon-

dent fur le mur-pignon, on pourroit aifément les conferver telles qu'elles font, fi l'on vouloit : pour cet effet, il ne faudroit que fe propofer de rétablir par la fuite le toît de la hauteur actuelle, & de laiffer en conféquence pour recevoir fes nervures, des efpeces de couffinets à la troifieme affife du mur doffier de mon fronton ; cette opération qui peut diminuer évidemment beaucoup l'ouvrage, a été rendu fenfible par un deffein que j'ai produit à l'Académie. Au furplus, avec quelques légers changemens dans la conftruction du bas de mon fronton, il feroit poffible de laiffer fubfifter les deux rangs de voûtes, tels qu'ils font, pour économifer.

Quant à la démolition du mur du troifieme ordre des tours, il n'y a que celle de la corniche rampante du fronton qui demande quelque fujétion à caufe de la difficulté à échaffauder : car tout le refte eft d'un travail fimple, & n'exige qu'une intelligence ordinaire. Je penfe même qu'en ne fe preffant pas de démonter ce mur, & qu'en n'opérant fa démolition que lors de l'exécution du fronton, une grande partie de fes matériaux pourroit être utilement remployée à fa conftruction. Ce feroit comme une efpece de carriere placée fur le tas, où l'on puiferoit fucceffivement ; & à la fin l'on finiroit par defcendre tout ce qui n'auroit pu fervir.

Cette énumération fuffit pour prouver que tous ces travaux ne demandant que du foin, de l'ordre & une certaine furveillance de la part de ceux qui les dirigeront, c'eft avec raifon que j'ai conclu, dans mon Mémoire, à la fuppreffion de ce troifieme ordre, dont le mauvais effet eft généralement reconnu.

Le quatrieme objet regarde le couronnement des Tours. On ne peut difconvenir que les grouppes que j'ai propofé de fubftituer aux guirlandes des pans coupés, ne fiffent un bien meilleur effet. En les difpofant de maniere à avancer leur draperie, pour mafquer le bas des pilaftres, ils ferviroient à détacher les tours du portail, à nourrir leurs pieds, & à rectifier à un certain point la maigreur qu'on leur reproche.

Il n'eft pas auffi aifé de prononcer fur l'amortiffement qui convient aux tours, parce que c'eft ici une affaire d'opinions & de goût. Si elles étoient plus confidérables par leur maffe, on pourroit les terminer quarément, alors plus de difficulté ; mais comme ce font plutôt des campanilles que des tours, il eft à croire qu'on ne pourra fe paffer d'un couronnement. Elles font de même volume que les tours de Saint Paul de Londres, & que celles de l'Eglife de Sainte Agnès à Rome, qui ont des amortiffemens auxquels tout le monde applaudit. Tout ce qu'on peut défirer en pareil cas, c'eft que cet amortiffement ne paroiffe point bas, écra-fé, qu'il ne puiffe être offufqué par les diverfes faillies adjacentes ; & qu'en un mot, fans être colifichet ou mefquin, il ait un carac-tere relatif à fa deftination. Or fi l'on veut bien fe rendre attentif à l'acrotere orné de poftes, qui éleve la calote de l'amortiffement que j'ai publié, j'efpere qu'on reconnoîtra qu'il peut produire en exécution le bon effet que l'on défire.

De tous ces éclairciffemens que j'ai produits fucceffivement à l'Académie, lefquels font fondés fur des faits démonftratifs, j'ai lieu de croire que cette compagnie voudra bien prononcer que mon projet d'achevement pour le portail de Saint Sulpice convient à tous égards à la maniere d'être de cet édifice, que les moyens de conftruction que j'ai publiés, ont toute l'évidence qu'on peut requérir en femblables matieres ; que la fuppreffion du troifieme ordre eft indifpenfable ; & qu'enfin mon couronnement eft en relation avec le caractere de ce monument.

Le rapport de cette Compagnie a été, que la fuppreffion du troi-fieme ordre du portail de Saint Sulpice paroit indifpenfable ; qu'un fronton eft préférable pour couronner le fecond ordre de cet édifice ; que les tours feulement peuvent être terminées quarément par une ba-luftrade ; & qu'enfin, le projet du fronton de Servandoni fur les huit colonnes ayant été abandonné, on doit fçavoir gré à M. Patte d'avoir fait renaître cette idée, & donné d'autres moyens pour l'exé-cuter.

F I N.

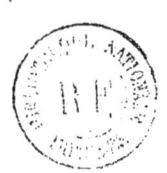

TABLE

*DES Chapitres, Articles & Paragraphes contenus
dans ce Volume.*

CHAPITRE PREMIER.

CHAPITRE SECOND.

CHAPITRE TROISIEME.

§. II,

CHAPITRE QUATRIEME.

CHAPITRE CINQUIEME.

CHAPITRE SIXIEME.

CHAPITRE SEPTIEME.

FIN DE LA TABLE.

ERRATA.

Pages,	Lignes,	Fautes,	Corrections.
3	11	ſuſceptibles.	capables.
14	5	répartie.	répartir.
21	27	D.	E.
66	14	qu'ils procurent.	qu'elles procurent.
69	13	D.	M.
80	21	ſentimens des Modernes.	ſentiment des Anciens & des Modernes.
107	1	quelquefois.	ſouvent.
112	9	au moins reſſuyer un hyver.	reſſuyer un an ou au moins un hyver.
117	25	les grains d'appuyer	les grains de ſable d'appuyer.
119	13	les briques du milieu.	les pierres du milieu.
140	18	de gros.	de plus.
143	22	placés.	employés.
395	23	ainſi.	de même.
208	15	niveau.	au niveau.

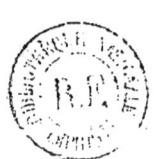

AVIS AU RELIEUR.

Pour placer les vingt-sept Planches de cet Ouvrage.

APPROBATION.

J'Ai lû, par ordre de Monseigneur le Vice-Chancelier, un Manuscrit intitulé : *Mémoires sur l'Architecture*, & j'en crois l'impression très-utile. A Paris, ce 22 Juin 1768.

COCHIN.

PRIVILEGE DU ROI.

LOUIS, par la grace de Dieu, Roi de France & de Navare, à nos amés & féaux Conseillers, les Gens tenant nos Cours de Parlement, Maîtres des Requêtes ordinaires de notre Hôtel, Grand-Conseil, Prévôt de Paris, Baillifs, Sénéchaux, leurs Lieutenans-Civils, & autres nos Justiciers qu'il appartiendra, Salut : Notre amé, BENOÎT ROSET, Libraire, Nous a fait exposer qu'il desireroit faire imprimer & donner au Public, *des Mémoires sur l'Architecture, contenant un Parallele des plus belles Constructions, tant anciennes que modernes, & des Dissertations sur les objets les plus importans de cet Art, par M. PATTE, Et des Observations Philosophiques sur l'analogie qu'il y a entre la propagation des animaux & celle des végétaux, traduit de l'Anglois par M. Eidous*, s'il Nous plaisoit lui accorder nos Lettres de Privilége pour ce nécessaires. A CES CAUSES, voulant favorablement traiter l'Exposant, Nous lui avons permis & permettons par ces Présentes, de faire imprimer ledit Ouvrage autant fois que bon lui semblera, & de le vendre, faire vendre & débiter par tout notre Royaume, pendant le tems de six années consécutives, à compter du jour de la date des Présentes. Faisons défenses à tous Imprimeurs, Libraires, & autres personnes de quelque qualité & condition qu'elles soient, d'en introduire d'impression étrangere dans aucun lieu de notre obéïssance : comme aussi d'imprimer ou faire imprimer, vendre, faire vendre, débiter ni contrefaire ledit Ouvrage, ni d'en faire aucun extrait sous quelque prétexte que ce puisse être, sans la permission expresse & par écrit dudit Exposant, ou de ceux qui auront droit de lui, à peine de confiscation des Exemplaires contrefaits, de trois mille livres d'amende contre chacun des contrevenans, dont un tiers à Nous, un tiers à l'Hôtel-Dieu de Paris, & l'autre tiers audit Exposant, ou à celui qui aura droit de lui, & de tous dépens, dommages & intérêts. A la charge que ces Présentes seront enregistrées tout au long sur le registre de la Communauté des Imprimeurs & Libraires de Paris, dans trois mois de la date d'icelles ; que l'impression dudit Ouvrage sera faite dans notre Royaume & non ailleurs, en bon papier & beaux caracteres, conformément aux Réglemens de la Librairie, & notamment à celui du 10 Avril 1725, à peine de déchéance du présent Privilége ; qu'avant de l'exposer en vente, le Manuscrit qui aura servi de copie à l'impression dudit Ouvrage, sera remis dans le même état où l'approbation y aura été donnée, ès mains de notre très-cher & féal Chevalier Chancelier Garde des Sceaux de France, le Sieur de Maupeou, & qu'il en sera ensuite remis deux exemplaires dans notre Bibliotheque publique, un dans celle de notre Château du Louvre, un dans celle dudit Sieur de Maupeou ; le tout à peine de nullité des Préfentes : du contenu defquelles vous mandons & enjoignons de faire jouir ledit Expofant & fes ayant-caufes , pleinement & paifiblement , fans fouffrir qu'il leur foit fait aucun trouble ou empêchement. Voulons que la copie des Préfentes , qui fera imprimée tout au long au commencement ou à la fin dudit Ouvrage , foit tenue pour duement fignifiée , & qu'aux copies collationnées par l'un de nos amés & féaux Confeillers , Secrétaires , foi, foit ajoutée comme à l'original. Commandons au premier notre Huffier ou Sergent fur ce requis , de faire pour l'exécution d'icelles tous actes requis & néceffaires , fans demander autre permif-fion ; & nonobftant clameur de haro , charte Normande , & Lettres à ce contraires : Car tel eft notre plaifir. DONNÉ à Paris le trentieme jour du mois de Novembre , l'an de grace , mil fept cent foixante-huit , & de notre regne le cinquante-quatrieme.

    Par le Roi en fon Confeil.

Signé, LEBEGUE.

Régiftré fur le Régiftre XVII de la Chambre Royale & Syndicale des Libraires & Imprimeurs de Paris. Nº. 576 , fol. 566 , conformément au Réglement de 1723. A Paris , ce 2. Décembre 1768.

BRIASSON, *Syndic.*

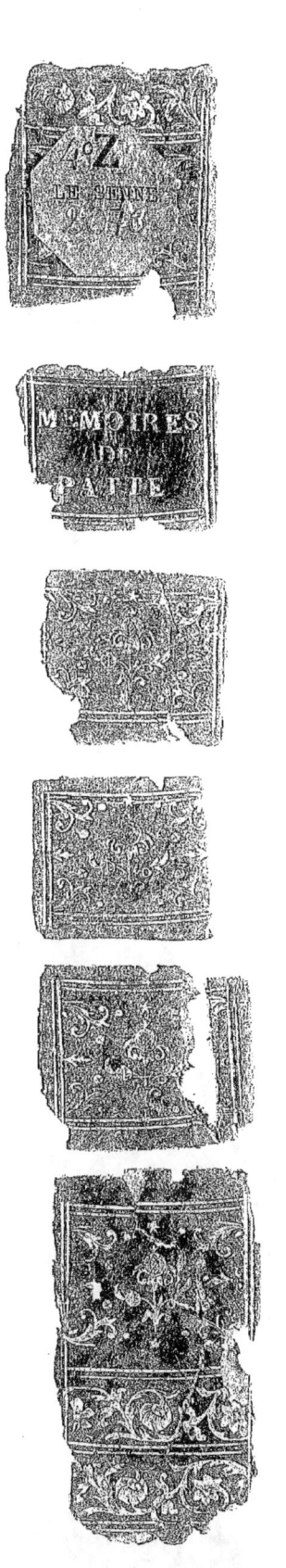

www.ingramcontent.com/pod-product-compliance
Lightning Source LLC
Chambersburg PA
CBHW051350220526
45469CB00001B/183